Harchina 哈中|柏杜法考

U0748284

行政法攻略

2020年国家统一法律职业资格考试·精讲卷6

黄韦博◎著

中国民主法制出版社
全国百佳图书出版单位

图书在版编目（CIP）数据

2020年国家统一法律职业资格考试行政法攻略．精讲卷／
黄韦博著．—北京：中国民主法制出版社，2019.12
ISBN 978-7-5162-2149-5

Ⅰ．①2… Ⅱ．①黄… Ⅲ．①行政法—中国—资格考试—
自学参考资料 Ⅳ．①D922.1

中国版本图书馆CIP数据核字（2019）第271835号

图书出品人：刘海涛
出 版 统 筹：乔先彪
责 任 编 辑：姚丽娅 贾永青

书名／2020年国家统一法律职业资格考试行政法攻略·精讲卷
作者／黄韦博 著

出版·发行／中国民主法制出版社
地址／北京市丰台区右安门外玉林里7号（100069）
电话／010-63292534 63057714（发行部） 63055259（总编室）
传真／010-63292534
Http：// www.npcpub.com
E-mail：mzfz@ npcpub.com
经销／新华书店
开本／16开 787毫米×1092毫米
印张／21.5 字数／536千字
版本／2019年12月第1版 2019年12月第1次印刷
印刷／三河市华润印刷厂

书号／ISBN 978-7-5162-2149-5
定价／70.00元

序　言

　　复习法考，把握考试规律至关重要。司法考试和与之一脉相承的法律职业资格考试看似风云变幻、高深莫测，实则本质从未改变，考试制度演绎出的学科命题思维、命题考点和命题陷阱是完全一致的，只不过借助不同的人名、地名、题型演绎出一道道层出不穷、奇葩变态的考题，最终在每年固定的时间通过十几个小时的考试来决定许多人的一生。从帕米尔高原到三沙群岛，六十多万考生从寒冬到酷暑、从日出到日落，要经历一千多个小时的复习，谱写出多少悲壮的法考故事。

　　往年考试真题作为命题的"历史经验"，对于准确把握今后法考的命题规律、命题考点和命题陷阱提供了可能。因此，对历年真题进行深入研究总结，揭开形式化的面纱，最终就能提炼出学科命题的"原始考点精华"；精准的理解、记忆、练习并最终掌握这些"原始考点精华"，考生们就可以精确地把握命题思维和考点陷阱，迅速提高解题能力。

　　经过对历年行政法真题大数据的研究，我们发现行政法的命题特别注重对法条细节的精确性、易混考点的准确性、知识体系综合性和实际运用能力的考查，而这些都需要建立在对考点的理解和精准记忆之上。可以说，行政法的复习若试图靠纯粹的理解去解题是不可能的，你做过真题就会很直观地感受到：光理解还是不会做题，不去背必然不会做题，不去练就是不会做题。经过十年的总结提炼，我们发现行政法命题"原始考点精华"就是那些行政法治实践中需要严格遵循的"关键词"，所有的考点和陷阱都是"关键词"的形式演绎而已，而掌握这些命题"关键词"的最好办法就是听课理解、构建体系、背诵记忆、真题和金题进阶练习，并通过案例训练形成运用法律思维和考点分析研判行政案件的实务能力。行政法主客一体的理论教材正是按照这一思路来编写的，配合免费视频课程、真题和金题练习、案例训练和直播伴读，本书定能够为你的复习增效减负，精准传习，开光开悟，打通行政法的任督二脉。

　　柏杜法考，伴你前行，主客一体，一年通关。法考赛季众"法师"（法学教师）会和你们一起战斗，Tony总监将带着行政法的讲义、考点、案例、方法、箴言、宝典、口诀、图表、操作系统、励志、故事、段子、咒语、美发和满腔热情走进激情的法考课堂，帮助你们战胜困难，一往无前。生活已经给了我们足够深刻的教训，天天学习才能天天进步，把该做的事情做完也就通关了，我们在法考课堂等你，2020 不见不散。

十年寒窗战鼓催人筹壮志，一朝临考青春无悔写人生。自助者天助，祝愿同学们 2020 年顺利通过法律职业资格考试，凤凰涅槃，得道功成！

黄韦博

2019 年 10 月 30 日

导　论

行政法是调整行政关系，解决政府与公民之间"官民"纠纷的法律规范，与民法、刑法、商法、民诉、刑诉并称为法考中的"六大法"，也是国家法律体系的核心内容。"六大法"在法考中会以客观题和主观题两种形式一体考查，故考试分值比重最大。因此，学好"六大法"从分值本身来说对法考具有决定性的意义，同时也将成为考生学习好其他小法的理论基础。绕开行政法复习法考就如同人失去了部分肢体，伤残等级鉴定为"部分丧失考试能力"，这不仅会从分值上失去了一大块，还将影响到其他知识的学习效果。

一、命题规律

从司法考试到法律职业资格考试，行政法自 2018 年法考改革以来的命题趋势和命题重点稳中有变，主要体现为以下三个方面：

（一）题型和分值相对固定

2012	2013	2014	2015	2016	2017	2018		2019	
总分	总分	总分	总分	总分	总分	客观	主观	客观	主观
58	58	62	56	60	59	25—28	28	25—28	28

行政法考试题型分为单选、多选、不定项、案例分析、论述五种题型，其中客观题卷一的客观题考试占 25 分左右，其中单选每题 1 分；多选每题 2 分，不定项每题 2 分。行政法在主观题考查一道主观题，一般采取案例方式，也可能采取论述题和案例题混合考查的方式，一般分值在 22—28 分。2018 年和 2019 年主观题行政法均考查一道 28 分的案例分析题，因考试人群的变化法考元年的行政法考查分值比例稳中有升，主客观采取命题考点一体化考查。

（二）考查的范围和重点恒定

行政法考查的法条集中于《立法法》、《公务员法》、《行政许可法》、《行政处罚法》、《行政强制法》、《行政复议法》、《行政诉讼法》和《国家赔偿法》几部法律和《政府信息公开条例》、《行政法规制定程序条例》、《规章制定程序条例》、《行政机构设置和编制管理条例》、《复议法实施条例》等相关行政法规，其中《行政诉讼法》及其司法解释的内容占一半左右。在这些法条中，必考、常考的法条和考点也是相对确定的，重者恒重体现尤为明显。其中，行政法主观题的考查范围集中在：行政许可、行政处罚、行政强制、政府信息公开、行政复议、行政诉讼和国家赔偿几个部分。

（三）命题特点相对稳定

行政法部分命题特点较为一致，尤其是 2007 年之后的命题基本上遵循"中正平稳"的风格，命题注重对常用法律法规、基础理论和新增法条的考查，少有偏、怪、深、奇的考题，难度适中，争议甚微。就命题方式而言，历年行政法真题十分注重对法条细节的精确性、易混考点的准确性和知识体系综合性的考查。具体的命题特点体现在以下几点：

1. **注重考查法条细节的精确性**。行政法考试中经常出现例如以区分"应当"还是"可以"、"应当有例外"不等于"必须"、具体时限之类的问题，考生复习一定要注重细节，通过掌握立法原理来记忆。

2. **注重考查易混考点的准确性**。对于易混考点要注意概念体系清晰，尤其是对六大基本原则的内容、行政法规和规章制定程序、行政行为三部曲（处罚、许可、强制）以及行政争议三部曲（复议、诉讼、赔偿）的归纳总结和对比记忆。

3. **以案例形式对法律思维、基础理论和法条并行考查**。以指导性判例、社会热点事件、常见多发案件为蓝本精炼而成的考试案例，针对性的考查常用行政法律知识，既涉及行政法治思维和基础理论，也涉及现行法律、法规和司法解释的运用。尤其是对基本概念、基本原则的考查力度十分惊人，可谓用心良苦。

4. **考查例外情况较多**。即不考常态考变态、不考原则考例外，考生一定要注重例外情况的原理和运用。

5. **综合性考查**。即行政法考题一般采取多部法条、多个知识点同时在一个题目中考查，综合考查考生对行政法体系、原理和法条的交叉运用，所以考生需要在学习时注重对行政法体系的把握以及知识之间的融会贯通。

6. **新法必考**。我国行政法起步较晚，还没有形成完整的体系，法律职业资格考试所涉及的行政法律规范本身不是很多，因此一旦出现新的法律规范必然会成为考查的重点，尤其是卷四的案例题一般都会涉及新法考点。2019 年 12 月发布的《最高人民法院关于审理行政协议案若干问题的规定》作为新增内容列入 2020 年法考大纲，考生应重点关注。

二、复习方法

由于行政法体系较为零乱庞杂，且考生大多都对行政活动较为陌生，属于考生不常用的法律，是大学里睡得最香的一门课，在考试中被学生誉为"最难攻下的山头"，常常成为考生失分的"重灾区"。在复习行政法时考生一定要注重复习方法，否则就很难入门。法考行政法复习要做到：建立体系、理清原理、精准记忆、熟练解题、形成思维，具体可以从以下几个方面入手：

（一）把握系统，建立体系

行政法虽然内容庞杂，但有其独立的体系，包括三大块内容：行政组织法即行政组织的设立及其职权（行政组织机构、公务员），行政行为法即行政行为的程序、方式和内容（抽象行为、具体行为、行政程序），行政争议法即解决行政活动的相关争议并对相对人进行权利救济（复议、诉讼、赔偿）。建立了相应的体系，在复习时就应注重按体系归类，按"主体—行为—争议救济"的方式反复梳理，做到心中有数。

（二）夯实基础，理解原理

行政法作为大法，是建立在厚实的理论基础之上的，是需要理解加记忆的学科，仅仅会背行政法法条肯定是得不了高分的，必须夯实行政法基础理论，用立法原理来运用法条解答问题。从司考到法考，基础理论和立法原理的考查力度进一步增强。这就需要考生在复习时，必须打下一个良好的理论基础，特别是在学习行政法规定的例外情况时，一定要弄清法条背后的原理，才能真正掌握法条的精神内核，熟练解题。即使在欠缺法条记忆的情况下，大部分题目也都是可以通过原理推导出结果的。

（三）注重知识间的融会贯通

当复习完1—2遍后，大家基本熟悉了行政法的体系，就需要根据行政法综合考查的特点，将知识点之间融会贯通，多思考知识点之间的联系，把看似没有联系的知识点联系在一起，即"精气逆行，打通任督二脉"。特别是组织法、行为法中的内容在复习时就一定要想到这个知识点在争议救济法中是什么情况，在复习行政争议法时又要想到这个知识点在组织法和行为法中是怎么规定的，这些知识之所以能联系在一起就是因为它们都是运用统一的行政法原理。因此我们在打通关节时，可以采取"组织法—行为法—争议法"的方式来进行。例如：在学习组织法中"行政权不可处分"原理时，就要想到行为法中哪些行为可以处分权力，然后想到在复议或诉讼中哪些情况可以调解。

（四）精准记忆，进阶练习

行政法的复习若试图靠纯粹的理解去解题是不可能的，你做过真题就能很直观的感受到：光理解还是不会做题，不去背必然不会做题，不去写就是不会做题。经过十年的总结提炼，我们发现行政法真题命题中的"原始考点精华"，就是那些行政法治实践中需要严格遵循的"关键词"，所有的考点和陷阱都是"关键词"的形式演绎而已，而掌握这些"关键词"的最好办法就是听课理解、形成体系、背诵记忆、真题和金题进阶练习。

（五）案例训练，形成思维

法律职业资格考试改革方案明确要求加大案例的比重，重点考查法律思维和解决具体案件的实战能力。按照法考元年呈现出的新考试方式，无论是客观题还是主观题应试，今后法考复习都应当注重对案例分析思维方法的范式训练，不仅要通过听课、阅读来掌握分析行政法案例的法治思维，还需要通过动笔练习规范答题来提升解题的精准性和熟练度。

本书按照法律职业资格考试大纲和行政法的理论体系，分为十一个章节展开，从基础理论到具体制度，结合历年真题和经典案例娓娓道来。本书力求以应试能力为导向，按照"足够用、真管用、都会用"的基本原则，紧扣命题规律，详略得当，深入浅出，以求达到"主客一体"的最佳的学习效果。本书结合配套课程同步学习效果更佳，不明之处可以通过微博、微信公众号等途径答疑解决。

目　录

行政法考点体系框架全景图

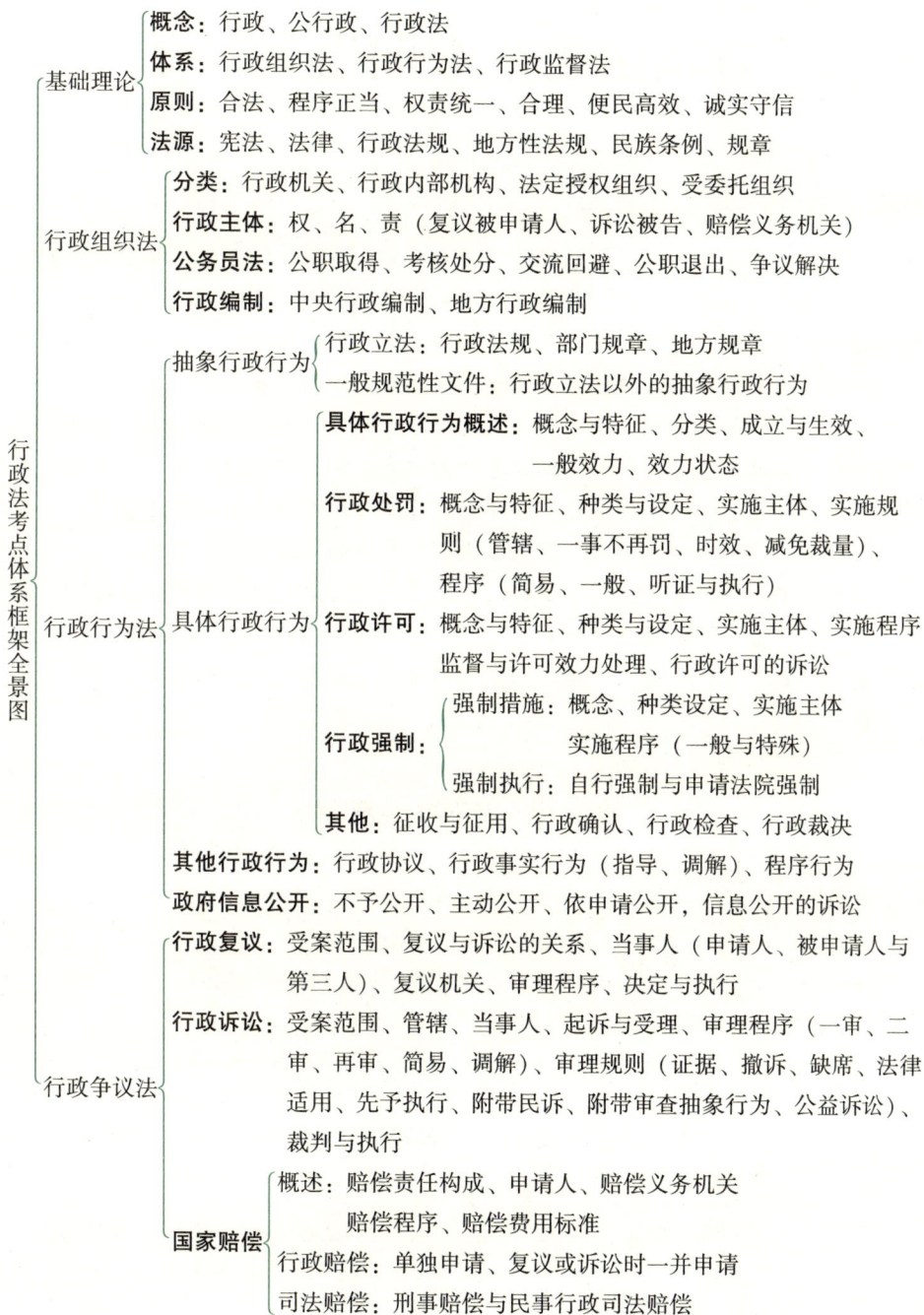

行政法考点体系框架全景图

- 基础理论
  - **概念**：行政、公行政、行政法
  - **体系**：行政组织法、行政行为法、行政监督法
  - **原则**：合法、程序正当、权责统一、合理、便民高效、诚实守信
  - **法源**：宪法、法律、行政法规、地方性法规、民族条例、规章

- 行政组织法
  - **分类**：行政机关、行政内部机构、法定授权组织、受委托组织
  - **行政主体**：权、名、责（复议被申请人、诉讼被告、赔偿义务机关）
  - **公务员法**：公职取得、考核处分、交流回避、公职退出、争议解决
  - **行政编制**：中央行政编制、地方行政编制

- 行政行为法
  - 抽象行政行为
    - 行政立法：行政法规、部门规章、地方规章
    - 一般规范性文件：行政立法以外的抽象行政行为
  - 具体行政行为
    - **具体行政行为概述**：概念与特征、分类、成立与生效、一般效力、效力状态
    - **行政处罚**：概念与特征、种类与设定、实施主体、实施规则（管辖、一事不再罚、时效、减免裁量）、程序（简易、一般、听证与执行）
    - **行政许可**：概念与特征、种类与设定、实施主体、实施程序监督与许可效力处理、行政许可的诉讼
    - **行政强制**：
      - 强制措施：概念、种类设定、实施主体 实施程序（一般与特殊）
      - 强制执行：自行强制与申请法院强制
    - **其他**：征收与征用、行政确认、行政检查、行政裁决
  - **其他行政行为**：行政协议、行政事实行为（指导、调解）、程序行为
  - **政府信息公开**：不予公开、主动公开、依申请公开，信息公开的诉讼

- 行政争议法
  - **行政复议**：受案范围、复议与诉讼的关系、当事人（申请人、被申请人与第三人）、复议机关、审理程序、决定与执行
  - **行政诉讼**：受案范围、管辖、当事人、起诉与受理、审理程序（一审、二审、再审、简易、调解）、审理规则（证据、撤诉、缺席、法律适用、先予执行、附带民诉、附带审查抽象行为、公益诉讼）、裁判与执行
  - 国家赔偿
    - **概述**：赔偿责任构成、申请人、赔偿义务机关 赔偿程序、赔偿费用标准
    - **行政赔偿**：单独申请、复议或诉讼时一并申请
    - **司法赔偿**：刑事赔偿与民事行政司法赔偿

01 第一章 行政法的基本理论

考情速览

本章是行政法的基础理论，主要讲述行政法的基本概念、体系、法律渊源和基本原则等知识点，这些知识点是进入行政法殿堂的钥匙，是学习行政法具体内容的前提和基础。行政法的基本概念主要介绍行政以及行政法的含义，其主要目的在于把握行政法的调整范围和规制对象。行政法的法律渊源具体阐述行政法的来源和表现形式，也就是行政法的依据，而行政法的基本原则是依法行政的具体要求，也是分析行政案件的基本法律思维。

本章的知识点在考试中一般采取间接考查的方式，依托某项行政法的具体制度考查对基础理论的掌握情况，只有行政法的基本原则会直接命题考查。本章的学习需要以构建行政法的体系框架为主线，重点掌握行政法六大基本原则的内涵和具体要求。

基本原则是贯穿行政法始终的指导思想，也是依法行政的具体要求，是历年司法考试重点考查的核心考点。考查基本原则的题型分为论述题和选择题，如 2014、2016 和 2017 年主观题部分均以小论述的形式命题，基本原则也是行政法客观题部分常考的知识点。

第一节　行政法概述

考点精华 1

- 行政
  - 公共行政
    - 国家公行政（行政机关）
    - 社会公行政（法律、法规、规章授权组织）
  - 私行政（民商法）

行政法的概念	行政法是调整行政关系，规范公共行政活动的法律规范。
行政法的特征	1. 法律规范变动的经常性；2. 行政职权与职责的统一性；3. 没有统一完整的实体法典。
行政权的性质	立法制定规则、行政执行规则（主动）、司法运用规则裁决争议（被动）、监察监督公务人员。
核心价值	控权保民：规范和控制行政权，保障公民的合法权益。通过行政法平衡官民权利和公私利益。

续表

行政法律关系	行政主体_____行政行为_____行政相对人（指的是公民、法人或其他组织）与利害关系人（影响其合法权益的公民、法人或其他组织）。
行政法治思维	分析研判行政行为是否符合依法行政，依法解决官民纠纷，保障合法权益和公共利益。
案件分析步骤	1. 辨行为；2. 定主体；3. 审事实；4. 判结论（合法性：实体法，审理裁判：程序法）。

一、行政法的基本概念

（一）公共行政与私行政

我们在学习民法的时候总是要发出一个疑问：究竟什么是民法？民法即调整平等主体间人身权和财产权关系的法律规范。我们在学习行政法的时候也会发出一个疑问：究竟什么是行政法？行政法是调整行政关系的法。而所谓的行政关系是指在行政活动中形成的一切社会关系。可见理解行政的含义是学习行政法的逻辑起点。那究竟什么是行政呢？

所谓行政，是指单位组织的"执行"或"管理"活动。在"三权分立"的国家政治体制中，行政是相对于立法、司法而言的。行政，是一种运用国家权力进行执行与管理的活动。目前行政的主旨由管理向治理转化，无论国家还是企业都在推动单向的管理向多元互动的治理转变。

行政根据目的的不同划分为公共行政和私行政。公共行政是以追求公共利益为目的的管理活动，而私行政是以追求私益为目的的管理活动。例如政府要求公务员做到"为人民服务"、"严格执法"、"微笑服务要露八颗牙齿"，都是为维护公共利益的公共行政；而某培训机构要求其员工必须做到如"线上网红直播，线下名师讲课"、"不离不弃，生死相依"等服务理念，则属于为追求私益的私行政。行政法所调整的行政仅仅指公共行政，即追求公共利益的管理活动，而以追求私益为目的的私行政不受行政法调整，主要受民商法调整。

因此，行政法是调整行政关系、规范公共行政活动的法律规范总称，属于宪法最重要的实施法，是一个独立的法律部门，主要着力于调整"官民关系"，其核心价值在于：控制和防止行政权滥用，保护公民的合法权益，即"控权保民"。

（二）国家公行政与社会公行政

行政法所调整的以追求公共利益为目的的公共行政包括：国家公行政、社会公行政。国家公行政是指国家行政机关的行政管理活动，如工商、税务、城管、公安等行政机关的管理活动均属国家公行政。而社会公行政则指社会组织为维护公益而从事的管理活动，包括公共事业组织的行政（例如高校、证监会）、群众性自治组织（例如村民委员会、居民委员会）的行政、团体性自治组织（例如律师协会、体育协会）的行政以及其他形式的公共行政。在现代社会当中，除国家承担大部分公共管理职能外，国家还通过法律、法规、规章授权部分社会公共组织承担公共管理职能。如高校对在校期间同居的大学生不予颁发毕业证、学位证；村委会规定对出嫁的女儿不予发放土地补偿金等，也是不对等的主体之间为了维护公益而产生的管理活动，理应受到行政法的调整，否则就会形成行政法治的阳光照射不到的阴影，形成法治下的新专制。因此，国家行政机关和法律、法规、规章授权的组织所从事的公共管理活动均属于行政法调整的范围。

二、行政法的特征

行政法律规范的重要特征有以下几个方面：

（一）缺乏统一完备的实体法法典

实体行政法律规范一般不集中地规定于一个法典式法律文件中，而是分散地规定于不同行政领域和不同法律效力等级的法律文件中。这主要是由于国家行政管理内容的复杂多变和管理层次的繁多，因此难以在一个法律文件中作穷尽性例举规定。

（二）行政职权职责的统一性

行政机关的权利义务在行政法上表现为行政职权和行政职责。行政职权和行政职责都要依法履行。行政机关在取得公共职权后，不能像民事主体行使民事权利那样进行处分，否则会构成渎职、失职或不作为违法。

（三）行政法律规范立、改、废的经常性

由于国家行政管理内容经常更新，所以行政法律规范处于经常性的变动过程之中。行政管理所面临的是日新月异的社会需求，成文法多数是在总结过去经验的基础上概括形成的，因此难以准确预料未来会发生的事情，国家行政机关又不能像民事主体那样以自主协商的方式来确定行政权利义务，这也就给依法行政带来困难。解决这个问题的出路之一就是建立行政法律规范立、改、废经常化的机制。行政法的稳定性主要体现为行政法律规范立、改、废机制和程序的稳定性。

三、行政法的体系

◇ 考点精华 2

行政组织法	行政行为法	行政争议法
1.国务院、地方政府组织法 2.中央、地方行政机构设置和编制管理条例 3.公务员法及行政机关公务员处分条例	1.立法法及行政法规、规章制定条例 2.行政处罚法 3.行政许可法 4.行政强制法 5.政府信息公开条例	1.行政复议法及其实施条例 2.行政诉讼法及其司法解释 3.国家赔偿法及其司法解释

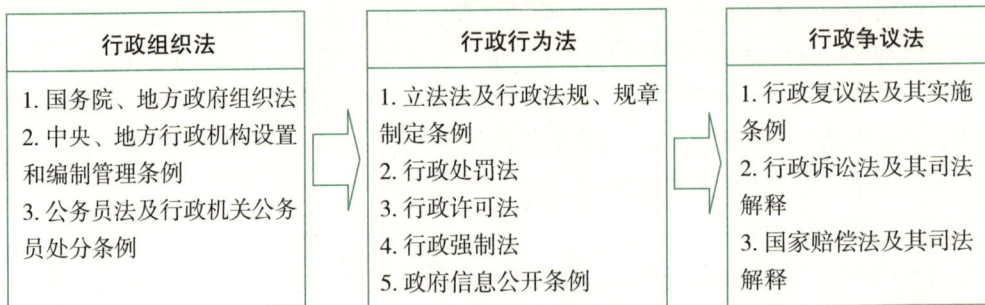

行政法调整范围的广泛性决定了其不可能通过编撰法典加以整合，只能以一系列的单行法律法规加以规定。凡是有法典的部门法都较容易把握体系，翻开法典的目录，该部门法的体系便一目了然，但行政法没有法典，所以知识点显得庞杂，把握体系相对困难。行政法虽然没有法典，但并不意味着没有体系，我们应该从理论上来把握行政法的体系。

首先，行政法在理论上根据调整内容的不同可以划分为三大体系：行政组织法、行政行为法、行政争议法。行政组织法是用于调整行政组织的组建和分权的法律规范，如国务院组织法、编制条例、公务员法均属于行政组织法；行政行为法是用于调整行政组织行使行政职权的行为

规范，如行政许可法、行政处罚法、政府信息公开条例均属于行政行为法；行政争议法则是对行政权予以监督、对行政违法或不当予以纠正，从而解决行政争议的法律规范，如行政诉讼法是规范人民法院监督行政机关、解决行政纠纷的程序，行政复议法是规范上级行政机关解决行政纠纷的程序，国家赔偿法是规范国家机关通过赔偿解决行政纠纷的程序问题。

其次，从动态上来把握行政法的体系，行政组织法把从事行政管理活动的施工队——行政组织组建起来并对内部进行合理分权。我们在大街上看到行政机关写的标语就可以判断出行政组织法对该机关是如何分权的：如，行车不规范，亲人两行泪——公安局；严禁随地大小便，违者没收工具——城管局。行政组织法把行政组织这个施工队组建以后就要施工，而对行政组织在施工当中的要求就属于行政行为法。如，有醉酒者当街耍酒疯闹事，警察接到报警后到现场不是开完罚单让他继续耍酒疯，而是要采取行政强制措施：约束，先制止该违法行为，而做约束的"施工"行为则应该按相应的施工要求来做，即只能使用警绳而不能使用手铐、脚镣。如果行政组织这个施工队在施工当中违法或不当，产生相应的行政争议，则用行政争议法予以监督纠正。在学习行政法的过程中，应该注意每看完书或听完课都要在纸上画一个图表，按组织法、行为法、争议法的体系将所学的行政法知识进行归类整理，画出一个框架体系，这样行政法的知识点才不会混淆，慢慢你会发现三大体系之间的知识点是有联系的，是一个动态的整体，这样的学习才会有高空俯瞰、融会贯通的效果。

四、行政法律思维

现代行政法的核心价值在于"控权保民"，即按照依法行政的标准来规范和控制行政权，防止行政机关及其工作人员在官民交往中违法实施行政行为滥用职权，以保护公民的合法权益。而这一核心价值的实现，是通过将行政行为类型化，并按照行政处罚、行政许可、行政强制、行政征收、行政裁决、行政补偿等不同行政行为的特性，分别制定相应法律规范加以规制的。

可见，引发官民矛盾的焦点在于：公民对某种行政行为产生了质疑，认为该行政行为侵犯了自己的合法权益，通过提起行政诉讼、申请行政复议或国家赔偿的方式，请求相应的国家机关依法裁判对行政行为的争议。可见，分析行政案件就是要研判官民所争议的行政行为，而社会统一的行政法律思维可归纳为：分析研判官民之间争议的行政行为是否符合依法行政，主要审查行政行为的合法性并依法作出裁判，从而解决官民争议，化解行政纠纷。分析行政案件的步骤应是：辨别行政行为、确定适格主体、审查事实依据、裁判法律结论。

例1：县规划局向房地产公司颁发建设工程规划许可证，批准地产公司在小区大门附近建设高层建筑，小区28户居民认为该规划许可证违反国家关于房屋间距的强制性规定，侵犯居民的采光、通风等相邻权，向法院提起行政诉讼请求撤销该许可证。

【法律思维分析】

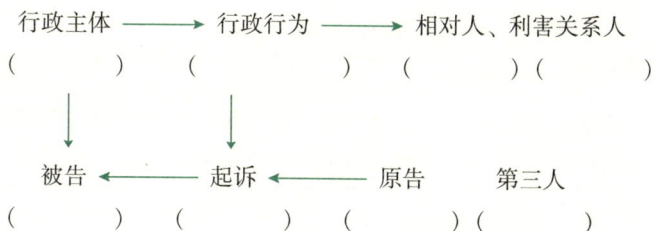

```
行政主体 ——→ 行政行为 ——→ 相对人、利害关系人
（    ）    （        ）   （      ）（        ）
    │            │
    ↓            ↓
被告 ←—— 起诉 ←—— 原告      第三人
（    ）   （      ）   （      ）（      ）
```

五、依法行政与建设法治政府

按照依法行政的标准来规范行政权力的行使，是建设法治政府的必然选择。《中共中央关于全面深化改革若干重大问题的决定》提出："全面深化改革的总目标是完善和发展中国特色社会主义制度，推进国家治理体系和治理能力现代化。"推进国家治理体系和治理能力现代化，既是对我国现代化建设成功经验的理论总结，也是对现代化进程新的发展阶段所面临的各种严峻挑战的主动回应。法治政府是现代政府的基本特征，我国自改革开放以来，就在不断摸索、借鉴和尝试中开始法治政府建设的进程，并建立起一套中国特色社会主义行政法制体系。1989 年我国《行政诉讼法》的颁行，对于保障公民权利、规范行政行为、监督行政机关依法行政起到了重要作用，奠定了行政法治的基石。1993 年中共中央在《关于建立社会主义市场经济体制若干问题的决定》中要求"各级政府都要依法行政，依法办事"。此后，多部规范行政权力行使的法律法规相继实施，行政法律体系日趋完善。2004 年国务院《全面推进依法行政实施纲要》明确提出"建设法治政府"。2012 年党的十八大报告中明确提出：2020 年依法治国基本方略全面落实，法治政府基本建成。

十八届四中全会《关于全面依法治国的决定》要求加快建设以职能科学、权责法定、执法严明、公开公正、廉洁高效、守法诚信为特征的法治政府，并提出了建设法治政府的基本要求、任务和途径。2015 年 12 月，中共中央国务院印发《法治政府建设实施纲要（2015—2020 年）》，提出法治政府的衡量标准包括：政府职能依法全面履行，依法行政制度体系完备，行政决策科学民主合法，宪法法律严格公正实施，行政权力规范透明运行，人民权益切实有效保障，依法行政能力普遍提高。以习近平新时代中国特色社会主义法治思想为指导，完善行政法律制度，建设法治政府，对全面依法治国和推进国家治理能力和治理体系的现代化具有重要意义。

第二节　行政法的法律渊源

◆ **考点精华 3**

种类	制定机关	备注
宪法	全国人大	基本原则性规范。
法律	全国人大及其常委会	全国人大及常委会制定一般法律、全国人大制定基本法律。
经济特区法规	经济特区所在省、市的人大及其常委会	根据全国人大授权制定，效力相当于法律，变通规定时高于法律。
行政法规	国务院	国务院制定条例、规定、办法。
地方性法规	省级及地级人大及其常委会	省级含：省、自治区、直辖市的人大及常委会。 地级含：设区的市，自治州，中山、东莞、嘉峪关、三沙。
自治条例 单行条例	自治区、自治州和自治县的人大	民族自治条例、单行条例至少相当于地方性法规效力，对法律作变通规定的具有优于普通法律的效力。

部门规章	国务院组成部门、有行政管理职能的直属机构和直属事业单位。
地方政府规章	省级政府及地级政府制定，地级政府含：设区的市，自治州，中山、东莞、嘉峪关、三沙的政府。
效力等级	看制定主体：上级高于下级（上位法高于下位法），同级报请裁决（相同效力等级的文件产生冲突报请制定机关的共同上一级机关裁决处理）。

所谓法律渊源，是指法律的表现形式。而行政法的法律渊源，则是指行政法的具体表现形式，亦即行政法究竟以何种形式表现出来，其目的则是确定法律表现形式以及各种表现形式之间的效力等级关系。

一、宪法

宪法，是由特别的机关所制定的国家根本大法，宪法本身并非严格意义上的行政法，但宪法中对行政有直接或者间接意义的规定相当多。例如，关于国家机构的任务和原则，关于行政机关与其他国家机关的相互关系，关于行政机关组织和活动的规定等。因此，宪法构成行政活动以及行政法的基础和标准。

二、法律

法律，是全国人大及其常委会制定的，针对不特定人并能够反复适用的法规范。但全国人大及其常委会制定、通过的规范性文件，未必是法律。全国人大常委会对宪法、法律的解释，也属于规范性文件，但其内容仅是对现行宪法、法律规定内涵的阐明，并非创造法规范，故不属于"法律"。在程序上，全国人大常委会制定、通过的法律，由国家主席公布；而全国人大常委会的法律解释则由全国人大常委会自行发布公告予以公布。

法律分为两种：一般法律和基本法律。基本法律涉及国家的基本制度，如特区基本法、国家赔偿法、行政诉讼法等。基本法律必须由全国人大制定，但全国人大常委会在全国人大闭会期间，基于不违背法律基本原则精神的前提可以对基本法律作部分修改（但特区基本法只能由全国人大制定和修改）。一般法律则属于国家的一般制度，既可以由全国人大制定，也可以由全国人大常委会制定。

三、行政法规

行政法规，是指由国务院根据宪法和法律，按照法定权限和法定程序制定、通过的规范性文件。考虑到新中国成立后我国立法程序的沿革情况，现行有效的行政法规有以下三种类型（引自《最高人民法院关于审理行政案件适用法律规范问题的座谈会纪要》）：1. 国务院制定并公布的行政法规；2.《立法法》施行以前，按照当时有效的行政法规制定程序，经国务院批准、由国务院部门公布的行政法规，但在《立法法》施行以后，经国务院批准、由国务院部门公布的规范性文件，不再属于行政法规；3. 在清理行政法规时由国务院确认的其他行政法规，例如由新中国成立初中央人民政府或者政务院制定、发布并仍有效的规范性文件。

四、地方性法规

地方性法规，是指由"省级"人大及其常委会和"地级"人大及其常委会根据地方社会经济发展的需要，在不同上位法相抵触的情况下制定的在本地方区域内实施的法规。省级含：省、自治区、直辖市；地级含：设区的市，自治州，中山、东莞、嘉峪关、三沙。值得注意的是，地级人大及其常委会制定的地方性法规须经所在地省级人大常委会批准生效。

五、经济特区法规和自治法规

（一）经济特区法规

经济特区法规，是指经济特区所在地的省、市的人大及其常委会根据全国人大的授权决定制定的并在经济特区范围内实施的法规。《立法法》第 74 条规定："经济特区所在地的省、市的人民代表大会及其常务委员会根据全国人民代表大会的授权决定，制定法规，在经济特区范围内实施。"并且该法在第 90 条第 2 款对于经济特区法规的变通规定权进行了明示，肯定了经济特区法规在经济特区内优先于法律、行政法规、地方性法规适用的效力。

经授权制定的经济特区法规应视为被授权机关代替全国人大进行的立法，因此其与法律具有同等效力，与法律产生冲突报请全国人大常委会裁决，但经济特区法规对法律作变通规定的，其效力大于法律。

（二）自治法规

自治法规，是指民族自治地方依照当地民族的政治、经济和文化的特点制定，并在本民族自治地方实施的自治条例和单行条例。民族自治地方的人民代表大会有权依照当地民族的政治、经济和文化的特点，制定自治条例和单行条例。自治区的自治条例和单行条例，报全国人民代表大会常务委员会批准后生效。自治州、自治县的自治条例和单行条例，报省、自治区、直辖市的人民代表大会常务委员会批准后生效，并报全国人民代表大会常务委员会和国务院备案。

自治条例和单行条例对上位法作变通规定的，在民族自治地方优先适用。如果自治条例和单行条例没有对上位法作变通规定，只是作一般规定的，其效力则相当于地方性法规的效力。

六、行政规章

（一）部门规章

部门规章，是指国务院各部、委员会、中国人民银行、审计署和具有行政管理职能的直属机构，按照法定权限和法定程序发布的规范性文件。部门规章与地方政府规章，统称为行政规章。另外，制定部门规章的主体，还可以是单行法律授权的国务院直属事业单位，例如中国证券监督管理委员会根据《证券法》授权，有权制定有关证券市场监督管理的规章。

（二）地方政府规章

地方政府规章，是指"省级"（省、自治区、直辖市）人民政府和"地级"（设区的市、自治州、中山、东莞、嘉峪关、三沙）人民政府，根据法定权限和法定程序制定、通过的在本行政区域内施行的规范性文件。

七、国际条约和协定

我国缔结或者参加的国际条约与国际协定，有的涉及国内的行政管理事项，无疑也构成了行政法的重要渊源。

八、法律解释

法律解释，是指有权机关依法对法律作出的具有法律约束力的解释与说明。其中涉及行政管理事项的解释，也是行政法的法律渊源。

由于行政法本身并不存在统一的法典，而是一个由各种分散的规范性法律文件组成的庞大体系，因此了解行政法的渊源本身具有更加重要的意义。在法考的复习中，需要重点掌握的是各种行政法渊源的制定机关和效力等级问题。

第三节　行政法的基本原则

◈ 考点精华 4

基本原则	依法行政（具体要求）
合法行政	属于首要原则，其他原则都是合法行政原则的延伸，是行政活动区别于民事活动的主要标志。 1. 法律优先（行政活动不得违背现有法律）； 2. 法律保留（行政活动应当依照法律的授权进行，没有法律、法规、规章的依据不得作出影响公民权益的决定）； 口诀：有法必依法、无法不损益。
程序正当	1. 行政公开（保障知情权，分为不予公开：国家秘密、商业秘密和个人隐私；主动公开和依申请公开）； 2. 公众参与（工作和决策听取公众意见、不利决定前听取陈述申辩、其他参与）； 3. 公务回避（任职回避与执法回避）； 4. 适用程序合法（依法听证、依法催告、依法适用简易程序等）。程序违法既违反合法行政原则，也违反程序正当原则。 口诀：开与避合。
权责统一	1. 行政效能（赋予执法手段、保证政令有效）； 2. 行政责任（行使行政权须依法接受监督，行政违法或不当应承担法律责任，即接受监督、纠错问责）。 口诀：给权力、追责任。
合理行政	调整自由裁量行为（多种合法）而非羁束行为（唯一合法，受合法行政调整），属于实质法治（不滥用）的要求，合理行政以合法行政为前提。 1. 公平公正（平等对待行政相对人、相同的行为给予相同的处理）； 2. 考虑相关因素（考虑的因素符合法律目的）；

续表

基本原则	依法行政（具体要求）
合理行政	3. 符合比例（行政手段裁量适当、必要、均衡）（1）适当：手段须有助于目的达成（2）必要：在有多种手段可供选择时，应选择侵害相对人权益最小的手段（3）均衡：即划算，行政手段对相对人权益侵害不得超过行政目的之价值。 口诀：合理比相公，公平公正待，考虑要相关，手段适必均。
高效便民	1. 行政效率（积极履行职责、提高办事效率）； 2. 便利当事人（简化行政程序，提供优质服务）。 口诀：积极高效率，简化优服务。
诚实信用	1. 行政信息真实（提供真实、准确、全面的行政信息）； 2. 保护信赖利益［存续保护：行政行为不得随意更改（禁止反复无常）；财产保护：基于公共利益依法定程序更改（依法变更、废止、撤回）需要对相对人的损失进行补偿。适用于授益性行政行为］。 口诀：不撒谎、不变卦。

1. 合法行政为形式法治（不越权）的要求，合理行政为实质法治（不滥用）的要求；
2. 各项基本原则的内容和子原则的含义均属于选择题考查的重点；
3. 行政法的基本原则是行政法论述题的考点，也是分析行政案件的基本法律思维。

　　行政法基本原则，是指体现行政法的本质和基本精神，反映各项制度内在联系并对行政法的运行起指导作用的共同准则。行政法基本原则不仅指导和调整行政法的全部运行过程，而且还指导和调整行政法的具体运用和解释，是行政法的指导思想。在行政法治实践中，行政法的基本原则是依法行政的具体要求，也是分析研判行政案件的基本法律思维。

　　从内容方面来看，行政法基本原则主要包括合法行政原则、合理行政原则、程序正当原则、高效便民原则、诚实守信原则以及权责统一原则这六项原则。从命题方式来看，近几年在行政法考试中，对于基本原则部分的考查频率一直很高。由此也可以看出近年来命题思路的转变，即加强了对基础理论和法律思维的考查力度。同时，行政法的基本原则部分，除了在客观题部分也有较为稳定的考查外，在主观题中考查论述题的可能性也很大。

　　不难看出，行政法的基本原则部分，在整个行政法法考中已经占据了相当重要的地位，以下几点命题规律需要重点关注：

　　1. 合法行政为形式法治（不越权）的要求，合理行政为实质法治（不滥用）的要求；此两项是核心基本原则，是判断行政活动是否符合依法行政的主要标准，在考试中考察频率最高。

　　2. 各项基本原则的内容和子原则的含义均属于选择题考查的重点。

　　3. 行政法的基本原则是行政法论述题的主要考点，合法行政、合理行政、程序正当、诚实守信原则是论述题常考的内容，主要采取案例材料或改革时政材料考查运用基本原则分析行政案件或行政改革措施的评述能力。

一、合法行政原则

合法行政是行政法的首要原则，其他原则可以理解为这一原则的延伸。实行合法行政原则是行政活动区别于民事活动的主要标志。合法行政原则的依据，是行政机关在政治制度上对立法机关的从属性。合法行政原则是我国根本政治制度人民代表大会制度在国家行政制度上的体现和延伸。

合法行政原则，是依法行政原则的基本要求之一。合法行政原则，是指行政行为应受法律及一般法律原则的拘束，行政机关只能在法律之下开展行政活动。这一原则有两个方面的要求："法律优先"和"法律保留"。

（一）法律优先

法律优先，是指行政机关实施行政管理，应当依照法律的规定进行，禁止行政机关违背现行法律规范。简单地说，"法律优先"要求行政行为受现行法律规范的拘束，不得采取违反现行法律规范的措施，这是合法行政原则消极方面的要求。

1. 适用范围

所有的行政行为都适用"法律优先原则"而无例外。也就是说，不管该行政行为是具体行政行为还是抽象行政行为，不管是单方行政行为还是双方行政行为，不管是行政法律行为还是行政事实行为，也不管是内部行政行为还是外部行政行为，只要是行使行政职权的行为，均应当依照法律规范的规定进行，不得违背现行有效的法律规范。

2. 规范范围

对行政行为处于"优位"地位的规范，包括宪法、法律、法规和规章。在我国，行政机关在政治上从属于"人民行使国家权力的机关"，即从属于人民代表大会，因此，行政机关实施行政管理必须依照宪法、法律、地方性法规、经济特区法规、自治条例和单行条例。

行政法规的制定机关是国务院，而国务院作为最高国家行政机关，具有"统一领导行政工作"的宪法地位，其他行政机关都必须服从国务院的领导，因此，行政机关实施行政管理必须依照行政法规。另外，国务院制定行政法规必须依据宪法和法律，因此从一定意义上讲，行政法规是宪法和法律的具体化，遵守合法有效的行政法规，在一定程度上也就是遵守宪法和法律。

行政规章，包括部门规章和地方政府规章。行政规章的制定必须依据法律或者法规，因此从一定意义上讲，行政规章是法律或者法规的具体化，遵守合法有效的行政规章，在一定程度上也就是遵守法律或者法规。因此，行政机关实施行政管理也必须依照规章。要特别注意的是，行政机关实施行政管理也应受宪法的制约，尤其是宪法保障公民基本权利的规定。宪法关于公民基本权利的规定，是宪法基本价值所在，应当具有拘束行政行为的效力。

3. 拘束内容

"法律优先原则"的拘束内容，可以分解为正、反两个方面：

（1）依法实施。"依法实施"强调"法律优先"的正面含义，首先要求行政机关实施行政管理、行使行政职权，必须符合法规范的规定，即行政机关作出行政行为必须满足：①行使行政职权的主体合法；②行为主体具有管辖权；③作出的具体行政行为必须事实清楚、证据确凿；④适用法律、法规、规章正确；⑤符合法定程序。其次要求"适用强制"：法规范为行政机关设定的行政职责，行政机关必须依法履行。

（2）禁止僭越。"禁止僭越"强调"法律优先原则"的反面含义，它要求行政机关实施行政管理不得与现行有效法规范相抵触。行政机关不得作出不符合现行有效法规范的规定和决定。

（二）法律保留

法律保留，是指行政机关作出行政行为必须要有法规范的明确授权，即"法无授权则无行政"，与民事权利"法无禁止则自由"是有本质区别的。法律保留原则属于合法行政原则的积极方面，法律保留原则要求：行政机关采取特定行政措施必须有特定级别的法规范依据，没有特定级别的法规范依据，行政机关则不得采取相应的行政措施。

国务院《全面推进依法行政实施纲要》在阐述"合法行政"的含义时指出："没有法律、法规、规章的规定，行政机关不得作出影响公民、法人和其他组织合法权益或者增加公民、法人和其他组织义务的决定。"该规定采用"侵害保留说"，即只要影响相对人合法权益或者增加其义务的事项，均应当有法律、法规或者规章的依据。这就意味着，若行政机关作出的行政决定不影响相对人合法权益或者不增加其义务，则可以依据其他规范，比如行政惯例、国家政策，或者属于行政机关裁量空间的。

法律保留原则不仅适用于具体行政行为，也适用于抽象行政行为，比如行政立法。行政立法也遵循"法律保留原则"，即行政立法必须根据上位法，具体而言，国务院制定行政法规必须根据宪法和法律；国务院部门制定部门规章必须根据法律和国务院的行政法规、决定、命令；省、自治区、直辖市和地级市的人民政府制定规章必须根据法律、行政法规和本省、自治区、直辖市的地方性法规；地级政府规章的根据还包括本市地方性法规。

所谓合法行政原则，是指行政机关应当依照法律的规定实施行政管理，受到法律的拘束，在形式上不得与法律相抵触。在行政法所有的原则规范中，合法行政原则是首要原则，其他原则都可以理解成是这一原则的延伸。另外，实行合法行政原则也是行政活动区别于民事活动的主要标志。由于行政本身就是依照法律所进行的执行和管理，因此行政活动的正当性源于其合法性。合法行政原则在内容上主要包括以下两个方面：

1. 行政机关必须遵守现行有效的法律

具体来说有两项要求：（1）行政机关的任何规定和决定都不得与法律相抵触，否则就是越权，而越权行为应当无效；（2）行政机关有义务积极实施法律规定的义务，否则就属于不作为的违法。

2. 行政机关应当依照法律授权活动

行政执法的原本含义，就是行政机关执行各项法律的活动。如果没有法律授权，就谈不上执法活动。因此行政机关应当遵守法律的规定实施行政管理。如无相关法律依据，不得作出影响行政相对人合法权益或者增加其义务的行为。

二、程序正当原则

程序正当原则，是指行政机关实施行政管理，应当遵循正当程序，推进公开行政，实现公众参与，充分保障行政相对人的各项权利能够得到充分有效的行使与实现。具体而言，程序正当原则包含以下三个内容：

（一）行政公开原则

除依法需要保密的事项以外，行政机关的行政管理活动应当公开透明，从而使公民的知情权能够得到保障和实现。

（二）公众参与原则

行政机关若要作出重要的规定和决定，应当充分听取公众的意见。

（三）回避原则

行政机关工作人员履行职责与行政管理相对人存在利害关系时，应当任职回避或公务回避。

（四）适用程序合法

行政机关在实施行政管理活动，除需要履行行政公开、公众参与和回避的一般程序外，若法律对实施某种行政行为还规定了特殊程序的，也需要依法正确的履行法律规定的特殊程序。例如，法律规定作出某些特殊的行政处罚或行政许可需要履行听证程序、实施强制执行需要履行催告程序、按照法定条件选择行政处罚适用简易程序等。

三、权责统一原则

权责统一原则要求法律既赋予行政机关必要的职权，又同时规定相应的职责及其法律责任，其内涵也可概括为：执法有保障、有权必有责、用权受监督、违法受追究、侵权须赔偿。

权责统一原则的内涵由两个方面构成：

一是行政效能，是指行政活动的实施应当达到其既定目标，为了保证行政目标的顺利实现，法律、法规应当赋予行政机关以一定的执法手段，并通过这些手段的运用排除其在职能实现过程中遇到的障碍。

二是行政责任，是指当行政机关违法或者不当行使职权时，应当依法承担法律责任，从而实现权力和责任的统一。上述两方面"权责统一原则"强调行政职权与行政职责的统一。权责统一是行政权与生俱来的本质属性，行政职责是行政职权不可分离、不可或缺的伴生物。宪法、法律、法规赋予行政机关职权的同时，实际上已经设定了行政机关的义务和责任，即"权责同授"；行政机关在享有授权的同时，也承担义务和责任，即"权责同承"。行政职权与行政职责不可分离，从一个角度讲是行政职权，从另一个角度讲就是行政职责，因而其是一个统一体的两个对立统一的侧面。任何行政机关在行使行政职权时，都必须履行相应的行政职责；在履行行政职责时，也应当享有行政职权。没有无职责相伴的职权，也没有无职权相伴的职责。职权可以保障职责的履行，职责又对职权的行使进行监督制约。这样就能保证行政机关依法行使行政职权、履行行政职责，从而做到依法行政。

四、合理行政原则

合理行政原则的主要含义是行政行为应当具有理性，属于实质行政法治的范畴。"实质法治"，与"形式法治"相对应，是指整个社会、一切人和组织都服从和遵守体现社会正义的理性法律统治。理性、社会正义和法律统治三者的有机联系，构成实质法治的精神内涵。合理行政原则，强调行政决定必须具有理性，故属于实质法治的范畴。"形式法治"，即法制，是指立法、守法、执法、司法、法律监督各环节的统一，核心是依法办事。合法行政原则属于形式法治的范畴。

合理行政原则适用于裁量性行政职权的行使，用于规范自由裁量性的行政行为。合理行政原则的产生是由于行政机关自由裁量权的存在。由于行政活动所面对的社会现实具有多样性和复杂性，法律对行政活动的规定不可能面面俱到，巨细无遗，因而必须给予行政机关以一定的自由裁量余地，使行政机关能够根据具体情况作出灵活处理，以应对复杂多变的社会现实。换句话说，法规范赋予行政机关自由裁量权，目的在于实现个案正义。具体而言，法规范赋予行政机关可自由决定或选择的活动范围，容许行政机关在处理个案时，根据法律授予裁量权的目的和个案的具体情况，寻找合理适当的解决方法，从而实现个案正义。但是，合法行政原则无法约束行政机关在法律设定的自由裁量范围内的行为，而行政机关的自由裁量又不能是恣意的，所以需要对其加以法律理性上的控制。也就是说，行政裁量权内含着"合理行政"的要求，合理行政原则构成行政裁量权行使的内在界限。

合理行政原则所要求的"合理"，是对行政决定内容的要求，它要求行政决定的内容具有理性。而行政决定程序合理，是程序正当原则的要求。合理行政原则所要求的"理性"是指行政行为应当具有一个有正常理智的普通人所能达到的合理与适当，并且能够符合科学公理和社会公德，它具体表现为以下三个原则：公平公正原则、考虑相关因素原则和比例原则。

（一）公平公正原则

要求行政机关在行政管理过程中应当平等对待行政相对人，不仅地位应当中立，而且应当一视同仁，不偏私、不歧视。

（二）考虑相关因素原则

行政机关在行政裁量过程中应当合理考虑相关因素，不得将行政决定建立在不相关因素的基础之上。

（三）比例原则

比例原则，是指行政机关实施行政行为应兼顾行政目标与行政相对人的合法权益，在无法避免会造成损害时，应当尽可能将对相对人权益的不利影响降到最低。具体包括以下三个方面：

1. 适当性

行政机关在裁量过程中采取的各项措施，均须符合法律目的，手段裁量应适当，不得违背法律授权的目的。

2. 必要性

行政机关所选择的具体措施与手段是实现法律目的所必需的，而不是可有可无的。实施行政管理，在多种可供选择的方案中应当选择对行政相对人损害最小的措施实施。

3. 均衡性

又称衡量性，是指手段应按目的加以衡量，即采取措施所造成的损害轻于达成目的所获得的利益。均衡性要求行政活动的目的和手段之间保持比例，不至于行政机关为实现行政目的而造成公民权益的过度损害。

比例原则的核心精神，在于要求行政管理活动应当尽可能避免造成行政相对人的权益受损。如实在不可避免会造成损害，也应当选择以损害最小的方式进行，即"不用高射炮打蚊子，杀鸡焉能用牛刀"。

五、高效便民原则

高效便民原则，要求行政机关实施行政管理，应当遵守法定时限，积极履行法定职责，提高办事效率，提供优质服务，方便公民、法人和其他组织。

高效原则，是强调实施行政管理与提高行政效率间相互关系的基本准则，其基本含义是指行政机关实施行政管理应当尽量程序简单、时间短暂，以使行政程序较快进行，行政关系得到较快确定，行政秩序得到较快确立。高效原则是行政程序简单化的基本根据，是对"程序正当"原则的必要补充。出于对公正与效率的平衡的需要，"程序正当"原则的运用应当与高效原则有机结合起来。

便民原则，是指行政机关实施行政管理应当将减少当事人的负担和支出作为基本活动准则。行政机关实施行政管理时应当尽量使相对人在行政程序中以最少的付出获得最有效的保障。比如，严格限制收费、尊重当事人选择、缩短办案时间等都是这一原则的体现。

六、诚实守信原则

诚实守信原则，是指行政机关发布行政信息应当全面、准确、真实；对于已经作出的生效行政决定，则应当信守承诺，以保护公民信赖利益。诚实守信原则主要包括以下两个方面：

（一）行政信息真实原则

行政信息真实原则，是指行政机关发布的行政信息应当全面、准确、真实，不得捏造虚假信息。即行政机关应当说真话，不撒谎。

（二）保护信赖利益原则

保护信赖利益原则，是指行政机关非因法定事由并经法定程序，不得撤销、变更已经生效的行政决定；确因国家利益、公共利益或者其他法定事由需要撤销或者变更的，应当依法进行，并对行政相对人的相应财产损失予以补偿。行政法上的信赖保护，是指相对人对行政行为存续性所产生的信赖应受保障。

1. 信赖保护要件

适用信赖保护原则，必须满足以下三个要件：

（1）信赖基础

行政机关须有表现于外的行为或者措施，构成相对人信赖的基础。作为信赖基础的行政行为，可以是合法的，也可以是违法的。但是，因重大明显违法而无效的行政行为，不得作为信赖基础。

（2）信赖表现

信赖表现，是指相对人因信赖行政行为合法有效而实施了具体行为。相对人纯属观望、期待而没有表现其已产生信赖的事实的，则因欠缺信赖表现而不在保护范围内。比如，某开发公司获得施工许可后没有进行施工，也没有进行施工前准备，属于不存在"信赖表现"。必须注意的是，信赖表现与信赖基础之间必须存在因果关系。也就是说，相对人必须知道行政行为已经作出，并且确信该行政行为是合法有效的，从而基于此种信赖而展开具体行为。若相对人不知行政行为的存在，或无意接受其有利的效果，则也不在保护范围内。

（3）信赖利益

信赖利益，是指行政相对人因为信赖行政的稳定性而实施了相应的行为，安排了自己未来的生产、生活，从而因为实施了该行为产生了可评估的合法利益或承受了相应的负担。

（4）信赖正当

值得保护的信赖必须是正当的信赖。所谓正当，是指相对人对行政行为深信不疑，且对信赖基础的成立善意且无过失。相对人存在以下三种情形之一的，其信赖不值得保护：①以欺诈、胁迫或者贿赂等不正当方法，使行政机关作出行政行为的；②对重要事项提供不正确的资料或者进行不完整的陈述，致使行政机关依据该资料或者陈述而作出行政行为的；③明知行政行为违法或者因重大过失而不知道的。

2. 信赖保护方式

当相对人符合信赖保护要件，面临行政机关打算撤销、变更或者撤回已经生效的行政决定时，应如何保护相对人的信赖利益，一般认为存在以下两种方式：

（1）"存续保护"，是指不论现存的法律状况是否合法，一律稳定相对人所信赖的法律状况，也就是维持原先的信赖基础；

（2）"财产保护"，是指允许撤销、变更或者废止原先的信赖基础，但应当对相对人的信赖利益给予财产补偿。

判断采取"存续保护"还是"财产保护"，首先，应当考虑信赖基础是否对相对人有利。若对相对人有利，原则上应当采取存续保护方式；若对相对人不利，则其撤销、变更或者废止不存在损害相对人信赖利益的问题，故行政机关原则上可以自由裁量是否撤销、变更或者废止。其次，应当权衡"信赖利益"与"废弃所获利益"。在信赖基础对相对人有利时，本应采取"存续保护"方式。但是，若变更、撤销或撤回信赖基础所代表的利益大于相对人的信赖利益的，则应变更、撤销或撤回该信赖基础，但应当根据具体情形采取"财产保护"措施。"财产保护"措施以信赖基础继续存在时，相对人可得到的利益为上限。

▌▌金题自测

1. 合法行政是行政法的基本原则之一，关于合法行政原则，下列选项正确的是？

A. 法无禁止则自由是合法行政原则的具体体现

B. 合法行政原则属实质行政法治范畴

C. 法律优位是合法行政原则的要求之一

D. 行政责任是合法行政原则的内容

［考点］合法行政原则

［解题思路］根据国务院《全面推进依法行政实施纲要》的规定，合法行政原则要求：行政机关实施行政管理，应当依照法律、法规、规章的规定进行；没有法律、法规、规章的规定，行政机关不得作出影响公民、法人和其他组织合法权益或者增加公民、法人和其他组织义务的决定。合法行政原则要求行政活动形式上不得违法，包括法律保留和法律优先两个方面的标准，故 C 选项正确。法无禁止则自由是民事行为合法的标准，而不是合法行政原则的体现，故 A 选项错误。行政责任属于权责统一原则的内容，而非合法行政原则的内容，故 D 选项错误。

实质法治，是指本质上遵守法律的立法本意和法治的精神。形式法治，是指形式上符合法律的规定，不僭越法律条文。合理行政原则强调行政行为应当具有法律理性，行政裁量符合立法本意和法律目的，属于实质法治的范畴。合法行政原则强调形式上不超越现行法律的规定，属于形式法治的范畴，故 B 选项错误。

［答案］C

2. 关于合理行政原则的阐述，下列说法正确的是？

A. 合理行政原则要求行政机关公布的信息应当全面、准确、真实

B. 合理行政原则属实质行政法治范畴

C. 合理行政原则要求保障行政机关政令有效

D. 合理行政原则要求行政机关实施行政管理活动应当尽可能实现公众参与的目的

［考点］合理行政原则

［解题思路］诚实守信原则，是指行政机关发布行政信息应当全面、准确、真实，对于已经作出的生效行政决定，应当信守承诺，以保护公民的信赖利益。因此，要求行政机关公布的信息应当全面、准确、真实应为诚实守信原则而非合理行政原则的要求。A选项错误。

合理行政原则，是指在行政裁量活动中行政机关作出的行政决定应当客观、公正，符合理性。由于合理行政原则涉及行政法的目的与精神等内在价值的判断与选择，以及行政裁量权的合理行使，因而属于实质法治范畴。B选项正确。

权责统一原则，是指行政机关实施行政管理，应当实现权力与责任相统一，既要拥有相应权力，保证行政效能，实现政令有效，又要承担相应责任。因此，要求保障行政机关政令有效乃是权责统一原则而非合理行政原则的要求。C选项错误。

程序正当原则，是指行政机关实施行政管理活动，应当遵循正当的法律程序，实现行政管理的公开透明、公众参与，在其与行政相对人存在利害关系时则应当依法回避。因此，尽可能实现公众参与乃是程序正当原则而非合理行政原则的要求。D选项错误。

［答案］B

3. 合理行政是依法行政的基本要求之一，关于合理行政原则，下列选项正确的是？

A. 行政机关广泛听取公众的意见，推进公共治理能力的现代化是合理行政原则的体现

B. 合理行政原则属于实质行政法治的范畴

C. 合理行政调整裁量行政行为

D. 行政机关适度选择执法手段是合理行政原则的体现

［考点］合理行政原则

［解题思路］按照国务院《全面推进依法行政实施纲要》的规定，合理行政原则要求：行政机关实施行政管理，应当遵循公平、公正的原则，要平等对待行政管理相对人，不偏私、不歧视；行使自由裁量权应符合法律目的，只能考虑与法律目的相关的因素，排除不相关因素的干扰；行政手段、方法的裁量应符合比例原则，符合适当、必要的标准。

行政机关就行政活动广泛听取公众的意见，属于程序正当原则之公众参与的体现，而不属于合理行政原则的体现，A选项错误。

实质法治，是指本质上遵守法律的立法本意和法治的精神。形式法治，是指形式上符合法律的规定，不僭越法律条文。合理行政原则强调行政行为应当具有法律理性，行政裁量符合立法本意和法律目的，属于实质法治的范畴。合法行政原则强调形式上不超

越现行法律的规定，属于形式法治的范畴，B 选项正确。

合理行政调整的是自由裁量性行政行为，而非羁束性行政行为，C 选项正确。

行政机关选择执法手段适度体现的是合理行政原则之比例原则，即行政执法手段的严厉程度须适当、必要，D 选项正确。

[答案] BCD

4. 关于行政信赖保护原则，下列选项正确的是？

A. 遵循信赖保护原则是合理行政的内容

B. 行政信赖保护只适用于负担的行政行为

C. 信赖保护原则是行政许可活动的基本要求之一

D. 对依法更改行政行为给当事人造成的损害给予补偿是信赖保护原则的要求

[考点] 信赖利益保护原则

[解题思路] 按照国务院《全面推进依法行政实施纲要》的规定，诚实守信原则包括行政信息真实和行政信赖保护两方面的要求。因此行政信赖保护原则属于诚实守信原则的内容，而不属于合理行政的内容，A 选项错误。

行政信赖保护原则要求行政机关应当保护相对人的信赖利益，禁止反复无常，非因法定事由并经法定程序，行政机关不得撤销、变更已经生效的行政决定；因国家利益、公共利益或者其他法定事由需要撤回或者变更行政决定的，应该依照法定权限和程序进行，并对行政管理相对人因此而受到的财产损失依法予以补偿。由此可见，行政信赖保护是针对相对人因行政行为获得的利益，只适用于授益性行政行为，B 选项错误。

行政许可属于授益性行政行为，应遵循行政信赖保护原则。根据《行政许可法》第8 条的规定，公民、法人或者其他组织依法取得的行政许可受法律保护，行政机关不得擅自改变已经生效的行政许可。行政许可所依据的法律、法规、规章修改或者废止，或者准予行政许可所依据的客观情况发生重大变化的，为了公共利益的需要，行政机关可以依法变更或者撤回已经生效的行政许可。由此给公民、法人或者其他组织造成财产损失的，行政机关应当依法给予补偿。可见行政信赖保护是行政许可法的基本原则之一，C 选项正确。

对依法更改行政行为给当事人造成的损害给予补偿是信赖保护原则的要求之一，D 选项正确。

[答案] CD

5. 某城市为了整顿规范市容市貌，出台了《市容管理处罚规定》，要求城管执法部门在作出行政处罚决定时，应当综合考虑与执法目的相关的因素，体现了行政法哪一原则的要求？

A. 合理行政   B. 程序正当

C. 高效便民   D. 诚实守信

[考点] 合理行政原则

[解题思路] 合理行政要求行政机关作出行政决定和进行行政裁量，只应当考虑符合立法授权目的的各种因素，不得考虑不相关因素。A 选项说法正确，BCD 选项说法错误。

考虑相关因素是合理行政原则的重要方面，要求行政机关在作出行政管理时要考虑与法律目的相关的的因素，不得考虑与法律目的不相关的因素，既不能机械刻板，也不得恣意滥用裁量权。

［答案］A

案例：省政府出台文件要求各烟花爆竹生产企业强化标准、提升质量，鼓励达标企业做大做强。为响应号召，全省烟花爆竹生产企业普遍增加了投入，加强升级改造，年产值基本都在千万以上。事后省政府又出台通知，要求全省75家烟花爆竹生产企业无论规模大小必须全部关闭。

［问题］结合本案，谈谈如何理解信赖保护原则的基本内容。

［答题模板］省政府的关闭通知违反信赖保护原则。信赖保护原则是指行政机关不得擅自撤销、变更或废止生效的行政行为，基于公共利益的需要依法更改已经生效的行政行为须依法给予当事人补偿。在关闭通知发布之前，省政府及有关部门曾数次出台文件鼓励达标企业做大做强，可是当这些企业投入巨资完成了升级改造后，又一纸令下全部关闭且以明显不合理的补偿标准，这显然是有违信赖保护原则的。

02 第二章
行政组织与公务员

考情速览

　　本章主要包含三个内容：行政组织的分类及其行政主体资格、行政编制和公务员法。《国务院行政机构设置和编制管理条例》和《地方各级人民政府机构设置和编制管理条例》构成了行政组织法的基本内容。在行政组织部分，关于机构设置的程序、编制问题以及行政机构性质与职权问题成为重点考核的对象。《公务员法》部分的考点主要集中在《公务员法》和《行政机关公务员处分条例》当中，也是每年考试均要考查的内容。总体而言，尽管行政组织与公务员考查的分值并不是很高，但却是稳定必考的考点。

　　行政组织法包括行政组织与公务员这两方面的内容，其价值在于解决究竟由谁来执法的问题。只有行政执法的主体首先得到解决，才能有效地规范与控制执法者的行政权力，落实依法行政的基本原则。

　　本章的考点集中在客观题部分，每年必考的知识点有：中央和地方各级政府机构设置和编制管理；中央行政机关的分类和职能；派出机构与内设机构；公务员的聘任、交流、回避、处分、离职和申诉。在此前的考试中，除行政组织和行政编制会每年直接考查 1 道选择题外，《公务员法》每年会考查 1—2 道选择题。

第一节　行政组织与行政主体

◇ **考点精华 5**

概念		1. 行政组织：从事行政活动、行使行政权力的组织。包括：行政机关、行政内部机构、法律法规规章授权组织、行政机关委托的组织。 2. 行政主体：享有行政权力，能以自己的名义对外独立行使行政职权，并独立承担相应法律责任的资格。（独立执法名义、独立担责身份） 3. 行政组织包含行政主体，行政主体只是行政组织中的一部分。（行政组织是机构、行政主体是资格）
行政组织	行政机关	行政机关一般具有行政主体资格但有例外： 1. 不是在任何场合下都是行政主体（还可能是民事主体、刑事侦查主体等）。 2. 不是所有的行政机关都是行政主体（具有行政管理职权）。

行政组织	法定授权组织	法律、法规、规章授权执法的非政府组织。1. 法定授权组织授权范围内行使权力时具有行政主体资格；2. 法律、法规、规章方可授权执法，规章以下规范性文件的"授权"视为委托执法。
	行政内部机构	1. 类别：（1）派出机构：是县级以上政府工作部门在一定行政区域内设立，代表该设立机关管理该行政区域内特定行政事务的行政机构，如工商所、税务所、公安派出所等；（2）内设机构：行政机关内承担具体管理事务的内部工作机构，司、处、科、队等；（3）临时组建的机构：行政机关为履行职权需要临时组建的执法机构。 2. 身份：行政内部机构是行政机关的内部组织，一般不具有行政主体资格，使用所属行政机关的行政主体资格；经法律、法规、规章授权在授权范围内行使权力时自己具有行政主体资格。主要被授权的行政机构：派出所：500元以下罚款和警告；税务所：2000元以下罚款。
	行政机关委托组织	1. 发布文件或签订协议委托执法，一般没有委托对象限制，但行政许可只能委托其他行政机关；行政处罚权只可委托事业单位（行政拘留除外），行政强制不得委托。 2. 受委托的组织以委托行使权力的行政机关的名义行使行政权力，法律责任由委托机关承担，因此不享有行政主体资格。以委托者的名义、责任归于委托者（类似代理）。

一、行政组织

行政组织，是指以行使行政职能为目的，以行政职位为基本构成单位的组织。以行政职位为基本构成单位，可以组成不同规模、不同功能和不同形式的各种行政组织。行政组织主要包括国家行政机关、法定授权组织、受委托的组织和行政内部机构。

二、行政主体

行政主体，是指国家行政机关和社会组织能够以自己的名义实施国家行政管理职能并独立承受一定法律后果的资格。行政主体既是一个有权能的行政组织独立执法的名义，也是其独立承担法律责任的身份。行政主体具有以下法律特征：

（一）享有行政职权

行政主体依法拥有独立的行政职权。行政主体是一种组织，但并不是所有的组织都是行政主体。只有依法拥有独立的行政职权的组织，才具有行政主体资格。

（二）以自己的名义对外行使职权

行政主体必须能够以自己的名义对外行使行政职权。所谓"以自己的名义"，是指能够依照自己的意志作出决定，能对外以自己的名义独立实施行政行为。能否以自己的名义实施行政管理，反映了它是否享有相对独立的法律地位。

（三）对外独立的承担法律责任

行政主体必须能够独立承担一定的法律后果。行政主体能够对自己作出的具体行政行为承担法律后果，它们在行政复议中能够充当行政复议被申请人，在行政诉讼中能够充当行政诉讼被告，在行政赔偿中能够充当行政赔偿义务机关。

总之，行政主体的重要特征是以实施者的独立名义从事行政活动和承担相关法律责任。不过，具有上述特征的组织，仅是具有行政主体资格。具有行政主体资格的组织在具体案件中是否是行政主体，还必须考虑其是否实施了行政行为。具有行政主体资格的组织在具体实施行政职权的情形下，它才是具体案件中的行政主体。

三、行政主体与行政组织、行政机关的关系

（一）行政组织与行政主体

行政组织包含行政主体，行政主体只是行政组织中的一部分，行政组织是机构，行政主体是资格。

（二）行政机关与行政主体

1. 行政机关不是在任何场合都是行政主体

具有行政主体资格的行政机关并非在任何案件中都是行政主体，还可能是民事主体、刑事侦查主体等。当行政机关从事民事活动时，其身份是"民事主体"；当行政机关之间发生行政管理关系时，被管理的行政机关处于"行政管理相对人"的地位。再比如，县公安局向县规划局申请建房规划许可时，县公安局处于行政管理相对人的地位。

2. 不是所有的行政机关都是行政主体

虽然行政机关是最重要、最常见的行政主体，但是并非所有的行政机关都具有行政主体资格。哪些行政机关具有行政主体资格，应当依据法律规定来确定。只有具有行政管理职能的行政机关才具有行政主体资格。比如，国务院办事机构不具有对外执法的行政管理职能，故不具有行政主体资格。但不具有行政管理职能的行政机关超越职权对行政相对人违法作出行政行为的，应认定其具有承担法律责任的身份，可以该行政机关为被告向法院起诉。

第二节 行政组织的类别

一、行政机关

（一）中央行政机关

◇ **考点精华 6**

中央行政机关	国务院	组成部门 G 承担基本职能	部（自然资源部、退役军人事务部、文化和旅游部、司法部等）、委（国家发展与改革委员会、国家民族事务委员会、国家卫生健康委员会；民族发展卫健康）行（人民银行）署（审计署）是组成部门。
		直属机构 G 主管专项业务，具有独立管理职能	（1）凡是带"总"字的都是直属机构（市场监督管理总局、广播电总局、海关总署等）；（2）直属机构中也有部分不带"总"字的局、署（国家医疗保障局、国际发展合作署、统计局；国家医疗有保障，国际合作要统计）。注意：参事室、机关事务局不具有对外管理职权，因此不能制定规章。

续表

中央行政机关	国务院	直属特设机构	国有资产监督管理委员会。
		部委管理的国家局	主管特定业务，不属于直属机构和直属事业单位的国家局为部委管理的国家局，即该国家局由国务院组成部门、直属机构管理。如国家铁路局（交通运输部）、林业和草原局（自然资源部）、粮食和物资储备局（发改委）、移民管理局（公安部）、知识产权局（市场监管总局）等。
		办事机构	一般称为"办公室"，承担国务院交办的事项，包括：港澳办公室、政策研究室等。
		办公机构	国务院办公厅。
		议事协调机构	跨部门设立的会议协调性机构，如国家禁毒委、食品安全委等，没有独立的编制和人员，不设内设机构，议定的事项经国务院同意由各部门按各自职责办理。经国务院同意，特殊或紧急情况下可以规定临时行政措施。
		直属事业单位 G	直属事业单位不是行政机关，经法律法规授权后具有行政管理职能，中国气象局、证券监管会、银行保险业监管会（被授权制定规章）。

（二）地方行政机关

◇ **考点精华 7**

地方行政机关	各级地方人民政府		省级：省、自治区、直辖市人民政府；地级（市）：设区的市、自治州人民政府。
			县级：县、不设区的市、区人民政府；乡级：乡、镇人民政府。
	县级以上地方政府的工作部门	双重管理	普通政府工作部门属于双重管理，既受同级政府领导，又受上级主管部门的指导（领导）、监督。
		中央垂直管理	从中央到地方全部垂直管理，只受上级部门领导，不受同级政府领导、监督：人民银行、海关、外汇+税务、国安。
		省以下垂直管理	经国务院批准实行省以下的市、县部门垂直管理，只受上级部门领导，不受同级政府领导。
	派出机关	行政公署	省、自治区政府设立，相当于设区的市政府。
		区公所	县、自治县政府设立。
		街道办	区政府或县级市政设立，相当于乡镇政府。

1. 地方行政机关的构成体系

（1）地方政府（省、市、县、乡四级）、县级以上政府工作部门（局、厅、办公室、委员会）、派出机关。

（2）政府工作部门

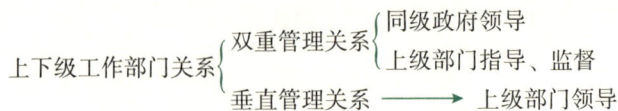

$$上下级工作部门关系 \begin{cases} 双重管理关系 \begin{cases} 同级政府领导 \\ 上级部门指导、监督 \end{cases} \\ 垂直管理关系 \longrightarrow 上级部门领导 \end{cases}$$

中央垂直：人民银行、海关、外汇+税务、国家安全。

省以下垂直：经国务院批准，省以下的市、县两级部门实行垂直领导。

（3）政府的派出机关

政府派出机关是指，人民政府依法派驻到一定区域代表该政府从事行政管理活动的行政机关。根据法律规定，我国的政府派出机关有三种：地区（盟）行政公署、区公所、街道办事处，虽然是政府派出的，但在法律上均为独立的行政机关。行政公署是省、自治区人民政府的派出机关，区公所是县、自治县人民政府的派出机关，街道办是区政府或县级市政设立的派出机关。

2. 地方行政机关的分类

地方行政机关包括：地方各级人民政府、县级以上各级人民政府所属的工作部门和地方人民政府的派出机关。

（1）地方各级人民政府

地方各级人民政府包括省、自治区、直辖市人民政府，设区的市、自治州人民政府，县、自治县、不设区的市、市辖区人民政府，乡、民族乡、镇人民政府。

（2）县级以上各级人民政府所属各工作部门

县级以上各级人民政府（包括国务院，省、自治区、直辖市人民政府，设区的市、自治州人民政府，县、自治县、不设区的市、市辖区人民政府）根据工作需要和精干的原则，可以设立必要的工作部门。比如，某市人民政府设置发展和改革委员会、建设委员会、教育局、科技局、公安局、扶贫办公室、外事办公室等工作部门。这些工作部门依法享有行政职权，并具有独立法律地位，故属于行政机关。县级以上各级人民政府的工作部门根据地位的不同划分为不同类别，比如组成部门、直属机构、办事机构等。但是，类别的不同并不影响其"行政机关"的法律地位。

县级以上地方政府的工作部门一般实行双重管理，既受同级政府领导，又受上级主管部门的指导、监督。而有些特殊的行政机关则实行垂直领导，包括省以下垂直管理和中央垂直管理两种。人民银行、海关、外汇为中央垂直管理的行政机关，从中央到地方全部垂直管理，只受上级主管部门领导，不受同级政府领导、监督。而经国务院批准实行省以下垂直管理的行政机关，省以下的市、县两级该行政机关只受上级主管部门领导，不受同级政府领导，但接受同级政府的复议监督。值得注意的是，根据《行政复议法》第12条和《税务复议规则》的规定，税务机关和国家安全机关的复议机关确认与中央垂直领导机关适用相同规则，故在行政复议中可将税务机关和国家安全机关视为中央垂直领导机关来对待。

（3）地方人民政府的派出机关

派出机关，是由有权的地方人民政府在一定行政区域内设立，代表设立机关管理该行政区域内各项行政事务的行政机构，包括：省、自治区人民政府设立的地区行政公署；县、自治县人民政府设立的区公所；市辖区、不设区的市人民政府设立的街道办事处（《地方各级人民代表大会和地方各级人民政府组织法》第 68 条）。派出机关依法享有行政职权，并具有独立法律地位，故属于行政机关。在实践中，地区行政公署相当于设区的市、自治州人民政府，直接领导辖区内县、自治县、不设区的市人民政府，并依法可以设置相应的工作部门；街道办事处相当于乡镇人民政府。

◆ **考点精华 8：行政机关的构成体系（五级政府、三层机构）**

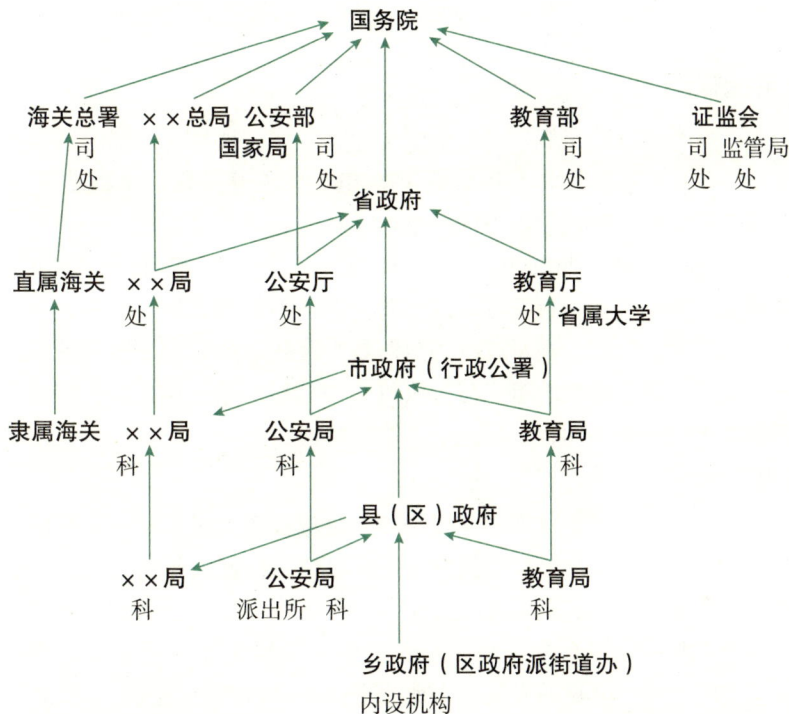

二、行政内部机构

行政内部机构是行政机关的内部工作机构，主要包括以下三类：

（一）派出机构

是指由地方人民政府或人民政府所属部门在一定行政区域内设立，代表该设立机关管理该行政区域内特定行政事务的行政机构。例如公安局设置公安派出所作为其派出机构。派出机构一般不能以自己的名义对外行使职权，即不具有独立性，故也不属于行政机关。如工商所、税务所、公安派出所等。

（二）内设机构

是指独立机构的内部工作机构，司、处、科、队等。内设机构一般不能单独用本机构的名义对外行使职权，通过所从属的独立机构的名义来行使所赋予的职权。行政机关根据工作需要设置若干内设机构。行政机关为履行职权需要临时组建的执法机构也具有与内设机构相同的法律地位。内设机构因为不能以自己的名义对外行使职权，即没有独立性，因此不具有行政机关的身份。

（三）临时组建的机构

是指行政机关为履行职权需要临时组建的执法机构，例如：为了工作需要，城管局临时组建拆迁指挥部、县政府临时组建牲畜屠宰办公室。

行政内部机构是行政机关的内部组织，一般不具有行政主体资格，使用所属行政机关的行政主体资格；经法律、法规、规章授权在授权范围内行使权力时自己具有行政主体资格。主要被授权的行政机构：派出所：500 元以下罚款和警告；税务所：2000 元以下罚款；市场监管所：对个体工商户处罚和集贸市场违法行为处罚，不含吊销营业执照。

三、法定授权组织

法律、法规、规章授权的组织，是指根据法律、法规、规章的规定可以以自己的名义从事行政管理活动、参加行政复议和行政诉讼并承担相应法律责任的非政府组织。一般的法律、法规、规章均可授权行政机关以外的社会组织行使行政管理职权，但法律、法规明确规定限制授权文件等级的，则依照其规定。例如《行政许可法》和《行政处罚法》规定，法律、法规方可授权公共组织实施行政许可或行政处罚，因此规章不得授权公共组织实施行政处罚和行政许可。法律、法规、规章授权的组织具有行政主体三大法律特征，故具有行政主体资格。法律、法规、规章授权的组织与行政机关都具有行政主体资格，但法律、法规、规章授权的组织相对于行政机关而言，具有以下法律特征：

（一）非政府组织

行政机关属于国家机构的组成部分，而法律、法规授权的组织属于非政府组织。非政府组织包括企业、事业单位、社会团体、民办非企业单位。根据国务院《民办非企业单位登记管理暂行条例》第 2 条的规定，民办非企业单位，是指企业、事业单位、社会团体和其他社会力量以及公民个人利用非国有资产举办的，从事非营利性社会服务活动的社会组织。法律、法规授权组织的种类，常见的是国有企业、事业单位和社会团体。

1. 国有企业

企业单位是以营利为目的从事生产经营活动的经济组织。国有的公用企业、金融企业和全国性总公司往往成为法律、法规授权的对象。国家铁路运输企业属于国有的公用企业。根据《铁路法》的规定，铁路运输企业是指铁路局和铁路分局，行使法律、行政法规授予的行政管理职能。该条仅表明国家铁路运输企业可以作为法律、法规授权组织，但具体的行政管理职能仍需单行法律或者行政法规授予。

2. 事业单位

根据国务院《事业单位登记管理暂行条例》第 2 条第 1 款的规定，事业单位，是指国家为了社会公益目的，由国家机关举办或者其他组织利用国有资产举办的，从事教育、科技、文化、卫生等活动的社会服务组织。现有的事业单位主要有三类：（1）主要承担行政职能的事业单位，比如中国证监会、中国保监会、中国银监会、国家电监委、水利部长江水利委员会、国家知识产权局专利复审委员会等；（2）主要从事公益服务的事业单位，比如公立高等学校、图书馆；（3）主要从事生产经营活动的事业单位，比如出版社。前两类事业单位由相关法律、法规、规章授权实施行政管理职能的，则具有行政主体资格。

3. 社会团体

根据国务院《社会团体登记管理条例》第 2 条第 1 款的规定，社会团体，是指中国公民自愿组成，为实现会员共同意愿，按照其章程开展活动的非营利性社会组织。在实践中，一些全国性的社会团体获得法律、法规授权而具有行政主体资格。比如，省、自治区、直辖市注册会计师协会在办理会计师注册事项上属于法律、法规授权的组织。《注册会计师法》第 9 条第 1 款规定："参加注册会计师全国统一考试成绩合格，并从事审计业务工作 2 年以上的，可以向省、自治区、直辖市注册会计师协会申请注册。"全国性的单项体育协会在本项目运动员注册管理以及全国单项体育竞赛管理方面属于法律、法规授权的组织。《体育法》第 29 条规定："全国性的单项体育协会对本项目的运动员实行注册管理。经注册的运动员，可以根据国务院体育行政部门的规定，参加有关的体育竞赛和运动队之间的人员流动。"该法第 31 条第 3 款规定："全国单项体育竞赛由该项运动的全国性协会负责管理。"

（二）行政职权由单行法律、法规特别授予

行政机关的设立目的在于行使行政职权，管理国家行政事务。行政机关一般享有概括性的行政职权和较为具体的行政职权。前者由相关组织法明确规定，或者在设立时由设立决定明确规定；后者由单行法律、法规明确规定。而法律、法规授权的组织，原本是非政府组织，其设立目的往往不是行使行政职权。法律、法规授权的组织，一般不享有概括性的行政职权，仅享有较为具体的行政职权，此类具体的行政职权由单行法律、法规明确规定。行政机关因享有概括的行政职权，故其行政主体资格不因赋予其具体行政职权的单行法律、法规的变化而受影响。而对法律、法规授权的组织来说，如果有关法律、法规取消相关授权，则有关组织的行政管理权限也就不再存在，甚至导致其行政主体资格的丧失。

（三）行政主体资格限于授予的权限范围

行政机关具有完全的行政主体资格，而法律、法规授权的组织仅享有受限制的行政主体资格。行政机关即使超出职权范围行使权力，其所作出的行为也应当认定为行政行为，比如民政局非法颁发企业法人营业执照。法律、法规授权的组织仅在法律、法规授权的范围内具有行政主体资格，超出该授权范围实施的行为，一般不宜认定为行政行为。比如，公立高等学校在法律、法规授予的行政职权范围内（比如学位授予的行政职权范围内），具有行政主体资格；但在该授权范围外，其仍是普通的事业单位，其行为即使具有行政行为的外观，比如对未经允许私自进入教学区的社会车辆罚款 200 元，也应当认定为民事行为。

四、行政机关委托的组织

受行政机关委托的组织，是指以委托行政机关名义在委托范围内实施行政管理的组织。受行政机关委托的组织之所以可以实施行政管理，其依据在于"行政委托"。所谓行政委托，是指基于行政管理上的需要，某一行政机关委托另一行政机关、非政府组织或个人以委托行政机关名义实施行政管理，其行为效果归属于委托行政机关的制度。行政机关必须在自身法定权限内进行委托，不得将不属于自身法定权限范围的行政职权委托给其他行政机关、非政府组织或者个人行使。

（一）委托对象

行政机关可以发布文件或签订协议委托执法，一般没有委托对象的限制，但行政许可权

只能委托其他行政机关；行政处罚权只可委托事业单位（行政拘留除外），行政强制措施不得委托。

（二）法律责任

受委托的组织以委托行使权力的行政机关的名义行使行政权力，法律责任由委托机关承担，因此不享有行政主体资格。以委托者的名义、责任归于委托者（类似代理）。

（三）委托依据

一般行政机关可以出于管理需要而进行行政委托，但某些行政职权的委托必须在法律、法规或者规章有明确规定的情形下才可进行，比如《行政处罚法》第 18 条第 1 款和《行政许可法》第 24 条第 1 款明确规定了行政处罚、行政许可的委托实施。

（四）委托公开

委托机关应当将受委托组织或者个人以及受委托实施行政职权的内容予以公开。国务院《全面推进依法行政实施纲要》也明确规定"要清理、确认并向社会公告行政执法主体"。对此，《行政许可法》第 24 条第 1 款中明确规定："委托机关应当将受委托行政机关和受委托实施行政许可的内容予以公告。"

（五）委托实施的具体行政行为的合法要件

受委托的组织或者个人作出的具体行政行为合法，除必须符合具体行政行为一般合法要件外，还应当具备以下要件：

1. 行政委托本身合法有效。
2. 以委托行政机关的名义作出具体行政行为。
3. 在委托的行政职权范围内作出具体行政行为。
4. 由受委托的组织或者个人亲自作出具体行政行为。受委托的组织或者个人不得再委托其他任何组织或者个人实施行政管理。

（六）法定授权的组织与受委托组织区别

法定授权的组织与受委托组织具有以下主要区别：

1. 法定授权的组织，经授权后自身享有被授予的行政职权；受委托组织，经委托后，自身仍不享有被委托的行政职权，仅仅享有该职权的行使权而已。

2. 法定授权的组织，有权以自己名义行使被授予的行政职权；受委托组织，无权以自己名义行使受委托的行政职权，而应以委托行政机关的名义行使。

3. 法定授权的组织，自己承担被授予的行政职权的行使后果；受委托组织，自己不承担受委托的行政职权的行使后果，而由委托行政机关承担。总之，法律、法规授权的组织在行使被授予的行政职权时，是行政主体；而受委托组织在行使受委托的行政职权时不是行政主体。

4. 授权必须有法定依据，若授权没有法定依据的，则应当视为"委托"。《最高人民法院关于适用〈中华人民共和国行政诉讼法〉的解释》（以下简称《最高人民法院关于适用行政诉讼法的解释》）第 20 条第 3 款规定，没有法律、法规或者规章规定，行政机关授权其内设机构、派出机构或者其他组织行使行政职权的，属于《行政诉讼法》第 26 条规定的委托。而委托，不需要法定依据，除非法律有特别规定。

第三节　行政编制

◇ **考点精华 9**

	政府工作部门的设、减、并、改	工作部门内设机构的设立
国务院	组成部门须经全国人大或常委会决定，其它工作部门调整由国务院编制管理机关提出方案后国务院自主决定。 （组成部门人大批，其他部门国院定）	（1）国务院下属部门司级内设机构的增设由该部门提出方案，国务院编制管理机关审核后，报国务院批准；（2）国务院下属部门的处级内设机构自主决定，报国务院编制机关备案。 （部门提出编委核，司长较少国院批，处长遍地自主定，定完编委备个案）
县级以上地方政府	工作部门的设、减、并、改（规格或名称）经上一级人民政府机构编制管理机关审核后报上一级政府批准，设、减、并还需报本级人大常委会备案。 （地方政府设部门，上级批完备人大）	县级以上地方政府工作部门内设机构的设、减、并、改（规格或名称）由该工作部门报本级政府编制管理机关批准。 （地方部门需内设，编委批准就搞定）
乡政府	没有工作部门，内部机构经县级人民政府机构编制管理机关审核后报县级政府批准，不需备案。	
行政区划与派出机关的设立	全国人大批省级（省、自治区、直辖市），国院批准县市署（行政公署）、乡镇公所由省（政府）批，城区政府设街办，批准一律找上级（政府）。	
管理	中央	编制指人员数量和领导职数。编制方案内容包括机构人员定额和结构、机构领导职数和司级内设机构领导职数。议事协调机构不单设编制，不设内设机构。各中央部门编制的增减由国务院批准。
	地方	中央统一领导、分级管理（不属于垂直领导）；应考虑财政供养能力，不使用事业编制，议事协调机构不单设编制，其设置由本级政府决定，无需批准。不得要求下级设置对口机构；地方编制总额由省级政府提出后中央编制机关审核国务院批准；地方事业编制由省级编制机关报国务院编制机关审核后，由省级政府发布。可对本级政府编制总额内进行调整，但跨层级调整需省级编制机关报国务院编制机关审批。应定期评估，作为调整参考。
		行政机构之间对职责划分有异议的：（1）协商一致的，报本级政府编制管理机关备案；（2）协商不一致的，应当提请本级政府编制管理机关提出协调意见，由编制管理机关报请本级政府决定。（同级部门争权责，协商一致就搞定，报请编委个案；协商不成提编委，报请政府做决定）

第四节　公务员

一、公务员的基本概念

◇ **考点精华 10**

公务员	范围	公务员是指在国家机关依法履行公职、纳入行政编制并由财政负担工资福利（排除工勤人员、事业编制）的人员。经法律法规授权具有行政管理职权的事业单位中履行公务的人员参照公务员管理，即普通公务员和参照公务员管理人员均适用《公务员法》的规定。
	职位	综合管理类、专业技术类、行政执法类，可增设其他类别职位，范围由国家另行规定。
	职务与职级	职务：领导有职有权，国家级正职至乡科级副职，选任、委任或聘任。 职级：非领导有职无权，巡视员、调研员、主任科员 1—4 级、科员 1—2 级，委任或聘任。 职务与职级均用于区分职权大小，可以相互转任、兼任。（调整：降职、升职、撤职）
	级别	区分待遇，与职务职级对应，可在对应幅度内晋升，共 27 级。（调整：降级、晋级）
	福利待遇	（1）按照规定享受相应的工资福利待遇；（2）参加社会保险并享受相应保险待遇；（3）因公牺牲或病故的亲属依法享受抚恤优待；（4）加班应补休，不能补休的给予相应补助。

（一）公务员的概念与范围

公务员是指国家依法定方式任用的，依法履行公职，行使国家行政管理职能，并纳入国家行政编制的工作人员。经法律、法规授权具有行政管理职权的事业单位中履行公务的人员参照公务员管理，即普通公务员和参照公务员管理的人员均适用《公务员法》的规定。

我国的公务员与国外的公务员存在许多不同，我国的公务员范围要更广泛。严格来说，我国的公务员大体上相当于国家各级党政机关"公职人员"的总称。具体而言，我国的公务员大体包括中国共产党机关的工作人员、各级人大机关的工作人员、行政机关的工作人员、政协机关的工作人员、法院、检察院机关的工作人员以及各民主党派机关的工作人员。当然，这些工作人员均是履行公务的特定人员，而不包括从事后勤服务的工勤人员。

（二）职务与职级

按照 2018 年修订新《公务员法》规定，我国公务员实行职务和职级并行的官职等级层次划分制度。领导岗位的官职被称为"职务"，其官职大小按职务层级划分，最高为国家级正职、最低为乡科级副职。非领导岗位的官职被称为"职级"，其官职大小按职级层次划分，其中综合管理类职位的职级层次分为：1—4 级巡视员、1—4 级调研员、1—4 级主任科员、1—2 级科员。综合管理类以外其他职位类别公务员的职级序列，根据本法由国家另行规定。

职务与职级均用于区分公务员职权大小、官职高低，在各自的序列内可依法逐级调整，包括降职、升职或撤职。二者的区别在于：职务是领导官职，有职有权，既有领导权力又享受相应级别的待遇；而职级是非领导官职，有职无权，没有领导权力但享受相应级别的待遇。这样的制度安排有利于调动基层和非领导岗位公务员的工作积极性，确保那些无法胜任领导职务的公务人员也可以通过逐步晋升职级来提升行政级别，提高工资待遇，增强职业进取意识。当然领导官职的"职务"和非领导官职的"职级"是可以相互转任、兼任的。

公务员领导职务实行选任制、委任制和聘任制，公务员职级实行委任制和聘任制。

（三）级别

公务员的级别是指公职人员的待遇层级，用于区分工资、福利待遇。我国公务员的级别与职务、职级对应，分1—27级，其中每一个职务、职级对应的级别是有一定的幅度空间的，在职务、职级不变的情况下，因表现优异也可以在该职务、职级对应的级别幅度内晋升级别来享受更高的待遇。公务员级别的调整有降级和晋级两种，即涨待遇或降待遇。

按照2018年新修订的《公务员法》规定，公务员按照级别规定享受相应的工资福利待遇，参加社会保险并享受相应保险待遇。公务员因公牺牲或病故的，亲属依法享受抚恤优待。公务员加班应补休，不能补休的给予相应补助。

二、公务员的职务变动

（一）公职的取得

◇ 考点精华11

任职	考试录用	（1）一级主任科员以下的职级岗位（二至四级主任科员、科员的非领导岗位）；（2）报考条件：中国国籍、年满18岁和其他条件；犯罪判处刑罚、开除公职、开除党籍、列为失信惩戒对象的不予录用；（3）试用期1年（法定），期满不合格取消录用；（4）中央、省级公务员主管部门组织招考，必要时省级部门可授权市级部门组织招考；（5）体检标准由中央公务员部门会同卫生健康部门规定，特殊职位经省级公务员部门批准可简化程序或采取其他测评办法；（6）行政机关中初次从事行政处罚决定审核、行政复议、行政裁决、法律顾问的公务员须取得法律职业资格；（7）拟录取公务员名单应公示不少于5个工作日，就职时应依法公开进行宪法宣誓；（8）考试、聘用中弄虚作假、作弊、扰乱秩序，可作出成绩无效、取消资格、限制报考等处理，严重的依法追究刑事责任。
	选任制	宪法、组织法规定，人大及其常委会选举的领导职务。
	委任制	一般的公务员职务。
	聘任制	经省级公务员管理部门批准设置：专业性较强的职位、辅助性职位（保密岗位排除）；1—5年聘任合同，1—12月试用期。可以直接选聘或按公务员考试程序公开招考；签订合同报同级公务员主管部门备案；可协议工资，按照公务员法和聘用合同管理。
兼职	机关外兼职	工作需要：经过有关机关批准、无兼职报酬、只能在非营利性组织中兼职。

1. 关于不得担任公务员的排除范围：曾因犯罪受过刑事处罚的；曾被开除公职的；曾经被开除党籍的；被列为失信联合惩戒对象的。

这里的"曾因犯罪受过刑事处罚"中的"犯罪"并未强调是故意还是过失犯罪。因此，即使是曾经过失犯罪受过刑事处罚的，也一律不得再担任公务员。被列为失信联合惩戒对象的，只限制本人报考公务员，并不株连其近亲属。

2. 一般而言，公务员的录用均要遵循 "逢进必考" 原则。采用笔试与面试相结合的考任方式是招收公务员的标准程序。但是，在某些例外情形下，也可以采用其他测评办法，但要符合相应的条件：经省级以上公务员主管部门批准。这里尤其需要注意的是，经省级以上公务员主管部门批准，而不是用人单位的省级以上主管部门批准。在公务员考试、聘用中弄虚作假、作弊、扰乱秩序，可作出成绩无效、取消资格、限制报考等处理，严重的依法追究刑事责任。

3. 体检的项目和标准是由中央公务员主管部门和国务院卫生健康部门会同规定，而不是由中央公务员主管部门单独规定。

4. 新录用的公务员试用期为一年，这是法定期限，不得根据试用人员的表现好坏而任意缩短或者延长试用期。

5. 行政机关中初次从事行政处罚决定审核、行政复议、行政裁决、法律顾问的公务员须取得法律职业资格。拟录取公务员名单应公示不少于 5 个工作日，就职时应依法公开进行《宪法》宣誓。

6. 关于聘任制公务员问题

（1）机关根据工作需要，经省级以上公务员主管部门批准，而不是经用人单位的省级以上主管部门批准，可以实行聘任制。

（2）聘任制公务员只适用于不涉及国家秘密的专业性较强的职位和辅助性的职位。

（3）聘任合同期限为 1—5 年，试用期其为 1—12 个月，聘用合同的签订、变更、解除须报同级公务员主管部门备案。

（4）可以直接采取人才市场选聘或按公务员考试程序公开招聘，可协议工资，按照公务员法和聘用合同管理。

（二）兼职

公务员一般不得在国家机关以外兼职，但因工作需要且符合以下条件的可以在机关外兼职：应当经有关机关批准、不得领取兼职报酬、不得在营利性组织中兼职。

（三）交流与挂职

◇ **考点精华 12**

<table>
<tr><td colspan="2"></td><td>轮换岗位、调动工作，包括：调任和转任，不含兼职、聘用、培训、（属于公务员权利，非义务）挂职。</td></tr>
<tr><td rowspan="3">交流</td><td>调任</td><td>从国企、高校科研院所等非参公事业单位调入机关担任领导职务或四级调研员以上职级。</td></tr>
<tr><td>转任</td><td>机关内部的不同职位、不同地区、不同部门之间的职务平级变动。</td></tr>
<tr><td>挂职</td><td colspan="1">临时选派到其他单位承担重大工程项目、重点或专项工作，不改变与原单位的人事关系。</td></tr>
</table>

1. 交流

国家实行公务员职务交流制度，交流方式包括调任、转任。

（1）调任

调任是指从国企、高校科研院所等非参公事业单位调入机关担任领导职务或四级调研员以上职级。注意，调任只是指从国企、高校科研院所等非参公事业单位中的公务人员调入，而不是从其他行政机关调入，也不是从非国有企事业单位等体制外单位调入。调任只适用于领导职务、四级调研员以上职级。其中的四级调研员的职级在行政级别上与县处级副职的职务相当。

（2）转任

公务员的转任，是指公务员在机关系统内跨地区、跨部门的调动，或者在同一部门内的不同职位之间进行的职务变动。特别需要注意的是，转任是在国家机关内平级调动，不能转到国家机关"外面"去，变成了"非机关干部"。

转任条件包括：第一，公务员在不同职位之间转任应当具备拟任职位所要求的资格条件；第二，在规定的编制限额和职数内。

2. 挂职

挂职是指行政机关根据工作需要，临时选派公务员到其他单位承担重大工程项目、重点或专项工作的人事管理制度。根据重点工作或专项工作的需要，可以抽调公务员到下级机关或者上级机关、国有企事业单位临时任职，不受机关级别限制，既可以往上挂职，也可以往下挂职，还可以派往国家机关以外的国有企事业单位挂职。

公务员在挂职期间，改变的只是工作岗位，而不改变与原机关的人事关系，在完成了重点或专项工作后还要回到原单位的。

三、公务员退出

◈ 考点精华 13

辞职	禁止辞去公职	服务年限未满、保密期限未满、须本人履行重要公务未完毕、审计调查未结束。	
	公务交接	机关单位有权要求公务员离职前办理公务交接手续。	
	辞去领导职务	法定辞职、自愿辞职、引咎辞职、责令辞职。	
辞退		应当书面通知本人并告知理由，可获失业保险金： （1）年度考核连续两年不称职；（2）不胜任现职又不接受其他安排；（3）机构改革拒绝合理安排；（4）不履行义务不遵守纪律；（5）旷工连续 15 天一年累计 30 天。	除外：（1）因公致残的；（2）患病负伤在医疗期内的；（3）女性在孕期产假哺乳期内的。
退休	劳动法年龄	提前退休：（1）工作满 30 年；（2）工作满 20 年距退休年龄 5 年内。	

（一）辞退

辞退是指由于公务员担任公职存在缺陷，国家单方面解除公务员与国家机关公职关系的制度。关于辞退，有以下几点值得特别注意：

1. 在年度考核中，连续两年被确定为不称职的，予以辞退。注意应当是"连续"而非"累计"。

2. 旷工或因公外出、请假期满无正当理由逾期不归连续超过 15 天，或者一年内累计超过 30 天的，予以辞退。注意也应当是"连续"而非"累计"。

3. 辞退的决定应当书面通知本人并告知理由。与被开除不同，被辞退属于被动失业，可获失业保险金。

（二）退休

按照我国相关法律规定，公务员和普通劳动者退休年龄是一致的，男性公务员满 60 岁、女性公务员满 55 岁退休，但《公务员法》还规定提前退休制度。公务员工作满 30 年或者工作满 20 年且距离退休年龄不足 5 年的，可以提前退休。

有违法违纪行为应当受到处分的行政机关公务员，在处分决定机关作出处分决定前已经退休的，如果应当作出的是警告、记过、记大过处分的，不再追究；但是，依法应当给予降级、撤职、开除处分的，则应当按照规定相应降低或者取消其享受的待遇。

四、回避

◇ **考点精华 14**

回避	任职回避	亲属	一般亲属回避：夫妻、直系血亲、三代以内旁系血亲、近姻亲。 （1）不能任相互直接领导的职位；（2）不能在同一机关任直属同一领导的职位；（3）一方任主要领导，另一方不得在同一单位从事组织、人事、纪检、监察、审计、财务工作。
			不得在其子女及其配偶经营的企业、营利性组织的行业监管或主管部门担任领导成员（不含内设机构负责人）。
		地域	又称原籍回避：担任乡级、县级和设区的市（省以下普通区划）主要领导职务的，不能在家乡所在地任职。（乡长、县长、设区市的市长等正职须原籍回避，但民族自治地方除外）
	公务回避		执行公务时涉及与本人或者上列亲属有利害关系的。
	离职回避		辞去公职或者退休的，领导成员（不含内设机构负责人）和县处级以上领导职务离职 3 年内、其他人员 2 年内，不得到与原工作业务直接相关的营利性组织任职，不得从事与原工作业务直接相关的营利性活动。

公务员的回避是指为了保证公正执行职务，防止法外因素对正常的行政管理形成干扰，对于存在法定情形的公务员，依法限制其任职和执行公务的制度。在《公务员法》上，具体而言，公务员回避制度主要包括任职回避、公务回避以及离职回避三种。

（一）任职回避

1. 亲属任职回避

按照《公务员法》规定，具有夫妻、直系血亲、三代以内旁系血亲、近姻亲关系的人不得担任以下职务：（1）不能任相互直接领导的职位工作；（2）不能在同一机关担任双方直属同一领导人员的职位工作；（3）一方任主要领导，另一方不得在同一单位从事组织、人事、纪检、监察、审计、财务工作。

《公务员法》同时规定，公务员不得在其子女及其配偶经营的企业、营利性组织的行业监管或主管部门担任领导成员。当然，这种特殊亲属任职回避的规定只适用于公务员的子女和配偶，而非所有亲属，也只是限制在其子女及其配偶经营的企业、营利性组织的行业监管或主管部门担任领导成员，不限制担任内设机构的负责人。例如，波妞开了教育培训机构，其父波波就不能担任培训机构所在地的教育局局长、副局长等领导成员，但不限制担任教育局师资科科长。

注意，有直接上下级领导关系的职务包括上下级正副职之间的领导关系。例如，某市的正副市长与所辖县的正副县长之间，均是有直接上下级领导关系的职务。当然，任职回避并不是绝对的，也存在变通执行的情形。若需要变通执行任职回避的，应由省级以上公务员主管部门予以规定。

2. 地域任职回避

地域回避指公务员不得担任原籍乡级机关、县级机关、设区的市机关及其有关部门主要领导职务，需要在家乡所在地之外的地区异地任职，防止"一人得道、鸡犬升天"。地域任职回避只适用于省以下的市、县、乡三级普通行政区域，不包括中央、省级机关和民族自治地方。

按照《公务员法》、《党政干部任用条例》和《公务员回避的规定》的相关具体规定，设区的市市长和市委书记、县长和县委书记、县级市市长和市委书记、乡长和乡党委书记、镇长和镇党委书记等省以下地方党政机关的正职主要领导才需要原籍回避，而副市长、副县长、副乡长等副职无需地域回避。同时，民族自治地方的主要领导职务的任职，不适用地域回避的规定。

（二）公务回避

公务回避是程序正当原则的内容之一。按照《公务员法》规定，公务员执行公务时，若案件与公务员本人或者公务员的亲属有利害关系的，可能影响案件公正处理的，公务员应当回避执法，不得亲自参加本案的执法工作。

（三）离职回避

1. 适用对象只是限于辞去公职或退休的公务员，不包括辞退以及开除的公务员。

2. 回避内容：（1）不得到与原工作业务直接相关的营利性组织任职；（2）不得从事与原工作业务直接相关的营利性活动。

3. 领导成员与其他公务员存在限制时间的差异。原系机关领导成员或县处级以上领导职务的，离职3年内应当回避；原系其他公务员的，离职2年内应当回避。

4. 问责方式：（1）由其原所在机关的同级公务员主管部门责令限期改正；（2）逾期不改正的，由县级以上市场监管部门处理：没收该人员从业期间违法所得，责令接收单位将该人员予以清退，并根据情节轻重，对接收单位处以被处罚人员违法所得1倍以上5倍以下罚款。注意，原所在机关的同级公务员主管部门只能责令违反离职回避规定的人员限期改正。不予改正的，只能由市场监管部门负责处理。

五、处分

国家机关应当对公务员进行日常监督，发现问题可通过谈话提醒、批评教育、责令检查、诫勉、组织调整、处分等方式教育或惩戒，涉嫌职务违法犯罪的，应移送监察机关处理。

公务员处分是指因为公务员的过错，由有关机关施加的行政制裁措施。公务员惩戒对于规范与控制公务员手中的行政权，对督促其依法履行职责具有十分重要的意义。

行政处分作为针对公务员违法违纪行为的惩戒措施，只要存在违法违纪需要追究纪律责任，则应当依法给予处分，至于是否已经给予其他方式处理不影响处分的决定。例如，已经依法被判处刑罚、罢免、免职或者已经辞去领导职务，并不妨碍给予行政处分。对此，《行政机关公务员处分条例》第 17 条明确规定，违法违纪的行政机关公务员在行政机关对其作出处分决定前，已经依法被判处刑罚、罢免、免职或者已经辞去领导职务，依法应当给予处分的，由行政机关根据其违法违纪事实，给予处分。行政机关公务员依法被判处刑罚的，给予开除处分。

◈ **考点精华 15**

监督	机关应对公务员进行日常监督，发现问题区分处理：（1）谈话提醒、批评教育、责令检查、诫勉、组织调整、处分；（2）涉嫌职务违法犯罪的，应移送监察机关处理。	
处分	种类	（1）公务员因违纪违法应当依法承担纪律责任的，给予以下种类的处分予以惩戒：警告（6 月）；记过（12 月）；记大过（18 月）；降级（24 月）；撤职（24 月）；开除（判刑必须开除）； （2）除法律、法规、规章、国务院决定外，一般规范性文件禁止设立或补充规定处分事项。
	后果	（1）处分期不得晋升职务职级和级别，不得晋升工资档次（开除、警告除外）； （2）撤职应降低级别，退休只减待遇。
	解除	到期没有新的违纪自动解除处分，解除后（考验期内的限制）晋升工资、级别、职务职级不再受影响，但解除降级、撤职不视为恢复原级别、职务职级。
	调查	（1）立案调查须 2 人以上，最长 12 个月；（2）必要时暂停其履行职务；（3）立案调查期间原地不动：不得交流、辞职、出境、退休；（4）不得因申辩加重处分。
	减免	主动交代，避免挽回损失的应当减轻处分；情节轻微，批评教育改正的，可以免于处分。
	合并	（1）处分种类不同的执行最重的（择一重）；（2）撤职以下相同处分的，限制加重合并执行，即执行该处分，在一个处分期之上，多个处分期之下确定处分期；（3）在受处分期间受到新的处分的，其处分期为原处分期尚未执行的期限与新处分期限之和（最高 48 月）。
	免责	对上级决定命令，一般错误的提出意见后执行免责；明显违法的应当拒绝执行。
	决定	（1）任免公务员的行政机关决定给予处分，监察机关均有权给予政务处分；同一违纪违法行为监察机关已给处分的，行政机关不再重复处分；（2）须书面决定并送达本人，处分决定自作出之日起生效；（3）申诉、复核期间不停止执行。
考核	重点考核政治素质和工作实绩，分平时考核、专项考核和定期考核，定期以平时和专项为基础。	
	定期考核结果：优秀；称职；基本称职（不属于不利人事决定，不能申诉复核）；不称职（属于不利人事决定，一次不称职降低一个职务职级层次任职，连续两次不称职辞退）。降职、免职、辞退不属于处分。	

（一）处分种类

行政机关公务员处分的种类为：警告、记过、记大过、降级、撤职、开除。《公务员法》明确规定的公务员处分种类，按照由轻到重的次序排列，依次包括警告、记过、记大过、降级、撤职和开除六种，这六种行政处分均会影响公务员的权利，具体如下：

1. 警告

警告处分，不影响受处分公务员现有的职务、级别和工资档次，但在受警告处分期间（6个月），不得晋升职务和级别。也就是说，在警告处分决定生效之日起6个月内，受处分公务员不得按照正常程序提升职务和提升级别，但可以提升工资档次。

2. 记过、记大过

记过、记大过处分，也不影响受处分公务员现有的职务、级别和工资档次，但在受记过、记大过处分期间（分别为12个月、18个月），不得晋升职务、级别和工资档次。

3. 降级

降级处分，不影响受处分公务员现有的职务，但其级别应当按规定降低，相应的，工资档次也会相应调低。另外，在受降级处分期间（24个月），不得晋升职务、级别和工资档次。

4. 撤职

撤职处分，不仅受处分公务员现有的职务被撤销，且其级别应当按规定降低；相应的，工资档次也会相应调低。根据《公务员法》第19条第2款的规定，公务员的职务与级别是确定公务员工资及其他待遇的依据。据此，若级别降低或者职务被撤销的，其工资档次必然相应降低。另外，在受撤职处分期间（24个月），不得晋升职务、级别和工资档次。

5. 开除

受开除处分的，自处分决定生效之日起，解除其与单位的人事关系，不得再担任公务员职务。也就是说，受开除处分的，自处分决定生效之日起，丧失公务员的身份，且终生不得再担任公务员。

在所有的这六种行政处分期间，受处分人均不得晋升职务和级别。在这六种处分种类中，只有警告处分不影响工资档次，其余的处分种类，在受处分期间一律不得涨工资。警告、记过、记大过三种处分种类均不涉及降级问题，在受处分期间级别可以保持不变。

关于受处分的期间问题。由轻到重，从6个月依次递增，每增加一格，增加6个月，但最长不得超过24个月。其中，降级、撤职的处分期间相同，均为24个月。自开除处分决定生效之日起，受处分人即被解除其与单位的人事关系，不得再担任公务员职务。

（二）行政处分的设定

行政处分的设定，即行政处分的创设，是指在上位法尚未对行政机关公务员违法违纪行为规定相应的处分幅度的情形下，率先确定违法违纪行为范围并规定相应的处分幅度的立法行为。

根据国务院《行政机关公务员处分条例》第2条的规定，可以设定行政机关公务员处分事项的规范性文件包括法律、行政法规、国务院决定、地方性法规、部门规章和地方政府规章。除法律、法规、规章以及国务院决定外，其他规范性文件不得设定行政处分。如果其他规范性文件设定行政处分事项的，不具法律效力。

（三）适用程序

1. 关于处分的程序问题，有几点需要特别注意：

（1）任免机关有关部门对需要调查处理的事项进行初步调查，须经任免机关负责人同意。经初步调查后决定立案，也须经任免机关负责人批准。

（2）任免机关有关部门在作出处分前，应当将调查认定的事实及拟给予处分的依据告知被调查的公务员本人，并听取其陈述和申辩，不得因申辩加重处分。

（3）作出对该公务员给予处分、免予处分或者撤销案件的决定，均须经任免机关领导成员集体讨论。处分须书面决定并送达本人，处分决定自作出之日起生效，申诉、复核期间不停止执行。

（4）任免机关应当按照管理权限，及时将处分决定或者解除处分决定报公务员主管部门备案。

（5）除任免公务员的机关有权决定给予处分外，监察机关也有权给予公务员政务处分，但同一违纪违法行为监察机关已给处分的，行政机关不再重复处分。

2. 关于并处规则

（1）行政机关公务员同时有两种以上需要给予处分的行为的，应当分别确定其处分。应当给予的处分种类不同的，执行其中最重的处分；应当给予撤职以下多个相同种类处分的，执行该处分，并在一个处分期以上、多个处分期之和以下决定处分期。

（2）行政机关公务员在受处分期间受到新的处分的，其处分期为原处分期尚未执行的期限与新处分期限之和。

（3）处分期最长不得超过 48 个月。

3. 关于处分的解除

（1）行政机关公务员受开除处分的，自处分决定生效之日起，解除其与单位的人事关系，不得再担任公务员职务。

（2）行政机关公务员受开除以外的处分，在受处分期间有悔改表现，并且没有再发生违法违纪行为的，处分期满后自动解除处分。解除处分后，晋升工资档次、级别和职务不再受原处分的影响。但是，解除降级、撤职处分的，不视为恢复原级别、原职务。

六、公务员的考核

（一）概念与种类

公务员的考核，是指国家机关对公务员在履职的德、能、勤、绩、廉等方面情况的评价制度，重点考核公务员的政治素质和工作实绩。公务员的考核分为平时考核、专项考核和定期考核，其中定期以平时和专项为基础。

（二）公务员的定期考核

公务员定期考核的结果分为：优秀；称职；基本称职和不称职。其中基本称职不属于不利人事决定，不能申诉复核。不称职属于不利人事决定，不服可以申诉复核，一次评为不称职降低一个层次任职，连续两次被评为不称职的才予以辞退。

七、公务员的权利救济

◆ 考点精华 16

权利救济	一般公务员	申诉复核	不利的人事处理：处分、辞退、取消录用、降职、不称职、免职、辞职退休不批等。	（1）先复核再申诉。知道处理 30 日内向原机关申请复核，接到复核决定 15 日内向同级公务员主管部门或上一级机关申诉；（2）直接申诉。知道处理后 30 日内向同级公务员主管部门或上一级机关申诉；（3）对监察机关的处分不服，向决定的监察机关申请复审，对复审决定不服向上一级监察机关申请复核；（先原级复审后上级复核）（4）决定期限。原机关接到复核申请书 30 日内作出复核决定；受理申诉机关应组成申诉委员会并 60 日内决定，延长不超过 30 天；（5）再申诉。对省级以下机关申诉决定可向其上级再申诉；（6）处分错误的申诉机关处理或责令原机关处理（变更、重做）。
	聘任制公务员			履行聘任合同发生争议：60 日内可向省级以上公务员主管部门设立的人事争议仲裁委员会申请人事仲裁（前置）→不服仲裁结果的 15 日内提起民事诉讼。

（一）申诉、复核的申请

公务员对涉及本人的下列人事处理不服的，可以自知道该人事处理之日起 30 日内向原处理机关申请复核；对复核结果不服的，可以自接到复核决定之日起 15 日内，按照规定向同级公务员主管部门或者作出该人事处理的机关的上一级机关提出申诉；也可以不经复核，自知道该人事处理之日起 30 日内直接提出申诉：1. 处分；2. 辞退或者取消录用；3. 降职；4. 定期考核定为不称职；5. 免职；6. 申请辞职、提前退休未予批准；7. 未按规定确定或者扣减工资、福利、保险待遇；8. 法律、法规规定可以申诉的其他情形。

除了任免机关有权对公务员作出处分决定，监察机关亦有权对违法违纪的公务员给予政务处分。值得注意的是，公务员对监察机关的处分决定不服的救济方式与对行政机关处分的救济方式不同。按照《监察法》的规定，公务员对监察机关的处分不服，可以向作出决定的监察机关申请复审，对复审决定不服的，向上一级监察机关申请复核。

（二）申诉、复核的审理期限

原处理机关应当自接到复核申请书后的 30 日内作出复核决定。受理公务员申诉的机关应组成申诉委员会审理，并在受理之日起 60 日内作出申诉处理决定；案情复杂的，可以适当延长，但是延长时间不得超过 30 日。复核、申诉期间不停止人事处理的执行。

公务员对省级以下机关作出的申诉决定不服，可向申诉机关的上一级机关再申诉，但中央或省级机关作出的申诉决定具有最终效力，公务员不服也不能再申诉了。

（三）复核、申诉的处理决定

1. 撤销决定

（1）撤销理由

有下列情形之一的，受理公务员复核、申诉的机关应当撤销处分决定，重新作出决定或者责令原处分决定机关重新作出决定：①处分所依据的违法违纪事实证据不足的；②违反法定程序，影响案件公正处理的；③作出处分决定超越职权或者滥用职权的。

（2）撤销效果

行政机关公务员的处分决定被撤销的，应当恢复该公务员的级别、工资档次，按照原职务安排相应的职务，并在适当范围内为其恢复名誉；被撤销处分的行政机关公务员工资福利受到损失的，应当予以补偿。

2. 变更决定

（1）变更理由

有下列情形之一的，受理公务员复核、申诉的机关应当变更处分决定，或者责令原处分决定机关变更处分决定：①适用法律、法规、规章或者国务院决定错误的；②对违法违纪行为的情节认定有误的；③处分不当的。

（2）不利变更禁止

行政机关公务员不因提出复核、申诉而被加重处分。

（3）变更的法律效果

行政机关公务员的处分决定被变更，需要调整该公务员的职务、级别或者工资档次的，应当按照规定予以调整。被减轻处分的行政机关公务员工资福利受到损失的，应当予以补偿。

（四）聘用制公务员的权利救济

聘用制公务员与国家机关是劳动合同关系，在履行聘任合同中与国家机关发生争议的，60 日内可向省级以上公务员主管部门设立的人事争议仲裁委员会申请人事仲裁，不服仲裁结果的 15 日内提起民事诉讼。可见，聘用制公务员的救济方式与普通公务员不同，在履行聘任合同中与国家机关发生争议的，只能通过人事争议仲裁和民事诉讼解决纠纷，而不能通过申诉、复核救济权利。

聘用制公务员与国家机关的劳动合同争议与普通劳动争议非常相似，也是要先申请仲裁，对仲裁结果不服才能再提起民事诉讼的，只不过聘用制公务员是向省级以上公务员主管部门设立的人事争议仲裁委员会申请人事仲裁而已，而非向当地人力资源与社会保障部门申请。

▌金题自测

1. 关于国家行政机构，下列哪些说法是不正确的？

A. 国家海关总署是国务院直属机构，有权制定规章

B. 国务院港澳办公室属于国务院办事机构，有权制定规章

C. 国家铁路局承担专项管理职能，有权制定部门规章

D. 国家卫生健康委员会承担国务院基本管理职能，有权制定规章

［考点］国家行政机关的机构编制

［解题思路］规章分为部门规章和地方规章。根据《立法法》第 80、82 条的规定，有权制定规章的行政组织包括：（1）国务院组成部门和具有行政管理职能的直属机构、直属事业单位有权制定部门规章；（2）省、自治区、直辖市（省级）人民政府和设区的市、自治州、中山、东莞、嘉峪关、三沙市的（地级）人民政府有权制定地方规章。

国家海关总署属于国务院直属机构。按照《立法法》的规定，具有行政管理职能的直属机构有权制定部门规章，故 A 选项正确，不当选。

国务院港澳办公室属于国务院办事机构。按照《立法法》的规定，国务院办事机构没有规章制定权，故 B 选项错误，当选。

国家铁路局属于国务院组成部门管理的国家局。《国务院行政机构设置和编制管理条例》第 6 条第 4 款规定，国务院直属机构主管国务院的某项专门业务，具有独立的行政管理职能。国家铁路局不属于国务院直属机构，因此不承担专项管理职能。按照《立法法》的规定，国务院组成部门管理的国家局也无权制定部门规章，故 C 选项错误，当选。

国家卫生健康委员会属于国务院组成部门。《国务院行政机构设置和编制管理条例》第 6 条第 3 款规定，国务院组成部门依法履行国务院基本的行政管理职能。按照《立法法》的规定，国务院组成部门有权制定部门规章，故 D 选项正确，不当选。

注意，国务院每届任期 5 年，每次换届时新一届国务院都会根据经济社会发展的需要，对国务院工作部门的设置依法进行调整，故此考点的依据和内容会伴随 5 年一次的国务院换届而发生变化。国务院现行工作部门的设置，是按照 2018 年十三届人大一次会议批准的《国务院机构改革方案》确定的。国务院直属机构和国务院组成部门管理的国家局是最难区分的，在考试中可以简化记忆为：不属于直属机构的国家局均属于国务院组成部门管理的国家局，而直属机构有三类：①名称里面带"总"字的，如国家税务总局；②不带"总"字的局、署，包括国家医疗保障局、国际发展合作署和国家统计局；③不具有行政管理职权的直属机构，因为不能制定规章，考试不涉及，包括国务院机关事务管理局、国务院参事室。做题时，看到某某国家局，首先判断是否属于直属机构，若不属于则认定其属于国务院组成部门管理的国家局。

[答案] BC

2. 关于行政机构的设置，下列哪些说法是不正确的？
A. 国家广播电视总局的设置是由国务院机构编制管理机关提出方案，国务院决定
B. 县政府将工商局与质监局合并为市场监管局的方案须由县人大常委会批准
C. 国家能源局设立司级内设机构由国务院机构编制管理机关审核方案，报国务院批准
D. 省财政厅增设内设机构需由省政府机构编制管理机关审核后报省政府批准

[考点] 地方行政机关的机构编制

[解题思路]《国务院行政机构设置和编制管理条例》第 8 条规定："国务院直属机构、国务院办事机构和国务院组成部门管理的国家行政机构的设立、撤销或者合并由国务院机构编制管理机关提出方案，报国务院决定。"国家广播电视总局属于国务院直属机构，其设立由国务院机构编制管理机关提出方案，报国务院决定，故 A 选项正确，不当选。

《地方各级人民政府机构设置和编制管理条例》第 9 条规定："地方各级人民政府行政机构的设立、撤销、合并或者变更规格、名称，由本级人民政府提出方案，经上一级人民政府机构编制管理机关审核后，报上一级人民政府批准；其中，县级以上地方各级

人民政府行政机构的设立、撤销或者合并，还应当依法报本级人民代表大会常务委员会备案。"县政府将工商局与质监局合并为市场监管局的方案应当由县政府的上一级人民政府批准，还应报县人大常委会备案，故 B 选项错误，当选。

《国务院行政机构设置和编制管理条例》第 14 条规定，国务院行政机构的司级内设机构的增设、撤销或者合并，经国务院机构编制管理机关审核方案，报国务院批准。国务院行政机构的处级内设机构的设立、撤销或者合并，经国务院行政机构根据国家有关规定决定，按年度报国务院机构编制管理机关备案。故国家能源局增设司级内设机构，由国务院审核批准，故 C 选项正确，不当选。

《地方各级人民政府机构设置和编制管理条例》第 13 条规定，县级以上地方各级人民政府行政机构的内设机构的设立、撤销、合并或者变更规格、名称，由该行政机构报本级人民政府机构编制管理机关审批。因此，某省财政厅作为省级人民政府的职能部门，其增设内部机构仅需由该省财政厅报省人民政府机构编制管理机关批准，故 D 选项错误，当选。

［答案］BD

3. 下列选项符合《公务员法》规定的有？
A. 省环保厅王某担任的一级巡视员属于公务员的职务
B. 市文化旅游局副局长陈某被降级是对公务员职级的降低
C. 聘任制公务员刘某试用期只能是 1—6 个月
D. 被开除党籍或被依法列为失信联合惩戒对象的人不得录用为公务员

［考点］公务员的职务职级与级别、聘用制公务员、公务员考任

［解题思路］按照《公务员法》规定，巡视员属于公务员担任的非领导类的职级，而不属于领导类的职务。A 选项错误。降级属于一种处分，是通过对公务员级别的调整以降低待遇予以惩戒，而非对公务员担任的非领导类职级的降低。B 选项错误。

《公务员法》规定，聘任制公务员的试用期为 1—12 个月，故 C 选项错误。《公务员法》规定，被判处刑罚、被开除公职、被开除党籍、被依法列为失信联合惩戒对象的人，均不得录用为公务员。故 D 选项正确。

［答案］D

4. 关于行政机关公务员处分的说法，下列选项正确的是？
A. 市社保局副局长高某撤职处分被解除后，可以恢复原级别
B. 县城管局科员李某主动交代自己的违法行为，应当减轻处分
C. 区水利局科长王某因涉嫌违纪被立案调查，即应不允许其转任
D. 财政局干部陈某因两个违纪行为分别应给予记过处分和记大过，其处分期确定为 30 个月

［考点］公务员的处分

［解题思路］《公务员法》第 64 条规定，公务员在受处分期间不得晋升职务、职级和级别，其中受记过、记大过、降级、撤职处分的，不得晋升工资档次。受处分的期间为：警告，6 个月；记过，12 个月；记大过，18 个月；降级、撤职，24 个月。受撤职处分的，按照规定降低级别。《公务员法》第 65 条规定，撤职处分被解除后，不得恢复原

级别、原职务、原职级。故 A 选项错误；

《行政机关公务员处分条例》第 14 条规定，行政机关公务员主动交代违法违纪行为，并主动采取措施有效避免或者挽回损失的，应当减轻处分。B 选项李某仅主动交代违纪行为，没有同时具备"避免或挽回损失"，不符合应当减轻处分的条件，而应当属于从轻处分的情形，故 B 选项错误；

《行政机关公务员处分条例》第 38 条规定，被调查的公务员在违法违纪案件立案调查期间，不得交流、出境、辞去公职或者办理退休手续。转任属于公务员的交流形式，故 C 选项正确；

《行政机关公务员处分条例》第 10 条规定，行政机关公务员同时有两种以上需要给予处分的行为的，应当分别确定其处分。应当给予的处分种类不同的，执行其中最重的处分。D 选项因两个违纪行为分别应给予记过和记大过处分，应当执行记大过处分，其处分期为 18 个月，故 D 选项错误。

［答案］C

5. 下列做法不符合《公务员法》关于回避的规定的是？

A. 区教育局副局长段某的弟弟在该区经营一家教育培训机构

B. 郭某担任家乡所在地的设区的市担任市长

C. 某市公安局人事科办事员韩某的父亲是该局局长

D. 税务局科长崔某参加调查某企业偷漏税案件，其妹是该企业财务总监

［考点］公务员的考核与回避

［解题思路］《公务员法》第 74 条规定，公务员不得在其配偶、子女及其配偶经营的企业、营利性组织的行业监管或者主管部门担任领导成员。可见，行业监管或者主管部门担任领导成员的回避仅限于配偶、子女及其配偶经营的企业、营利性组织的情况，兄弟姐妹、父母经营此类企业的并在回避的范围，故 A 选项符合公务员规定；

《公务员法》第 75 条规定，公务员担任乡级机关、县级机关和设区的市级机关及其有关部门主要领导职务的，应当实行地域回避，法律另有规定的除外。担任设区的市市长需要地域回避，故 B 选项不符合公务员规定；

《公务员法》第 74 条规定，公务员之间有夫妻关系、直系血亲关系、三代以内旁系血亲关系以及近姻亲关系的，不得在同一机关双方直接隶属于同一领导人员的职位或者有直接上下级领导关系的职位工作，也不得在其中一方担任领导职务的机关从事组织、人事、纪检、监察、审计和财务工作。故 C 选项不符合公务员规定；

《公务员法》第 76 条规定，公务员执行公务时，有下列情形之一的，应当回避：(一) 涉及本人利害关系的；(二) 涉及与本人有本法第 74 条第 1 款所列亲属关系人员的利害关系的；(三) 其他可能影响公正执行公务的。崔某作为公务员，其妹与执法的案件有利害关系，崔某应当公务回避，故 D 选项不符合公务员规定。

［答案］BCD

03 第三章 抽象行政行为

考情速览

　　本章讲授抽象行政行为的种类、效力和制定程序，其中，行政法规与行政规章的制定程序考查较多，有时也与行政许可、行政处罚和行政强制的相关内容结合考查。本章每年会在客观题考试中考查1—2道选择题，分值不大但较为稳定，对法条的考查十分注重细节。2015年《立法法》全面修改，国务院按照十九大报告精神和法制统一原则，于2017年配套修订了《行政法规制定程序条例》和《规章制定程序条例》的部分条款，此部分作为新法内容十分重要。

　　作为行政行为的一种，抽象行政行为在行政管理过程中主要提供制度依据，在行政管理活动中发挥着规模化的调控作用。由于其对象的不特定性，导致影响公众权利义务的程度往往要更为深远和重要。虽然抽象行政行为并不属于行政诉讼和行政复议的受案范围，法院和复议机关仅可以依照法定程序对部分抽象行政行为附带审查。尽管行政实践中其他规范性文件的数量要远远大于行政法规与行政规章，但在此章的考点中，直接命题考查的对象主要是行政法规与行政规章两部分，尤其是行政法规和规章的制定程序需要重点掌握。

第一节　抽象行政行为概述

◇ **考点精华 17**

概念区分	**抽象行政行为**：针对不特定对象，对未来设立具有普遍约束力规则的行为。
	具体行政行为：行政主体就已经发生的事实，针对特定的对象处分权利义务的处理决定。
分类	1. 行政立法：行政法规、规章（部门规章、地方政府规章）。
	2. 一般规范性文件（有普遍约束力的决定、命令）。
	二者的区别：制定主体、效力（立法有效，文件参考）、制定程序。
特征	1. 行为主体是行政机关，即行政机关制定规则。
	2. 制定具有普遍约束力规则的行为，而非处理特定事务。
	3. 对象是不特定的，在制定行政规则时，具体的对象尚不能完全确定。
	4. 抽象行政行为产生的行政规则可以反复适用。

一、抽象行政行为的概念

抽象行政行为，是相对于具体行政行为而言的，是指行政机关针对不特定的对象，制定的能够反复适用的具有普遍约束力的行政规则的行为。简言之，抽象行政行为可以简单理解成行政制规行为。

需要注意的是，严格说来，抽象行政行为并不简单等同于行政立法行为。行政立法行为，是指行政机关依据法定权限和程序制定和发布行政法规与行政规章的行为。也就是说，行政立法的对象是特定的，即行政法规与行政规章，不包括具有普遍约束力的规范性文件。而抽象行政行为既包括制定行政法规与行政规章，又包括制定其他具有普遍约束力的行政决定、命令等规范性文件。由此看来，抽象行政行为与行政立法行为是两个不同的概念，不应混同。

二、抽象行政行为的特征

为了更准确地认识抽象行政行为，掌握其特征无疑显得尤为必要。总体看来，抽象行政行为具有以下一系列特征：

1. 行为主体是行政机关，因而是特定的。尽管抽象行政行为是一种制定规则的准立法行为，但却不包括立法机关、司法机关等制定规范性文件的行为。

2. 抽象行政行为是一种制定具有普遍约束力的规则的行为，与具体行政行为只处理具体的行政事务不同。

3. 抽象行政行为的对象是不特定的。一般而言，在制定行政规则时，具体适用的对象人数与范围尚不能完全确定。

4. 抽象行政行为产生的行政规则可以反复适用。与具体行政行为一般是一次性适用不同，只要在其生效期间，抽象行政行为所产生的规则是持续有效的。

三、行政规则的冲突与解决

针对同一事项，往往会存在不同的行政规则。当这些行政规则发生矛盾和冲突时应当如何应对，则成为规则适用者所必须解决的实际问题。解决不同制定主体的法律规范性文件冲突的一般原则是：效力高低比制定主体，上级高于下级，同级报请裁决，变通优于一般。解决同一主体制定的规则冲突的一般原则是：新法优于旧法，特别法优于一般法，新一般与旧特殊须本制定机关裁决。

（一）上位法优于下位法

上位法高于下位法的实质在于，上级机关制定的规则高于下级机关制定的规则，按照制定机关的地位高低就可以区分立法文件之间的效力等级。

1.《宪法》具有最高的法律效力，一切法律、行政法规、地方性法规、自治条例和单行条例、规章都不得同《宪法》相抵触。

2. 法律的效力高于行政法规、地方性法规、规章。

3. 行政法规的效力高于地方性法规、规章。

4. 地方性法规的效力高于本级和下级地方政府规章。

5. 省、自治区的人民政府制定的规章的效力高于本行政区域内的设区的市、自治州的人民政府制定的规章。

（二）同等效力的文件产生冲突报请裁决

1. 规章之间的冲突

部门规章之间、部门规章与地方政府规章之间具有同等效力，在各自的权限范围内施行。部门规章之间、部门规章与地方政府规章之间对同一事项的规定不一致时，由国务院裁决。

2. 地方性法规、规章之间的冲突

地方性法规与部门规章之间对同一事项的规定不一致，不能确定如何适用时，由国务院提出意见，国务院认为应当适用地方性法规的，应当决定在该地方适用地方性法规的规定；认为应当适用部门规章的，应当提请全国人民代表大会常务委员会裁决。

设区的市、自治州（地级）的地方性法规与省级政府规章产生冲突的，报请该省人大常委会裁决。

（三）特殊地区的变通规定优先

1. 自治条例和单行条例依法对法律、行政法规、地方性法规作变通规定的，在本自治地方适用自治条例和单行条例的规定。

2. 经济特区法规根据授权对法律、行政法规、地方性法规作变通规定的，在本经济特区适用经济特区法规的规定。

（四）同一制定机关的法规冲突

1. 同一机关制定的法律、行政法规、地方性法规、自治条例和单行条例、规章，特别规定与一般规定不一致的，按照"特别法优于一般法"的原则，适用特别规定；新的规定与旧的规定不一致的，按照"新法优于旧法"的原则，适用新的规定。

2. 根据授权制定的法规与法律规定不一致，不能确定如何适用时，由全国人民代表大会常务委员会裁决。

3. 行政法规之间对同一事项的新的一般规定与旧的特别规定不一致，不能确定如何适用时，由国务院裁决。

4. 同一机关制定的新的一般规定与旧的特别规定不一致时，由制定机关裁决。

第二节　行政法规

◆ 考点精华 18

立项	1. 国务院有关部门向国务院报请立项，国务院法制机构应当向社会公开征集行政法规制定项目建议→国务院法制机构拟订年度立法工作计划→报党中央、国务院审批后向社会公布； 2. 列入计划的项目应当贯彻落实党的路线方针政策和决策部署，适应改革、发展、稳定的需要； 3. 国务院年度立法工作计划在执行中可以根据实际情况予以调整。
起草	1. 国务院指定→有关部门或由法制机构负责起草，重要的草案由法制机构组织起草，专业性较强的可以委托专家、教学科研单位、社会组织起草。→2. 听取意见、部门协商。应当广泛听取社会公众的意见，可以采取座谈会、论证会、听证会等多种形式。→3. 草案应当向社会公布征求意见，但经国务院决定不公布的除外→4. 起草部门主要负责人签署送审稿，联合起草的达成一致意见后联合报送行政法规送审稿首长均要签署。

报告	1. 制定政治方面法律的配套行政法规，应当及时报告党中央；2. 制定其他方面重大体制、政策调整的重要行政法规，应当将草案或涉及的重大问题及时报告党中央。
审查	1. 法制机构负责审查→2. 立法条件不成熟或争议较大的，法制机构可以缓办或退回→3. 涉及重大利益调整的，应当进行论证咨询，广泛听取有关方面的意见，可以采取座谈会、论证会、听证会等多种形式→4. 国务院法制机构可以将送审稿向社会公布征求意见→5. 审查同意的法制机构将草案建议送审，简单的直接传批。
决定	1. 决定程序按国务院组织法规定办理，由国务院常务会议审议通过（法制机构或起草部门说明）或由国务院审批通过（简单）→2. 审议通过后由法制机构形成草案修改稿，报请总理签署国务院令公布，及时在国务院公报、中国政府法制信息网以及全国范围内发行的报纸上刊载。
公布	公布30日后施行（紧急的可立即施行），公布30日内国务院办公厅报全国人大常委会备案。
解释	条文含义（进一步明确具体含义的、出现新的情况需要明确适用依据的）必须国务院解释，解释与行政法规具有同等效力，国务院部门和省级政府可以提出解释要求；国务院法制机构拟定草案，报国务院同意后，国务院公布或授权国务院授权有关部门公布。
	行政执法中具体应用问题国务院法制机构可以答复（重要的报国务院同意），但只具有指导效力，国务院部门法制机构和省级政府法制机构可提出解释要求。
调整	国务院可以决定在一定期限内在部分地方暂时调整或暂时停止适用行政法规的部分规定。
评估	国务院法制机构或者国务院有关部门，可以组织立法后评估，并把评估结果作为修改、废止有关行政法规的重要参考。
修改废止	对不适应全面深化改革和经济社会发展要求、不符合上位法规定的行政法规，应当及时修改或者废止，并及时公布。

一、行政法规概述

（一）概念

行政法规，是指由国务院根据宪法和法律，按照法定权限和法定程序制定、通过的规范性文件。考虑新中国成立后我国立法程序的沿革情况，现行有效的行政法规有以下三种类型（引自最高人民法院《关于审理行政案件适用法律规范问题的座谈会纪要》）：

1. 国务院制定并公布的行政法规；

2.《立法法》施行以前，按照当时有效的行政法规制定程序，经国务院批准、由国务院部门公布的行政法规，但在《立法法》施行以后，经国务院批准、由国务院部门公布的规范性文件，不再属于行政法规；

3. 在清理行政法规时由国务院确认的其他行政法规，例如由新中国成立初中央人民政府或者政务院制定、发布并仍有效的规范性文件。

（二）行政法规的种类

1. 执行性行政法规

即为执行法律的规定而制定的行政法规，例如为执行《行政复议法》制定的《行政复议法实施条例》。所谓执行性立法权，是指为执行上位规则制定具体实施细则，其特征是不创设新的权利义务。

2. 职权性行政法规

《宪法》第 89 条规定了国务院为行使行政管理职权有权制定行政法规，例如为行使《宪法》第 89 条第 17 项规定的"审定行政机构的编制"的职权而制定的《国务院行政机构设置和编制管理条例》、《地方各级人民政府机构设置和编制管理条例》。这其实是赋予国务院自主性立法权。所谓自主性立法权，是指对上位规则尚未直接规定的事项，在《宪法》和《组织法》规定的管理权限内，根据行政管理的实际需要自主创设权利义务。

3. 授权性行政法规

◆ **考点精华 19**

范围	税收（税种、税率、征管）、征收私产等法律保留事项可以授权国务院先制定行政法规，但司法制度、犯罪刑罚、政治权利的剥夺、限制人身自由的处罚和强制除外（不得授权）。
立法义务	按照授权目的和范围行使该权力；权力不得转授；立法须报授权规定机关备案（常委会）。
终止	授权不得超过五年，但是授权决定另有规定的除外。授权期满六个月前，向授权机关报告授权决定实施情况，并提出是否需要制定有关法律的意见；需要继续授权的可以提出相关意见，由全国人大会及其常委会决定。
名称	一般称"某某暂行条例"，与法律具有同等效力，出现冲突由全国人大常委会裁决。

经全国人大及其常委会授权的"法律相对保留"事项，国务院享有授权性立法权。例如，根据《立法法》第 8 条的规定，税收制度只能制定法律，属于"法律保留"事项，但按照《立法法》第 9 条的规定，该事项属于"法律相对保留"，即该事项在尚未制定法律前，全国人大及其常委会有权作出决定，授权国务院可以根据实际需要先制定行政法规。实践中，国务院根据全国人大常委会的授权制定了《增值税暂行条例》。值得注意的是，法律保留事项可以进一步区分为"绝对保留"和"相对保留"。所谓"法律绝对保留事项"，是指必须由全国人大及其常委会以法律加以规定，不得授权任何机关加以规定的事项；反之，法律相对保留事项，是指一般由法律加以规定，但经授权可以由行政法规加以规定的事项。《立法法》第 9 条"但书"明确列举"犯罪和刑罚、对公民政治权利的剥夺和限制人身自由的强制措施和处罚、司法制度"属于"法律绝对保留事项"，不得授权国务院制定行政法规。

（三）国务院决定、命令与行政法规的区别

根据现行《宪法》第 89 条第 1 项的规定，国务院有权发布决定和命令。此种决定和命令即统称的国务院的红头文件，可能是规范性的，也可能是非规范性的。其中，属于规范性的国务院决定和命令，应与行政法规具有同等效力。

二、行政法规的制定程序

（一）立项

立项，是指决定是否确立为立法项目的程序，解决的是应否就特定行政管理事项进行行政立法的问题。

1. 国务院有关部门认为需要制定行政法规的，应当于每年年初编制国务院年度立法工作计划前，向国务院报请立项。

2. 国务院法制机构应当根据国家总体工作部署拟订国务院年度立法计划，报国务院审批。国务院年度立法计划中的法律项目应当与全国人民代表大会常务委员会的立法规划和年度立法计划相衔接。

3. 国务院法制机构应当向社会公开征集行政法规制定项目建议。国务院法制机构应当根据国家总体工作部署，对行政法规立项申请和公开征集的行政法规制定项目建议进行评估论证，突出重点，统筹兼顾，拟定国务院年度立法工作计划，报党中央、国务院批准后向社会公布。

4. 对列入国务院年度立法工作计划的行政法规项目，承担起草任务的部门应当抓紧工作，按照要求上报国务院；上报国务院前，应当与国务院法制机构沟通。国务院法制机构应当及时跟踪了解国务院各部门落实国务院年度立法工作计划的情况，加强组织协调和督促指导。国务院年度立法工作计划在执行中可以根据实际情况予以调整。

（二）起草

起草，是指提出行政法规的初期方案和草稿的程序。只有经过起草程序，行政法规才有可能进入审议阶段。

1. 行政法规由国务院组织起草。行政法规由国务院有关部门或者国务院法制机构具体负责起草，重要行政管理的法律、行政法规草案由国务院法制机构组织起草。起草专业性较强的行政法规，起草部门可以吸收相关领域的专家参与起草工作，或者委托有关专家、教学科研单位、社会组织起草。

2. 行政法规在起草过程中，应当广泛听取有关机关、组织、人民代表大会代表和社会公众的意见。听取意见可以采取座谈会、论证会、听证会等多种形式。涉及社会公众普遍关注的热点难点问题和经济社会发展遇到的突出矛盾，减损公民、法人和其他组织权利或者增加其义务，对社会公众有重要影响等重大利益调整事项的，应当进行论证咨询。听取意见可以采取召开座谈会、论证会、听证会等多种形式。起草行政法规，起草部门应当将行政法规草案及其说明等向社会公布征求意见，但是经国务院决定不公布的除外。向社会公布征求意见的期限一般不少于30日。

3. 起草行政法规，起草部门应当就涉及其他部门的职责或者与其他部门关系紧密的规定，与有关部门充分协商，涉及部门职责分工、行政许可、财政支持、税收优惠政策的，应当征得机构编制、财政、税务等相关部门同意。

4. 起草部门向国务院报送的行政法规送审稿，应当由起草部门主要负责人签署。涉及几个部门共同职责需要共同起草的，应当共同起草，达成一致意见后联合报送行政法规送审稿。几个部门共同起草的行政法规送审稿，应当由该几个部门主要负责人共同签署。

起草部门将行政法规送审稿报送国务院审查时，应当一并报送行政法规送审稿的说明和有关材料。行政法规送审稿的说明应当对立法的必要性、主要思路、确立的主要制度，征求有关机关、组织和公民意见的情况，各方面对送审稿主要问题的不同意见及其协调处理情况，拟设定、取消或者调整行政许可、行政强制的情况等作出说明。

（三）审查

行政法规起草工作完成后，起草单位应当将草案及其说明、各方面对草案主要问题的不同意见和其他有关资料送国务院法制机构进行审查。国务院法制机构应当向国务院提出审查报告和草案修改稿，审查报告应当对草案主要问题作出说明。注意，按照 2018 年国务院机构改革方案，国务院法制办已经合并到司法部，国务院法制机构目前已经改为司法部。

1. 报送国务院的行政法规送审稿，由国务院法制机构负责审查。原因在于法制机构拥有相应的知识储备，审查更专业也更有效。

2. 行政法规送审稿涉及重大、疑难问题的，国务院法制机构应当召开由有关单位、专家参加的座谈会、论证会，听取意见，研究论证。国务院法制机构可以将行政法规送审稿或者修改稿及其说明等向社会公布，征求意见。向社会公布征求意见的期限一般不少于30 日。

3. 行政法规送审稿涉及重大利益调整或者存在重大意见分歧，对公民、法人或者其他组织的权利义务有较大影响，人民群众普遍关注的，国务院法制机构可以举行听证会，听取有关机关、组织和公民的意见。

4. 对调整范围单一、各方面意见一致或者依据法律制定的配套行政法规草案，可以采取传批方式，由国务院法制机构直接提请国务院审批。

5. 行政法规送审稿有下列情形之一的，国务院法制机构可以缓办或者退回起草部门：（1）制定行政法规的基本条件尚不成熟或者发生重大变化的；（2）有关部门对送审稿规定的主要制度存在较大争议，起草部门未征得机构编制、财政、税务等相关部门同意的；（3）未按照《行政法规制定程序条例》有关规定公开征求意见的；（4）上报送审稿内容不完整、负责人未签署或相关说明材料不齐全的。

（四）决定与公布

1. 行政法规草案由国务院常务会议审议，或者由国务院审批。国务院常务会议审议行政法规草案时，由国务院法制机构或者起草部门作说明。

2. 国务院法制机构应当根据国务院对行政法规草案的审议意见，对行政法规草案进行修改，形成草案修改稿，报请总理签署"国务院令"公布施行。行政法规签署公布后，及时在国务院公报和中国政府法制信息网以及在全国范围内发行的报纸上刊载。在国务院公报上刊登的行政法规文本为标准文本。

3. 行政法规应当自公布之日起 30 日后施行；但是，涉及国家安全、外汇汇率、货币政策的确定以及公布后不立即施行将有碍行政法规施行的，可以自公布之日起施行。

4. 行政法规在公布后的 30 日内由国务院办公厅报全国人民代表大会常务委员会备案。

（五）解释

1. 条文含义的解释。行政法规的规定需要进一步明确具体含义，或者行政法规制定后出现新的情况需要明确适用行政法规依据的，由国务院解释。行政法规的解释与行政法规具有同等效力。

2. 国务院各部门和省、自治区、直辖市人民政府可以向国务院提出行政法规解释要求。

国务院各部门和省级政府都是国务院的直接下属机关，可以直接向国务院提出解释要求。如果是地级政府，直接请求解释即会造成越级问题，因此不能直接请求国务院解释。

3. 对属于行政工作中具体应用行政法规的问题，省、自治区、直辖市人民政府法制机构以及国务院有关部门法制机构请求国务院法制机构解释的，国务院法制机构可以研究答复；其中涉及重大问题的，由国务院法制机构提出意见，报国务院同意后答复。

解释请求应当遵循"请求与解释主体相适应"原则，法制机构对应的应当是法制机构。法制机构对外没有独立的法律人格，不得直接请求国务院作出解释。这里同样应当遵循"逐级请求解释"原则。省级政府法制机构以及国务院有关部门法制机构是国务院法制机构的直接下级机构，请求国务院法制机构解释并不违反逐级原则。

（六）报告

制定政治方面法律的配套行政法规，应当按照有关规定及时报告党中央。制定经济、文化、社会、生态文明等方面重大体制和重大政策调整的重要行政法规，应当将行政法规草案或者行政法规草案涉及的重大问题按照有关规定及时报告党中央。

（七）停止实施

国务院可以根据全面深化改革、经济社会发展需要，就行政管理等领域的特定事项，决定在一定期限内在部分地方暂时调整或者暂时停止适用行政法规的部分规定。

（八）评估与修改、废止

国务院法制机构或者国务院有关部门可以组织对有关行政法规或者行政法规中的有关规定进行立法后评估，并把评估结果作为修改、废止有关行政法规的重要参考。对不适应全面深化改革和经济社会发展要求、不符合上位法规定的行政法规，应当及时修改或者废止。行政法规修改、废止后，应当及时公布。

三、监督程序

全国人民代表大会常务委员会有权撤销同宪法和法律相抵触的行政法规，有权撤销同宪法、法律和行政法规相抵触的地方性法规。

（一）有权机关要求审查的程序

国务院、中央军事委员会、最高人民法院、最高人民检察院和各省、自治区、直辖市的人民代表大会常务委员会认为行政法规、地方性法规、自治条例和单行条例同宪法或者法律相抵触的，可以向全国人民代表大会常务委员会书面提出进行审查的要求，由常务委员会工作机构分送有关的专门委员会进行审查、提出意见。

（二）其他机关、团体、组织以及公民建议审查程序

其他国家机关和社会团体、企业事业组织以及公民认为行政法规、地方性法规、自治条例和单行条例同宪法或者法律相抵触的，可以向全国人民代表大会常务委员会书面提出进行审查的建议，由常务委员会工作机构进行研究，必要时，送交有关的专门委员会进行审查、提出意见。

第三节　行政规章与一般规范性文件

◆ **考点精华 20**

	制定机关	立项起草	审查	审议决定	公布	备案
部门规章	国务院组成部门、直属机构、部分直属事业单位。	下一级内部机构（司、局）报请立项和起草，可委托专家起草。	草案送制定机关法制机构审查，审议时法制机构或起草单位可以说明。	部务会议或委员会会议决定。	公报、中国政府法制信息网、全国性报纸。	公布 30 日后施行（紧急可立即施行）30 日内由**法制机构**报请备案。
地方规章	省级政府及地级政府。	政府工作部门、下一级政府报请立项和起草，可委托专家起草。		政府常务会议或全体会议决定。	公报、中国政府法制信息网、本行政区域内报纸。	

规章立法程序	（1）由制定机关的下一级单位报请立项，制定机关可以向社会公开征集规章制定项目建议； （2）涉及多个过国务院部门职权的事项制定联合规章或行政法规；联合规章须由联合制定的部门首长共同署名公布，使用主办机关的命令序号； （3）应当广泛听取有关机关、组织和公民的意见，除依法需要保密的外，应当将规章草案及其说明等向社会公布征求意见，期限一般不少于 30 日。重大利益调整事项的，起草单位应当进行论证咨询，涉及重大利益调整又有重大分歧，对公民权利义务有较大影响，普遍关注需要进行听证的，应当举行听证会。听证时公民可以提问，听证记录作为参考； （4）法制机构审查时，可以将规章送审稿或者修改稿及其说明等向社会公布征求意见，期限一般不少于 30 日。起草单位未听证的，法制机构经制定机关批准，可以听证； （5）名称一般使用"规定"、"办法"，不能使用"条例"； （6）公民认为规章与上位法冲突可向**国务院**提出审查建议，对地级地方规章还可向省政府提出审查建议；同级人大常委会有权撤销违法的规章，上级行政机关有权撤销或改变改变违法的规章； （7）无上位法依据，地方规章（法律、法规依据）和部门规章（法律、行政法规或国务院决定依据）不得对公民限权利、加负担，部门规章还不得对本部门加权力、减义务；规章立法应当权责统一； （8）地级政府规章立法事项只限于城市建管、环保、历史文化保护；2015 年《立法法》修改前已经立法的继续有效； （9）制定地方性法规条件不成熟，可以由同级政府先制定（临时）地方规章，2 年后政府须报请同级人大或其常委会制定地方性法规； （10）起草单位与其他部门协商不一致的，应当上报送审稿时说明情况和理由。法制机构认为立法条件不成熟或发生重大变化、争议较大且未经部门协商、未公开征求意见的，可以缓办或退回； （11）制定政治方面法律的配套规章，应当及时报告党中央或同级党委（党组）。制定重大经济社会方面的规章，应当及时报告同级党委（党组）； （12）制定机关可以组织立法后评估，并把评估结果作为修改、废止有关规章的重要参考。不适应全面深化改革和经济社会发展要求、不符合上位法规定的规章，应当及时修改或者废止。

行政规范性文件	1. 可对法律法规规章作出执行细化规定，但不得违背上位法；
	2. 行政复议可作具体行政行为合法依据，诉讼法院只能参考；
	3. 国务院的决定、命令与行政法规具有同等效力，必要时能够设定行政许可。

一、概述

（一）部门规章

部门规章是指国务院各部、委员会、中国人民银行、审计署和具有行政管理职能的直属机构，按照法定权限和法定程序发布的规范性文件。部门规章与地方政府规章，统称为行政规章。另外制定部门规章的主体，还可以是单行法律授权的国务院直属事业单位，例如中国证券监督管理委员会根据证券法授权，有权制定有关证券市场监督管理的规章。

（二）地方政府规章

地方政府规章，是指"省级"（省、自治区、直辖市）人民政府和"地级"（设区的市、自治州、中山、东莞、嘉峪关、三沙）人民政府，根据法定权限和法定程序制定、通过的在本行政区域内施行的规范性文件。

（三）行政机关颁布的"一般规范性文件"和"规章"的区别

规章的制定机关严格限定。不具有规章制定权的机关制定的文件，当然不是规章。根据《立法法》的规定，部门规章由部门首长签署命令予以公布；地方政府规章由省长或者自治区主席或者市长、州长签署命令予以公布。规章必须以首长签署命令的方式公布，因此，由制定机关或办公厅（室）以"文件"形式发布的规范，均不属于规章，而只是行政机关的"一般规范性文件"。

规章对行政机关和行政相对人具有法律约束力，可以作为行政机关执法的依据，在行政诉讼中人民法院对规章参照适用。而一般规范性文件只能对法律、法规、规章的实施作出具体细化性的规定，不得创设权利义务，不得超越上位法的规定。一般规范性文件对行政机关具有约束力，可以作为行政机关认定事实的根据，但不得单独作为行政机关执法的依据。在行政复议中，一般规范性文件可以作为认定具体行政行为合法的依据，但在行政诉讼中人民法院对一般规范性文件只是予以参考，其对人民法院的裁判不具有强制约束力。

二、行政规章的制定程序

（一）立项

1. 国务院部门内设机构或者其他机构认为需要制定部门规章的，应当向该部门报请立项。

2. 省级和地级政府所属工作部门或者下级人民政府认为需要制定地方政府规章的，应当向省级或者地级政府报请立项。

3. 国务院部门或省级、地级政府可以向社会公开征集规章制定项目建议。

（二）起草

1. 部门规章由国务院部门组织起草，地方政府规章由省、自治区、直辖市和地级市的人民政府组织起草。国务院部门可以确定规章由其一个或者几个内设机构或者其他机构具体负责起草工作，也可以确定由其法制机构起草或者组织起草。

2. 具有规章制定权的地方人民政府可以确定规章由其一个部门或者几个部门具体负责起草工作，也可以确定由其法制机构起草或者组织起草。

3. 起草规章应当广泛听取有关机关、组织和公民的意见，除依法需要保密的外，应当将规章草案及其说明等向社会公布征求意见，期限一般不少于 30 日。重大利益调整事项的，起草单位应当进行论证咨询，涉及重大利益调整又有重大分歧，对公民、法人或其他组织的权利义务有较大影响，社会普遍关注，需要进行听证的，应当举行听证会。听证时公民可以提问，听证记录作为参考。

4. 报送审查的规章送审稿，应当由起草单位主要负责人签署；几个起草单位共同起草的规章送审稿，应当由该几个起草单位的主要负责人共同签署。

（三）审查

1. 规章送审稿由制定机关的法制机构负责统一审查。

2. 规章送审稿有下列情形之一的，法制机构可以缓办或者退回起草单位：

（1）制定规章的基本条件尚不成熟或者发生重大变化的；

（2）有关部门对送审稿规定的主要制度存在较大争议，起草单位未征得机构编制、财政、税务等相关部门同意的；

（3）未按照《规章制定程序条例》有关规定公开征求意见的；

（4）上报送审稿内容不完整、负责人未签署或相关说明材料不齐全的。

3. 法制机构审查时，可以将规章送审稿或者修改稿及其说明等向社会公布征求意见，期限一般不少于 30 日。起草单位未听证的，法制机构经制定机关批准，可以听证。

（四）决定和公布

1. 部门规章应当经部务会议或者委员会会议决定。地方政府规章应当经政府常务会议或者全体会议决定。

2. 法制机构应当根据有关会议审议意见对规章草案进行修改，形成草案修改稿，报请本部门首长或者省长、自治区主席、市长、州长签署"政府令"、"部委令"等国家机关命令予以公布。

3. 涉及多个部门职权的事项制定联合规章；联合规章须由联合制定的部门首长共同署名公布，使用主办机关的命令序号。

4. 部门规章签署公布后，及时在国务院公报或者部门公报和中国政府法制信息网以及在全国范围内发行的报纸上刊载。地方政府规章签署公布后，及时在本级人民政府公报和中国政府法制信息网以及在本行政区域范围内发行的报纸上刊载。在国务院公报或者部门公报和地方人民政府公报上刊登的规章文本为标准文本。

5. 规章应当自公布之日起 30 日后施行；但是涉及国家安全、外汇汇率、货币政策的确定以及公布后不立即施行将有碍规章施行的，可自公布之日起施行。

（五）解释与备案

1. 规章解释权属于规章制定机关。规章有下列情形之一的，由制定机关解释：（1）规章的规定需要进一步明确具体含义的；（2）规章制定后出现新的情况，需要明确适用规章依据的。规章解释由规章制定机关的法制机构参照规章送审稿审查程序提出意见，报请制定机关批准后公布。规章的解释同规章具有同等效力。

2. 部门规章和地方政府规章报国务院备案；地方政府规章应当同时报本级人民代表大会常务委员会备案；设区的市、自治州的人民政府制定的规章应当同时报省、自治区的人民代表大会常务委员会和人民政府备案。

3. 国家机关、社会团体、企业事业组织、公民认为规章同法律、行政法规相抵触的，可以向国务院书面提出审查的建议，由国务院法制机构研究处理。

国家机关、社会团体、企业事业组织、公民认为地级市的人民政府规章同法律、行政法规相抵触或者违反其他上位法的规定的，也可以向本省、自治区人民政府书面提出审查的建议，由省、自治区人民政府法制机构研究处理。

（六）其他规定

1. 规章的名称使用"规定"、"办法"，不能使用"条例"。

2. 公民认为规章与上位法冲突可向国务院提出审查建议，对地级地方规章还可向省政府提出审查建议；同级人大常委会有权撤销，上级行政机关有权撤销或改变。

3. 无法律、法规作为依据，地方规章不得擅自对公民作出限制权利或增加义务的规定，无法律、行政法规和国务院决定的依据，部门规章不得对公民擅自作出限制权利或增加义务的规定，还不得对本部门加权力、减义务。规章立法应当权责统一。

4. 地级政府规章立法事项只限于城市建管、环保、历史文化保护；2015 年《立法法》修订前已经制定的地方政府规章，涉及上述事项范围以外的，继续有效。

5. 应当制定地方性法规的事项，立法条件不成熟的，地方人大可以授权同级政府先制定（临时）地方规章，2 年后政府需报请同级人大或其常委会制定地方性法规。

6. 制定政治方面法律的配套规章，应当及时报告党中央或同级党委（党组）。制定重大经济社会方面的规章，应当及时报告同级党委（党组）。

7. 制定机关可以组织立法后评估，并把评估结果作为修改、废止有关规章的重要参考。不适应全面深化改革和经济社会发展要求、不符合上位法规定的规章，应当及时修改或者废止。

◆ 考点精华 21：行政法规与规章易混对比记忆

	规章	行政法规
制定机关	部门规章：国务院组成部门、有行政管理职权的直属机构和直属事业单位； 地方规章：省级政府、地级政府。	国务院。
名称	办法、规定。	条例、办法、规定。
报请立项	部门规章为制定机关的内设机构或其他机构； 地方政府规章为下一级政府或本级政府所属部门。	国务院有关部门。
起草	部门规章为制定机关的内设机构或其他机构，也可委托专家； 地方政府规章为政府工作部门或下一级政府，也可委托专家。	国务院有关部门或法制机构，重要的应当由国务院法制机构组织起草，也可以委托专家起草。

续表

	规章	行政法规
听证	重大利益调整或分歧较大需要进行听证的，起草单位应当听证。起草单位未听证的，法制机构经制定机关批准，可以听证。	起草单位可以听证，国务院法制机构也可以举行听证会。
公布草案	除依法需要保密的外，起草单位应当将草案及其说明等向社会公布征求意见。	起草单位应当将草案及其说明等向社会公布征求意见，国务院决定不公布的除外。
决定	部门规章由部务会议或委员会会议审议决定；地方政府规章由全体会议或常务会议审议决定。	国务院常务会议审议决定或国务院审批。
公布载体	部门规章在国务院公报或部门公报、中国政府法制信息网、全国范围内发行的报纸上；地方政府规章在本级政府公报、中国政府法制信息网、本行政区域范围内发行的报纸上。	在国务院公报、中国政府法制信息网、全国范围内发行的报纸上。
标准文本	部门规章在部门公报或者国务院公报上刊登的规章文本为标准文本；地方政府规章在地方政府公报上刊登的规章文本为标准文本。	在国务院公报上刊登的行政法规文本为标准文本。
备案	由制定机关的法制机构报请备案。	由国务院办公厅报请备案。
监督	公民向国务院提出书面审查建议，地级规章还可向省级政府提出审查建议。同级人大常委会有权撤销，上级行政机关有权撤销或改变公民。	向全国人大常委会提出书面审查建议。全国人大常委会有权撤销。
评估	制定机关组织立法评估。	国务院部门或法制机构组织立法评估。
停止	无调整或停止执行的情况。	国务院可以决定调整或停止执行。
报告	政治事项报告党中央或同级党委、重大调整报告同级党委。	政治事项、重大调整报告党中央。

金题自测

1. 关于行政法规制定程序的说法，下列选项不正确的是？

A. 行政法规在起草过程中应当举行听证会听取社会公众的意见

B. 行政法规可以由国务院常务会议或全体会议审议通过

C. 起草单位均应将行政法规草案向社会公布征求意见

D. 行政法规公布后应当及时在中国政府法制信息网刊登

［考点］行政法规的制定程序

［解题思路］《立法法》第 67 条规定，行政法规由国务院有关部门或者国务院法制机构具体负责起草，重要行政管理的法律、行政法规草案由国务院法制机构组织起草。行政法规在起草过程中，应当广泛听取有关机关、组织、人民代表大会代表和社会公众

的意见。听取意见可以采取座谈会、论证会、听证会等多种形式。行政法规草案应当向社会公布，征求意见，但是经国务院决定不公布的除外。可见，行政法规在起草过程中可以采取举行听证会、座谈会等多种形式听取社会公众的意见，而非应当采取听证会的形式。故 A 选项错误，当选；同时，C 选项"均应公布"的说法排除了国务院决定不公布的例外情形。故 C 选项错误，当选。

《行政法规制定程序条例》第 26 条规定，行政法规草案由国务院常务会议审议，或者由国务院审批。可见，行政法规可由国务院常务会议审议通过，而不能由国务院全体会议审议通过。故 B 选项错误，当选。

《立法法》第 71 条规定，行政法规签署公布后，及时在国务院公报和中国政府法制信息网以及在全国范围内发行的报纸上刊载。在国务院公报上刊登的行政法规文本为标准文本。故 D 选项正确，不当选。

[答案] ABC

2. 关于授权性行政法规制定的说法，下列选项正确的是？

A. 关于税种开征和税率调整事项，全国人大可以授权国务院先制定行政法规

B. 经全国人大授权国务院可以制定行政法规设立对传染病人强制隔离的措施

C. 授权制定的行政法规应当在公布 30 日内由国务院法制办报全国人大常委会备案

D. 授权性行政法规与法律产生冲突的，应当报请全国人大常委会裁决

[考点] 授权性行政法规的制定

[解题思路]《立法法》第 8 条规定，下列事项只能制定法律：①国家主权的事项；②各级人民代表大会、人民政府、人民法院和人民检察院的产生、组织和职权；③民族区域自治制度、特别行政区制度、基层群众自治制度；④犯罪和刑罚；⑤对公民政治权利的剥夺、限制人身自由的强制措施和处罚；⑥税种的设立、税率的确定和税收征收管理等税收基本制度；⑦对非国有财产的征收、征用；⑧民事基本制度；⑨基本经济制度以及财政、海关、金融和外贸的基本制度；⑩诉讼和仲裁制度；必须由全国人民代表大会及其常务委员会制定法律的其他事项。同时根据《立法法》第 9 条的规定，以上规定的事项尚未制定法律的，全国人民代表大会及其常务委员会有权作出决定，授权国务院可以根据实际需要，对其中的部分事项先制定行政法规，但是有关犯罪和刑罚、对公民政治权利的剥夺和限制人身自由的强制措施和处罚、司法制度等事项除外。可见，税种的设立、税率的确定和税收征收管理等税收基本制度虽然属于一般法律保留事项，但必要时全国人大可以授权国务院先制定行政法规加以规定。故 A 选项正确；但对传染病人强制隔离的措施属于限制人身自由的行政强制措施，全国人大只能制定法律加以设定，而不得授权国务院制定行政法规设定。故 B 选项错误。

《行政法规制定程序条例》第 30 条规定，行政法规在公布后的 30 日内由国务院办公厅报全国人民代表大会常务委员会备案。因此，行政法规公布后应当由国务院办公厅代表国务院报请全国人大常委会备案，并不是由国务院法制办去报请备案。故 C 选项错误。

《立法法》第 95 条第 2 款规定，根据授权制定的法规与法律规定不一致，不能确定如何适用时，由全国人民代表大会常务委员会裁决。故 D 选项正确。

[答案] AD

3. 关于规章制定，下列说法哪些是不正确的？

A. 省政府可以委托法学专家负责起草规章

B. 东莞市政府制定规章对该市洗浴从业人员管理加以规范

C. 没有法律、法规的依据，地方政府规章不得设定减损公民权利或者增加其义务的规范

D. 应制定地方性法规的事项立法条件不成熟，可先由同级政府制定为期 3 年的地方规章

［考点］规章的制定程序

［解题思路］《规章制定程序条例》第 14 条规定，部门规章由国务院部门组织起草，地方政府规章由省、自治区、直辖市和设区的市、自治州的人民政府组织起草。国务院部门可以确定规章由其一个或者几个内设机构或者其他机构具体负责起草工作，也可以确定由其法制机构起草或者组织起草。省、自治区、直辖市和设区的市、自治州的人民政府可以确定规章由其一个部门或者几个部门具体负责起草工作，也可以确定由其法制机构起草或者组织起草。故 A 选项正确，不当选。

根据 2015 年《立法法》的规定，中山、东莞、嘉峪关、三沙这四个不设区的市也享有与设区的市同样的地方立法权，其政府有权制定地方规章。《立法法》第 82 条第 1—3 款规定，省、自治区、直辖市和设区的市、自治州的人民政府，可以根据法律、行政法规和本省、自治区、直辖市的地方性法规，制定规章。地方政府规章可以就下列事项作出规定：①为执行法律、行政法规、地方性法规的规定需要制定规章的事项；②属于本行政区域的具体行政管理事项。设区的市、自治州的人民政府根据本条第 1 款、第 2 款制定地方政府规章，限于城乡建设与管理、环境保护、历史文化保护等方面的事项。已经制定的地方政府规章，涉及上述事项范围以外的，继续有效。东莞市政府制定规章对该市洗浴从业人员的管理加以规范，超越了地级（设区的市、自治州、中山、东莞、嘉峪关、三沙）政府规章的立法权限。故 B 选项错误，当选。

《立法法》第 82 条第 6 款规定，没有法律、行政法规、地方性法规的依据，地方政府规章不得设定减损公民、法人和其他组织权利或者增加其义务的规范。故 C 选项正确，不当选。

《立法法》第 82 条第 5 款规定，应当制定地方性法规但条件尚不成熟的，因行政管理迫切需要，可以先制定地方政府规章。规章实施满 2 年需要继续实施规章所规定的行政措施的，应当提请本级人民代表大会或者其常务委员会制定地方性法规。可见，临时地方规章的有效期限为 2 年。故 D 选项错误，当选。

［答案］BD

4. 下列关于行政规章制定程序的说法，正确的是？

A. 部门规章规定的事项应当属于执行法律或者国务院的行政法规、决定、命令的事项

B. 没有法律或者国务院的行政法规、决定、命令的依据，部门规章不得设定减损公民、法人和其他组织权利或者增加其义务的规范，不得增加本部门的权力或者减少本部门的法定职责

C. 设区的市、自治州的人民政府制定地方政府规章，限于国民教育、城乡建设与管理、环境保护、历史文化保护等方面的事项

D. 应当制定地方性法规但条件尚不成熟而先行制定的地方政府规章，实施满一年需要继续实施规章所规定的行政措施的，应当提请本级人民代表大会或者其常务委员会制定地方性法规

[考点]　行政规章的制定程序

[解题思路]《立法法》第80条第2款规定："部门规章规定的事项应当属于执行法律或者国务院的行政法规、决定、命令的事项。没有法律或者国务院的行政法规、决定、命令的依据，部门规章不得设定减损公民、法人和其他组织权利或者增加其义务的规范，不得增加本部门的权力或者减少本部门的法定职责。"据此可知，A、B选项正确。

《立法法》第82条第3款规定："设区的市、自治州的人民政府根据本条第1款、第2款制定地方政府规章，限于城乡建设与管理、环境保护、历史文化保护等方面的事项。已经制定的地方政府规章，涉及上述事项范围以外的，继续有效。"据此可知，国民教育事项不属于地方性规章所规定的范围，C选项错误。

《立法法》第82条第5款规定："应当制定地方性法规但条件尚不成熟的，因行政管理迫切需要，可以先制定地方政府规章。规章实施满2年需要继续实施规章所规定的行政措施的，应当提请本级人民代表大会或者其常务委员会制定地方性法规。"D选项错误。

[答案]　AB

5. 关于规章制定，下列说法哪些是不正确的？
A. 地方规章只能由地方政府常务会议审理决定
B. 部门规章与设区的市政府的规章产生冲突应当报请国务院裁决
C. 若公民认为部门规章与法律冲突，可以向全国人大常委会提出书面审查意见
D. 省政府规章公布后60日内应由省法制办向有关机关备案

[考点]　规章的制定程序

[解题思路]《规章制定程序条例》第27条第2款规定，地方政府规章应当经政府常务会议或者全体会议决定。A选项"只能由地方政府常务会议决定"的表述排除了由地方政府全体会议审议决定规章的情形。故A选项错误，当选。

根据《立法法》第95条的规定，部门规章之间、部门规章与地方政府规章之间对同一事项的规定不一致时，由国务院裁决。部门规章与地级政府规章具有同等法律效力，部门规章与设区的市政府的规章产生冲突应当报请国务院裁决。故B选项正确，不当选。

《规章制定程序条例》第35条第1款规定，国家机关、社会团体、企业事业组织、公民认为规章同法律、行政法规相抵触的，可以向国务院书面提出审查的建议，由国务院法制机构研究并提出处理意见，按照规定程序处理。故C选项错误，当选。

根据《规章制定程序条例》第34条的规定，规章应当自公布之日起30日内，由法制机构依法向有关机关备案。规章备案的期限是"公布后30日"，而非"公布后60日"。故D选项错误，当选。

[答案]　ACD

04 第四章
具体行政行为

考情速览

　　本章属于行政法最核心的理论，即具体行政行为理论。中国的行政复议和行政诉讼均以具体行政行为理论为基础构建，因此首先需要厘清关于具体行政行为的一些基本概念与基本原理问题。究竟什么才是具体行政行为，如何准确加以判断，何时成立，效力如何等，就成为本章学习的核心任务。了解行政行为的分类和救济方式，能够识别具体行政行为，掌握具体行政行为的成立与生效要件，理解具体行政行为的效力，是学好行政复议法和行政诉讼法的基础。

　　本章在考试中会采取客观题和主观题方式考查具体行政行为理论，客观题每年相对固定考1题，在主观题部分也会采取行政诉讼、行政复议受案范围的方式间接考查。本章考查的知识点主要分布于具体行政行为的认定、效力、成立要件、合法要件以及无效与可撤销的情形等。另外，也曾通过考查行政诉讼受案范围的方式，来考查具体行政行为与行政机关其他行为的区分。而本章内容中难度最大的考点是具体行政行为的认定和法律效力，但考查分值也最集中，需要重点掌握。

第一节　具体行政行为概述

一、具体行政行为的概念与特征

◇ **考点精华 22**

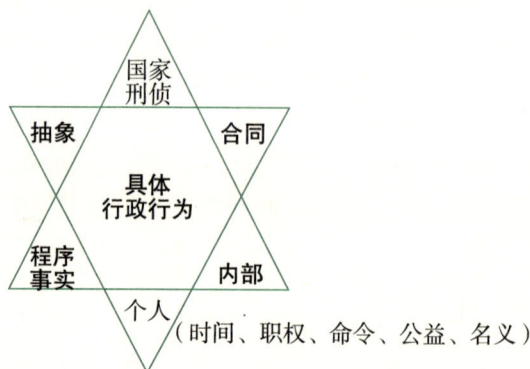

国家刑侦　　抽象　　合同　　**具体行政行为**　　程序事实　　内部　　个人　（时间、职权、命令、公益、名义）

具体行政行为		行政主体就已经发生的事实，针对特定的对象处分权利义务的处理决定。	行政复议、诉讼或赔偿。
非行政性	国家行为	行政机关所进行的宪法上的行为，例如国务院、国防部、外交部等以国家的名义实施的有关国防和外交事务的行为。	国家赔偿。
	刑事侦查	为侦破刑事案件，公安、国家安全、海关等经刑诉法授权所作出的司法行为，不服可以向检察机关申诉。公安、国家安全、海关的职权行为原则上为行政行为，经刑诉法的明确授权则例外属于司法行为。	向检察机关申诉。
	民事行为	行政机关作为机关法人作出的只具有民法效果行为，具有双方性、对等性和意思自治的特征。	民事诉讼或仲裁。
非特定性	抽象行政行为	针对不特定对象，对未来设立具有普遍约束力规则的行为，分为行政立法和一般规范性文件两种，其中行政立法包括：行政法规、部门规章和地方规章。	对具体行政行为申请复议或诉讼时，申请附带审查。
		特定性：处理"人"或处理"事"，最终影响特定人（可数、明确）的权利义务： （1）就特定事项对特定人的处理； （2）就特定事项对可以确定的一群人的处理； （3）就特定事项对不特定人的处理。（如对特定路段时段现场实施的临时交通管制措施属于具体行政行为，但为预防交通拥堵发布的对未来某时段的交通限行通告属于抽象行政行为） 口诀：抽象具体看特定，名称是浮云。	
非处分性		具体行政行为的处分性体现为行政机关对行政相对人作出产生、变更或消灭权利义务的意思表示，并产生相应的法律后果。	
	行政事实行为	行使行政职权时作出的不处分权利义务为目的，也不产出相应的法律效果，仅以事实状态存在的行为。（侵害合法权益的可以申请行政赔偿） （1）行政机关各种建议指导。例如天气预报等行政机关发布参考信息、安全提示、约谈、指导、劝导、（均属建议）；行政指导具有非强制性，不处分权利义务，属于行政事实行为；而以行政决定作出的"责令、要求、命令"等具有强制性的行为处分权利义务，属于具体行政行为。 （2）行政实际操作行为。如清理交通事故现场，在公共交通道路上设置交通安全指示标志，销毁已经依法没收的假冒产品，保管扣押的车辆、事实证据确认、协助执行法院的裁判等。	侵害合法权益的申请行政赔偿。

续表

非处分性	行政事实行为	(3) 与行政机关意思表示无关的行为。这些行为引起法律效果，但若该法律效果与行政机关的意思表示无关，而是由法律强制规定的，也不属于具体行政行为。比如城管在执法时殴打他人、警察违法使用武器致人伤亡，引起国家赔偿责任的法律效果，但该法律效果纯粹由法律强制规定，与违法使用武器人的意思无任何关联，故该行为属于行政事实行为。	
	行政程序性行为	是指行政机关在尚未作出最终处分权利义务的行政决定前，为推动行政程序并最终作出具体行政行为所进行的各种过程、阶段、准备性行为。	起诉最终作出的具体行政行为。
		(1) 作出具体行政行为过程中的各种通知或者告知，比如违法告知书、受理申请通知、听证通知、补正材料的通知、履行义务催告书、告知申辩权、行政许可有关信息的告知公示等； (2) 作出具体行政行为过程中的步骤行为，例如举行听证、依法招标、拍卖，进行检验、检测、检疫、鉴定和专家评审等等。	
	其他行为	(1) 信访处理行为；(2) 申诉中的重复处理行为（维持结论）。	不得复议、诉讼。
非外部性	行政内部行为	行政内部行为是针对行政机关及其工作人员所作出的行政系统内部的处理，不对行政机关以外的相对人产生法律效果的行为。	公务员对不利人事决定可申诉、复核救济权利。
		(1) 对公务员的人事处理决定； (2) 行政机关之间不产生外部法律效力的行为（内部沟通、磋商、函件等）； (3) 上级对下级的内部层级监督行为（听取报告、执法检查、督促履责）。	
非单方性	行政协议	行政机关为了实现行政管理或者公共服务目标，与行政相对人协商订立的具有行政法上权利义务内容的协议。	相对人对行政机关不履行、单方变更解除不服，可提起行政诉讼。
具体行政行为的分类		(1) 依职权行为与依申请行为；（主动与被动） (2) 羁束行为与自由裁量行为；（唯一合法与多种合法） (3) 授益行为与负担行为；（增加利益与减少利益） (4) 要式行为与不要式行为；（规定作出行为与未规定作出形式） (5) 作为行为与行政不作为。（具体行为可起诉，违法损害需赔偿） ①分类：不履行法定职责、超期履行、不予答复（不履行、不按期、不答复）。	

具体行政 行为的分类	②构成要件：负有法定职责（依申请的行政行为须当事人申请后才有履行的职责），有履行的条件，没有在法定期限内履行或答复，即有职责、有条件、未履行同时具备。 （6）附款行为与不附款行为。（附生效条款）

2015 年 5 月 1 日生效的《行政诉讼法》将行政诉讼的受案范围界定为"行政行为"，但并未对行政行为的内涵作出界定，而是通过列举法加排除法确定"属于行政诉讼受案范围的行政行为"的外延。行政行为可划分为具体行政行为、抽象行政行为、行政事实行为、行政合同等，新修改的《行政诉讼法》第 12 条列举的可以直接向法院起诉的行政行为主要是具体行政行为，也包括了行政协议和行政复议决定。而新《行政诉讼法》第 53 条也规定，原告在对行政行为提起行政诉讼时可以要求法院对部分抽象行政行为一并附带审查，抽象行政行为仍然不能直接向法院起诉，因此法院审理的主要还是具体行政行为，学习行政行为理论仍然应当重点理解掌握"具体行政行为"的相关基础理论。

（一）概念

具体行政行为，是指行政主体就已经发生的事实，针对特定对象处分其权利义务的处理决定。

（二）特征

1. 行政职权性（区别于国家行为、刑事侦查行为、民事行为）

具体行政行为是行政机关行使行政职权而作出的处理措施，也就是根据行政法所进行的处理措施。行政机关以行使行政职权为目的，如果同时具备具体行政行为的其他特征，就属于具体行政行为。

刑事侦查行为：为侦破刑事案件，公安、国家安全、海关等经《刑事诉讼法》授权所作出的司法行为，不服可以向检察机关申诉。公安、国家安全、海关的职权行为原则上为行政行为，经《刑事诉讼法》的明确授权则例外属于司法行为。区分的主要根据是法规范根据。

行政机关的民事行为：行政机关作为机关法人，作出的只具有民法效果的行为，具有双方性、对等性和意思自治的特征，例如终止民事租赁合同、国有土地出让合同，都不属于具体行政行为。公安局到某餐馆定点消费，拖欠餐馆餐饮招待费，属于公安局民事行为违约，餐馆不服应该向法院提起民事诉讼。

国家行为：行政机关所进行的《宪法》上的行为，例如国务院、国防部、外交部等以国家的名义实施的有关国防和外交事务的行为，国务院决定省、自治区、直辖市范围内部分地区进入紧急状态的行为，皆属于国家行为，并非具体行政行为。

2. 特定性（区别于抽象行政行为）

具体行政行为是对具体对象的处理措施，可以是直接就特定的事针对特定的某个人的处理，或者直接就特定的事，针对特定的一群人的处理，也可以是对特定事务的处理，只要该行政行为最终影响到特定人（可数、明确）的权利义务，就属于具体行政行为。如交警对闯红灯的车辆进行处罚、公安局对聚众斗殴的一群人进行处罚等。

抽象行政行为是针对不特定对象，对未来设立具有普遍约束力规则的行为，分为行政立法和一般规范性文件两种，其中行政立法包括：行政法规、部门规章和地方规章。行政立法与一般规范性文件的区别：制定主体、效力、制定程序不同。

凡行政机关对于已经发生的事实，针对特定对象作出的处分权利义务的行为属于具体行政行为；凡行政机关针对不特定对象，对未来可能会发生的事实所制定的具有普遍约束力的规则属于抽象行政行为。值得注意的是，抽象具体看特定，名称是浮云：不能以行政决定的名称来判断该行政行为属于抽象行政行为还是具体行政行为，文件、通知、决定如果是对已经发生的事实针对特定对象作出的，则属于具体行政行为。

某道路发生交通事故，交警对此路段采取一个小时的临时交通管制措施，是对已经发生的事实针对特定对象作出的决定，此针对特定路段时段的临时交通管制措施，其管制的车辆和人是特定的，属于具体行政行为。而为了治理城市堵车，政府发布关于分尾号限行的公告，是针对不特定对象作出的，对未来设定的具有普遍约束力的规则，属于抽象行政行为。

具体行政行为的特定性是指处理特定"人"或处理特定"事"，最终影响权利义务的人可数、明确。主要包括以下情形：

（1）就特定事项对特定人的处理；

（2）就特定事项对可以确定的一群人的处理；

（3）就特定事项对不特定人的处理。如对特定路段时段现场实施的临时交通管制措施属于具体行政行为，但为预防交通拥堵发布的对未来某时段的交通限行通告属于抽象行政行为。

例 2：2009 年市政府根据该市整顿交通秩序的需要，发布《关于整顿城区小型车辆营运秩序的公告》和《关于整顿城区小型车辆营运秩序的补充公告》。其中，《公告》要求"原已具有合法证照的客运人力三轮车经营者必须在 2009 年 7 月 19 日至 7 月 20 日到市交警大队办公室重新登记，经审查已经依法取得经营权的登记者，每辆车按 7200 元/两年的标准交纳经营权有偿使用费"。市政府作出的《公告》是针对该市已经取得营运许可证的相对人作出的，市政府发布《公告》时该市已经取得营运许可证的人是可数、明确的，故该《公告》属于具体行政行为。

例 3：县政府制定《农村集体土地拆迁补偿标准》规定，全县农村集体土地拆迁按照统一标准、公开评估、分级核算的方式计算分户补偿金额。县政府制定的《补偿标准》是针对未来可能被拆迁的人预先制定的公共规则，发布该文件时未来本县哪些人会被拆迁补偿是不确定、不可数、不明确的，故《补偿标准》属于抽象行政行为，是行政机关发布的行政规范性文件。该《补偿标准》属于抽象行政行为，不能直接提起行政复议或行政诉讼，只能在行政机关适用该文件对特定行政相对人作出补偿决定后起诉补偿决定这个具体行政行为，才可以申请法院附带审查补偿决定所依据的《补偿标准》这个行政规范性文件。

3. 处分性（区别于行政事实行为和行政程序性行为）

具体行政行为的处分性体现为行政机关对行政相对人作出产生、变更或消灭权利义务的意思表示，并产生相应的法律后果。

行政事实行为是行政主体行使行政职权时作出的不以处分权利义务为目的，仅以事实状态存在的行为。行政事实行为不具有处分权利义务的意思表示，也不产生相应的法律效果。行政事实行为侵害合法权益的，可以按照《国家赔偿法》的规定依法申请行政赔偿。

在法律职业资格考试中涉及的行政事实行为主要有三类：

（1）行政机关各种行政指导，例如天气预报等行政机关发布的参考信息、安全提示、指导或劝导（均属建议）；行政指导具有非强制性，不处分权利义务，属于行政事实行为，区别于具有强制性，处分权利义务的"责令、要求、命令"，属于具体行政行为。

（2）行政实际操作行为，如警察清理交通事故现场，环保部门清除垃圾，交通管理部门在公共交通道路上设置交通安全指示标志，工商管理部门销毁已经依法没收的假冒产品、保管扣押的车辆、事实确认等。

（3）行政职权活动衍生的相关行为，这些行为引起法律效果，但若该法律效果与行政机关的意思表示无关，而是由法律强制规定的，也不属于具体行政行为。比如城管在执法时殴打他人、警察违法使用武器致人伤亡，引起国家赔偿责任的法律效果，但该法律效果纯粹由法律强制规定，与行政机关的意思表示无任何关联，故该行为属于行政事实行为。

行政程序性行为是指行政机关在尚未作出最终处分权利义务的行政决定前，为推动行政程序并最终作出具体行政行为所进行的各种过程、阶段、准备性行为。

行政程序性行为主要有：①作出具体行政行为过程中的各种通知或者告知，比如违法告知书、受理申请通知、听证通知、补正材料的通知、履行义务催告书、告知申辩权、行政许可有关信息的告知公示等；②作出具体行政行为过程中的步骤行为，例如举行听证、依法招标、拍卖，进行检验、检测、检疫、鉴定和专家评审，等等。

4. 外部性（区别于行政内部行为）

行政内部行为，是指针对行政机关及其工作人员所作出的行政系统内部的处理，不对行政机关以外的相对人产生法律效果的行为。例如，对行政机关对公务员的奖惩、任免、处分等人事处理决定，以及行政机关之间就履行职权所制作的内部沟通函、会议纪要等公文，只要未直接对行政机关外的普通公民产生法律效果，均属于行政内部行为。具体行政行为是外部性处理，是对相对人权利义务的安排，而不是行政机关的内部措施。行政内部行为不能直接处分外部相对人权利义务，没有外部法律效力的行政决定不是具体行政行为。

5. 单方性（区别于行政协议）

具体行政行为，是指行政机关对相对人所安排的权利义务，是行政机关依据国家行政法律以命令形式单方面设定的，不需要相对人的同意。行政机关单方命令的前提，是行政决定基于法律规定的国家公共利益作出的，并且由此产生了相对人服从的必要。单方性指明了具体行政行为具有命令服从性质，不同于双方性的行政协议行为。所谓行政协议，是行政机关为实现行政管理或公共服务的目的，与行政相对人协商订立的具有行政法上权利义务内容的协议。双方性的行政协议的主要特征，是双方当事人就合同或者协议事项经过协商达成一致，不包含命令因素。

针对行政机关不同的行为，具体的救济方式是什么？

（1）具体行政行为处分决定了特定行政相对人的权利义务，可依法申请行政复议或提起行政诉讼。

（2）行政机关的刑事侦查行为属于司法行为，不受《行政法》调整，而受《刑事诉讼法》调整，应按《刑事诉讼法》规定向检察机关申诉。国家行为是经《宪法》授权的政治性行为，只能申诉或申请相应的国家补偿。

（3）行政机关的民事行为违约或侵权，依法提起民事诉讼或民事仲裁。

（4）行政机关的抽象行政行为违法，因不会对特定相对人权利义务产生直接约束力，故不能直接提起行政诉讼或行政复议。应将抽象行政行为视为废纸，当行政机关适用抽象行政行为的规则对相对人作出具体处理决定的时候才产生直接约束力，这时便可以起诉具体行政行为了，也可以在提起申请复议具体行政行为时一并要求审查所依据的一般规范性文件。

（5）行政事实行为不处分决定行政法上的权利义务，但如果行政事实行为侵犯宪法上的公民权利并符合国家赔偿条件的，可以依法申请国家赔偿。如城管执法打人属于事实行为，不能提起行政诉讼，但可以申请行政赔偿。

（6）行政程序性行为不处分权利义务，不能直接起诉或复议，如行政程序性行为违法只能等行政机关最终作出处分权利义务的决定后去告具体行政行为。如行政机关对申请办证的人发出补充材料的通知是程序性行为，不服不能直接起诉，只需要不甩（理会）行政机关不补材料，然后坐在家里等就可以了。接下来你会等来四种结果：①不予许可的决定；②准予许可的决定；③终止办理程序的决定；④行政机关不甩你（逾期不作任何答复）即行政不作为。以上四种情况都是具体行政行为，只要出现就可以起诉。如果你等得很心急，就去主动回绝补正，然后行政机关便立马会对你作出不利的具体行政行为决定，你便可以起诉了。

（7）内部处分行为按照《公务员法》规定的申诉复核程序寻求救济。值得注意的是，随着行政法学理论的进步，内部管理所形成的特别权利关系的范围正逐步缩小，区分是内部行为还是外部行为关键是看该行为针对的对象是否是行政权的行使者或承担者，因此高校对学生作出的不发毕业证学位证的决定属于外部行为，可以向法院起诉。

二、具体行政行为的分类

为了准确认识与掌握具体行政行为，按照不同的标准，可以对其作以下分类：

（一）依职权行政行为与依申请行政行为

以具体行政行为是否可以由行政机关主动实施为标准，可以将具体行政行为划分为依职权行政行为与依申请行政行为。

依职权行政行为，是指行政机关依据其职权而非申请即可主动实施的具体行政行为。例如行政处罚、行政征收等。

依申请行政行为，是指行政机关只有在行政相对人申请后才可以实施而不得主动实施的具体行政行为。例如行政许可、行政给付等。

具体行政行为的这一分类，最主要的意义在于分析具体行政行为的实施条件，从而有助于审查判断其合法性。

（二）羁束的和裁量的具体行政行为

按照具体行政行为受法律规范的约束程度，可以划分为羁束的和裁量的具体行政行为。

羁束的具体行政行为，是指行政主体对于法律规范的适用没有选择余地的具体行政行为；而裁量的具体行政行为，是指行政主体对法律规范的适用具有灵活性的具体行政行为。

这一划分的主要意义，在于可以有助于确定具体行政行为的合法性与合理性问题。具体而言，羁束的具体行政行为一般只存在合法性问题；而裁量的具体行政行为则不仅存在合法性问题，而且也存在合理性问题。

在我国的行政救济法体系中，作为行政系统自我救济的行政复议，则既可以审查合法性问题，也可以审查合理性问题。但是，作为司法救济的行政诉讼，一般就只能审查合法性问题，对于合理性问题则采取保守态度，尽可能不侵犯行政权的领地。当然，这也并非绝对，而是存在例外情形。例如对于显失公正的行政处罚，人民法院就可以判决变更。

（三）授益的和负担的具体行政行为

以具体行政行为对于行政相对人是否有利为标准，可以划分为授益的和负担的具体行政行为。

授益的具体行政行为，是指行政主体为行政相对人设定权益或者免除义务的具体行政行为；而负担的具体行政行为则是指行政主体为行政相对人剥夺、限制其权益或者设定义务的具体行政行为。

这一划分的意义，在于有利于确定具体行政行为的内容。另外，在行政法中对于负担的具体行政行为，因为可能对相对人的合法权益造成严重的不利影响，因此应当提供更为健全的救济途径。

（四）要式的与不要式的具体行政行为

以具体行政行为是否应当具备法定形式为标准，可以划分为要式的与不要式的具体行政行为。这一行为划分的意义在于，有助于从严要求具体行政行为的程序规范，也有利于从形式上准确判别具体行政行为的合法性问题。

要式的具体行政行为，是指必须具备某种书面文字或者特定意义符号的具体行政行为；不要式的具体行政行为，是指法律没有要求必须具备某种书面文字或者特定意义符号的具体行政行为。

为了防止行政权滥用，大多数法律规定的具体行政行为都是要式行政行为，只是基于行政管理活动的特殊需要，法律对于具体行政行为的要式与否才会不作明确要求。

（五）作为行为与不作为行为（行政不作为：具体行为可起诉、违法损害需赔偿）

1. 分类：不履行法定职责、不按期履行职责、不予答复。

2. 构成要件：负有法定职责，有履行的条件，没有在法定期限内履行或答复。

（六）附款行为（附生效条款）与不附款行为

附生效条件的具体行政行为，必须待条件成就时才发生法律效力；附生效期限的具体行政行为，必须期限届至时才发生法律效力。行政机关可以对具体行政行为的生效附有时间条件、客观自然条件或其他合理条件，满足所附条件时生效。

第二节　具体行政行为的效力

一、具体行政行为的成立和效力

◇ 考点精华 23

成立要件	1. 享有行政职权的行政机关；2. 内容上有法律效果的明确意思表示；3. 程序上已经送达。
生效	符合成立要件即生效，例外：重大明显违法直接无效、附款生效的须满足生效条件。
一般效力	1. 拘束力：生效后行政机关不得任意改变、相对人遵守、其他组织和个人尊重。合法或违法的行政行为自生效后，未经法定程序撤销、变更、废止的均有拘束力； 2. 确定力：争议期（起诉期限）后效力确定，合法赋予的利益不得随意收回； 3. 执行力：当事人不履行的强制执行；有执行权的行政机关在复议、诉讼期间不停止执行。

（一）具体行政行为的成立

具体行政行为的成立，是指具体行政行为最终在法律上得以存在。具体行政行为是否成立，直接关系到其合法性与正当性的后续评价，因而也是讨论具体行政行为法律效力的前提与基础问题。

一般说来，具体行政行为的成立要件主要有以下几项，只有这几项要件同时具备，行政行为才得以成立：

1. 在主体方面，行政主体及其工作人员享有相应的行政职权。

2. 在内容方面，应当向对方当事人作出完整的具有法律效果的意思表示。

3. 在程序方面，应依法定时间与方式送达当事人。

（二）具体行政行为的一般效力

所谓具体行政行为的效力，简言之，就是具体行政行为的法律约束力。讨论具体行政行为的合法性与否，以及成立、无效、可撤销或者废止问题，根本目的即在于明确其法律效力问题。因此，具体行政行为的法律效力，乃是具体行政行为法律制度中的核心因素。

具体行政行为之所以不同于行政机关的其他行为，在于其在法律效力方面具有特殊性。具体而言，具体行政行为的效力包括以下三方面：

1. 拘束力

拘束力，是指具体行政行为一经生效，行政机关和相对人都必须遵守，其他国家机关和社会成员必须予以尊重的效力。对于已经生效的具体行政行为，不但相对人应当接受并履行义务，作出具体行政行为的行政机关不得随意更改，而且其他国家机关也不得以相同的事实和理由再次受理和处理该同一案件，其他社会成员也不得对同一案件进行随意的干预。另外，有效的具体行政行为还应当作为其他国家机关本身行为的基础。比如，某甲经省司法厅准予律师执业，并获取律师执业证书。如果该准予执业的决定不是无效的，则各行政机关以及法院、检察院，即使对其合法性有所怀疑，也必须接受某甲为执业律师的事实。不过，具体行政行为在理由中所进行的事实认定或者法律认定，对其他国家机关并无拘束力，其他国家机关应予尊重的仅是具体行政行为所产生的法律效果。也就是说，具体行政行为的拘束力产生于其内容要素，而非其他要素。

2. 确定力

确定力，是指相对人对具体行政行为不得再进行行政争讼，不得再要求废弃的效力。确定力涉及不可争讼性，即相对人对具体行政行为不得再以行政复议、行政诉讼等一般行政争讼程序请求废弃。相对人在法定期限内未依法提起行政争讼，或者依法不可提起行政争讼时，具体行政行为具有不可争讼性。同一具体行政行为涉及两个以上相对人的，该具体行政行为的不可争讼性未必对所有的相对人同时发生。必须在所有相对人都不得再进行行政争讼时，具体行政行为才具有确定力。因此，具体行政行为的确定力不等于具体行政行为的不可争讼性。

对于具有确定力的具体行政行为，仍存在废弃可能性。行政机关因国家利益、公共利益或者其他法定事由需要废弃具体行政行为的，可以在一般行政争讼程序之外依职权废弃。

3. 执行力

具体行政行为对相对人所进行的命令或者禁止，相对人若未主动履行，原则上可以强制执行该具体行政行为。具体行政行为的执行力，是指具体行政行为生效后，有权机关可以采取一定的手段迫使具体行政行为的内容得以实现的效力。

对于具体行政行为的执行力，还必须注意以下三点：

（1）依法享有强制执行权的行政机关对于其具体行政行为，可以依法在该具体行政行为具有确定力之前自行强制执行，也可以在该具体行政行为具有确定力之后自行强制执行。

（2）行政机关申请人民法院强制执行具体行政行为的，该具体行政行为必须具有"确定力"。若仍在申请行政复议期限、行政复议审理期限或者法定起诉期限内，则人民法院不应受理行政机关的强制执行申请。根据《行政强制法》第53条的规定，行政机关申请人民法院强制执行其具体行政行为，应当自被执行人的法定起诉期限届满之日起3个月内提出。

（3）具体行政行为的执行力原则上不受行政争议的影响，在行政复议或者行政诉讼期间，原则上不停止具体行政行为的执行，这就是所谓的"不停止执行原则"。但是，该原则仅适用于享有强制执行权的行政机关。不享有强制执行权的行政机关，无法自行强制执行，其具体行政行为一旦被诉，因不具有确定力，即使申请人民法院强制执行，人民法院原则上也不执行，故导致其具体行政行为事实上处于不可执行状态，从而不受"不停止执行"原则的保障。

（三）具体行政行为的无效、撤销和废止

◆ 考点精华 24

形态	条件	效力	后果
无效	重大明显违法，有多种表现形式，无法完全列举：（1）要求从事犯罪行为；（2）明显缺乏法律依据或事实根据；（3）或要求从事客观上不可能的行为。	自始无效。	（1）当事人可主张无效；（2）有权国家机关可确认无效；（3）当事人可拒绝履行，不承担法律责任；（4）当事人可以获得国家赔偿。
违法	行为一般违法或明显不当：（1）事实不清、证据不足；（2）适用法律依据错误；（3）违反法定程序；（4）超越职权；（5）滥用职权；（6）明显不当。	可撤销。被撤销前推定为有效，撤销后丧失作出之日起的所有效力。	（1）撤销前当事人应受其约束，不可拒绝，只能先履行；（2）需依法定程序撤销；（3）撤销后可获国家赔偿。
须废止	合法作出的行政行为：（1）法律依据改变；（2）客观事实改变；（3）行为目的实现。	合法报废。丧失废止之后的效力，废止前的有效，废止后的无效。	（1）利益关系不再变动；（2）若严重损害当事人合法权益，应当予以国家补偿。
不当	合法但不合理，可以通过变更使其合理。		
合法	复议机关决定维持，法院判决驳回诉讼请求。条件：（1）证据确凿事实清楚；（2）适用法律、法规正确；（3）符合法定程序；（4）无超越职权；（5）无滥用职权；（6）无明显不当。		

具体行政行为的法律效力判断属于具体行为法律制度的核心因素，无论是行政复议还是行政诉讼，其核心任务就是要依法审查具体行政行为的法律效力，并针对不同的效力状态作出相应的裁判。

1. 具体行政行为的无效

具体行政行为的无效，是指由于存在重大与明显的法律缺陷，导致该具体行政行为从发布之时就没有法律约束力。无论是当事人，还是其他国家机关和社会团体，均可以不受其拘束。无效的具体行政行为自作出之时就没有任何法律约束力，也就是自始不能发生所欲实现的法律效果，不具拘束力，因此相对人并无服从义务，行政主体也不得予以执行，其他国家机关和其他社会成员对它不予认可。相对人不履行它所设定的义务，不承担法律责任；它对相对人所授予的权利，第三人不予承认。无效具体行政行为，不因事后追认或者期限经过而变成有效。对无效的具体行政行为，相对人无须采取任何行动，也无须在法定期限内提起行政诉讼，相对人可以无视它的存在。若相对人担心错误判断而对无效的具体行政行为提起行政诉讼，则法院以原告申请判决确认无效。

2. 可撤销的具体行政行为

可撤销的具体行政行为，是指由于违法或者明显不当，导致具体行政行为经法定程序由有权机关依法撤销以后，即不再具有法律约束力的具体行政行为。值得注意的是，在被依法撤销以前，具体行政行为依然具有法律效力，当事人仍受其约束。

3. 具体行政行为的废止

具体行政行为的废止是指由于客观条件的变化，而导致具体行政行为没有继续存在的必要，为了公共利益的需要，由有关机关终止其法律效力。

这里的客观情况发生变化，一般包括以下情形：

（1）具体行政行为所依据的规范性文件已经被依法修改、废止或者撤销。

（2）具体行政行为所依据的客观事实已经发生重大变化或者已经不复存在。

（3）具体行政行为的目的已经实现。

被废止的具体行政行为，自废止之日起丧失法律效力。但是，在废止之前，其效力依然一直存续。在具体行政行为废止之前给予当事人的利益，不再收回。当事人也不能因为已经履行相关义务，而要求行政机关予以补偿。当然，由于具体行政行为的废止并不是因为某一方的过错造成，而是基于公共利益的需要，因此由于废止而造成当事人遭受严重损失的，应当给予必要的补偿。

二、具体行政行为的一般合法要件

判断某一具体行政行为是否合法，要看该行为是否符合相关的条件与标准。只有明确了这些条件与标准，具体行政行为是否合法才会一目了然。

大体说来，具体行政行为的一般合法要件有以下几项：

（一）事实证据确凿

合法的具体行政行为，应当建立在客观事实的基础之上。当然，这里的客观事实，需要借助于证据来反映和落实。因此，行政机关应当遵循"先取证，后决定"的基本原则。

（二）适用法律法规正确

由于行政机关本身就是行政执法机关，因此在行政管理中需要严格遵循相关法律法规。由于法律法规纷繁复杂，并且效力层级繁多，需要行政机关准确识别并正确适用。

（三）遵守法定程序

事实上，行政法基本上可以看作是由程序法规范构成的法律规则体系。离开了程序控权，行政法要想有效发挥调控作用是难以想象的。具体行政行为要获得合法性，须以遵守法定程序为前提。

（四）不得超越职权

基于"越权无效"的基本行政法原则理念，超越职权的具体行政行为由于无法获得权源的合法性，因而应当是无效的。不得超越职权要求行政机关只能在自己的职权范围内实施行政管理，而不得超越职权范围，越界行政。

（五）不得滥用职权

滥用职权，是指行政机关在自己的职权范围内实施的行政行为严重不合理、不公正，违反了法律的目的与基本精神，因而丧失了合法性。

需要注意的是，与超越职权中行政机关直接越出了权力的边界不同，滥用职权的前提，是行政机关在自己的职权范围内实施行政管理，符合行政管理的形式合法性要求。但是，由于违反了执行法律的目的，歪曲了法律的基本精神，导致具体行政行为无法获得合法性来源，因而是不合法的。

（六）无明显不当

明显不当，是指行政行为的手段或结果明显违反社会最低理性标准，无须相应的法律知识和专业知识就能判断明显不合理，既违反了合理行政，也同时违反合法行政的要求。故具体行政行为合法须满足无明显不当的要求。

第三节　行政行为的主要类型

◆ 考点精华 25

种类	含义	救济
行政征收	强制、无偿→财产所有权，如收费、征税等，征收土地房产的应当补偿。	行政复议或行政诉讼。
行政征用	强制、有偿→财产和劳务使用权。需要对被征用者补偿。	行政复议或行政诉讼。
行政裁决	行政机关→裁判→特定民事纠纷（消费者侵权纠纷裁决、专利商标侵权纠纷裁决、土地或林权的权属纠纷裁决），具有强制力。	行政复议或行政诉讼。
指导、调解、仲裁	行政指导是行政机关对相对人的建议，行政调解和行政仲裁是行政机关对行政活动相关的特定民事争议的解决进行劝导，均无强制力。	民事诉讼解决民事纠纷。
行政确认	1. 行政机关→相对人的法律地位、法律关系、法律事实→确定、认可、证明； 2. 分为：具体行政行为（确认法律关系：不动产权属登记、婚姻登记、车辆登记、专利商标权确认、工伤认定、消防验收备案）和行政事实行为（确认事实：交通事故认定书、预售合同备案）的行政确认；	

续表

种类	含义	救济
行政确认	3. 行政许可与行政确认的区别：（1）申请目的：在行政确认，申请人的目的是确定法律地位，以获得法定效果；而在行政许可，申请人的目的是从事特定活动；（2）法律后果：相对人不申请行政确认的，不直接适用制裁；未被行政许可而从事的行为将发生违法后果，当事人应当受到法律制裁。不动产初始登记属于许可，不动产其他登记属于确认。	确认法律关系的具体行政行为可以申请复议或行政诉讼。
行政许可	行政机关根据公民、法人或者其他组织的申请，经依法审查，准予其从事特定活动的具体行政行为。	行政复议或行政诉讼。
行政奖励	行政机关→重大贡献的相对人→物质或精神鼓励。	行政复议或行政诉讼。
行政给付	行政机关→特殊情况（生活困难）的公民→物质权益帮助，包括：支付最低生活保障金、抚恤金、社会保险金等。	行政复议或行政诉讼。
行政协议	1. 概念：行政机关为了实现行政管理或者公共服务目标，与行政相对人协商订立的具有行政法上权利义务内容的协议。行政机关享有优益权，为公共利益可单方变更、解除协议。 2. 类别：（1）政府特许经营协议；（2）土地、房屋等征收征用补偿协议；（3）国有自然资源使用权出让协议；（4）政府投资的保障性住房的租赁、买卖等协议；（5）政府与社会资本合作协议；（6）其他行政协议。	相对人对行政机关不履行或单方变更、解除行政协议均可以提起行政诉讼。
行政处罚	行政机关对违反行政法规范、尚不够刑事处罚的相对人，通过剥夺合法权益进行的行政制裁。	行政复议或行政诉讼。
行政强制	1. 行政强制措施：行政机关为制止违法行为、防止证据损毁、避免危害发生、控制危险扩大等情形，依法对公民的人身或财物实施暂时性控制的行为； 2. 行政强制执行：行政机关对不履行行政决定的公民、法人或者其他组织，依法强制履行义务的行为。 **"责令"易混对比记忆** 法考中需要区分的"责令、要求、命令"有三类：一是责令停产停业、责令拆除违法建筑、责令外国人限期离境属于行政处罚；二是责令停止或纠正违法行为，按照命题观点属于制止违法行为的行政强制措施；三是责令民事侵权者赔偿属于行政裁决。	行政复议或行政诉讼。

一、行政征收与行政征用

（一）行政征收

行政机关强制、无偿取得行政相对人的财产所有权，如收费、征税等，征收土地、房产的应当给予补偿。行政征收处分相对人的财产所有权，属于具体行政行为，可以提起行政复议或行政诉讼。

（二）行政征用

行政机关强制、有偿取得行政相对人的财产和劳务使用权，需要对被征用者补偿。行政征用处分相对人的财产使用权，属于具体行政行为，可以提起行政复议或行政诉讼。

二、行政裁决、调解与仲裁

行政裁决是行政机关针对特定民事纠纷进行裁判的具体行政行为。主要包括：消费者侵权纠纷裁决、专利商标侵权纠纷裁决、自然资源权属（土地、林权）纠纷裁决等类型。行政裁决属于强制划分合法权益的具体行政行为，相对人不服可以提起行政复议或行政诉讼。

行政指导是行政机关对相对人的建议，行政调解和行政仲裁是行政机关对行政活动相关的特定民事争议的解决进行劝导，均无强制力，不属于具体行政行为。对行政指导、行政调解或行政仲裁不服，均不能提起行政复议和行政诉讼，只能就相对人之间的民事争议提起民事诉讼来解决民事纠纷。

三、行政确认与行政许可

（一）行政确认

行政机关对相对人的法律地位、法律关系、法律事实进行的确定、认可、证明。分为确认法律关系和确认法律事实两大类。确认法律关系的行政确认属于具体行政行为，主要包括：不动产权属登记、婚姻登记、车辆登记、专利商标权确认、工伤认定、消防验收备案等。确认事实的行政确认是形成证明案件事实的证据，不直接处分权利义务，属于行政事实行为，主要包括：交通事故认定书、预售合同备案等。

（二）行政许可

行政许可，是指行政机关根据公民、法人或者其他组织的申请，经依法审查，准予其从事特定活动的具体行政行为。

行政许可与行政确认的区别在于：

1. 申请目的：在行政确认，申请人的目的是确定法律地位，以获得法定效果；而在行政许可，申请人的目的是从事特定活动。

2. 法律后果：相对人不申请行政确认的，不直接适用制裁；未被行政许可而从事的行为将发生违法后果，当事人应当受到法律制裁。

四、行政奖励与行政给付

（一）行政奖励

行政机关对重大贡献的相对人给予物质或精神鼓励。包括：发给奖金奖品、通报表扬、通令嘉奖、记功、授予荣誉称号、晋级晋职等。

（二）行政给付

行政机关对生产生活困难的公民给予物质权益帮助，包括：发放最低生活保障待遇、支付抚恤金、支付社会保险金、给予精准扶贫补贴等。

行政奖励和行政给付均属于具体行政行为，相对人认为没有依法给予行政奖励或行政给付的，可以提起行政复议或行政诉讼。

五、行政协议

行政协议又可称为行政合同，行政机关为了实现行政管理或者公共服务目标，与公民、法人或者其他组织协商订立的具有行政法上权利义务内容的契约。与民事合同不同，行政协议包括四个要素：一是主体要素，即必须一方当事人为行政机关；二是目的要素，即必须是为了实现行政管理或者公共服务目标；三是内容要素，协议内容必须具有行政法上的权利义务内容；四是意思要素，即协议双方当事人必须协商一致。

行政协议的主要类型包括：征收、征用补偿协议？政府特许经营权协议，国有自然资源使用权协议，政府投资的保障性住房的租赁、买卖等协议，政府与社会资本合作协议等。行政机关在行政协议中具有优益权，为保护公共利益可依法单方变更、解除行政协议。当然，行政相对人对行政机关不履行或单方变更、解除行政协议不服均可以依法提起行政诉讼。

六、行政处罚与行政强制

（一）行政处罚

行政处罚，是指行政机关对违反行政法规范、尚不够刑事处罚的相对人剥夺或限制合法权益进行的行政制裁。行政处罚作为行政机关的制裁行为，其制裁性体现在其对违法行为人合法权益进行限制、剥夺，以达到惩罚的目的。

（二）行政强制措施

行政强制措施，是指行政机关在行政管理过程中，为制止违法行为、防止证据损毁、避免危害发生、控制危险扩大等情形，依法对公民的人身自由实施暂时性限制，或者对公民、法人或者其他组织的财物实施暂时性控制的行为。

（三）行政强制执行

行政强制执行，是指行政机关或者行政机关申请人民法院，对不履行行政决定的公民、法人或者其他组织，依法强制履行义务的行为。行政强制执行是以相对人不履行行政决定赋予的义务为前提的，是保障具体行政行为执行力的有力措施。

行政机关发布参考信息、安全提示、指导或劝导均属对行政相对人的建议，属于行政指导，具有非强制性，不处分权利义务，属于行政事实行为，区别于具有强制性的处分权利义务的"责令、要求、命令"，这些才属于具体行政行为。而法考中需要区分的"责令、要求、命令"有三类：1. 责令停产停业、责令拆除违法建筑、责令外国人限期离境属于行政处罚；2. 责令停止或纠正违法行为，按照命题观点属于制止违法行为的行政强制措施；3. 责令民事侵权者向消费者赔偿属于行政裁决。

▌金题自测▷

1. 某区食品药品监督管理局以甲销售危害健康的食品为由，将其从事经营的餐具和食品依法扣押。在实施扣押过程中，执法人员李某将甲打伤，事后食品药品监督管理局对李某试用期结束后对其取消录用，对此，下列说法是正确的是？

A. 扣押甲物品的行为属于行政处罚

B. 李某对取消录用不服，不属于行政诉讼的受案范围

C. 因甲被打伤，扣押甲物品的行为违法

D. 李某殴打甲的行为不属于行政赔偿的范围

［考点］具体行政行为的概念

［解题思路］行政强制措施，是指行政机关在行政管理过程中，为制止违法行为、防止证据损毁、避免危害发生、控制危险扩大等情形，依法对公民的人身自由实施暂时性限制，或者对公民、法人或者其他组织的财物实施暂时性控制的行为。行政强制措施的种类分为：限制人身自由的强制措施，查封场所、设施或财物，扣押财物，冻结存款、汇款和法律、法规设定的其他行政强制措施。因此，城管局扣押甲物品的行为属于行政强制措施，而不属于行政处罚。故 A 选项错误。

《公务员法》第 34 条规定，新录用的公务员试用期为 1 年。试用期满合格的，予以任职；不合格的，取消录用。根据《行政诉讼法》第 13 条的规定，行政机关作出的涉及该行政机关公务员权利义务的决定属于内部行政行为，不属于行政诉讼的受案范围。对李某的取消录用属于行政内部行为，只能申诉或申请复核救济权利。故 B 选项正确。

执法人员殴打甲构成行政事实行为，而扣押财物属于行政强制措施，是两种不同的行政行为，行政事实行为违法并侵害合法权益的，应依法承担行政赔偿责任。而因违法占道经营而扣押相关财物的行为是否合法，取决于该扣押行为本身是否符合法律、法规的授权和具体规定，与甲被执法人员打伤没有因果关系。C 选项混淆扣押和行政事实的关系，殴打违法应承担赔偿责任，而该扣押财物的，仍然应当依法扣押。故 C 选项错误。

《国家赔偿法》第 3 条规定，行政机关及其工作人员在行使行政职权时有下列侵犯人身权情形之一的，受害人有取得赔偿的权利：①违法拘留或者违法采取限制公民人身自由的行政强制措施的；②非法拘禁或者以其他方法非法剥夺公民人身自由的；③以殴打、虐待等行为或者唆使、放纵他人以殴打、虐待等行为造成公民身体伤害或者死亡的；④违法使用武器、警械造成公民身体伤害或者死亡的；⑤造成公民身体伤害或者死亡的其他违法行为。可见，行政机关及其工作人员在行使行政职权时殴打他人的，属于行政事实行为违法，应由国家承担行政赔偿责任。故 D 选项错误。

［答案］B

2. 关于具体行政行为的效力，下列哪些说法是正确的？

A. 可撤销的具体行政行为在被撤销之前，当事人应受其约束

B. 行政行为被废止后即丧失了该行为从作出之日起的所有效力

C. 废止行政行为造成的损害行政机关应当予以赔偿

D. 经送达领受程序的具体行政行为即具有法律约束力

［考点］具体行政行为的效力

［解题思路］可撤销的具体行政行为，又被称为一般性违法的具体行政行为，必须由有权机关按照法定程序撤销后才丧失法律效力，但在撤销之前仍具有法律效力，当事人应受其约束。故 A 选项正确。

废止的具体行政行为，自废止之日起丧失今后的效力，但废止之前的行为效力是继续合法有效的，相当于把该行为一刀砍断，之前有效但之后无效了。故 B 选项错误。

如果废止使当事人的合法权益受到严重损失，行政机关应当对受到损失的当事人给予必要的补偿。故 C 选项错误。

具体行政行为送达后满足了成立要件，一般情况下具体行政行为成立即生效，但是附生效条件或生效期限的附款具体行政行为，须满足所附的生效条件方可生效。重大明显违法的具体行政行为成立后也属于直接无效。D 选项"即具有法律约束力"的表述过于绝对，未考虑具体行政行为附款生效和直接无效这两种例外。故 D 选项错误。

[答案] A

3. 关于具体行政行为的效力，下列说法错误的是？

A. 具体行政行为一经成立即可生效

B. 具体行政行为的拘束力是指具体行政行为一经成立，行政机关与相对人均须遵守，其他国家机关与社会成员均须尊重的法律效力

C. 确定力是指已生效的具体行政行为对行政主体所具有的不得改变的法律约束力

D. 当事人不履行具体行政行为确定的义务，行政机关予以执行是具体行政行为拘束力的表现

[考点] 具体行政行为的效力

[解题思路] 一般而言，具体行政行为一经成立即开始产生法律约束力。但是，行政机关也可以延缓其效力，在附条件生效的具体行政行为中，安排其待某一事件发生后或者经过一段时间后才发生法律效力。因此，认为具体行政行为一经成立即可生效显然过于绝对。A 选项说法错误，当选。

具体行政行为的拘束力，是指具体行政行为一经生效，行政机关与相对人都必须遵守，其他国家机关和社会成员必须予以尊重的效力。具体行政行为的拘束力主要是针对不同主体而言的，即无论是行政主体，还是行政相对人，以及其他国家机关与社会成员，均须尊重，不得违反的法律约束力。据此可知，拘束力只有在具体行政行为"生效"而非"成立"以后即具备的法律效力。B 选项说法错误，当选。

确定力，是指已生效的具体行政行为对行政主体与行政相对人所具有的不再争议、不受任意改变的法律约束力。具体行政行为的确定力不只是针对行政主体具有意义，同时也是针对行政相对人而言的。另外，确定力只是相对而非绝对的，若客观情形发生改变，绝对不允许具体行政行为作出改变，既不合理也不现实。C 选项说法错误，当选。

具体行政行为的执行力，是指使用国家强制力迫使当事人履行义务或者以其他方式实现具体行政行为权利义务安排的效力。当事人不履行具体行政行为确定的义务，行政机关予以执行是具体行政行为执行力而非拘束力的表现。D 选项说法错误，当选。

[答案] ABCD

4. 以下关于具体行政行为的说法，不正确的是？

A. 无效的具体行政行为自发布之时就没有任何法律约束力，当事人不受它的拘束

B. 可撤销的具体行政行为必须经过法定程序由国家有权机关作出撤销决定才能否定其法律效力

C. 具体行政行为一经废止，在废止之前，其效力依然一直存续

D. 被诉行政行为不停止执行是具体行政行为确定力的体现

[考点] 具体行政行为的效力

[解题思路] 无效的具体行政行为，是指因存在严重和明显的法律缺陷，而导致丧失法律效力的行政行为。无效的具体行政行为自发布之时就没有任何法律约束力，当事人不受它的拘束。A 选项正确，不当选。

可撤销的具体行政行为，是指因存在违法与不适当的情形，导致其效力可以被撤销的行政行为。可撤销的具体行政行为必须经过法定程序由国家有权机关作出撤销决定才能否定其法律效力，在被依法撤销之前，其效力依然存续。B 选项正确，不当选。

具体行政行为未经废止，一直有效。但若一经废止，即行失效。在废止之前，其效力依然一直存续。C 选项正确，不当选。

被诉行政行为不停止执行是具体行政行为执行力而非确定力的体现。D 选项错误，当选。

[答案] D

案例： 某商店经销的某食品配料栏标有 TBHQ，某工商分局认为上述食品虽然有法律允许带入 TBHQ，但不能在标签上标注，上述做法不符合规章的相关规定。某工商分局对该商店作出行政处罚决定书。生产食品的冠生园公司不服提起行政诉讼，请求撤销某工商分局处罚决定书关于标注不合法的内容。原告认为：规章规定的不需标示"并不说明产品标示了就属违法。同时，被告没有听取原告冠生园公司的意见，剥夺了产品当事人的听证举证权利。被告则认为，其作出的行政处罚所认定的事实清楚，证据确凿，程序合法。

[问题] 结合本案，谈谈行政诉讼中如何围绕被诉行政行为的合法性进行质疑或辩驳？

[答题模板] 本案主要围绕适用法律法规和程序是否合法进行辩驳。根据《行政诉讼法》第 70 条的规定，行政行为有下列情形之一的，人民法院判决撤销或者部分撤销：（一）主要证据不足的；（二）适用法律、法规错误的；（三）违反法定程序的；（四）超越职权的；（五）滥用职权的；（六）明显不当的。本案中被诉行政处罚行为的主要问题在于两个方面：一是法律依据的适用问题，即冠生园公司在食品配料栏中标注 TBHQ，是否违反法律和规章的规定。二是被诉行政行为是否遵循了法定程序问题，也是本案中双方争议的焦点之一。

05 第五章
行政处罚

考情速览

　　我国的《行政处罚法》是1996年颁布并施行的。其出台的主要目的是规范与控制行政机关的处罚权，防止其任意行使，损害公民、法人或者其他组织的合法权益。

　　此章包含《行政处罚法》和《治安管理处罚法》两部法律的相关考点。《行政处罚法》是行政机关实施处罚行为的一般规范，而《治安管理处罚法》是公安机关实施治安处罚这种特殊行政处罚的特别规范，《治安管理处罚法》与《行政处罚法》是特别法与一般法的关系，公安机关处罚不仅适用《行政处罚法》，还优先适用《治安管理处罚法》的特别规定。

　　行政处罚是我国行政机关作出的最常见的具体行政行为，在考试中常与行政许可或行政强制混合考查。尤其行政许可、行政处罚和行政强制相关考点的区别和联系，是考试中最容易混淆的知识点。在复习此章内容时，需要以行政处罚为线索，比较行政许可与行政处罚在设定文件、授权实施、委托实施、相对集中实施以及听证程序方面的异同点，掌握行政处罚的实施程序、适用规则以及行政处罚的执行，掌握治安处罚的特别程序规定。本章的重点是行政处罚的种类、设定、授权与委托实施、简易程序、听证程序、治安处罚的特殊规则。本章会以客观题和主观题两种方式考查，客观题每年考查2—3题，在主观题部分也经常考查行政处罚的概念和程序。

第一节　行政处罚概述

一、行政处罚的概念

◈ **考点精华 26**

概念	行政机关对违反行政法规范、尚不够刑事处罚的相对人剥夺或限制合法权益进行的行政制裁。				
理论分类	自由罚。	行为罚。	财产罚。	申诫罚。	其它处罚。
法定种型	行政拘留。	责令停产停业；暂扣或吊销许可证、执照。	罚款；没收违法所得、非法财物。	警告。	法律、行政法规创设。（责令拆除违法建筑）

行政处罚，是指行政机关对违反行政法规范、尚不够刑事处罚的相对人进行行政制裁。行政处罚作为行政机关的制裁行为，其制裁性体现在其对违法行为人的合法权益进行限制、剥夺，以达到惩罚的目的。行政处罚的目的在于惩罚违法行为，不在于纠正已经存在的违法行为，或者为纠正、弥补其违法行为而使其承担一定义务，或者为矫治其人身危险性而采取强制性措施。

（一）行政处罚与行政处分的区别

行政处罚惩罚的是违反行政管理秩序的行为，该行为是公民或组织作为一般的社会主体而实施的违法行为，也就是说，行政处罚实施机关与被处罚人之间不存在行政上的隶属关系；行政处分惩罚的是国家机关工作人员违法违纪行为，行政处分实施机关与被处分人之间存在行政上的隶属关系或者行政监察关系。因此，行政处罚本质上属于具体行政行为，而行政处分属于内部行政行为。当事人对行政处罚不服的，可以依法申请行政复议或者提起行政诉讼；而当事人对行政处分不服的，只能依法申诉，不可申请行政复议或者提起行政诉讼。

（二）行政处罚与行政强制措施区别

行政处罚与行政强制措施的不同在于二者目的不同。行政处罚的目的在于惩罚违法行为人，而行政强制措施的目的在于预防发生危害社会的违法行为或危害事件，制止违法行为或者危害事件的继续，或者保障以后的行政管理工作正常有效进行。因目的不同，导致以下区别：1. 行政处罚以行政相对人违反行政管理秩序行为的存在为前提；行政强制措施不以存在违法行为作为前提。2. 行政强制措施的目的一旦实现，就应当依法解除，但解除行政强制措施绝不意味着原先采取的强制措施违法；而有效的行政处罚必须得到执行，不存在解除问题。3. 行政处罚作为法律责任的一种方式，要求被处罚人必须具有责任能力，比如被处罚的自然人必须年满14周岁；而行政强制措施并非法律责任的一种方式，故不要求被采取强制措施的人具有责任能力。

例4：有人喝醉酒在大街上裸奔，警察接到报警后到现场，不是对裸奔的人作出行政处罚，开完罚单让她/他继续"奔"，而是要先采取一个临时性、非惩罚性的强制措施——约束，先将此人裹上床单控制起来并强行带离现场直至其酒醒，然后才会在询问调查后作出处罚决定。

二、行政处罚的种类

（一）警告

警告是国家对行政违法行为人的谴责和告诫，是国家对行为人违法行为所做的正式否定评价。适用警告处罚的重要目的，是使被处罚人认识其行为的违法性和社会危害性，纠正违法行为并不再继续违法。但是，必须注意，"警告"也是"行政处分"的一种形式，因此必须结合行政处罚与行政处分的区别来区别现行法上规定的"警告"的法律性质。

（二）罚款

罚款，是指行政机关依法强制违法行为人在一定期限内向国家交纳一定数量的货币的处罚形式。罚款是广泛运用的处罚形式。但必须特别注意的是，现行法规定的"罚款"未必都是行政处罚，必须结合行政处罚的法律特征来确定现行法所规定的"罚款"的属性。首先，必须将"罚款"的行政处罚与"加处罚款"的执行罚区分开。其次，必须将公安机关、国家安全机关等行政机关在行政管理过程进行罚款的行政处罚与它们在刑事诉讼过程中进行司法罚款的刑事司法行为区分开。

（三）没收违法所得或非法财物

没收违法所得，是指行政机关将行政违法行为人占有的，通过法律禁止的途径、手段或者方法取得的财产权益收归国有的处罚形式；没收非法财物，是指行政机关将行政违法行为人用于非法目的或者用来从事违法犯罪行为的财产和物品收归国有的处罚形式。但是，并非所有的非法所得或者非法财物都可以没收。首先，行政机关在适用没收的处罚形式时，需要注意公民基本生存权保障、处罚与违法行为相适应等原则；其次，还需要注意，有些"非法财物"不可能适用没收，例如两村未经法定程序交易的土地；最后，若"违法所得"属于受害人所有，则应依法返还给受害人，而不应予以没收。

"没收"作为一种行政处罚，与作为刑罚种类的"没收"不同。行政处罚的"没收"对象是违法所得、非法财物，刑罚的"没收"对象是犯罪分子个人所有财产的一部分或者全部。也就是说，作为刑罚种类，没收的是犯罪分子个人所有的合法财产。至于与犯罪有关的违法所得、非法财产，应当根据《刑法》第 64 条处理，该条规定："犯罪分子违法所得的一切财物，应当予以追缴或者责令退赔；对被害人的合法财产，应当及时返还；违禁品和供犯罪所用的本人财物，应当予以没收。没收的财物和罚金，一律上缴国库，不得挪用和自行处理。"

（四）责令停产停业

责令停产停业，是指行政机关强制命令行政违法行为人在一定的期限内停止生产经营和其他业务活动的处罚形式。行政机关可以通过附条件或者附期限两种方式实施责令停产停业的处罚。所谓附期限，是指行政主管机关命令受处罚人在一定的期限内治理、整顿，达到法定的生产经营条件和标准的，可以在期限届满以后恢复生产经营；所谓附条件，是指行政机关命令企业停产停业，而不明示期限，由行政机关视其治理、整顿情况，重新作出准予开始生产经营的决定。

（五）暂扣或者吊销许可证、暂扣或者吊销执照

许可证和执照应作广义的理解，凡是行政机关颁发的具有行政许可性质的文书都应当视为许可证或者执照的范畴。具有许可性质的资质证、资格证、批准书、登记证、签证，也属于"许可证或执照"的范畴。吊销许可证、执照，是指行政机关永久性地取消违法行为人已经获得的从事某种活动的权利或者资格的处罚形式；暂扣许可证、执照，是指行政机关中止违法行为人从事某种活动的权利或资格，待其改正以后或者经过一定期限后，再发还许可证或执照的处罚形式。

（六）行政拘留

行政拘留，是指公安、国家安全机关等行政机关对违反行政管理秩序的人短期限制其人身自由的处罚形式。行政拘留，是行政处罚中最严厉的处罚形式，其只适用于自然人，而不能适用于法人或者其他组织，但法人或其他组织的法定代表人或者负责人可以作为处罚对象。行政拘留的期限一般是 15 日以下，但行政拘留处罚合并执行的，最长为 20 日。

行政拘留和刑事拘留，都可以由公安、国家安全机关等机关进行，但二者属性不同。行政拘留属于行政处罚，而刑事拘留属于《刑事诉讼法》规定的刑事强制措施。公安机关、国

家安全机关等行政机关在行政管理过程中作出的限制人身自由的行为，除了行政拘留外，还有留置盘问、扣押人身、收容教养、劳动教养、强制隔离戒毒等措施。留置盘问等措施，在性质上属于行政强制措施。

（七）法律、行政法规规定的其他行政处罚

所谓"法律、行政法规规定的其他行政处罚"，是指除上述六种形式的行政处罚以外的其他形式的行政处罚，例如《城乡规划法》设定的"责令拆除违法建筑"的处罚。除《行政处罚法》设定的六种处罚外，其他种类的处罚必须由法律、行政法规首先创设出来，而地方性法规、部门规章和地方政府规章无权创设。

三、行政处罚的设定与规定

◆ 考点精华 27

设定文件	创设权	规定权（执行细化权）
法律	所有处罚。	（1）上位法未设处罚，法规均可设定权限种类的处罚；（2）处罚设定权对规章相对保留：尚未制定上位法，规章才可以补充设定两种类的处罚；（3）上位法有设定的下位法不得再设定，但下位法（无层级限制）可以在上位法设定的范围（种类、幅度）内作具体规定，既不能扩大、也不能缩小。
行政法规	限制人身自由除外。	
地方性法规	限制人身自由和吊销企业营业执照除外。	
部门规章	尚未制定法律、行政法规的，可以设定警告、一定数量罚款（国务院规定上限）。	
地方规章	尚未制定法律、法规的，可以设定警告、一定数量罚款（省级人大常委会规定上限）。	

行政处罚的设定，是指国家有权机关依法创制行政处罚的立法活动。解决行政处罚的设定问题，就是要解决究竟有哪些规范性法律文件才可以规定行政处罚的种类及其幅度问题。而明确行政处罚设定问题的主要意义，则在于规范与控制行政处罚的权力来源，从而更好地保障公民、法人或者其他组织的合法权益。

行政处罚的规定，是指上位法已经对某事项设定处罚的情况下，下位法对处罚的实施作出具体细化规定，以确保上位法设定的处罚能够有效实施。设定处罚是"从无到有"，而规定处罚是"从粗到细"。按照《行政处罚法》的规定，上位法对某事项已经设定处罚的，下位法不得再设定，但下位法均可以在上位法设定的处罚的种类、幅度范围内对具体实施作细化规定。下位法对上位法设定的处罚作出具体规定时不得调整上位法设定处罚的种类和幅度，既不能扩大、也不能缩小。

（一）法律

1. 法律可以设定各种行政处罚。

2. 人身自由系宪法规定的基本权利，应当受到严格保障。因此，限制人身自由的行政处罚，只能由法律设定，也就是属于严格的法律保留事项。行政法规、地方性法规以及规章等其他规范性文件一律不得设定。

（二）行政法规

1. 行政法规可以设定除限制人身自由以外的行政处罚。

2. 法律对违法行为已经作出行政处罚规定，行政法规需要作出具体规定的，必须在法律

规定的给予行政处罚的行为、种类和幅度的范围内作出规定。

（三）地方性法规

1. 地方性法规可以设定除限制人身自由、吊销企业营业执照以外的行政处罚。

2. 法律、行政法规对违法行为已经作出行政处罚规定，地方性法规需要作出具体规定的，必须在法律、行政法规规定的给予行政处罚的行为、种类和幅度的范围内作出规定。地方性法规尽管不得设定吊销企业营业执照的行政处罚，但是却可以设定暂扣企业营业执照的行政处罚。

（四）部门规章

1. 部门规章可以在法律、行政法规规定的给予行政处罚的行为、种类和幅度的范围内作出具体规定。

2. 尚未制定法律、行政法规的，国务院部委规章对违反行政管理秩序的行为，可以设定警告或者一定数量罚款的行政处罚。但是，罚款的限额只能由国务院规定，部委自身无权规定。

3. 除了部委规章以外，国务院还可以授权具有行政处罚权的直属机构规定行政处罚。

（五）地方政府规章

这里的地方政府规章，既包括省级政府制定的规章，也包括较大市政府制定的规章。

1. 省、自治区、直辖市人民政府和省、自治区人民政府所在地的市人民政府以及经国务院批准的较大的市人民政府制定的规章可以在法律、法规规定的给予行政处罚的行为、种类和幅度的范围内作出具体规定。

2. 尚未制定法律、法规的，地方政府规章对违反行政管理秩序的行为，可以设定警告或者一定数量罚款的行政处罚。罚款的限额由省、自治区、直辖市人民代表大会常务委员会规定。值得注意的是，即使是较大市政府规章设定的罚款的行政处罚，罚款的限额也应由省、自治区、直辖市人大常委会规定，较大的市人大常委会无权规定。

（六）一般规范性文件均无权设定行政处罚

行政处罚是对行政相对人合法权益产生重大影响的损益行政行为，除法律、法规、规章可以依照法定权限设定行政处罚事项以外，一般规范性文件一律不得设定行政处罚事项。

例 5：某事项尚未制定法律、行政法规、地方性法规，省会城市的市政府制定规章对该事项设定警告或 2000 元以下的罚款，属于设定处罚。法律对某事项已经设定了警告或 2000 元以下的罚款，行政法规、地方性法规、规章作为法律的下位法，均可以对该处罚事项的实施作出具体规定，但不得突破法律设定的"警告或 2000 元以下罚款"的种类、幅度范围。

四、行政处罚的基本原则

依据《行政处罚法》的规定，行政机关实施行政处罚应当遵循下列基本原则：

（一）处罚法定原则

所谓处罚法定原则，是指行政处罚的设定与实施，均应当依法进行。具体而言，该原则包括三个方面：

1. 行政处罚权只能由法定主体行使，其他任何组织与个人均不得行使行政处罚权。

2. 法无明文规定不得处罚。只有法律明确规定应予行政处罚的，才可以处罚。也就是说，任何行政处罚均应当拥有明确的法律依据。

3. 行政处罚应当严格遵守相关的法定程序。

（二）公正、公开的原则

公正原则要求设定和实施行政处罚必须以事实为依据，与违法行为的事实、性质、情节以及社会危害程度相适应。

公开原则则要求对违法行为给予行政处罚的规定必须公布；未经公布的，不得作为行政处罚的依据。

（三）处罚与教育相结合原则

处罚与教育相结合原则要求行政处罚不应以处罚为唯一目的，而只应视其为矫正违法的具体手段，其根本目的是促使当事人不再犯，教育公民、法人或者其他组织自觉守法，以更有效地维护社会秩序。

（四）保障当事人程序权利原则

当事人的程序权利具体包括两项内容：1. 处罚前的陈述权、申辩权；2. 处罚后的寻求救济权，即申请行政复议、提起行政诉讼以及提出赔偿要求的权利。

保障当事人程序权利原则指的是公民、法人或者其他组织对行政机关所给予的行政处罚，享有陈述权、申辩权；对行政处罚不服的，有权依法申请行政复议或者提起行政诉讼。因行政机关违法给予行政处罚受到损害的，有权依法提出赔偿要求。

第二节　行政处罚的实施

一、行政处罚的实施主体

◇ 考点精华 28

一般处罚机关	（1）地域管辖：违法行为发生地机关，包括行为实施地与结果发生地。涉及违法实施使用许可的应抄告许可决定机关；（2）级别管辖：县级以上地方政府的有权机关（中央和乡级机关须法律、行政法规特别授权）；（3）指定管辖：对管辖权有争议的由共同上一级机关指定。
集中处罚机关	国务院或其授权的省级政府可以决定集中处罚，该综合执法机关在行政处罚领域具有行政主体资格；中央垂直领导机关的处罚权和限制人身自由的处罚权不得被集中行使。
授权	法律、法规授权的具有管理公共事务职能的组织，在法定授权范围内具有处罚权。
受委托	行政机关可以委托社会事业组织实施行政处罚，但限制人身自由的处罚不得委托，只能公安实施。

（一）行政机关

行政机关是实施行政处罚最主要的主体。但并不是所有的行政机关在所有的情形下均可实施行政处罚，只有具有行政处罚权的行政机关才能在法定职权范围内依法实施行政处罚。

1. 管辖

行政处罚由违法行为发生地的县级以上地方人民政府具有行政处罚权的行政机关管辖。

法律、行政法规另有规定的除外。因此，除法律、行政法规另有规定的以外，乡镇政府一般均无行政处罚权。对管辖发生争议的，报请共同的上一级行政机关指定管辖。

2. 集中处罚机关

《行政处罚法》第 16 条规定："国务院或者经国务院授权的省、自治区、直辖市人民政府可以决定一个行政机关行使有关行政机关的行政处罚权，但限制人身自由的行政处罚权只能由公安机关行使。"对此，应注意以下三点：首先，行政处罚权相对集中行使，必须由国务院决定或者由国务院授权的省级政府决定。其次，集中行使行政处罚权的行政机关具有行政主体资格，作为本级政府直接领导的一个独立的行政执法部门，依法独立履行规定的职权，并承担相应的法律责任。最后，限制人身自由的行政处罚权只能由公安机关行使，也就是说限制人身自由的行政处罚权不得被集中行使。《国务院办公厅关于继续做好相对集中行政处罚权试点工作的通知》还进一步明确要求实行中央垂直领导的行政机关行使的行政处罚权也不得由集中行使行政处罚权的行政机关行使。

（二）法律、法规授权组织

法律、法规授权的具有管理公共事务职能的组织可以在法定授权范围内实施行政处罚。需要注意的是，授权组织是行政主体，可以自己的名义实施行政处罚，并独立承担法律责任。

（三）受委托的组织

1. 行政机关依照法律、法规或者规章的规定，可以在其法定权限内委托符合法定条件的组织实施行政处罚。行政机关不得委托其他组织或者个人实施行政处罚。

2. 委托行政机关对受委托的组织实施行政处罚的行为应当负责监督，并对该行为的后果承担法律责任。也就是说，受委托的组织并非行政主体，由委托机关承担由此产生的法律责任。

3. 受委托组织在委托范围内，以委托行政机关名义实施行政处罚；不得再委托其他任何组织或者个人实施行政处罚。

4. 受委托组织必须符合以下条件：

（1）依法成立的管理公共事务的事业组织。

（2）具有熟悉有关法律、法规、规章和业务的工作人员。

（3）对违法行为需要进行技术检查或者技术鉴定的，应当有条件组织进行相应的技术检查或者技术鉴定。

二、行政处罚的实施规则

◇ **考点精华 29**

处罚时效	违法行为发生之日起，或连续、继续行为终了之日起 2 年内未被发现的不再处罚，法律另有规定的除外（治安处罚为 6 个月）。
一事不再罚	（1）一个行为触犯多项法律，可分别处罚但罚款只能一次；（2）连续行为和继续行为受处罚则处断，如果有改正违法行为的机会不改正，而继续实施违法行为的视作新行为可再罚。

罚刑相抵	同一违法行为受到行政处罚后又受刑事处罚的，已经接受的行政处罚可以折抵刑罚；拘留可以折抵刑期（拘役和有期徒刑），罚款可以折抵罚金，但没收处罚不能折抵没收刑罚。
不予处罚	（1）不满 14 周岁；（2）精神病人在不能控制辨认自己行为时；（3）违法轻微并及时纠正无危害后果。
应从轻减轻	（1）14—18 周岁；（2）主动消除或减轻危害后果；（3）受他人胁迫（治安处罚为减轻或不予处罚）；（4）配合查处违法有立功表现。

（一）处罚时效

按照《行政处罚法》的规定，违法行为发生之日起，或连续、继续行为终了之日起 2 年内未被发现的不再处罚，但法律另有规定的除外。例如《治安处罚法》规定，公安机关对违反治安管理的违法行为实施处罚的时效为 6 个月。

（二）适用规则

1. 违法行为构成犯罪的移送。违法行为构成犯罪的，行政机关必须将案件移送司法机关，依法追究刑事责任。

2. 限期改正。行政机关实施行政处罚时，应当责令当事人改正或者限期改正违法行为。需要注意的是，限期改正并不是独立的行政处罚措施，而只是纠正违法的一项行政管理手段。

3. 一事不再罚。通常而言，法律中的"一事不再罚"原则，是指不得因为同一违法行为给予 2 次以上的法律制裁。但是，在《行政处罚法》中，这一原则又具有特定含义，不宜作宽泛理解。具体而言，包括以下三个方面：

（1）对当事人的同一个违法行为，不得给予 2 次以上罚款的行政处罚。

（2）违法行为构成犯罪，人民法院判处拘役或者有期徒刑时，行政机关已经给予当事人行政拘留的，应当依法折抵相应刑期。

（3）违法行为构成犯罪，人民法院判处罚金时，行政机关已经给予当事人罚款的，应当折抵相应罚金。

尤其需要注意的是，如果只是就行政处罚本身而言，"一事不再罚"原则只是指对当事人的同一个违法行为，不得给予 2 次以上罚款的行政处罚。其专门针对的是"多头罚款"或者"重复罚款"问题，以防将罚款这一行政处罚措施演变为创收营利的手段，从而扭曲了"教育与处罚相结合，以教育为主"的处罚目的。

例 6：甲公司将承建的建筑工程违法承包给无特种作业操作资格证书的邓某，邓某在操作时引发事故。某省建设厅作出暂扣甲公司安全生产许可证 3 个月的决定，市安全监督管理局对甲公司罚款 3 万元。针对甲公司的违法行为，省建设厅和市安监局可以依据不同的法律依据对甲公司分别作出处罚，只要两个机关没有重复罚款就没有违反"一事不再罚"的规定。

4. 不予处罚

（1）不满 14 周岁的人有违法行为的，不予行政处罚，但是应当责令监护人加以管教。

（2）精神病人在不能辨认或者不能控制自己行为时有违法行为的，不予行政处罚，但应当责令其监护人严加看管和治疗。间歇性精神病人在精神正常时有违法行为的，应当给予行政处罚。

(3) 违法行为轻微并及时纠正，没有造成危害后果的，不予行政处罚。

5. 从轻或者减轻行政处罚

(1) 已满 14 周岁不满 18 周岁的人有违法行为的，从轻或者减轻行政处罚。

(2) 当事人主动消除或者减轻违法行为危害后果的。

(3) 当事人受他人胁迫有违法行为的。

(4) 当事人配合行政机关查处违法行为有立功表现的。

(5) 其他依法从轻或者减轻行政处罚的。

第三节　行政处罚的程序

◆ **考点精华 30**

简易程序	条件	(1) 事实确凿、有法律依据；(2) 警告或罚款（公民 50 元以下、组织 1000 元以下，治安处罚 200 元以下）。
	程序	(1) 表明身份；(2) 告知处罚的理由和依据；(3) 听取陈述申辩；(4) 当场作出书面决定（可 1 人）；(5) 当场宣告送达决定书。
		告知、申辩程序：(1) 简易程序或一般程序处罚均应履行，未履行告知、申辩程序的处罚不成立，但当事人放弃申辩的除外；(2) 不得因陈述申辩而加重处罚。
一般程序	程序	(1) 调查检查不少于 2 人，若证据可能灭失或事后难以取得，经行政机关负责人批准可以对证据先行登记保存 7 日（强制措施）；(2) 告知处罚的理由和依据；(3) 听取陈述申辩；(4) 从事处罚决定审核的人员进行审核，初次从事处罚决定审核的人员，应当通过并取得法律职业资格；(5) 报负责人决定（严重的处罚由单位负责人集体讨论决定）；(6) 当场宣告交付决定书，当事人不在场的 7 日内按民诉程序送达；(7) 处罚决定书载明处罚的理由、依据和复议诉讼等权利救济的途径。
听证程序	条件	(1) 责令停产停业；(2) 吊销许可证或执照；(3) 较大数额罚款或没收财物。
	程序	告知→3 日内申请→7 日前通知→公开进行（涉密除外）→非案件调查人员主持（回避）→可以委托代理人→质证→听证笔录（没有规定必须按笔录作出处罚决定）。
执行程序	罚缴分离	(1) 行政机关决定；(2) 国库所有（处罚机关不得截留私分，财政部门不得返还处罚机关）；(3) 银行收缴（当事人应自收到处罚决定书 15 日内到银行缴款）。
	当场收缴罚款	(1) 适用简易程序处 20 元以下罚款（治安处罚为 50 元以下罚款且被处罚人无异议）；(2) 适用简易程序不当场收缴事后难以执行的可当场收缴，但当场收缴的罚款应当自收缴之日起 2 日内交至行政机关，行政机关应在 2 日内交至指定银行；(3) 在边远、水上或交通不便地区，当事人向银行缴款确有困难的经当事人提出可当场收缴，在水上、列车上当场收缴的罚款应自抵岸（到站）起 2 日内交至行政机关，行政机关应在 2 日内交至指定银行；(4) 不开具省级财政收据的，当事人有权拒绝缴纳罚款。

执行程序	强制执行	（1）按日处罚款数额 3% 的执行罚；（2）有自行强制权的机关可以直接强制；（3）无自行强制权的机关只能申请法院强制执行。

依据《行政处罚法》的规定，以处罚程序的繁简程度为标准，可以将行政处罚的决定程序划分为简易程序和一般程序。在一般程序中，为了更妥善地保护相对人的合法权益，还专门设计了听证程序。因此，听证程序只是一般程序的一项特殊组成部分，只有在法定情形下才有可能适用，而非一个独立的决定程序类型。

一、行政处罚的一般规则

所谓行政处罚的一般规则，是指无论行政处罚最终适用简易程序还是一般程序，都需要加以遵守的普遍规则。

（一）查明事实

公民、法人或者其他组织违反行政管理秩序的行为，依法应当给予行政处罚的，行政机关必须查明事实；违法事实不清的，不得给予行政处罚。

（二）保障当事人的程序权利

具体而言，保障当事人的程序权利包括以下三项内容：

1. 行政机关在作出行政处罚决定之前，应当告知当事人作出行政处罚决定的事实、理由及依据，并告知当事人依法享有的权利。

2. 当事人有权进行陈述和申辩。行政机关必须充分听取当事人的意见，对当事人提出的事实、理由和证据，应当进行复核；当事人提出的事实、理由或者证据成立的，行政机关应当采纳。

3. 行政机关不得因当事人申辩而加重处罚。一般说来，相对于实体权利而言，当事人的程序权利往往容易受到忽视。但是，在现代程序法理念愈发得到重视的时代背景下，程序权利也逐渐获得独立价值。具体在《行政处罚法》中，行政机关没有依法向当事人告知给予行政处罚的事实、理由和依据，或者拒绝听取当事人的陈述、申辩，行政处罚决定不能成立。当然，当事人放弃陈述或者申辩权利的除外。

二、简易程序

简易程序，又称当场处罚程序，是指对于违法事实确凿并有法定依据、处罚较轻的情形适用的简便易行的快捷处罚程序。法律设计简易程序的目的，在于实现案件分流，提高行政管理的效率，减轻行政机关负担，从而最终降低行政成本。

（一）适用条件

1. 违法事实确凿并有法定依据。

2. 对公民处以 50 元以下、对法人或者其他组织处以 1000 元以下罚款或者警告的行政处罚的。

（二）适用程序

1. 执法人员当场作出行政处罚决定的，应当向当事人出示执法身份证件，填写预定格式、编有号码的行政处罚决定书。行政处罚决定书应当当场交付当事人。

2. 行政处罚决定书应当由执法人员签名或者盖章。

需要注意的是，《行政处罚法》并未明确要求适用简易程序制作的行政处罚决定书须加盖行政机关印章。

3. 执法人员当场作出的行政处罚决定，必须报所属行政机关备案。

4. 当事人对当场作出的行政处罚决定不服的，可以依法申请行政复议或者提起行政诉讼。

三、一般程序

一般程序，是指行政处罚普遍适用的普通程序，适用于除简易程序以外的行政处罚情形。

1. 除了可以当场作出的行政处罚外，行政机关发现公民、法人或者其他组织有依法应当给予行政处罚的行为的，必须全面、客观、公正地调查，收集有关证据；必要时，依照法律、法规的规定，可以进行检查。

2. 行政机关在调查或者进行检查时，执法人员不得少于两人，并应当向当事人或者有关人员出示证件。

3. 由行政机关的负责人作出处罚决定，情节复杂或者重大违法行为给予较重的行政处罚，行政机关的负责人应当集体讨论决定。在行政机关负责人作出决定之前，应当由从事行政处罚决定审核的人员进行审核。行政机关中初次从事行政处罚决定审核的人员，应当通过国家统一法律职业资格考试取得法律职业资格。

4. 行政处罚决定书必须盖有作出行政处罚决定的行政机关的印章。

5. 行政处罚决定书应当在宣告后当场交付当事人；当事人不在场的，行政机关应当在七日内依照民事诉讼法的有关规定，将行政处罚决定书送达当事人。

6. 行政机关及其执法人员在作出行政处罚决定之前，不依照本法第 31 条、第 32 条的规定向当事人告知给予行政处罚的事实、理由和依据，或者拒绝听取当事人的陈述、申辩，行政处罚决定不能成立；当事人放弃陈述或者申辩权利的除外。

四、听证程序

听证程序是一般程序中的特殊程序，是指在行政机关作出行政处罚决定之前，公开举行专门会议，由行政处罚机关调查人员提出指控、证据和处理建议，当事人进行申辩和质证的程序。

（一）适用案件

适用听证程序处罚的案件是责令停产停业、吊销许可证或执照、较大数额罚款等较重的行政处罚案件。何谓"较大数额罚款"，《行政处罚法》未作明确规定。《治安管理处罚法》第 98 条规定："公安机关作出吊销许可证以及处 2000 元以上罚款的治安管理处罚决定前，应当告知违反治安管理行为人有权要求举行听证；违反治安管理行为人要求听证的，公安机关应当及时依法举行听证。"据此，在治安管理处罚领域所谓较大数额罚款，是指 2000 元以上罚款。

特别注意：暂扣许可证、执照以及行政拘留案件，不适用听证程序。

（二）听证步骤

1. 告知听证权。如果属于听证适用范围的行政处罚，应当在作出处罚决定时告知当事人有权要求听证。

2. 提出听证。当事人要求听证的，应当在行政机关告知后 3 日内提出。当事人未提出听证要求的，或者未在法定期限内要求的，行政机关没有举行听证的义务。

3. 通知听证。行政机关应当在举行听证的 7 日前，通知当事人举行听证的时间、地点，以便当事人为听证作充分的准备。

4. 听证举行。听证会应由本案调查人员以外的其他人员主持，先由调查人员提出当事人的违法事实、证据和行政处罚建议，再由当事人进行质证与申辩，经过调查人员与当事人的相互辩论后，当事人可以作最后的陈述。听证会除涉及国家秘密、商业秘密或者个人隐私外，一律公开举行，接受社会的监督。听证会实行代理制度，当事人既可以亲自参加听证会，也可以委托 1~2 人代理。听证会的全部过程要制作听证笔录，笔录应当交当事人审校，无误后由当事人签字盖章。

5. 作出决定。听证结束后，行政机关依照一般程序的相关规定，作出是否处罚的决定。需要注意的是，《行政处罚法》并没有规定行政机关应当根据听证笔录作出处罚决定，即行政处罚的听证笔录可以作为行政处罚决定作出的依据之一，而非必须依据的唯一根据。这一点与行政许可是不同的。在行政许可中，一旦举行听证，行政机关应当根据听证笔录作出许可决定，即为最终作出许可决定的唯一根据。

五、行政处罚的执行程序

（一）申请救济期间不停止执行

为了维护行政管理秩序，当事人对行政处罚决定不服申请行政复议或者提起行政诉讼的，行政处罚不停止执行，法律另有规定的除外。

（二）罚款的收缴

为了确保行政处罚中的罚款能够得到有效规范与控制：行政处罚的罚款收缴，一般应遵循"罚缴分离"的原则，即罚款决定机关与收缴罚款机构应当相互分离。但是，在特殊情形下，为了便利当事人，以及确保罚款决定得到执行的目的，也可以当场收缴罚款。

1. 罚缴分离

（1）作出罚款决定的行政机关应当与收缴罚款的机构分离。

（2）除当场收缴的罚款外，作出行政处罚决定的行政机关及其执法人员不得自行收缴罚款。

（3）当事人应当自收到行政处罚决定书之日起 15 日内，到指定的银行缴纳罚款。银行应当收受罚款，并将罚款直接上缴国库。

2. 当场收缴罚款

（1）依法当场作出行政处罚决定，有下列情形之一的，执法人员可以当场收缴罚款：
①依法给予 20 元以下的罚款的。
②不当场收缴事后难以执行的。

（2）在边远、水上、交通不便地区，行政机关及其执法人员依法作出罚款决定后，当事人向指定的银行缴纳罚款确有困难，经当事人提出，行政机关及其执法人员可以当场收缴罚款。

（3）行政机关及其执法人员当场收缴罚款的，必须向当事人出具省、自治区、直辖市财政部门统一制发的罚款收据；不出具财政部门统一制发的罚款收缴的，当事人有权拒绝缴纳罚款。

（4）执法人员当场收缴的罚款，应当自收缴罚款之日起 2 日内，交至行政机关；在水上当场收缴的罚款，应当自抵岸之日起 2 日内交至行政机关；行政机关应当在 2 日内将罚款缴付指定的银行。

（三）行政处罚决定的行政强制执行

当事人逾期不履行行政处罚决定的，作出行政处罚决定的行政机关可以采取下列措施：

1. 到期不缴纳罚款的，每日按罚款数额的 3% 加处罚款。

2. 根据法律规定，将查封、扣押的财物拍卖或者将冻结的存款划拨抵缴罚款。

3. 申请人民法院强制执行。

这里需要特别注意的是，无论是加处罚款，还是申请人民法院执行，《行政处罚法》已经明确授权所有拥有行政处罚权的机关均可以自行实施。但是，行政机关若要将查封、扣押的财物拍卖或者将冻结的存款划拨抵缴罚款，则必须要拥有专门的法律授权，《行政处罚法》并未单独授权。

第四节　治安管理处罚

◆ 考点精华 31

处罚种类	（1）警告：可以由派出所实施；（2）罚款：500 元以下的可由派出所实施；（3）拘留：15 日以下，合并执行不超过 20 日；（4）吊销公安机关发放的许可证；（5）限期出境或驱逐出境：仅针对外国人。
处罚时效	违法行为发生之日起，或连续、继续行为终了之日起 6 个月后不再处罚。
一般程序	（1）违法所得应追缴先退还受害人，没有受害人才能收归国库；违禁物品和工具收缴；（2）公安机关对举报、报案应予登记；（3）传唤调查须负责人批准，但现场发现违法行为后可出示证件后口头传唤，传唤可强制，但需要告知传唤的理由的依据；传唤后询问不超过 8 小时，复杂可能拘留的不超过 24 小时，应通知家属；询问时应当允许被询问人自行提供书面材料；（4）非法手段获取的证据不得作为处罚的根据，可以扣押相关证据物品，但不得扣押受害人财产；（5）治安管理处罚决定书应当载明执行方式和期限，当场或 2 日内送达被处罚人。有被侵害人的，决定书副本抄送；（6）行政拘留的，由决定的机关送达拘留所执行，应当及时通知被处罚人的家属。在处罚前已经采取强制措施限制人身自由的时间，应当折抵，限制人身自由一日，折抵行政拘留一日；（7）对于醉酒危害安全的人可以约束至酒醒；（8）检查住所不得少于 2 人，须出示证件和县级以上公安机关开具的检查证明材料；（9）询问笔录交由被询问人核对后签字，并由询问的警察签字（无须加盖公章）。
简易程序	警告或罚款 200 元以下可以当场处罚。

听证程序	吊销许可证或 2000 元以上罚款，当事人有权申请听证。公安对拘留没有法定听证义务，但可以主动听证，拘留经公安主动告知后当事人可以申请听证（未经公安告知当事人无权申请）。
调解程序	民间纠纷引起的打架斗殴或毁损财物的，经调解达成协议的不予处罚，调解不成或不履行调解的给予处罚。对调解不服，只能针对纠纷方提起民事诉讼解决。
执行程序	（1）有多种违法行为的应当分别处罚，但合并执行，合并执行的拘留不得超过 20 天； （2）被处罚人对拘留决定不服起诉或复议，并提供合格保证人（案外人、自由人、本地住、有能力）或按每日拘留缴纳 200 元保证金（撤销拘留或执行拘留均应退还，但暂缓期间逃跑的予以没收），依被处罚人申请（没有社会危害性）暂缓执行。
违法行为分类	（1）扰乱公共秩序；（2）妨害公共安全；（3）侵犯人身权；（4）侵犯财产权； （5）妨害社会管理。

一、概念

所谓治安管理处罚，是指公安机关针对违反治安管理法律法规的行为人施加的行政制裁。治安管理处罚专门针对的是违反治安管理法律法规的行为人，是一种特殊的行政处罚。

二、治安处罚的种类与适用

（一）种类

1. 警告；2. 罚款；3 行政拘留；4. 吊销公安机关发放的许可证；5. 对违反治安管理的外国人，可以附加适用限期出境或者驱逐出境。

（二）适用

1. 拘留的合并执行

有两种以上违反治安管理行为的，应当分别决定，合并执行。行政拘留处罚合并执行的，最长不超过 20 日。

2. 调解与处罚

对于因民间纠纷引起的打架斗殴或者损毁他人财物等违反治安管理行为，情节较轻的，公安机关可以调解处理。经公安机关调解，当事人达成协议的，不予处罚。经调解未达成协议或者达成协议后不履行的，公安机关应当依照本法的规定对违反治安管理行为人给予处罚，并告知当事人可以就民事争议依法向人民法院提起民事诉讼。

3. 追究时效

违反治安管理行为在 6 个月内没有被公安机关发现的，不再处罚。

三、处罚程序

（一）调查

1. 对违反治安管理行为人，公安机关传唤后应当及时询问查证，询问查证的时间不得超过 8 小时；即使情况复杂，依法可能适用行政拘留处罚的，询问查证的时间也不得超过 24 小时。另外，公安机关还应当及时将传唤的原因和处所通知被传唤人家属。

2. 公安机关对与违反治安管理行为有关的场所、物品、人身可以进行检查。检查时，人民警察不得少于 2 人，并应当出示工作证件和县级以上人民政府公安机关开具的检查证明文件。对确有必要立即进行检查的，人民警察经出示工作证件，可以当场检查，但检查公民住所应当出示县级以上人民政府公安机关开具的检查证明文件。

3. 为了查明案情，需要解决案件中有争议的专门性问题的，应当指派或者聘请具有专门知识的人员进行鉴定；鉴定人鉴定后，应当写出鉴定意见，并且签名。

（二）决定

1. 治安管理处罚由县级以上人民政府公安机关决定；其中警告、500 元以下的罚款可以由公安派出所决定。

2. 公安机关应当向被处罚人宣告治安管理处罚决定书，并当场交付被处罚人；无法当场向被处罚人宣告的，应当在 2 日内送达被处罚人。决定给予行政拘留处罚的，应当及时通知被处罚人的家属。

有被侵害人的，公安机关应当将决定书副本抄送被侵害人。

3. 公安机关作出吊销许可证以及处 2000 元以上罚款的治安管理处罚决定前，应当告知违反治安管理行为人有权要求举行听证；违反治安管理行为人要求听证的，公安机关应当及时依法举行听证。

4. 违反治安管理行为事实清楚，证据确凿，处警告或者 200 元以下罚款的，可以当场作出治安管理处罚决定。

（三）执行

1. 对被决定给予行政拘留处罚的人，由作出决定的公安机关送达拘留所执行。

2. 受到罚款处罚的人应当自收到处罚决定书之日起 15 日内，到指定的银行缴纳罚款。但是，有下列情形之一的，人民警察可以当场收缴罚款：

（1）被处 50 元以下罚款，被处罚人对罚款无异议的。

（2）在边远、水上、交通不便地区，公安机关及其人民警察依照本法的规定作出罚款决定后，被处罚人向指定的银行缴纳罚款确有困难，经被处罚人提出的。

（3）被处罚人在当地没有固定住所，不当场收缴事后难以执行的。

3. 人民警察当场收缴的罚款，应当自收缴罚款之日起 2 日内，交至所属的公安机关；在水上、旅客列车上当场收缴的罚款，应当自抵岸或者到站之日起 2 日内，交至所属的公安机关；公安机关应当自收到罚款之日起 2 日内将罚款缴付指定的银行。

4. 人民警察当场收缴罚款的，应当向被处罚人出具省、自治区、直辖市人民政府财政部门统一制发的罚款收据；不出具统一制发的罚款收据的，被处罚人有权拒绝缴纳罚款。

5. 拘留暂缓执行。被处罚人不服行政拘留处罚决定，申请行政复议、提起行政诉讼的，可以向公安机关提出暂缓执行行政拘留的申请。公安机关认为暂缓执行行政拘留不致发生社会危险的，由被处罚人或者其近亲属提出符合《治安管理处罚法》规定条件的担保人，或者按每日行政拘留 200 元的标准交纳保证金，行政拘留的处罚决定暂缓执行。

申请拘留暂缓的担保人应当符合下列条件：（1）与本案无牵连；（2）享有政治权利，人身自由未受到限制；（3）在当地有常住户口和固定住所；（4）有能力履行担保义务。担保人应当保证被担保人不逃避行政拘留处罚的执行。担保人不履行担保义务，致使被担保人逃避行政拘留处罚的执行的，由公安机关对其处 3000 元以下罚款。

被决定给予行政拘留处罚的人交纳保证金，暂缓行政拘留后，逃避行政拘留处罚的执行的，保证金予以没收并上缴国库，已经作出的行政拘留决定仍应执行。行政拘留的处罚决定被撤销，或者行政拘留处罚开始执行的，公安机关收取的保证金应当及时退还交纳人。

金题自测

1. 下列哪一行为属于行政处罚？

A. 工商局责令非法采矿的企业停止违法行为

B. 公安交管局撤销甲提供虚假申请材料骗得的驾驶执照

C. 公安局决定对吸毒人员移送至戒毒所强制戒毒

D. 环保局对违法排污的公司作出警告

[考点] 行政处罚的概念和种类

[解题思路] 行政处罚是行政机关对违反行政法律规范的行政相对人剥夺某种合法权益予以惩罚的行政行为，其法定种类有：（一）警告；（二）罚款；（三）没收违法所得、没收非法财物；（四）责令停产停业；（五）暂扣或者吊销许可证、暂扣或者吊销执照；（六）行政拘留；（七）法律、行政法规规定的其他行政处罚。A 选项属于行政机关责令行政相对人停止或纠正违法行为，应认定为行政强制措施，故 A 选项错误。注意，责令停产停业、责令拆除违法建筑属于行政处罚，而责令停止或纠正违法行为，按照命题观点属于制止违法行为的行政强制措施。

撤销违法的许可，属于行政行为都是撤销，是针对违法行政决定的效力处理，已到达清除违法、恢复原有合法状态的目的。故撤销违法的许可不是对违法行为的惩罚，不属于行政处罚，B 选项错误。

行政强制措施是指行政机关在行政管理过程中，为制止违法行为、防止证据损毁、避免危害发生、控制危险扩大等情形，依法对公民的人身自由实施暂时性限制，或者对公民、法人或者其他组织的财物实施暂时性控制的行为。行政强制措施具有非惩罚性、临时性等特征。强制隔离戒毒具有上述特征，属于行政强制措施，C 选项错误。注意，限制人身自由的法定行政行为，在我国只有两种：行政处罚和行政强制措施。按照现行法律规定，只有行政拘留这种限制人身自由的行政行为属于行政处罚，除行政拘留以外的其他限制人身自由的行政行为均属于行政强制措施。在行政法上，非拘留的限制人身自由属于行政强制措施。

环保局对违法排污费的公司作出警告属于对违法行为实施的申诫惩罚，属于行政处罚的一种，故 D 选项正确。

关于行政处罚、行政许可和行政强制措施、行政强制执行的认定，最完美的方法是：先理解概念和特征，再记忆法定种类，辅以行政行为的流程先后顺序判断，单纯理解概念和特征是很容易判断错误的。

[答案] D

2. 下列做法符合法律规定的是？

A. 省会城市的人大制定地方性法规设立暂扣企业营业执照的处罚

B. 公安部的规章对法律设定的行政拘留的实施作出具体规定

C. 某行政法规设定某种违法行为可罚款 200 元—1000 元，省政府规章规定该行为可罚款 500 元—1000 元或警告

D. 尚未制定法律、法规的，北京市政府的规章可以对某事项设定责令停产停业的处罚

［考点］行政处罚的设定

［解题思路］《行政处罚法》第 16 条规定，地方性法规可以设定除限制人身自由、吊销企业营业执照以外的行政处罚。可见，地方法规只是不能设定吊销企业营业执照的处罚，但设定暂扣企业营业执照的处罚是合法的，故 A 选项正确；

《行政处罚法》第 12 条规定，国务院部、委员会制定的规章可以在法律、行政法规规定的给予行政处罚的行为、种类和幅度的范围内作出具体规定。因此 B 选项是正确的；

而 C 选项当中，政府规章对上位法行政法规设定的处罚作出具体规定时，扩大了上位法设定处罚的种类范围、缩小了上位法设定处罚的幅度范围，已经超越了上位法设定处罚的种类和幅度，故 C 选项错误；

按照《行政处罚法》第 12 条和第 13 条规定，部门规章和地方政府规章对违反行政管理秩序的行为，只能设定警告或者一定数量罚款的行政处罚。因此 D 选项错误。

注意，"设定处罚"是在某事项尚未制定上位法的情况下，法律或某种特定法律规范性文件创设（发明创造）一种新的针对违法行为的惩罚事项，法律、法规、规章均可按照权限依法设定处罚，行政规范性文件不得设定处罚。"规定处罚"是对上位法已经设定的处罚事项的实施作出细化性具体规定，下位法（无等级限制）均可以对上位法设定的许可作出具体规定。

［答案］AB

3. 甲公司将承建的建筑工程承包给无特种作业操作资格证书的邓某，邓某在操作时引发事故。某省建设厅作出暂扣甲公司建筑施工许可证 3 个月的决定，市安全监督管理局对甲公司罚款 3 万元，并处暂扣安全生产许可证一个月的处罚。3 个月后，甲公司与邓某继续实施该行为，市安全监督管理局再次做出罚款 5 万元并处暂扣安全许可证 3 个月的决定，下列哪些选项是正确的？

A. 若甲公司主动消除危害后果的不予处罚

B. 建设厅应在 7 天内按民诉程序向甲公司送达处罚决定书

C. 某省建设厅作出暂扣建筑施工许可证决定前，应为甲公司组织听证

D. 市安全监督管理局的两个处罚决定都没有违反一事不再罚的要求

［考点］行政处罚的程序与适用

［解题思路］《行政处罚法》第 27 条规定，当事人有下列情形之一的，应当依法从轻或者减轻行政处罚：（一）主动消除或者减轻违法行为危害后果的；（二）受他人胁迫有违法行为的；（三）配合行政机关查处违法行为有立功表现的；（四）其他依法从轻或者减轻行政处罚的。本案中，甲公司主动消除后果，因此应当从轻或者减轻处罚，A 选项不正确；

《行政处罚法》第 42 条规定，行政机关作出责令停产停业、吊销许可证或者执照、较大数额罚款等行政处罚决定之前，应当告知当事人有要求举行听证的权利；当事人要求听证的，行政机关应当组织听证。可见，只有"吊销"许可证才需要适用听证程序，"暂扣"许可证是不需要适用听证程序的，故 C 选项错误；

《行政处罚法》第 42 条规定，按照一般程序实施行政处罚的，行政处罚决定书应当在宣告后当场交付当事人；当事人不在场的，行政机关应当在 7 日内依照民事诉讼法的有关规定，将行政处罚决定书送达当事人。此案建设厅作出暂扣许可证处罚应当按照一般程序决定，处罚决定书应当当场送达，当事人不在场，无法当场送达，才适用民诉程序在 7 天内送达，故 B 选项错误；

《行政处罚法》第 24 条规定，对当事人的同一个违法行为，不得给予两次以上罚款的行政处罚。本案第一次处罚中，省建设厅、市安全监督管理局基于同一违法行为分别作出吊销许可证和罚款决定，没有重复罚款，因此不违反一事不再罚的要求。当第一次处罚完毕后，有机会而不改正违法行为，继续实施违法行为的应视为新的违法行为，行政机关可以再次处罚，故本案第二次处罚也没有违法一事不再罚，故 D 选项正确。

[答案]　D

4. 在"质量万里行"专项执法行动中，某公司因制售劣质产品被区质监局处以30000 元的罚款，某公司因未按时缴纳，被依法按照罚款数额的 3% 加处罚款 3600 元，共计 33600 元。以下选项不正确的是？

A. 质监局可以适用简易程序当场作出罚款决定

B. 质监局对案件调查检查须有 2 名以上的工作人员进行

C. 30000 元罚款和加处罚款 3600 元的行为均属于行政处罚

D. 若某公司拒不缴纳罚款，经催告无效质监局可以通知银行直接划拨存款抵缴

[考点]　行政处罚的程序

[解题思路]《行政处罚法》第 33 条规定，违法事实确凿并有法定依据，对公民处以 50 元以下、对法人或者其他组织处以 1000 元以下罚款或者警告的行政处罚的，可以当场作出行政处罚决定。罚款 3000 元不符合适用简易程序当场作出处罚决定的适用条件，故 A 选项错误；

《行政处罚法》第 37 条规定，行政机关按照一般程序实施行政处罚的，在调查或者进行检查时，执法人员不得少于两人，并应当向当事人或者有关人员出示证件。虽然法律并未对简易程序实施行政处罚的执法人数作出限制，但对一般程序实施行政处罚的调查规定须 2 人以上的执法人数标准，故 B 选项正确；

《行政处罚法》第 51 条规定，当事人逾期不履行行政处罚决定的，作出行政处罚决定的行政机关可以采取下列措施：（一）到期不缴纳罚款的，每日按罚款数额的百分之三加处罚款；（二）根据法律规定，将查封、扣押的财物拍卖或者将冻结的存款划拨抵缴罚款；（三）申请人民法院强制执行。《行政强制法》第 12 条规定，行政强制执行的方式：（一）加处罚款或者滞纳金；（二）划拨存款、汇款；（三）拍卖或者依法处理查封、扣押的场所、设施或者财物；（四）排除妨碍、恢复原状；（五）代履行；（六）其他强制执行方式。可见，对不按期履行罚款决定的当事人按每日 3% 加处罚款不属于行政

处罚，而属于行政强制执行的一种方式——执行罚，其目的不是为了惩罚违法行为，而在于督促当事人履行缴纳罚款的义务，已到达执行罚款决定目的。故 C 选项错误；

《行政强制法》第 13 条规定，行政强制执行由法律设定，行政强制执行的执行机关、执行根据、被执行人、执行条件、执行方式等，均由法律明确规定。《行政强制法》第 53 条规定，当事人在法定期限内不申请行政复议或者提起行政诉讼，又不履行行政决定的，没有行政强制执行权的行政机关可以自期限届满之日起三个月内，依照本章规定申请人民法院强制执行。《行政强制法》、《行政处罚法》以及《产品质量法》等法律并没有授予质量监督行政机关享有划拨存款的直接强制执行权，D 选项错误。

有法律明确授予强制执行权的行政机关才能自行强制执行，没有法律授予强制执行权的行政机关只能申请法院强制执行。《行政强制法》《行政处罚法》等法律授权作出处罚决定的行政机关均可以自行决定加处执行罚的间接执行，但行政机关决定实施划拨存款、拍卖财产抵缴等直接执行措施，仍需有单行法律的明确授权，否则就只能申请法院强制执行。在考试中涉及的有法律授予强制执行权的行政机关包括：税务和海关可以对生产经营者不履行征税决定或处罚决定的实施强制执行，公安和国安有权对拘留决定强制执行，按照《城乡规划法》第 68 条规定，县级以上人民政府可以责成有关部门实施强制拆除违法建筑，一般是责成城管部门强制拆除（税务和海关是个神话，警察蜀黍绝代风华，政府拆违掉光了牙，也可以责成城管去火辣辣）。环保、市场监管、计划生育、自然资源等部门均没有法律授予强制执行权，相对人不履行行政决定确定义务的，须待当事人起诉期限届满后经催告无效，申请人民法院强制执行行政决定。

［答案］ACD

5. 韩某在大型文化体育活动中盗窃观众乐某的财物被公安机关抓获，经过传唤询问后，某区公安分局决定对韩某拘留 15 日并处罚款 3000 元。韩某认为处罚过重遂向法院起诉，法院予以受理。下列哪些选项是不正确的？

A. 警察当场抓获韩某盗窃后可以先出示证件口头传唤韩某，但询问不得超过 48 小时

B. 此案公安机关可以调解处理

C. 韩某对区公安分局的处罚决定无权申请听证

D. 韩某若按每日 200 元缴纳保证金，公安机关应当暂缓拘留

［考点］治安管理处罚的程序

［解题思路］《治安管理处罚法》第 82 条规定，需要传唤违反治安管理行为人接受调查的，经公安机关办案部门负责人批准，使用传唤证传唤。对现场发现的违反治安管理行为人，人民警察经出示工作证件，可以口头传唤，但应当在询问笔录中注明。《治安管理处罚法》第 82 条规定，对违反治安管理行为人，公安机关传唤后应当及时询问查证，询问查证的时间不得超过 8 小时；情况复杂，依照本法规定可能适用行政拘留处罚的，询问查证的时间不得超过 24 小时。可见，警察当场抓获韩某盗窃后可以先出示证件口头传唤韩某的说法正确，但此案涉及行政拘留，询问最长不得超过 24 小时，而非 48 小时，故 A 选项错误；

《治安管理处罚法》第 9 条规定，对于因民间纠纷引起的打架斗殴或者损毁他人财

物等违反治安管理行为，情节较轻的，公安机关可以调解处理。经公安机关调解，当事人达成协议的，不予处罚。经调解未达成协议或者达成协议后不履行的，公安机关应当依照本法的规定对违反治安管理行为人给予处罚，并告知当事人可以就民事争议依法向人民法院提起民事诉讼。此案的治安违法行为是盗窃，而非民间纠纷引起的打架斗殴或损坏财物，不属于公安机关调解处理的治安案件的范围，故 B 选项错误；

《治安管理处罚法》第 98 条规定，公安机关作出吊销许可证以及处 2000 元以上罚款的治安管理处罚决定前，应当告知违反治安管理行为人有权要求举行听证；违反治安管理行为人要求听证的，公安机关应当及时依法举行听证。因此治安处罚案件涉及 2000 元以上罚款的适用听证程序，本案的处罚中存在罚款 3000 元，此部分罚款的处罚适用听证程序，所以 C 选项错误；

《治安管理处罚法》第 107 条规定，被处罚人不服行政拘留处罚决定，申请行政复议、提起行政诉讼的，可以向公安机关提出暂缓执行行政拘留的申请。对该申请，公安机关认为暂缓执行不致发生社会危险，且被处罚人或其近亲属提出符合条件的担保人或者按每日行政拘留 200 元的标准交纳保证金的，行政拘留暂缓执行。D 选项未考虑不致发生社会危险及提供担保等条件，并非被处罚人对拘留决定起诉均应适用暂缓，因此 D 选项错误。

［答案］ ABCD

案例：某建筑施工企业因违法经营，市工商局对其作出要求缴纳罚款的 20 号处罚决定。后市政府召开协调会形成 3 号会议纪要，认为该公司违法行为情节严重，而工商局处罚过轻，要求工商局撤销原处罚决定。最终工商局作出吊销该公司营业执照的 25 号处罚决定。该企业不服，向法院提起诉讼。

［问题］ 工商局作出 25 号处罚决定应当履行什么程序？

［答题模板］ 工商局应当告知当事人有要求举行听证的权利，若当事人申请听证，工商局应当依法组织听证。依据《行政处罚法》第 42 条的规定，行政机关作出责令停产停业、吊销许可证或者执照、较大数额罚款等行政处罚决定之前，应当告知当事人有要求举行听证的权利；当事人要求听证的，行政机关应当组织听证。工商局作出的是吊销企业营业执照的行政处罚决定，属于听证程序的适用范围，工商局即负有告知公司有权申请听证的义务。一旦公司提出听证申请，工商局应依法组织听证会。

06 第六章 行政许可

　　行政许可是一种常用的具体行政行为，与行政处罚、行政强制并列为行政程序法的"三部曲"。行政许可的设定和程序问题一直以来是考试的重点所在，不仅经常对《行政许可法》的规定进行命题考查，有时也会涉及《最高人民法院关于审理行政许可案件若干问题的规定》这部配套的司法解释。

　　在《行政许可法》颁行之前，我国的行政许可现状十分混乱，各种利益驱动带来的权力膨胀与寻租，导致行政许可极为繁琐，行政审批门槛较高。不仅增加了公众负担，而且令政府行政效率降低，也给市场经济的运作增加了无形成本，阻碍了市场经济的健康发展。《行政许可法》的立法目的，就是试图控制政府手中的审批权，从而实现转变政府职能、简政放权的制度功效。

　　在考查的知识点分布上，关于行政许可的设定和程序问题一直以来是重点。行政许可的设定和规定、实施程序、听证程序、许可期限、审查与决定、变更与延续、许可费用、监督检查、法律责任以及许可诉讼等知识点均有涉及。行政许可在客观题和主观题中均会考查，其中客观题每年都会考查2—3题，主观题的案例和论述中也有涉及，命题主要集中在设定权限、实施主体和程序以及行政许可的效力处理部分。

第一节　行政许可概述

◇ 考点精华32

概念	依申请→审查→批准从事特定行为
特征	（1）相对禁止为前提；（2）依申请；（3）外部性（公务员或下级机关：内部审批）；（4）授益性；（5）全部书面。
基本原则	（1）依法许可原则；（2）公开公平公正原则；（3）便民、程序保障原则； （4）信赖保护原则：①基于正当的合理信赖，不得随意撤销、改变已经生效的许可；②因客观原因（依据修改废止、客观情况发生重大变化），基于公共利益可以依法定程序变更或撤回许可；③依法变更或撤回给相对人造成损失的应当依法予以补偿； （5）禁止随意转让（依法律法规规定转让除外）。

一、行政许可的概念

行政许可，是指行政机关根据公民、法人或者其他组织的申请，经依法审查，准予其从事特定活动的具体行政行为。

行政许可：行政相对人申请→行政主体审查→批准从事特定行为

二、行政许可的特征

（一）行政许可是依申请的行政行为，而非依职权的行政行为

也就是说，在未接到行政相对人申请的情形下，行政机关不得积极主动实施行政许可。

（二）行政许可是外部行为，而非内部管理活动

既然是外部行为，因此这里的行政许可不包括有关行政机关对其他机关或者对其直接管理的事业单位的人事、财务、外事等事项的审批。

（三）行政许可是授益行政行为，而非负担行政行为

行政许可赋予行政相对人特定权利或者资格，而非施加负担、课以义务。

（四）行政许可是要式行政行为

实施行政许可，应当严格遵循法定程序。另外，无论是否决定给予行政许可，作出最终决定均须具备某种书面形式。值得注意的是，与其他行政行为不同，申请人申请行政许可，则应当采用书面形式，不得以口头形式申请行政许可。

三、行政许可的种类

（一）一般许可

是指直接涉及国家安全、公共安全、经济宏观调控、生态环境保护以及直接关系人身健康、生命财产安全等特定活动，需要按照法定条件予以批准的事项。这类事项都是直接涉及重大公共利益的活动。通过行政许可对公民、法人和其他组织的上述活动进行事前监督，就可以有效防止公民、法人和其他组织的活动损害公共利益。对于这类行政许可事项，并不以普遍禁止为前提，相反，只要申请人的许可申请符合法定条件和标准，就应当准许其从事相应领域的活动。

（二）特许

是指有限自然资源开发利用、公共资源配置以及直接关系公共利益的特定行业的市场准入等，需要赋予特定权利的事项。对这类事项设定行政许可，其目的主要有二：一是保障对资源进行有效配置；二是维护社会公平，保护社会公共利益。对这类事项设定的许可是由行政机关代表国家依法向行政相对人转让某种特定权利，因而可称为"赋权"许可。有限自然资源开发利用的许可事项，例如国有土地使用许可、探矿许可、采矿许可、取水许可、海域使用许可等；公共资源配置的许可事项，例如设置、使用无线电（站）许可，公共汽车客运线路特许经营，户外书报亭使用许可，出租车营运许可等；直接关系公共利益的特定行业的市场准入的许可事项，例如，供用电、水、气、热力的准入许可，办学许可，电信业务经营许可，邮政业务许可等。

（三）认可

是指提供公众服务并且直接关系公共利益的职业、行业，需要确定具备特殊信誉、特殊条件或者特殊技能等资格、资质的事项。对于公民而言，不存在资质的问题，只需要由行政机关确定其是否具有从事某种职业的资格，审查其是否具有从事相应的活动的能力即可。对于组织而言，为维护公共利益，不仅可能要求其具备从事某种特定行业的资格，也可能要求其具备相应的资质。

（四）核准

是指直接关系公共安全、人身健康、生命财产安全的重要设备、设施、产品、物品，需要按照技术标准、技术规范，通过检验、检测、检疫等方式进行审定的事项。例如公共娱乐场所的经营者在进行经营活动之前必须消防验收合格；在屠宰生猪之前应当进行检疫，检疫合格后方可屠宰生猪，并让其进入市场流通；公共工程必须在验收合格后方可交付使用。

（五）登记

是指企业或者其他组织的设立等，需要确定主体资格的事项。这类事项主要是两类：一是确定市场主体资格的企业法人登记；二是需要确定从事社会活动资格的社会组织的登记，例如社会团体、事业单位、民办非企业单位、农民专业合作社等组织的设立登记。对于这些登记，我国目前采取事前登记模式，相关组织和个人如果未经登记，就不得去从事相应活动。

（六）法律、行政法规设立的其他许可

除行政许可法明确列举的五种许可事项外，其他种类的许可事项必须由法律、行政法规设立，这一规定不仅具有"兜底条款"的性质，而且具有限制"可设定许可事项"范围的性质。

四、基本原则

（一）许可法定原则

设定和实施行政许可，应当依照法定的权限、范围、条件和程序进行。

（二）公开、公平、公正、非歧视原则

1. 公开原则

（1）法律依据公开：有关行政许可的规定应当公布；未经公布的，不得作为实施行政许可的依据。

（2）实施和结果公开：行政许可的实施和结果，除涉及国家秘密、商业秘密或者个人隐私的外，应当公开。未经申请人同意，行政机关及其工作人员、参与专家评审等的人员不得披露申请人提交的商业秘密、未披露信息或者保密商务信息，法律另有规定或者涉及国家安全、重大社会公共利益的除外；行政机关依法公开申请人前述信息的，允许申请人在合理期限内提出异议。

2. 公平、公正、非歧视原则

主要是指符合法定条件、标准的申请人有依法取得行政许可的平等权利，行政机关不得歧视任何人。

（三）便民原则

实施行政许可，应当遵循便民的原则，便利行政相对人提出申请，尽可能降低公众的申请成本，提高办事效率，提供优质服务。

（四）保障程序权利原则

1. 公民、法人或者其他组织对行政机关实施行政许可，享有陈述权、申辩权。

2. 有权依法申请行政复议或者提起行政诉讼。

3. 其合法权益因行政机关违法实施行政许可受到损害的，有权依法要求赔偿。

（五）信赖保护原则

1. 基于正当的合理信赖，不得随意撤销、改变已经生效的许可；

2. 因客观原因（依据修改废止、客观情况发生重大变化），基于公共利益可以依法定程序变更或撤回许可；

3. 依法变更或撤回给相对人造成损失的应当依法予以补偿。

（六）禁止随意转让原则

依法取得的行政许可，除法律、法规规定依照法定条件和程序可以转让的外，不得转让。

第二节　行政许可的设定与规定

◈ 考点精华 33

设定范围	可以设定许可	（1）一般许可：涉及安全事项；（2）特许：有限自然资源的开发配置或特定行业的市场准入；（3）认可：特定职业行业资格、资质；（4）核准：检验、检测、检疫；（5）登记：企业或其他组织的设立；（6）法律、行政法规设立的其他许可。
	可以不设定许可	简政放权：（1）市场能够自由调节的；（2）行政主体能够事后监督的；（3）相对人能够自主决定的；（4）行业组织能够自律管理的。
	设定后停止实施	省级政府对行政法规设定的有关经济事务的许可，认为符合可以不设定许可的标准的，报国务院批准后可在本区域内停止实施。
设定权限	设定经常性许可	法律、行政法规、地方性法规。
	临时性许可	国务院决定（须长期存在应及时转化为法律、行政法规设经常许可）。
		省级政府规章（一年后需要继续的转化为地方性法规设定经常许可）。
	无权设定的许可	部门规章、地级市政府规章、一般规范性文件（国务院决定除外）。
	许可设定权相对保留	一般由法律设定，法律授权法规和省级规章补充设定和作具体规定： （1）尚未制定上位法，下位法可以设定许可；（尚无政策，自定政策） （2）已经制定上位法但未设许可，下位法不得再设定许可；（上有政策未设，下级不得自设） （3）上位法已经设定许可，下位法不得重复设定，但可以对上位法设定的许可作出具体规定。（上有政策已设，下可规定对策）

续表

设定权限	地方立法设定限制	地方性法规和省级政府规章（地方立法），不得设定应当由国家统一确定的资格资质，不得设定企业等组织的设立登记及前置性许可（企业名称预先审核）；不得限制其他地区的企业个人到本地区经营，不得限制其他地区的商品进入本地市场。
评价	设定后的评价机制	（1）设定机关：应当定期评价→不需要继续的→及时修改废止；（2）实施机关：可以评价，并向设定机关报告意见；（3）相对人：可以向设定机关、实施机关提出意见建议。
规定		事项尚未制定上位法的，下位法按权限可以对该事项设立许可。上位法有设定许可的，下位法（包括部门规章和地级市规章）可以在上位法设定的范围内作出具体规定，但不得增设许可种类、不得增加许可的条件。

一、设定原则

设定行政许可，应当遵循经济和社会发展规律，有利于发挥公民、法人或者其他组织的积极性、主动性，维护公共利益和社会秩序，促进经济、社会和生态环境协调发展。

明确行政许可的设定原则问题，首先需要解决的是《行政许可法》的基本精神问题。《行政许可法》的立法目的，就是为了控制政府手中的审批权，尽可能减少审批事项与审批环节。因此，行政许可的设定原则，即体现了尽可能缩小许可范围的基本精神。

二、设定范围

（一）肯定范围

下列事项可以设定行政许可：

1. 直接涉及国家安全、公共安全、经济宏观调控、生态环境保护以及直接关系人身健康、生命财产安全等特定活动，需要按照法定条件予以批准的事项。

2. 有限自然资源开发利用、公共资源配置以及直接关系公共利益的特定行业的市场准入等，需要赋予特定权利的事项。

3. 提供公众服务并且直接关系公共利益的职业、行业，需要确定具备特殊信誉、特殊条件或者特殊技能等资格、资质的事项。

4. 直接关系公共安全、人身健康、生命财产安全的重要设备、设施、产品、物品，需要按照技术标准、技术规范，通过检验、检测、检疫等方式进行审定的事项。

5. 企业或者其他组织的设立等，需要确定主体资格的事项。

6. 法律、行政法规规定可以设定行政许可的其他事项。

（二）可以不设行政许可事项

通过下列方式能够予以规范的，可以不设行政许可事项：

1. 公民、法人或者其他组织能够自主决定的。

2. 市场竞争机制能够有效调节的。

3. 行业组织或者中介机构能够自律管理的。

4. 行政机关采用事后监督等其他行政管理方式能够解决的。

《行政许可法》的这一规定，又可以称为"设定许可的优先原则"或者"行政许可补充性原则"，体现了对于市场可以有效调节的事项应当逐步放松管制、回归市场的政府职能转变方向。

三、设定权限

《行政许可法》对于不同种类的行政许可，规定了不同的设定权限。这些不同设定权限的制度设计，正是立法对于行政权的具体配置，体现了立法对于行政权规范与控制的程度。

（一）设定许可的权限

尚未制定上位法，下位法可以按照法定权限设定许可，以弥补许可立法的不充分、不均衡；已经制定上位法但未设许可，视为上位法对该事项设定许可持否定态度，下位法不得再设定许可；上位法已经设定许可，下位法不得再重复设定，但可以对上位法设定的许可依法作出具体规定。

1. 经常性行政许可的设定

法律可以设定行政许可。某事项尚未制定上位法的，行政法规、地方性法规可以对该事项设定经常性行政许可。

2. 临时性行政许可

（1）国务院可以采用发布决定的方式设定临时性行政许可，但需要长期实施的，应当及时提请全国人民代表大会及其常务委员会制定法律，或者自行制定行政法规设定经常性许可。

（2）省、自治区、直辖市人民政府规章可以设定临时性的行政许可。临时性的行政许可实施满一年需要继续实施的，应当提请本级人民代表大会及其常务委员会制定地方性法规设定经常性许可。

例7：国务院制定的行政法规《盐业管理条例》没有对食盐运输设定许可，省政府制定规章《某省盐业管理办法》在本省设定食盐运输许可，要求运输食盐须取得准运许可证。行政许可一般由法律设定，某事项尚未制定上位法的，行政法规、地方性法规、省级政府规章才可以按照权限依法设定许可。某事项已经制定上位法但未设定许可的，下位法不得再设定许可。对于食盐管理已经制定的行政法规《盐业管理条例》并没有设定食盐运输许可，地方政府规章作为下位法不能再对食盐运输设定许可。若盐业管理并未制定法律、行政法规、地方性法规的情况下，省政府的规章才可以对食盐管理设定临时性许可事项。

（二）地方性法规和省级政府规章设定许可的限制

与法律、行政法规和国务院决定设定许可不同，地方性法规和省级政府规章作为地方立法，设定的许可属于地方性许可。为维护全国统一的管理规则和市场规则，防止狭隘的地方保护，地方性法规和省级政府规章有三个方面的限制：

1. 不得设定应当由国家统一确定的公民、法人或者其他组织的资格、资质的行政许可。

2. 不得设定企业或者其他组织的设立登记及其前置性行政许可。所谓前置性许可，是指按照法律规定作为取得前提条件的必须先取得的其他许可，即须先取得一项许可才有资格申请第二项许可，必须先取得的第一项许可是第二项许可的前置性许可。例如：《律师法》规定法律职业资格证是申请律师证的前置性许可，《公司登记管理条例》规定，企业名称预先审批也是申请企业工商登记的前置性许可。地方性法规和省级政府规章不仅不能设定单位组织的设立登记许可，连给单位组织登记的许可加一个前提性许可也是不允许的。

3. 地方性法规和省级规章设定的行政许可，不得限制其他地区的个人或者企业到本地区从事生产经营和提供服务，不得限制其他地区的商品进入本地区市场。

例 8：为维护全国统一的法制规则，法律职业资格的行政许可属于国家统一确定的公民、法人或者其他组织的资格、资质的行政许可，不得由地方立法设定，需要中央立法统一设定。

例 9：某省地方性法规设定网商准营许可证，并规定本省网商企业申请工商执照必须先取得网商准营许可证，属于地方性法规设定企业登记的前置性许可，相当于给网商企业的工商登记加一个前提性许可，违反行政许可法的规定。因为，地方性法规既不得设定企业登记的许可，也不得设定企业登记的前置性许可。

例 10：某省政府规章设定异地经营许可证，规定外地人和外地企业到本省经营服务行业需要取得异地经营许可证。某省政府规章设定特种商品销售许可证，规定在本省销售外地品牌的特种商品须取得特种商品销售许可证。第一种做法属于省级规章设定行政许可限制其他地区的个人或者企业到本地区从事生产经营和提供服务，第二种做法属于省级规章设定行政许可限制其他地区的商品进入本地区市场，这两种设定许可的做法的都是违反行政许可法规定的。

（三）行政许可的具体规定

1. 可以具体规定的文件

根据《行政许可法》第 16 条，行政法规、地方性法规、规章（包括部门规章、省级和较大的市人民政府规章）可以在上位法设定的行政许可事项范围内，对实施该行政许可作出具体规定。但是，《行政许可法》并没有明确禁止其他规范性文件对实施行政许可作出具体规定。因此，法规、规章以外的规范性文件在法定权限范围内也可以依法对实施行政许可作出具体规定。

2. 具体规定的限制

按照法制统一的原则，下位法不得同上位法相抵触，同时为了更好地保障行政许可的实施，保护相对人的权利和自由不受随意侵犯，防止下位法层层加码，增设行政许可条件或者提高行政许可的条件，《行政许可法》第 16 条第 4 款明确要求：

（1）不得增设行政许可

如果上位法对某一行政管理事项仅设一个行政许可，即仅需经过某一行政机关许可即可从事某特定活动的，下位法在作具体规定时，对同一事项不得增设行政许可，即不得要求还需获取其他许可或审批才可从事该特定活动。

（2）不得增设违反上位法的其他条件

"对行政许可条件作出的具体规定，不得增设违反上位法的其他条件"的规定，其禁止的是"增设违反上位法的其他条件"。如果下位法仅仅是对上位法规定的行政许可条件进行具体化，或者下位法增设行政许可条件获得上位法授权且在授权范围内，则不属于"增设违反上位法的其他条件"。

例 11：法律对从事餐饮服务行业设定餐饮服务许可证，规定从事餐饮行业需要取得该许可方可经营。某市地方性法规规定，在本市经营餐饮服务行业不仅需要取得餐饮服务许可证，还须到市餐饮行业协会办理认证审批手续。按照法律的规定，本来从事餐饮服务只需要取得一个许可，而在该市变成需要取得两个许可，该市地方性法规属于在对上位法已经设定的许可事项作出具体规定时增设许可的种类，违反行政许可法的规定。

例12：法律对从事餐饮服务行业设定餐饮服务许可证，规定符合5项条件的准予许可。某市地方性法规规定，在某市取得餐饮服务许可证不仅需要满足法律规定5项条件，还需购买一款指定的商品才能取得该许可证。按照法律的规定，本来取得餐饮服务只需要满足5项条件即可，而在该市变成了需要6项条件，该市地方性法规属于在对上位法已经设定的许可事项作出具体规定时增加许可的条件，违反《行政许可法》的规定。

四、设定程序

（一）内容

设定行政许可应当明确许可事项的内容，依法规定行政许可的实施机关、条件、程序、期限。

（二）起草

起草法律草案、法规草案和省、自治区、直辖市人民政府规章草案，拟设定行政许可的，起草单位应当采取听证会、论证会等形式听取意见，并向制定机关说明设定该行政许可的必要性、对经济和社会可能产生的影响以及听取和采纳意见的情况。

（三）评价

1. 行政许可的设定机关应当定期对其设定的行政许可进行评价；对已设定的行政许可，认为通过《行政许可法》第13条所列方式能够解决的，应当对设定该行政许可的规定及时予以修改或者废止。

2. 行政许可的实施机关可以对已设定的行政许可的实施情况及存在的必要性适时进行评价，并将意见报告该行政许可的设定机关。

3. 公民、法人或者其他组织可以向行政许可的设定机关和实施机关就行政许可的设定和实施提出意见和建议。

需要注意的是，关于行政许可的评价，法律对于不同主体的要求并不相同。对于设定机关而言，应当定期对其设定的行政许可进行评价；对于实施机关以及相对人而言，均是可以评价。

（四）停止实施许可事项

省、自治区、直辖市人民政府对行政法规设定的有关经济事务的行政许可，根据本行政区域经济和社会发展情况，认为通过《行政许可法》第13条所列方式能够解决的，报国务院批准后，可以在本行政区域内停止实施该行政许可。授权停止实施许可的条件是：

1. 主体：省、自治区、直辖市人民政府。

2. 对象：对行政法规设定的有关经济事务的行政许可。

3. 程序：报国务院批准。

4. 范围：在本省、自治区、直辖市范围内停止实施。

第三节　行政许可的实施

◈ **考点精华 34**

实施主体	法律法规授权的组织	受委托行政机关	集中实施（权力可以）	统一办理（程序可以）	联合办理（空间可以）	一个窗口对外（应当）
	行政许可由行政机关、法定授权组织、受委托的行政机关实施。					
名义	被授权组织。	委托机关。	集中机关。	各机关以自己名义分别实施。		所属行政机关名义。
要求	被授权组织以自己名义实施，不得委托。	委托内容应公告；并且委托不得转委托。	经国务院批准，省级政府决定。	一个机关统一受理、听取其他机关意见后决定。	联合、集中办理，但分别决定。	多个内设机构的审核集中到一个对外窗口进行。

一、行政许可的实施机关

一般而言，行政许可的实施机关为行政机关。但是在特殊情形下，授权组织也可以实施行政许可。另外，《行政许可法》还作了一些相应的制度设计，以体现高效便民原则。

（一）行政机关

行政许可由具有行政许可权的行政机关在其法定职权范围内实施。行政机关是实施行政许可最主要的主体。

（二）授权组织

法律、法规授权的具有管理公共事务职能的组织，在法定授权范围内，以自己的名义实施行政许可。被授权的组织适用本法有关行政机关的规定。只有法律、法规可以授权实施行政许可，规章及其以下规范性文件一律不得授权实施行政许可。

（三）委托机关

1. 行政机关在其法定职权范围内，依照法律、法规、规章的规定，可以委托其他行政机关实施行政许可。委托行政机关应当将受委托行政机关和受委托实施行政许可的内容予以公告。需要注意的是，尽管《行政许可法》规定了委托许可制度，但是对受委托主体严格限定为行政机关。

2. 委托行政机关对受委托行政机关实施行政许可的行为应当负责监督，并对该行为的后果承担法律责任。

3. 受委托行政机关在委托范围内，以委托行政机关名义实施行政许可，不得再委托其他组织或者个人实施行政许可。

二、高效便民的实施措施

（一）相对集中许可

经国务院批准，省、自治区、直辖市人民政府根据精简、统一、效能的原则，可以决定一个行政机关行使有关行政机关的行政许可权。

值得注意的是，《行政处罚法》在有关"相对集中处罚"的规定中，规定了"国务院或者经国务院授权的省、自治区、直辖市人民政府"可以决定一个行政机关行使有关行政机关的行政处罚权。换句话说，国务院可以自行决定综合执法，也可以授权省级政府加以决定。但是在行政许可中，国务院无权自行决定相对集中许可，只能批准省级政府决定实施。由此可见，《行政许可法》收缩了国务院的决定权。

（二）一个窗口对外

行政许可需要行政机关内设的多个机构办理的，该行政机关应当确定一个机构统一受理行政许可申请，统一送达行政许可决定。

"一个窗口对外"是为了便利于申请人的申请而进行的制度设计，并没有改变行政机关内部多个机构各自的许可权限，只是为了便民的考虑，而将受理与送达的事项集中于一个窗口而已。

（三）统一办理、联合办理、集中办理

行政许可依法由地方人民政府两个以上部门分别实施的，本级人民政府可以确定一个部门受理行政许可申请并转告有关部门分别提出意见后统一办理，或者组织有关部门联合办理、集中办理。

与"一个窗口对外"的原理相同，"统一办理、联合办理、集中办理"集中的只是程序事项，而并不是许可权限。这一点与"相对集中许可"中许可权的配置发生了根本变化并不相同。

三、行政许可的实施程序

◇ **考点精华 35**

一般程序	申请人	(1) 可以委托代理人申请，但是依法应当亲自到场的除外；(2) 可以通过办公场所填表、信函和电子等书面方式提交申请；(3) 应当对申请材料实质内容的真实性负责。委托上网但真实。
	行政机关	(1) 应当免费提供申请书格式文本；(2) 应当将有关材料、示范文本在办公场所公示；(3) 应当采取电子政务方式办理。免费示范应上网。
	申请处理方式	(1) 不需要取得许可，即时书面告知不受理；(2) 不属本机关职权，即时书面决定不受理，告知正确机关；(3) 材料存在可以当场更正的错误，允许当场更正；(4) 材料不符合，当场或五日内一次告知补正内容，逾期视为受理；(5) 各项符合，应当书面决定受理；(6) 受理或不受理均应出具加盖专用印章和注明日期的书面凭证。(全部书面)
	审查方式	(1) 书面审查：能够当场决定的当场；(2) 实质审查：核实材料实质内容，2 人以上。
	决定方式	(1) 符合条件→书面许可决定；不符合条件→书面不许可决定，说明理由；(2) 许可证件或加标签或加印章；(3) 准予许可决定，予以公开，公众有权查阅，其他许可资料涉密不公开；(4) 不得强制要求转让技术；(5) 法律、行政法规设定的许可，如无地域限制，全国有效；(6) 行政许可的收费只能由法律、行政法规作出规定，不得私分返还，违法收费应给责任人处分。

（一）申请与受理

1. 行政许可的申请

（1）公民、法人或者其他组织从事特定活动，依法需要取得行政许可的，可以委托代理人提出行政许可申请。但是，依法应当由申请人到行政机关办公场所提出行政许可申请的除外。

（2）行政许可申请可以通过信函、电报、电传、传真、电子数据交换和电子邮件等书面方式提出，《行政许可法》对于申请人申请的形式作了明确规定，只能以书面形式申请行政许可，而不得以口头形式申请行政许可。

（3）申请人申请行政许可，应当如实向行政机关提交有关材料和反映真实情况，并对其申请材料实质内容的真实性负责。行政机关不得要求申请人提交与其申请的行政许可事项无关的技术资料和其他材料。

2. 行政机关对申请的处理

为了提高行政效率，也为了体现便民原则，《行政许可法》规定行政机关对申请人提出的行政许可申请，应当根据下列情况分别作出处理：

（1）申请事项依法不需要取得行政许可的，应当即时告知申请人不受理；

（2）申请事项依法不属于本行政机关职权范围的，应当即时作出不予受理的决定，并告知申请人向有关行政机关申请；

（3）申请材料存在可以当场更正的错误的，应当允许申请人当场更正；

（4）申请材料不齐全或者不符合法定形式的，应当当场或者在 5 日内一次告知申请人需要补正的全部内容，逾期不告知的，自收到申请材料之日起即为受理；

（5）申请事项属于本行政机关职权范围，申请材料齐全、符合法定形式，或者申请人按照本行政机关的要求提交全部补正申请材料的，应当受理行政许可申请。

行政机关无论是受理还是不予受理行政许可申请，均应当出具加盖本行政机关专用印章和注明日期的书面凭证。

（二）审查与决定

1. 申请人提交的申请材料齐全、符合法定形式，行政机关能够当场作出决定的，应当当场作出书面的行政许可决定。

2. 根据法定条件和程序，需要对申请材料的实质内容进行核实的，行政机关应当指派两名以上工作人员进行核查。

3. 依法应当先经下级行政机关审查后报上级行政机关决定的行政许可，下级行政机关应当在法定期限内将初步审查意见和全部申请材料直接报送上级行政机关。上级行政机关不得要求申请人重复提供申请材料。

4. 行政机关对行政许可申请进行审查时，发现行政许可事项直接关系他人重大利益的，应当告知该利害关系人。申请人、利害关系人有权进行陈述和申辩。行政机关应当听取申请人、利害关系人的意见。

5. 行政机关对行政许可申请进行审查后期限内按照规定程序作出行政许可决定。

6. 申请人的申请符合法定条件、标准的行政机关应当依法作出准予行政许可的书面决定。行政机关在办理行政许可过程中不得强制要求申请人转让技术，也不得无故附加其他非法定条件。

　　行政机关依法作出不予行政许可的书面决定的，应当说明理由，并告知申请人享有依法申请行政复议或者提起行政诉讼的权利。法律、行政法规设定的行政许可，其适用范围没有地域限制的，申请人取得的行政许可在全国范围内有效。

（三）期限（工作日）

◇ **考点精华 36**

决定	（1）当场决定；（2）20日内→本机关负责人批准延10日；（3）法律、法规另有规定的除外；（4）统一、联合、集中办理，45日内→本级政府负责人批准延15日。
下级先审查	下级机关审查后报上级机关决定，20日内审查，法律、法规另有规定的除外。
办证签章	准予许可，自决定之日10日内颁发许可证或者加标签、加印章。
扣除期限	听证、招标、检验等技术性审查时间，不计算在期限内（书面告知）。

　　1. 除可以当场作出行政许可决定的外，行政机关应当自受理行政许可申请之日起20日内作出行政许可决定。20日内不能作出决定的，经本行政机关负责人批准，可以延长10日，并应当将延长期限的理由告知申请人。但是，法律、法规另有规定的，依照其规定。

　　2. 行政许可采取统一办理或者联合办理、集中办理的，办理的时间不得超过45日；45日内不能办结的，经本级人民政府负责人批准，可以延长15日，并应当将延长期限的理由告知申请人。

　　3. 依法应当先经下级行政机关审查后报上级行政机关决定的行政许可，下级行政机关应当自其受理行政许可申请之日起20日内审查完毕。但是，法律、法规另有规定的，依照其规定。

　　4. 行政机关作出准予行政许可的决定，应当自作出决定之日起10日内向申请人颁发、送达行政许可证件，或者加贴标签、加盖检验、检测、检疫印章。

　　5. 行政机关作出行政许可决定，依法需要听证、招标、拍卖、检验、检测、检疫、鉴定和专家评审的，所需时间不计算在本节规定的期限内。行政机关应当将所需时间书面告知申请人。

（四）听证

◇ **考点精华 37**

听证事项	作出许可决定前（撤销、撤回、注销许可无需听证）听取意见：（1）依职权：法定事项或行政机关认为涉及重大公共利益；（2）依申请：直接涉及申请人与他人之间重大利益关系的事前告知申请人和利害关系人申请听证的权利，接到通知后5日内申请，行政机关接到申请后20日内组织。
听证程序	（1）决定听证日期后应提前7日通知或公告（依职权应当公告，依申请既可以通知也可以公告），公开进行（但涉密除外）；（2）案外人主持，可申请回避；（3）质证：办案人员、申请人、利害关系人就案件事实依据、法律依据质证；（4）听证笔录：核对无误后交由参与人（参加人）签字生效，须根据笔录作出决定；（5）免费听证，行政机关承担费用。

1. 听证的类型

按照听证程序是行政机关依职权主动启动，还是依申请人申请启动为标准，可以将听证划分为依职权听证与依申请听证两种情形：

（1）依职权听证

依职权听证共有两种：一是法律、法规、规章规定实施行政许可应当听证的事项；二是行政机关认为需要听证的其他涉及公共利益的重大行政许可事项。

行政机关依职权举行听证的，应当向社会公告。

（2）依申请听证

行政许可直接涉及申请人与他人之间重大利益关系的，行政机关在作出行政许可决定前，应当告知申请人、利害关系人享有要求听证的权利。

申请人、利害关系人在被告知听证权利之日起 5 日内提出听证申请的，行政机关应当在 20 日内组织听证。

申请人、利害关系人不承担，由行政机关承担组织听证的费用。

关于行政许可的听证制度，需要注意两点：一是行政许可的听证分为依职权听证与依申请听证两类。这一点与行政处罚不同，行政处罚只存在依申请听证的情形。二是行政机关依职权举行听证的，应当向社会公告；但是，依申请听证的，则不存在应当公告的问题，只有在有必要时才予以公告。

2. 听证程序

依据《行政许可法》的规定，听证应当按照下列程序进行：

（1）行政机关应当于举行听证的 7 日前将举行听证的时间、地点通知申请人、利害关系人，必要时予以公告。

（2）听证应当公开举行。

（3）行政机关应当指定审查该行政许可申请的工作人员以外的人员为听证主持人，申请人、利害关系人认为主持人与该行政许可事项有直接利害关系的，有权申请回避。

（4）举行听证时，审查该行政许可申请的工作人员应当提供审查意见的证据、理由，申请人、利害关系人可以提出证据，并进行申辩和质证。

（5）听证应当制作笔录，听证笔录应当交听证参加人确认无误后签字或者盖章。

行政机关应当根据听证笔录，作出行政许可决定。与行政处罚中的听证笔录只是作出行政处罚决定的参考不同，行政许可的听证笔录实行"案卷排他主义"，即听证笔录是作出行政许可决定的唯一依据。"案卷排他主义"的实行，意味着听证过程对于行政许可决定的作出产生了决定性作用，是一个明显的制度进步。

◆ **考点精华 38　处罚、许可、强制的听证总结**

行政处罚	行政许可	行政强制
吊销许可证或执照、责令停产停业、较大数额罚款有权申请听证（吊、停、大款）	作出许可决定前（撤销、撤回、注销许可无须听证）听取意见：（1）**依职权**：法定事项或行政机关认为涉及重大公共利益；（2）**依申请**：直接涉及申请人与他人之间重大利益关系的事前告知申请人和利害关系人申请听证的权利。	无听证程序。

（五）变更与延续

1. 行政许可的变更

被许可人要求变更行政许可事项的，应当向作出行政许可决定的行政机关提出申请；符合法定条件、标准的，行政机关应当依法办理变更手续。例如，企业工商登记作为一种行政许可，在符合法定条件时可以依法变更适用范围、许可类型等内容。

2. 行政许可的延续

（1）申请

行政许可并不自动延续，被许可人需要延续依法取得的行政许可的有效期的，应当在该行政许可有效期届满 30 日前向作出行政许可决定的行政机关提出申请。但是，法律、法规、规章另有规定的，依照其规定。

《行政许可法》对于申请延续的期限作了原则规定，但是又作了例外的但书规定："但是，法律、法规、规章另有规定的，依照其规定。"需要注意这里的规范性文件的范围，"法律、法规、规章"均可以作出例外规定。

（2）决定

行政机关应当根据被许可人的申请，在该行政许可有效期届满前作出是否准予延续的决定；逾期未作决定的，视为准予延续。行政机关逾期未作决定的，是行政不作为，应作有利于申请人的推定，视为准予延续．而不是视为拒绝延续。

四、行政许可实施的特别程序

◆ 考点精华 39

特别程序	国务院实施许可	适用法律、行政法规。
	资源利用（特许）	通过招标、拍卖等公平竞争的方式作出决定，颁发许可证件。
	资格赋予（认可）	考试，公开事项，不得强制培训、指定教材资料。
	技术审定（核准）	2 人以上，5 日内进行审查。不予许可的书面说明标准、规范。
	组织设立（登记）	通常只作形式审查，符合条件的当场登记。需要实质审查的 2 人以上实施。
	有数量限制的许可	多人符合条件，应当根据受理的顺序决定，法律、行政法规另有规定的除外。
	行政许可收费	行政许可不能收费，但法律、行政法规规定的除外。申请格式文本不得收费。

五、行政许可的费用

（一）禁止收费

1. 行政机关实施行政许可和对行政许可事项进行监督检查，不得收取任何费用。但是：法律、行政法规另有规定的，依照其规定。地方性法规与行政规章均不得对行政许可的收费事项作出规定。

2. 行政机关提供行政许可申请书格式文本，不得收费。

3. 行政机关实施行政许可所需经费应当列入本行政机关的预算，由本级财政予以保障，按照批准的部门预算予以核拨和使用。

（二）例外规定

行政机关实施行政许可，依照法律、行政法规收取费用的，应当按照公布的法定项目和标准收费；所收取的费用必须全部上缴国库，任何机关或者个人不得以任何形式截留、挪用、私分或者变相私分。财政部门不得以任何形式向行政机关返还或者变相返还实施行政许可所收取的费用。

第四节　行政许可的监督检查

按照行政许可法的规定，准予许可之后，许可机关还应当对被许可人进行监督检查，必要时需对已经生效的行政许可予以处理。行政许可效力的处理方式有：

撤销：违法准予许可的撤销，造成损害予以赔偿。（有损失、有过错，则赔偿）

撤回：基于公共利益的需要合法收回，造成损害予以补偿。

吊销：相对人违法的使用许可（属于行政处罚，但会对许可效力产生处分性）

注销：撤销、吊销、撤回均是撤掉许可资格，仍需注销其许可证件的效力

延续：有期限限制的许可到期需年检，有效期届满前申请延长许可有效期限。

例 13：司机杜某提供虚假申请材料骗得的驾驶执照，公安机关应当撤销该许可。基于环保整治的需要，环保局可以依法撤回养猪场已经取得的排污许可，但须依法给予补偿。司机杜某合法取得驾驶执照后醉酒驾驶，属于违法使用许可，公安机关应依法吊销该许可。行政机关撤销、撤回、吊销许可后，均应当依法办理注销手续。

◆ 考点精华 40

	撤销违法许可（资格）	注销许可	撤回（合法收回）许可
情节	（1）行政机关违法准予许可（可以）：滥用职权；玩忽职守；超越职权；违反程序；授予不具备资格条件者以许可等；（2）申请人违法获得许可（应当）：欺骗、贿赂等；（3）行政机关自己、上级行政机关、法院；（4）撤销无需公告。	撤销撤回吊销。许可期满未续。主体丧失能力。不可抗力无法实施。	（1）许可已生效；（2）公共利益需要；（3）法律法规规章修改废止或客观情况发生重大变化。
处理	（1）赔偿；（2）相对人有过错不赔偿；（3）若撤销对公共利益造成重大损害的，不予撤销。	许可效力终止。	撤回对被许可人造成的财产损失应当予以补偿。
变更延续	（1）变更：向许可机关申请，依法定程序变更许可相关事项；（2）延续：有效期届满 30 日前申请，法律法规规章另有规定的除外。被许可人申请按期申请延续的，许可机关应当在许可证有效期限届满前作出，逾期未决定的视为准予延续。未按期申请的延续的，许可应予以注销。		
检查监督	（1）行政机关对许可事项监督检查不得妨碍被许可人正常生产经营或谋取不正当利益；（2）行政机关检查发现直接关系公共安全、人身健康、生命财产安全的重要设备设施存在安全隐患，应当责令停止使用、立即整改。		
直接关系重要安全的事项：（1）申请时隐瞒情况或提供虚假材料，1 年内不得再次申请；（2）欺骗贿赂等不正当手段取得许可，3 年内不得再次申请。			

一、行政许可的撤销

行政许可的撤销，是指已经获得的行政许可由于存在违法情形，由于行政许可机关依法剥夺许可人继续从事某种活动的资格，从而使行政许可丧失法律效力的行政管理行为。作出行政许可决定的行政机关和上级行政机关有权撤销违法的行政许可，按照行政诉讼法的规定，人民法院也有权通过行政诉讼的判决撤销违法的行政许可。

（一）行政机关的过错导致许可违法

有下列情形之一的，可以作出撤销行政许可的决定：

1. 行政机关工作人员滥用职权，玩忽职守作出准予行政许可决定的；
2. 超越法定职权作出准予行政许可决定的；
3. 违反法定程序作出准予行政许可决定的；
4. 对不具备申请资格或者不符合行政许可决定的；
5. 依法可以撤销行政许的其他情形。

依照上述情形撤销行政许可，被许可人的合法权益受到损害的，行政机关应依法给予赔偿。

（二）被许可人的过错导致许可违法

被许可人以欺骗、贿赂等不正当手段取得行政许可的，应当予以撤销，并且被许可人基于行政许可取得的利益不受保护。

（三）例外不予撤销的情形

依照前述规定撤销行政许可，可能对公共利益造成重大损害的，不予撤销。

二、行政许可的变更与撤回

行政许可的变更与撤回，是指行政许可的法律依据修改或者废止，或者准予行政所依据的客观情况发生重大变化的，基于公共利益的需要，而对已经生效的行政许可变更或者撤回，从而使原有行政许可不再有效的行政管理行为。

由于原有的行政许可是合法有效的，变更或者撤回许可并非由于申请人的过错造成而是基于保护公共利益的需要，因此，由于变更或者撤销现有的生效许可而给公民、法人或者其他组织造成财产损失的，行政机关则应当依法给予补偿。

三、行政许可的注销

行政许可的注销，是指由于现有的行政许可已经失去效力，而由有关机关依法收回证件或者公告行政许可失效的行政管理行为。

行政许可的注销，与行政许可的撤销、变更或者撤回的最主要区别，在于注销的是该行政许可已经失效；而行政许可的撤销、变更或者撤回的前提，则是现有的许可有效。因此，行政许可的注销并不会对当事人的许可资格产生法律上的实质效果，只不过是在该行政许可失效以后所实施的后续管理手续而已。

依据《行政许可法》的规定，有下列情形之一的，行政机关应当依法办理有关行政许可的注销手续：

1. 行政许可有效期届满未延续的；

2. 赋予公民特定资格的行政许可，该公民死亡或者丧失行为能力的；

3. 法人或者其他组织依法终止的；

4. 行政许可依法被撤销、撤回，或者行政许可证件依法被吊销的；

5. 因不可抗力导致行政许可事项无法实施的；

6. 法律、法规规定的应当注销行政许可的其他情形。

四、法律责任

不同的违法行为，应当承担不同的法律责任。《行政许可法》根据行政许可申请人违法行为的不同，分别给予不同的法律责任的规定。

（一）隐瞒有关情况或者提供虚假材料申请行政许可的

行政许可申请人隐瞒有关情况或者提供虚假材料申请行政许可的，行政机关不予受理或者不予行政许可，并给予警告；行政许可申请属于直接关系公共安全、人身健康、生命财产安全事项的，申请人在一年内不得再次申请该行政许可。

（二）以欺骗、贿赂等不正当手段取得行政许可的

被许可人以欺骗、贿赂等不正当手段取得行政许可的，行政机关应当依法给予行政处罚；取得的行政许可属于直接关系公共安全、人身健康、生命财产安全事项的，申请人在三年内不得再次申请该行政许可；构成犯罪的，依法追究刑事责任。

▍▍金题自测▍

1. 下列做法中，不符合《行政许可法》规定的是？

A. 省会城市制订地方性法规设定行业协会的设立登记

B. 某省政府所在地的市政府制定规章设定有效期一年的临时性许可事项

C. 某部门规章规定，申请机动车驾驶证需先购买指定的驾驶书籍

D. 国务院通过发布决定对某项经济安全事项设定行政许可

[考点] 行政许可的设定与规定

[解题思路]《行政许可法》第 15 条规定，地方性法规和省、自治区、直辖市人民政府规章，不得设定应当由国家统一确定的公民、法人或者其他组织的资格、资质的行政许可，不得设定企业或者其他组织的设立登记及其前置性行政许可。行业协会的设立登记属于组织的设立登记，不得由地方立法设定，故 A 选项不合法；

根据《行政许可法》第 14、15 条的规定，法律、行政法规、国务院决定、地方性法规和省级政府规章有权设定行政许可，部门规章、地级政府规章和一般规范性文件无权设定行政许可事项。较大的市也属设区的市，较大的市政府规章作为地级政府规章无权设定行政许可。故 B 选项不合法；

《行政许可法》第 27 条规定，行政机关实施行政许可，不得向申请人提出购买指定商品、接受有偿服务等不正当要求。C 选项部门规章规定申请机动车驾驶证需先购买指定的驾驶书籍，违反法律规定。同时，这种规定下位法增加许可的条件，同样属于违法，C 选项不合法；

《行政许可法》第 14 条规定，必要时只有国务院才可以采用发布决定的方式设定行

政许可，D 选项是合法的。

注意，"设定许可"是在某事项尚未制定上位法的情况下，法律或某种特定法律规范性文件创设（发明创造）一种新的需要批准的许可事项，法律、法规均可设定许可，规章和行政规范性文件当中只有省级政府规章和国务院的决定命令可以设定许可。"规定许可"是对上位法已经设定的许可事项的实施作出细化性具体规定，下位法（无等级限制）均可以对上位法设定的许可作出具体规定。可谓"上无政策可自定政策，上有政策就下有对策"，但下位法对上位法设定的许可作出具体规定时，不得增加许可的种类和许可的条件，禁止"下有对策"的具体规定超越上位法。

[答案] ABC

2. 下列关于国务院决定的说法，不正确的是：

A. 国务院发布的决定可以设定罚款的行政处罚

B. 国务院发布的决定有权设定临时性的行政许可，实施满一年需要继续实施的，应当提请全国人民代表大会及其常务委员会制定法律，或者自行制定行政法规

C. 国务院发布的决定有权设定行政强制措施

D. 国务院可依职权决定一个行政机关有权行使有关行政机关的行政许可权

[考点] 国务院决定的权限

[解题思路]《行政处罚法》第 10 条规定，行政法规可以设定除限制人身自由以外的行政处罚。从性质上来说，国务院发布的决定只是一种特殊的行政规范性文件，并非行政法规，故无权设定行政处罚。A 项说法错误；

《行政许可法》第 14 条规定，必要时，国务院可以采用发布决定的方式设定行政许可。实施后，除临时性行政许可事项外，国务院应当及时提请全国人民代表大会及其常务委员会制定法律，或者自行制定行政法规。国务院决定可以设定临时性行政许可，但是立法并未对其设定的临时性行政许可的期限作出明确规定。B 项说法错误；

按照《行政强制法》规定，法律、行政法规、地方性法规才可以依法设定行政强制措施，国务院决定无权申请行政强制措施，故 C 选项错误。

《行政许可法》第 25 条规定，经国务院批准，省、自治区、直辖市人民政府根据精简、统一、效能的原则，可以决定一个行政机关行使有关行政机关的行政许可权。因此，国务院只有依申请批准省级政府决定一个行政机关行使有关行政机关的行政许可权，而不得依职权主动决定。D 项说法错误。

[答案] ABCD

3. 某公司准备在某市郊区建一座生产剧毒物质的化工厂，向某市规划局、土地管理局、环境保护局和建设局等职能部门申请有关许可证照，相关职能部门在办理过程中向附近居民告知了听证权利，下列哪些说法是正确的？

A. 某公司如果提供虚假材料而骗得许可的应当予以撤销，一年内不得再申请

B. 各机关按统一办理程序核发项目许可证，经本级人民政府负责人批准，应当在最长 2 个月内作出许可决定

C. 若颁发许可涉及重大公共利益的，行政机关应当举行听证会

D. 相关职能部门可以按照本省地方性法规收取许可费用

［考点］行政许可的程序

［解题思路］《行政许可法》第 78 条规定，行政许可申请人隐瞒有关情况或者提供虚假材料申请行政许可的，行政机关不予受理或者不予行政许可，并给予警告；行政许可申请属于直接关系公共安全、人身健康、生命财产安全事项的，申请人在 1 年内不得再次申请该行政许可。《行政许可法》第 79 条规定，被许可人以欺骗、贿赂等不正当手段取得行政许可的，行政机关应当依法给予行政处罚；取得的行政许可属于直接关系公共安全、人身健康、生命财产安全事项的，申请人在 3 年内不得再次申请该行政许可；构成犯罪的，依法追究刑事责任。据此可知，A 选项中该公司已经通过提供虚假材料而骗得许可，即已经"既遂"了，而该生产剧毒物资的许可属于直接关系公共安全、人身健康、生命财产安全事项，因此应当适用本法第 79 条的规定，3 年内不得再申请该许可。A 选项错误；

《行政许可法》第 42 条规定，依照本法第 26 条的规定，行政许可采取统一办理或者联合办理、集中办理的，办理的时间不得超过 45 日；45 日内不能办结的，经本级人民政府负责人批准，可以延长 15 日，并应当将延长期限的理由告知申请人。《行政许可法》第 42 条规定，本法规定的行政机关实施行政许可的期限以工作日计算，不含法定节假日。故各机关按统一办理程序核发项目许可证，经本级人民政府负责人批准，应当在最长 60 个工作日内作出许可决定，而非"两个月"，故 B 选项错误；

《行政许可法》第 46 条规定，法律、法规、规章规定实施行政许可应当听证的事项，或者行政机关认为需要听证的其他涉及公共利益的重大行政许可事项，行政机关应当向社会公告，并举行听证。故 C 选项正确；

《行政许可法》第 58 条规定，行政机关实施行政许可和对行政许可事项进行监督检查，不得收取任何费用。但法律、行政法规另有规定的依照其规定。因此行政许可收费只能由法律、行政法规作出规定，省级地方性法规不得规定收取许可费用，故相关职能部门可以按照本省地方性法规收取许可费用是违法的，D 选项错误。

注意，行政管理活动的收费是命题的高频考点，其原则是：一般免费，例外收费。行政许可的申请书格式文本免费，听证一律不收费，查封扣押财物的保管、检测不收费。行政复议不收费，但行政复议中当事人申请鉴定的费用由当事人自行承担。代履行的费用由当事人承担，但法律另有规定的代履行不收费。办理行政许可只能依据法律、行政法规收费。行政机关申请法院强制执行的费用由被执行人承担。行政诉讼应缴纳案件受理费，诉讼费用由败诉方承担，双方都有责任的由双方分担。

［答案］C

4. 根据行政许可法的规定，下列哪些说法是不正确的？

A. 某区动植物检验局依照当事人申请举行听证的费用由申请听证的当事人承担

B. 委托鉴定机构对相关申请材料进行技术审查鉴定的时间应当从许可决定期限中扣除

C. 某公安局对申请农业机械驾照的当事人，应口头或书面作出不予受理的决定

D. 行政法规设定的行政许可均在全国范围内有效

［考点］行政许可的程序

[解题思路]《行政许可法》第47条规定，申请人、利害关系人不承担行政机关组织听证的费用。因此，申请人不需要承担组织听证的费用，故A选项错误；

《行政许可法》第45条规定，行政机关作出行政许可决定，依法需要听证、招标、拍卖、检验、检测、检疫、鉴定和专家评审的，所需时间不计算在本节规定的期限内。行政机关应当将所需时间书面告知申请人。故B选项正确；

《行政许可法》第32条规定，行政机关受理或者不予受理行政许可申请，应当出具加盖本行政机关专用印章和注明日期的书面凭证。因此C选项错误；

《行政许可法》第41条规定，法律、行政法规设定的行政许可，其适用范围没有地域限制的，申请人取得的行政许可在全国范围内有效。据此可知，并非所有的行政许可均是在全国范围内有效，而是只有法律、行政法规设定的许可，且适用范围没有地域限制的，才在全国范围内有效。D选项错误。

注意，行政机关的行政许可行为，无论是否受理申请、是否准予许可，均须采用书面形式，决定采用口头方式答复的均违法。

[答案] ACD

5. 根据行政许可法的规定，下列关于行政许可的效力处理哪些说法是正确的？
A. 行政机关滥用职权作出的许可决定违法应当予以撤销
B. 申请行政机关延续许可后许可机关逾期未决定的，视为准予延续
C. 因规章修改而撤回许可而造成损失的，行政机关应予赔偿
D. 财务人员金某死亡后行政机关对其发放的会计资格应予以注销

[考点] 行政许可的监督

[解题思路]《行政许可法》第69条规定，有下列情形之一的，作出行政许可决定的行政机关或者其上级行政机关，根据利害关系人的请求或者依据职权，可以撤销行政许可：（一）行政机关工作人员滥用职权、玩忽职守作出准予行政许可决定的；（二）超越法定职权作出准予行政许可决定的；（三）违反法定程序作出准予行政许可决定的；（四）对不具备申请资格或者不符合法定条件的申请人准予行政许可的；（五）依法可以撤销行政许可的其他情形。被许可人以欺骗、贿赂等不正当手段取得行政许可的，应当予以撤销。可见，行政机关滥用职权作出的许可决定违法"可以"撤销，而非"应当"撤销，故A选项错误；

《行政许可法》第50条规定，被许可人需要延续依法取得的行政许可的有效期的，应当在该行政许可有效期届满三十日前向作出行政许可决定的行政机关提出申请。但是，法律、法规、规章另有规定的，依照其规定。行政机关应当根据被许可人的申请，在该行政许可有效期届满前作出是否准予延续的决定；逾期未作决定的，视为准予延续。故B选项正确；

《行政许可法》第8条规定，行政许可所依据的法律、法规、规章修改或者废止，或者准予行政许可所依据的客观情况发生重大变化的，为了公共利益的需要，行政机关可以依法变更或者撤回已经生效的行政许可。由此给公民、法人或者其他组织造成财产损失的，行政机关应当依法给予补偿。可见，法律、法规、规章修改或者废止属于依法撤回许可，因此给被许可人造成的损害应当依法给予补偿，故C选项错误；

《行政许可法》第 70 条规定，有下列情形之一的，行政机关应当依法办理有关行政许可的注销手续：（一）行政许可有效期届满未延续的；（二）赋予公民特定资格的行政许可，该公民死亡或者丧失行为能力的；（三）法人或者其他组织依法终止的；（四）行政许可依法被撤销、撤回，或者行政许可证件依法被吊销的；（五）因不可抗力导致行政许可事项无法实施的；（六）法律、法规规定的应当注销行政许可的其他情形。可见，公民死亡后，赋予公民特定资格的会计资格证应当注销，D 选项正确。

［答案］BD

案例： 经工商局核准，甲公司取得企业法人营业执照，经营范围为木材切片加工。不久，省林业局致函甲公司，告知按照本省地方性法规的规定，新建木材加工企业必须经省林业局办理木材加工许可证后，方能向工商行政管理部门申请企业登记，违者将受到处罚。1 个月后，省林业局以甲公司无证加工木材为由没收其加工的全部木片，并处以 30 万元罚款。

［问题］省林业局要求甲公司办理的木材加工许可证属于何种性质的许可？地方性法规是否有权创设？

［答题模板］属于企业设立的前置性行政许可，地方性法规不得创设该许可。根据《行政许可法》的规定，地方性法规不得设定企业或其他组织的设立登记及其前置性行政许可。木材加工许可证并非该企业的正式设立许可，而是属于前置性行政许可。而基于公平竞争和防止地方保护的考虑，地方性法规也不得设立这种企业设立登记的前置性行政许可。

07 第七章
行政强制

考情速览

《行政强制法》自 2012 年 1 月 1 日起施行，和已经生效的《行政处罚法》和《行政许可法》共同构成了我国行政程序立法的三部曲，最终形成了我国行政程序立法的初步体系。作为具体行政行为的一种特殊种类，行政强制属于行政机关的暴力性行为，是行政机关唯一"动手"的行政行为，因此官民对抗最为激烈，官民关系最为紧张，影响公民的基本权利也最为重大，行政强制权是行政法规规范与控制的重点对象，《行政强制法》自生效以来，在整个行政法体系中历来也占据了重要地位。

本章以《行政强制法》为依据，对行政强制措施与行政强制执行这两类行政强制行为分别予以介绍对比，并与前面的行政处罚、行政许可进行对比，全面展现行政执法的全部过程。本章的学习需要明确行政强制措施与行政强制执行的概念和异同，掌握行政强制措施和行政强制执行的种类及设定、实施主体，熟悉行政强制措施和行政强制执行的实施程序。

《行政强制法》自生效以来就是考试的热门，客观题和主观题均会考查，其中客观题部分每年考查 2—3 个选择题，主观题的案例分析中也常有涉及。本章考查的知识点十分固定，主要分布于行政强制措施与行政强制执行的概念、种类以及它们之间的比较，行政强制的设定主体、实施主体、实施程序。本章难点是行政强制的设定权限与行政许可、行政处罚设定权限的区别，行政强制执行中的自行执行与申请法院非诉执行。

第一节　行政强制概述

一、概念与特征

（一）行政强制措施

行政强制措施，是指行政机关在行政管理过程中，为制止违法行为、防止证据损毁、避免危害发生、控制危险扩大等情形，依法对公民的人身自由实施暂时性限制，或者对公民、法人或者其他组织的财物实施暂时性控制的行为。

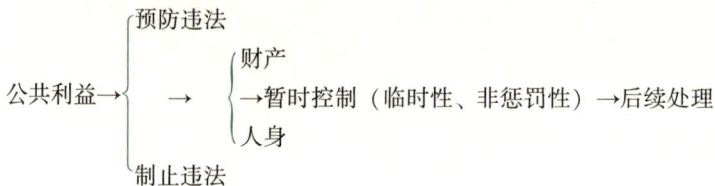

```
                        ┌ 预防违法
                        │
                        │            ┌ 财产
     公共利益 →         ├  →          ├ →暂时控制（临时性、非惩罚性）→后续处理
                        │            └ 人身
                        │
                        └ 制止违法
```

（二）特征

1. 强制性

行政强制措施的强制性，是指行政强制措施的实施由行政机关以物理性的动作实现。根据对象的不同，行政强制措施可以分为限制公民人身自由，查封场所、设施或者财物，扣押财物等，这些都是以物理性的动作而实现。因此，行政强制措施相对于其他具体行政行为具有更强和更直接的强制性。

2. 处分性

行政强制措施会对相对人的权利义务产生实际限制，是处分权利义务的具体行政行为。限制人身自由，查封场所、设施或者财物，扣押财物以及冻结存款、汇款等行政强制措施，都是限制相对人的权利或者自由。虽然有的行政强制措施对相对人并非不利，比如强制隔离治疗，有利于传染病人的健康，但就该行为的直接法律效果而言，它无疑限制传染病人的人身自由。

3. 临时性

不管是哪种行政强制措施，都是对相对人权利的一种临时限制，目的达到即应解除。例如，为保障纳税义务的履行，税务机关依法可采取税收保全措施，若纳税人在法定限期内缴纳税款的，税务机关必须立即解除税收保全措施。

4. 非制裁性

行政强制措施不是以制裁违法为直接目的，而是以实现某一行政目的为直接目的，具有预防性、制止性或者保障性。根据目的不同，行政强制措施可以分为预防性措施、制止性措施和保障性措施。预防性措施以预防发生危害社会的违法行为或危害事件为目的；制止性措施，针对正在危害社会的人或物采取，以制止违法行为或者危害事件的继续；保障性措施以保障以后的行政管理工作正常有效进行为目的。因此，行政强制措施并非以相对人的违法为前提。即使是针对违法行为人作出，其直接目的也不在于制裁。行政强制措施不是制裁行为，因而与行政相对人的行为是否违法没有必然联系。

（三）种类

根据行政强制法的规定，行政强制措施的种类包括：

1. 限制公民人身自由的强制措施：如留置盘问、强制传唤、强制隔离、强行带离现场、强制驱散、对醉酒的人约束、搜查、强制治疗、收容教育等，但行政拘留属于行政处罚，而不属于行政强制措施。

2. 查封场所、设施或者财物：包括查封不动产及相关设施，就地封存财物均属于原地限制财产自由移转、处分和使用的查封行为。

3. 扣押财物：将行政相对人的财产转移至行政机关确定的场所暂时控制，以限制其占有、使用和处分的行为均属于扣押。值得注意的是，扣押许可证件分两种，因惩治违法行为长期扣押许可证件以剥夺某项行为权利属于行政处罚，而因保障案件调查需要临时扣留证件属于行政强制措施，即"违法长期扣押是处罚，调查临时扣押是措施"。

4. 冻结存款、汇款：将行政相对人的银行账户暂时控制，暂时限制存款、汇款的自由存取。

5. 其他行政强制措施：如责令停止违法、责令改正违法、责令纠正违法等。

二、行政强制执行

行政强制执行，是指行政机关或者行政机关申请人民法院，对不履行行政决定的公民、法人或者其他组织，依法强制履行义务的行为。行政强制执行是以相对人不履行行政决定赋予的义务为前提的，是保障具体行政行为执行力的有力措施。

行政决定生效→相对人逾期不履行义务经催告无效→行政机关采取行政强制手段→迫使相对人履行义务。替代性、不以惩罚为目的。

行政强制执行由法律设定，行政法规、地方性法规、规章和一般规范性文件均不得设定行政强制执行。如果法律赋予行政机关自行强制执行的权力，则该行政机关既可以自己强制执行，也可以申请人民法院强制执行，但限制人身自由的决定不能申请法院执行。如果法律没有赋予行政机关自行强制执行的权力，则该机关就只能申请人民法院强制执行。在行政诉讼法中，行政机关申请人民法院强制执行又被称为"非诉行政案件的执行"，属于人民法院行政诉讼执行程序的一种。

根据《行政强制法》的规定，行政强制执行的方式包括：

1. 不履行金钱给付义务的，加处罚款或者滞纳金；

2. 排除妨碍、恢复原状义务不履行，经催告无效，危害公共交通安全或破坏、污染自然资源环境的，行政机关或委托第三方代为履行相应的义务；

3. 不履行金钱给付义务的，拍卖或者依法处理查封、扣押的场所、设施或者财物；

4. 不履行金钱给付义务的划拨存款、汇款；

5. 其他强制执行方式。如不履行责令拆除违法建筑义务的，依法强制拆除；不履行拘留决定的，依法强制执行拘留决定等。

◆ 考点精华 41

```
                   ┌ 人身（强制执行拘留）
          ┌ 直接执行┤
          │        └ 财产（划拨、拍卖、拆除等）
行政强制执行┤        ┌ 代履行：排除妨碍、恢复原状义务不履行的
          └ 间接执行┤ 执行罚：逾期不履行金钱给付义务（无须单独授权），加处罚款
                   └      （按每日3%）或收取滞纳金促使义务人履行

          ┌ 有法律规定的强制执行权→自行强制：公安（拘留）、国安、税务、海关、县级
直接执行  ┤                                以上政府（拆违不拆迁）
          └ 无法律规定的强制执行权→申请法院强制：质监、国土、环保等
```

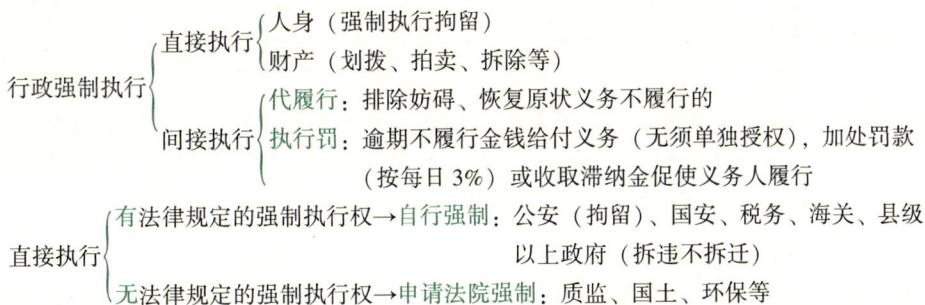

税务海关是个神话（征收处罚全部执行权），警察蜀黍（拘留）绝代风华，政府拆违（不拆迁）掉光了牙，也可以责成城管去火辣辣。

注：税务对征税决定强制执行限于"生产、经营者"，税务和海关的处罚在起诉期限届满后既可以自行强制执行、也可以申请法院执行（法院可以受理）。规划违法建筑由规划部门作出责令拆除的决定，当事人不履行的报请政府自行强拆，县级以上政府亦可责成有关部

门强制拆除。

三、行政强制措施与行政强制执行的区分

◇ **考点精华 42**

种类	实施主体	适用目的	主要类型	特征
行政强制措施	(1) 行政机关; (2) 法律、行政法规授权 的公共组织; (3) 具备资格的行政执法人员; (4) 行使集中处罚权的机关; (5) 不得委托。	制止强制。 预防强制。 保障强制。	(1) 限制人身自由（非拘留）：盘问、强制传唤、强制隔离、带离现场、驱散、约束、搜查、强制治疗、收容教育等;（2）查封场所、设施或财物;（3）扣押财物（扣证件：惩罚长期是处罚，调查临时扣是措施）;（4）冻结存款汇款;（5）其他（责令停止违法）。	临时性; 非惩罚。
行政处罚	(1) 行政机关; (2) 法律、法规授权的公共组织; (3) 行政机关委托的公共组织。	对违法行为进行制裁。	行政拘留、罚款、暂扣或吊销营业执照许可证、责令停产停业、没收违法所得非法财物、警告、责令拆违等。	惩罚性。 独立性。 终结性。
行政强制执行	(1) 法律授权的行政机关; (2) 人民法院; (3) 不可委托（代履行除外）。	为实现具体行政行为确定的义务。	(1) 间接强制：代履行、执行罚; (2) 直接强制：划拨、拍卖、其他（强制执行拆除、强制执行拘留等）。	替代性; 从属性。

如何区分行政强制措施与行政强制执行，历来是法考命题一个非常重要的考点，曾经反复考查。除了概念和种类识别，还有三种辨别方法：

（一）目的判断

行政强制行为的目的如何，是两者最根本的区分标准。一般而言，行政强制措施的主要目的在于防止危险发生或者扩大，或者防止证据损毁等；而行政强制执行的主要目的则在于为了实现行政决定中规定的权利义务。

（二）前提判断

也就是看行政行为之前是否存在先行行政行为。一般来说，行政强制措施在实施之前并无先行行政行为，而行政强制执行在适用之前一般会存在一个前提行政行为。只有行政相对人拒不履行前提行政行为确定的义务，才会适用行政强制执行措施。

（三）时间判断

也就是看行政行为的先后顺序。行政强制措施具有临时性与中间性，是一个暂时性的手段，一旦紧急状态消失，即不再具备适用条件。而行政强制执行则是为了实现行政义务，因此具有最终性。出现违法行为先用强制措施制止违法，再用处罚惩罚违法，当事人不履行处罚决定再强制执行。处罚之前的暂时控制为强制措施，处罚之后的动手执行是强制执行。

例14：某交通局在检查中发现张某所驾驶货车无道路运输证，遂扣留了张某驾驶证和车载货物，要求张某缴纳罚款 1 万元。张某拒绝缴纳，交通局将车载货物拍卖抵缴罚款。在案

件调查中临时扣留驾驶证和车载货物属于制止违法行为、保障案件调查的行政强制措施，拍卖车载货物抵缴罚款的行为属于执行罚款决定的行政强制执行。本案交通局的自行强制执行虽然违法，但并不影响强制执行的行为法定种类定性。

四、行政强制的原则

◇ 考点精华 43

基本原则	具体要求
合法原则	设定、实施依照法定的权限、范围、条件、程序。
适当原则	符合比例（严厉程度适当性、必要，能实现行政目的而又损害最小）。
教育与强制相结合	教育优先、强制辅之；目的达，不强制。
权利救济	陈述申辩，行政复议、行政诉讼、国家赔偿（对法院执行只能申请赔偿）。

（一）行政强制法定原则

行政强制是官民关系由合作转向对抗的结果与体现，往往涉及到限制行政相对人的人身自由与重大财产权利，因此必须要有严格的法律规范与制约。《行政强制法》第4条规定："行政强制的设定和实施，应当依照法定的权限、范围、条件和程序。"

具体而言，这一原则包括两方面含义：

1. 行政强制的设定法定

行政强制的设定权一般只能由法律规定，行政法规与地方性法规是否具有设定权，要取决于是否存在法律授权。这里的法律，是指全国人民代表大会及其常务委员会制定的规范性法律文件，不包括行政法规以及地方性法规等其他规范性文件。

2. 行政强制的实施法定

行政机关必须依照法定的权限、范围、条件和程序实施行政强制，不得违法行使职权。

（二）行政强制适当原则

又称行政强制的比例原则，是指行政强制的设定和实施，应当尽可能实现手段与目的的关系比例适当，能够采用非强制手段可以达到行政管理目的的，即不得设定和实施行政强制。

《行政强制法》第5条规定："行政强制的设定和实施，应当适当。采用非强制手段可以达到行政管理目的的，不得设定和实施行政强制。"

（三）教育与强制相结合原则

《行政强制法》第6条规定："实施行政强制，应当坚持教育与强制相结合。"行政强制的目的，并不在于为了强制而强制，而是应当坚持强制与教育相结合，通过说服教育尽可能促使当事人自觉履行义务。只有是在说服教育无效的情况下，才动用强制手段，以实现行政管理的目的。

（四）行政强制不得谋利原则

《行政强制法》第7条规定："行政机关及其工作人员不得利用行政强制权为单位或者个人谋取利益。"

行政强制是行政机关动用公权力实现行政目标的职务行为，不得利用公权力实现谋利目的。

（五）权利保障原则

《行政强制法》第 8 条规定：“公民、法人或者其他组织对行政机关实施行政强制，享有陈述权、申辩权；有权依法申请行政复议或者提起行政诉讼；因行政机关违法实施行政强制受到损害的，有权依法要求赔偿。

公民、法人或者其他组织因人民法院在强制执行中有违法行为或者扩大强制执行范围受到损害的，有权依法要求赔偿。”

行政强制属于典型的损益性行政行为，因此应当受到更多的监督制约，以保障行政相对人的合法权益。行政相对人享有陈述权、申辩权、起诉权以及要求赔偿权，既为权利保障的具体手段，也有助于实现对于行政强制权的规范与制约。

第二节　行政强制的设定

一、设定

考点精华 44

<table>
<tr><th>设定文件</th><th>强制措施</th><th>强制执行</th></tr>
<tr><td>法律</td><td>法律可以设定行政强制措施。</td><td rowspan="3">行政强制执行。
只能由法律设定。</td></tr>
<tr><td>行政法规</td><td>（1）该事项尚未制定法律；（2）法律授权后可以设定强制措施，但限制人身自由和冻结存款汇款除外。</td></tr>
<tr><td>地方性法规</td><td>尚未制定法律、行政法规，地方性法规可以设定：查封和扣押的行政强制措施。</td></tr>
<tr><td>规章、文件</td><td colspan="2">均无权设定行政强制。</td></tr>
<tr><td colspan="3">（1）尚未制定上位法，下位法可以依法设定行政强制措施（尚无政策，自定政策）；
（2）法律未设定强制措施的，行政法规、地方性法规不得设定行政强制措施（上有政策未设，下级不得自设）；
（3）法律对强制措施的对象条件种类作了规定的，行政法规、地方性法规不得作扩大规定。（上有政策已设，下可规定对策）。</td></tr>
</table>

（一）行政强制措施的设定

行政强制措施一般由法律设定，法律对行政法规和地方性法规设定强制措施的权力相对保留，授权行政法规和地方性法规对尚未制定上位法的事项补充设定行政强制措施，若某事项已经制定上位法，但上位法未设定行政强制措施的，行政法规和地方性法规不得再设定，即“上无政策，自定政策；上有政策未设，下级不得自设”。同时，法律对规章和一般规范性文件设定行政强制措施的权力绝对保留，二者无权设定行政强制措施。

1. 法律可以设定行政强制措施

行政强制措施原则上由法律设定，但行政法规和地方性法规在特定条件下可以设定部分行政强制措施，但法律对行政强制措施的对象、条件、种类作了规定的，行政法规、地方性法规不得作出扩大规定。法律、法规以外的其他规范性文件不得设定行政强制措施，包括规章、一般规范性文件均无权设定行政强制措施。

2. 行政法规的设定权

尚未制定法律，且属于国务院行政管理职权事项的，行政法规可以设定除限制人身自由、冻结存款汇款和应当由法律规定的行政强制措施以外的其他行政强制措施。

法律中未设定行政强制措施的，行政法规、地方性法规不得设定行政强制措施，但法律规定特定事项由行政法规规定具体管理措施的，行政法规可以设定除限制人身自由、冻结存款汇款和应当由法律规定的行政强制措施以外的其他行政强制措施。

3. 地方性法规的设定权

尚未制定法律、行政法规，且属于地方性事务的，地方性法规可以设定查封场所、设施、财物和扣押财物的行政强制措施。

起草法律草案、法规草案，拟设定行政强制的，起草单位应当采取听证会、论证会等形式听取意见，并向制定机关说明设定该行政强制的必要性、可能产生的影响以及听取和采纳意见的情况。

4. 规章和规范性文件不得设定行政强制

除了法律、法规以外，无论是部门规章，还是地方政府规章，以及规章以下的规范性文件均不得设定行政强制措施。行政强制措施的特性以及规章的地位决定了规章不能设定行政强制措施。行政强制措施使用物理性的力量直接干预相对人的人身、财产权益，是对相对人权益极大干预。为保障人权，此种措施必须由较高级别的法规范加以规定。而规章，在法规范体系中，处于最低位；而且，规章是由行政机关自身制定的，若由其设定强制措施，并由其实施强制措施，导致其权限不能得到有力的控制，从而有悖人权保障的法治精神和价值。

与行政处罚、行政许可比较起来，行政强制措施对于规章控制更为严格，干脆彻底剥夺了规章的设定权。

（二）行政强制执行的设定

关于行政强制执行的设定，需要注意两点：

1. 行政强制执行只能由法律设定

与法律、法规可以设定行政强制措施不同，行政强制执行只能由法律设定。法规及其以下的规范性法律文件，均不得设定行政强制执行。这是因为与临时性的行政强制措施比较起来，行政强制执行行为因为具有最终性，对于当事人的权益影响更为重大，因而需要更为严格的规范与控制，因此严格保留给法律设定，也是为了实现对公权力更为严格的监督制约的目的。

2. 没有法律授予行政强制执行的行政机关申请法院执行

对于有法律授予强制执行权的行政机关，则不必再申请人民法院执行。法律没有规定行政机关强制执行的，作出行政决定的行政机关应当申请人民法院强制执行。对于没有行政强制执行权的行政机关，需要实施行政决定，但是当事人又不肯主动履行的，则应当申请人民法院强制执行。

◆ **考点精华 45　处罚、许可、强制的设定与规定总结**

		行政处罚	行政许可	强制措施	强制执行
设定	法律	可以设（对规章相对保留）。	可以设（对法规、规章相对保留）。	可以设（对法规相对保留，对规章绝对保留）。	只能法律设定（绝对保留）。
	行政法规	限制人身除外。	无限制。	限制人身和冻结除外。	不能。
	地方法规	限制人身和吊销企业营业执照除外。	尚无上位法，地方立法不能设四种许可。	可设查封扣押。	不能。
	规章	均可设定警告和一定数量的罚款。	尚无上位法，省级政府规章可设 1 年临时许可。	不能。	不能。
	文件	不能。	国务院决定可以设。	不能。	不能。
规定	上位法已设定	下位法可作规定。	下位法可作规定。	下位法规可作具体规定。	

二、论证与评价

（一）论证

为了保证行政强制设定的必要性与科学性，在设定行政强制之前，凡是起草法律草案、法规草案，拟设定行政强制的，起草单位应当采取听证会、论证会等形式听取意见，并向制定机关说明设定该行政强制的必要性、可能产生的影响以及听取和采纳意见的情况。

（二）评价

1. 为了保证行政强制持续存在的合理性，行政强制的设定机关还应当定期对其设定的行政强制进行评价，并对不适当的行政强制及时予以修改或者废止。

2. 与此同时，行政强制的实施机关可以对已设定的行政强制的实施情况及存在的必要性适时进行评价，并将意见报告该行政强制的设定机关。

3. 公民、法人或者其他组织也可以向行政强制的设定机关和实施机关就行政强制的设定和实施提出意见和建议。有关机关应当认真研究论证，并以适当方式予以反馈。

《行政强制法》对于不同主体的评价要求不同。对于设定机关而言，其负有保证行政强制设定必要性与科学性的职责，因此是"应当"定期评价；而对于实施机关而言，则是"可以"评价，没有作出强制要求。而对于相对人而言，则当然是授予评价的权利，而不可能设定评价义务，因此自然也是"可以"而非"应当"评价。

在行政行为立法三部曲中，《行政许可法》与《行政强制法》均有评价制度，但是唯独最早制定的《行政处罚法》不存在评价制度。

第三节　行政强制措施的实施

◇ **考点精华 46**

一般程序			(1) 实施前报告批准（情况紧急，当场实施，24 小时报告，补办批准手续）； (2) 确定实施人员（2 人以上、有执法资格）； (3) 现场出示执法身份证件； (4) 通知当事人到场并告知权利； (5) 听取陈述申辩； (6) 制作现场笔录（执法人员和当事人签名盖章，当事人拒签注明拒签原因，当事人不在场的邀请见证人签名）。
特殊程序	限制人身自由		(1) 当场或事后立即通知家属实施机关、地点和期限；(2) 紧急情况，现场实施，返回机关后立即报告并补办手续；(3) 不得超过法定期限；(4) 目的实现或条件消失后立即解除。
	冻结	主体	(1) 法律明确规定有冻结权的行政机关（公安、国安、税务、海关）；(2) 法律授权的具有管理公共事务职能的组织（证监会）；(3) 申请法院冻结：监察、审计、银监会、保监会、工商。
		期限	(1) 一般期限：不得超过 30 日；(2) 情况复杂：经机关负责人批准可以延长不得超过 30 日；(3) 法律另有规定的除外。
	查封扣押	主体	(1) 法律法规规定的行政机关；(2) 法律、行政法规授权的具有管理公共事务职能的组织。
		对象	(1) 不得查封扣押与违法行为无关的场所、设施或者财物；(2) 不得查封、扣押个人及其所扶养家属的生活必需品；(3) 不得重复查封；(4) 制作并当场交付查封扣押决定书，清单一式二份由行政机关和当事人分别保管。
		期限	(1) 一般期限：不得超过 30 日； (2) 情况复杂：经机关负责人批准可以延长不得超过 30 日； (3) 法律、行政法规另有规定的除外。
		保管处理	(1) 保管：行政机关或委托第三人保管，保管、检测费用由行政机关承担；(2) 处理：没收、销毁、解除（退还财物、拍卖或变卖价款、变卖造成损失的给予补偿）。

一、实施机关

1. 行政强制措施只能由行政机关和法律、行政法规授权的组织予以实施，其他任何机关和个人均无权实施。

2.《行政强制法》明确授权行使相对集中行政处罚权（综合执法）的行政机关，可以实施法律、法规规定的与行政处罚权有关的行政强制措施。也就是说，凡是拥有综合执法权的行政机关，均可以实施综合强制，以保障及时有效地实现行政管理的目标。

3. 行政强制措施应当由行政机关具备资格的行政执法人员实施，其他人员不得实施。这就排除了"临时工"、"实习生"等不具备执法资格的人员代人受过的情形发生，也防止行政机关以各种借口推诿责任。

4. 法律、行政法规授权组织实施行政强制措施，须有法律、行政法规的明确授权。规章及其以下规范性文件均无权授权实施行政强制措施。

5. 法律、行政法规授权对象须是具有管理公共事务职能的组织，不得委托公民个人或者其他不具备相关资质的组织实施行政强制措施。

6. 行政强制措施不得委托其他行政机关或者组织实施。

二、行政强制措施的实施

行政机关履行行政管理职责，依照法律、法规的规定，实施行政强制措施。违法行为情节显著轻微或者没有明显社会危害的，可以不采取行政强制措施。

（一）实施主体

行政强制措施只能由法律、法规规定的行政机关和经法律、行政法规授权的社会公共组织在法定职权范围内实施，行政强制措施不得委托实施。因此除法定的行政机关和法定授权组织外，其他社会组织个人均无权实施行政强制措施，行政机关和法定授权组织也不得将行政强制权委托其他机关、组织和个人。

依据《行政处罚法》的规定行使相对集中行政处罚权的行政机关，可以实施法律、法规规定的与行政处罚权有关的行政强制措施。行政强制措施应当由行政机关具备资格的行政执法人员实施，其他人员不得实施。

◇ 考点精华 47　处罚、许可、强制的实施主体总结

种类	行政强制执行（执行命令）	行政强制措施（暂时控制）	行政许可（批准）	行政处罚（制裁违法）
实施主体	法律授权的行政机关。	行政机关。	行政机关。	行政机关。
	人民法院。	法律、行政法规授权的组织。	法律、法规授权的组织。	法律、法规授权的组织。
	集中处罚机关须法律授权。	行使集中处罚权的行政机关。	集中实施许可的机关。	集中处罚机关。
	不可委托。	不得委托。	委托其他行政机关。	委托事业组织。
	无限制。	行政执法人员2人以上。	实质审查必须2人以上。	简易程序1人调查决定；一般程序调查2人以上，负责人决定。

（二）行政强制措施的一般程序

1. 实施前报告批准（情况紧急当场实施后24小时内报告，补办批准手续。行政机关负责人认为不应当采取行政强制措施的，应当立即解除）；

2. 确定实施人员（2人以上、有执法资格）；

3. 现场出示执法证件；

4. 通知当事人并告知权利;

5. 听取陈述申辩;

6. 制作现场笔录。

(三) 限制人身自由的特殊程序

限制公民人身自由的行政强制措施,除应当履行统一程序外,还应当遵守下列程序:1. 当场告知或者实施行政强制措施后立即通知当事人家属实施行政强制措施的行政机关、地点和期限;2. 在紧急情况下当场实施行政强制措施的,在返回行政机关后,立即向行政机关负责人报告并补办批准手续;3. 法律规定的其他程序。实施限制人身自由的行政强制措施不得超过法定期限。实施行政强制措施的目的已经达到或者条件已经消失,应当立即解除。

(四) 查封扣押的特殊程序

1. 步骤和时限

行政机关决定实施查封、扣押的,除应当履行统一程序外,还应当制作并当场交付查封、扣押决定书和清单。查封、扣押的期限不得超过 30 日;情况复杂的,经行政机关负责人批准,可以延长,但是延长期限不得超过 30 日。法律、行政法规另有规定的除外。延长查封、扣押的决定应当及时书面告知当事人,并说明理由。

2. 范围限制

查封、扣押限于涉案的场所、设施或者财物,不得查封、扣押与违法行为无关的场所、设施或者财物;不得查封、扣押公民个人及其所扶养家属的生活必需品。当事人的场所、设施或者财物已被其他国家机关依法查封的,不得重复查封。违法行为涉嫌犯罪应当移送司法机关的,行政机关应当将查封、扣押、冻结的财物一并移送,并书面告知当事人。

3. 对查封扣押物品的检测

对物品需要进行检测、检验、检疫或者技术鉴定的,查封、扣押的期间不包括检测、检验、检疫或者技术鉴定的期间。检测、检验、检疫或者技术鉴定的期间应当明确,并书面告知当事人。检测、检验、检疫或者技术鉴定的费用由行政机关承担。

4. 保管

对查封、扣押的场所、设施或者财物,行政机关应当妥善保管,不得使用或者损毁;造成损失的,应当承担赔偿责任。对查封的场所、设施或者财物,行政机关可以委托第三人保管,第三人不得损毁或者擅自转移、处置。因第三人的原因造成的损失,行政机关先行赔付后,有权向第三人追偿。因查封、扣押发生的保管费用由行政机关承担。

5. 查封扣押的后续处理

行政机关采取查封、扣押措施后,应当及时查清事实,在本法第 25 条规定的期限内作出处理决定。对违法事实清楚,依法应当没收的非法财物予以没收;法律、行政法规规定应当销毁的,依法销毁;应当解除查封、扣押的,作出解除查封、扣押的决定。

有下列情形之一的,行政机关应当及时作出解除查封、扣押决定:(1) 当事人没有违法行为;(2) 查封、扣押的场所、设施或者财物与违法行为无关;(3) 行政机关对违法行为已经作出处理决定,不再需要查封、扣押;(4) 查封、扣押期限已经届满;(5) 其他不再需要采取查封、扣押措施的情形;(6) 解除查封、扣押应当立即退还财物;(7) 已将鲜活物品或者其他不易保管的财物拍卖或者变卖的，退还拍卖或者变卖所得款项；（8）变卖价格明显低于市场价格，给当事人造成损失的，应当给予补偿。

（五）冻结存款的特殊程序

1. 特殊手续

冻结存款、汇款应当由法律规定的行政机关实施，不得委托给其他行政机关或者组织；其他任何行政机关或者组织不得冻结存款、汇款。冻结存款、汇款的数额应当与违法行为涉及的金额相当；已被其他国家机关依法冻结的，不得重复冻结。

行政机关依照法律规定决定实施冻结存款、汇款的，除应当履行同一程序中的：实施前须向行政机关负责人报告并经批准、由两名以上行政执法人员实施、出示执法身份证件、制作现场笔录的程序外，还应向金融机构交付冻结通知书。金融机构接到行政机关依法作出的冻结通知书后，应当立即予以冻结，不得拖延，不得在冻结前向当事人泄露信息。法律规定以外的行政机关或者组织要求冻结当事人存款、汇款的，金融机构应当拒绝。

2. 冻结决定书

依照法律规定冻结存款、汇款的，作出决定的行政机关应当在 3 日内向当事人交付冻结决定书。冻结决定书应当载明下列事项：（1）当事人的姓名或者名称、地址；（2）冻结的理由、依据和期限；（3）冻结的账号和数额；（4）申请行政复议或者提起行政诉讼的途径和期限；（5）行政机关的名称、印章和日期。

3. 冻结的期限和解除

自冻结存款、汇款之日起 30 日内，行政机关应当作出处理决定或者作出解除冻结决定；情况复杂的，经行政机关负责人批准，可以延长，但是延长期限不得超过 30 日。法律另有规定的除外。延长冻结的决定应当及时书面告知当事人，并说明理由。

有下列情形之一的，行政机关应当及时作出解除冻结决定：（1）当事人没有违法行为；（2）冻结的存款、汇款与违法行为无关；（3）行政机关对违法行为已经作出处理决定，不再需要冻结；（4）冻结期限已经届满；（5）其他不再需要采取冻结措施的情形。

行政机关作出解除冻结决定的，应当及时通知金融机构和当事人。金融机构接到通知后，应当立即解除冻结。行政机关逾期未作出处理决定或者解除冻结决定的，金融机构应当自冻结期满之日起解除冻结。

第四节　行政强制执行

一、行政机关自行强制执行

◈ 考点精华 48

种类	程序规定
催告	（1）书面形式：要求履行生效行政决定的催告书或限期履行通知书，应载明限期履行的方式、数额、陈述申辩权；（2）例外：立即实施代履行、执行罚；（3）属于程序性行为，不可复议和诉讼。

种类	程序规定
执行情形	（1）中止执行：无履行能力、第三人主张权利、执行导致难以弥补损失且停止不损害公共利益；（2）终止执行：死亡无遗产又无承受人、组织终止无财产、标的灭失、决定被撤销、无履行能力中止满三年；（3）执行回转：财物类强制执行执行中或执行后，行政决定被撤销、变更或执行错误的，应当恢复原状、退还财物或赔偿；（4）执行和解：执行协议不得损害公共利益和他人合法权益。当事人补救的可以减免执行罚，不履行协议的应当恢复强制执行；（5）文明执法：除紧急情况外，不得夜间或者法定节假日执行；不得采取停止居民生活供水、电、热、燃气等方式；（6）拆除违章建筑：先公告限期当事人自拆，在法定期限内既不复议诉讼又不履行的，在当事人起诉期限届满后经催告无效，由行政机关依法强拆。
代履行	（1）范围：排除妨碍恢复原状义务（非人身性义务）不履行，经催告无效，已经危害交通安全、污染破坏环境资源；（2）主体：行政机关或委托没有利害关系的第三方；（3）程序：送达代履行决定书——代履行3日前催告当事人履行——经催告不履行的代为履行义务——行政机关应当派人到场监督——行政机关人员、代履行方、当事人或见证人签名或盖章；不得采取暴力、胁迫等非法方式；（4）费用：按合理成本由当事人承担，法律有特别规定的除外；（5）立即实施代履行：清除道路、河道、航道或者公共场所的遗洒物、障碍物等当事人无法清除，无需催告就可立即实施代履行，当事人不在场事后通知并依法处理。
金钱给付义务	（1）当事人不履行则必须先采取执行罚，依法加处罚款或滞纳金，但执行罚不超过金钱给付义务本身；（2）执行罚超过30日，经催告不履行义务，有强制执行权的则通过划拨、拍卖等方式强制执行；（3）没有强制执行权的行政机关在当事人起诉期限届满后经催告无效，申请法院强制执行（没有强制执行权的行政机关在作出处罚决定前已经采取查封、扣押强制措施的，可以在当事人起诉期限届满后经催告无效，将查封、扣押的财物依法拍卖抵缴罚款）；（4）划拨存款汇款由法律规定的行政机关决定，并书面通知金融机构。金融机构接到决定后，应当立即划拨；（5）拍卖财物由行政机关委托拍卖机构办理；（6）划拨的存款、汇款以及拍卖和依法处理所得的款项应当上缴国库或者划入财政专户，任何行政机关个人不得以任何形式截留、私分或变相私分。
	罚款申请法院强制执行的程序：决定——15天不交罚款——加处执行罚30天——6个月起诉期限届满后经催告无效申请法院强制执行（没有自行强制权的机关已经查封扣押的财产可自行拍卖抵缴罚款）。

（一）一般程序

1. 一般条件

行政机关依法作出行政决定后，只有是在当事人于行政机关决定的期限内不履行的，具有行政强制执行权的行政机关才可以依法强制执行。

2. 督促催告

行政机关作出强制执行决定前，应当事先催告当事人履行义务。催告应当以书面形式作出，并载明下列事项：

（1）履行义务的期限。

（2）履行义务的方式。

（3）涉及金钱给付的，应当有明确的金额和给付方式。

（4）当事人依法享有的陈述权和申辩权。

在行政强制执行行为中，一般而言，催告乃是法定的必经程序。未催告的，行政机关不得直接强制执行。

3. 作出强制执行决定

经催告，当事人逾期仍不履行行政决定，且无正当理由的，行政机关可以作出强制执行的决定。

强制执行决定应当以书面形式作出，并载明下列事项：

（1）当事人的姓名或者名称、地址。

（2）强制执行的理由和依据。

（3）强制执行的方式和时间。

（4）申请行政复议或者提起行政诉讼的途径和期限。

（5）行政机关的名称、印章和日期。

在催告期间，对有证据证明有转移或者隐匿财物迹象的，行政机关可以作出立即强制执行的决定。

4. 中止执行

有下列情形之一的，中止执行：

（1）当事人履行行政决定确有困难或者暂无履行能力的。

（2）第三人对执行标的主张权利，确有理由的。

（3）执行可能造成难以弥补的损失，且中止执行不损害公共利益的。

（4）行政机关认为需要中止执行的其他情形。

中止执行的情形消失后，行政机关应当恢复执行。对没有明显社会危害，当事人确无能力履行，中止执行满 3 年未恢复执行的，行政机关不再执行。

5. 终结执行

有下列情形之一的，终结执行：

（1）公民死亡，无遗产可供执行，又无义务承受人的。

（2）法人或者其他组织终止，无财产可供执行，又无义务承受人。

（3）执行标的灭失的。

（4）据以执行的行政决定被撤销的。

（5）行政机关认为需要终结执行的其他情形。

这里需要注意区分中止执行与终结执行的情形。中止执行以后，一般都有恢复执行的可能，而终结执行则是执行的非正常结束，不存在恢复执行的可能性，因此不再执行。由此可见，终结执行的理由很好理解与识记：要么是法律关系的主体灭失，要么是执行标的灭失，要么是执行依据本身被撤销。

6. 执行回转

在执行中或者执行完毕后，据以执行的行政决定被撤销、变更，或者执行错误的，应当恢复原状或者退还财物；不能恢复原状或者退还财物的，依法给予赔偿。

7. 执行和解

为了鼓励当事人积极主动履行义务，防止官民关系过于僵化对立，以及消解社会矛盾、降低行政成本的考虑，《行政强制法》还专门规定了执行和解制度。

实施行政强制执行，行政机关可以在不损害公共利益和他人合法权益的情况下，与当事人达成执行协议。执行协议可以约定分阶段履行；当事人采取补救措施的，可以减免加处的罚款或者滞纳金。

执行协议应当履行。当事人不履行执行协议的，行政机关应当恢复强制执行。

8. 文明执法

为了实现执行行为的文明执法，体现以人为本的现代行政理念，《行政强制法》专门规定了两项执行禁止事项：

（1）行政机关不得在夜间或者法定节假日实施行政强制执行。但是，情况紧急的除外。

（2）行政机关不得对居民生活采取停止供水、供电、供热、供燃气等方式迫使当事人履行相关行政决定。

9. 强制拆除

对违法的建筑物、构筑物、设施等需要强制拆除的，应当由行政机关予以公告，限期由当事人自行拆除。当事人在法定期限内不申请行政复议或者提起行政诉讼，又不拆除的，行政机关可以依法强制拆除。关于强制拆除违法建筑，这里需要注意以下几点：

（1）强制拆除违法的建筑物、构筑物、设施，应当由行政机关予以公告，即公开催告，限期当事人自行拆除。

（2）当事人在法定期限内不作为，既不申请行政复议或者提起行政诉讼，又不自行拆除。

（3）《城乡规划法》第68条规定，县级以上人民政府可以责成有关部门强拆城市规划违法建筑，司法解释也明确规定，违反城市规划的违法建筑由行政机关责令当事人自行拆除，不履行拆除义务的，由行政机关依法强拆，不得申请人民法院强制执行。而根据《国有土地上房屋征收补偿条例》的规定，征收房屋的决定（拆迁）只能由作出决定县级人民政府申请人民法院强制执行。根据司法解释的规定，人民法院裁定准予执行的，可以由行政机关具体实施强拆，也可以由人民法院具体实施。

例15：村民王某擅自盖楼，区国土资源局发现王某建设审批手续不齐全，通知王某停止建设违法建筑并限期整改。王某并未整改，后区规划局立案调查，确认王某所建房屋属于违法建筑，区规划局作出了《限期拆除》的通知，限王某收到通知1日内拆除，王某并未拆除。区规划局没有强制执行权，对责令拆除违法建筑的决定应报请区政府强制执行。区政府在王某对责令拆违的处罚决定起诉期限届满后，经催告无效依法强制拆除。

例16：史某经申请取得区政府批准建房的许可证，房屋建成后区政府作出书面通知征收史某的房屋，史某就拆迁事宜一直未能达成拆迁补偿协议。11月11日星期三，区政府定于11月14日对征收的房屋实施强拆。11月13日区政府对史某的房屋断水断电，11月14日区政府对史某的房屋进行了强制拆除。本案区政府的强制执行有两项违法：首先，区政府没有强制执行征收不动产决定的权力，应当在当事人对征收决定起诉期限届满后经催告无效申请人民法院强制执行。其次，行政机关在周六法定节假日期间强拆，且采取断水断电的方式，也属程序违法。

（二）金钱给付义务的执行

1. 加处罚款或者滞纳金

需要注意的是，由于加处罚款或者滞纳金的目的在于促使当事人履行义务，而不是在于惩戒与制裁，因此从性质上来看，属于行政强制执行行为，而非行政处罚手段。

（1）行政机关依法作出金钱给付义务的行政决定，当事人逾期不履行的，行政机关可以依法加处罚款或者滞纳金。加处罚款或者滞纳金的标准应当告知当事人。为了防止出现"天价滞纳金不封顶"的现象，《行政强制法》规定，加处罚款或者滞纳金的数额不得超出金钱给付义务的数额。

（2）行政机关依法实施加处罚款或者滞纳金超过 30 日，经催告当事人仍不履行的，具有行政强制执行权的行政机关可以强制执行。

（3）没有行政强制执行权的行政机关应当申请人民法院强制执行。但是，当事人在法定期限内不申请行政复议或者提起行政诉讼，经催告仍不履行的，在实施行政管理过程中已经采取查封、扣押措施的行政机关，可以将查封、扣押的财物依法拍卖抵缴罚款。

这里需要注意，对于没有行政强制执行权的行政机关而言，《行政强制法》赋予了其特定情形下的自行强制执行权。但是需要注意其执行的要件：

①当事人在法定期限内不申请行政复议或者提起行政诉讼；

②事先催告，但是经催告仍不履行；

③在实施行政管理过程中已经采取查封、扣押措施；

④仅限于金钱给付义务。

另外，还需要特别注意的是，没有行政强制执行权的行政机关只能"将查封、扣押的财物依法拍卖抵缴罚款"，而不得变卖或者直接没收抵缴罚款。

2. 划拨存款、汇款

（1）划拨存款、汇款应当由法律规定的行政机关决定，并书面通知金融机构。金融机构接到行政机关依法作出划拨存款、汇款的决定后，应当立即划拨。

法律规定以外的行政机关或者组织要求划拨当事人存款、汇款的，金融机构应当拒绝。

（2）划拨的存款、汇款以及拍卖和依法处理所得的款项应当上缴国库或者划入财政专户。任何行政机关或者个人不得以任何形式截留、私分或者变相私分。

（三）代履行

1. 代履行的含义

所谓代履行，是指如果当事人拒绝履行的义务可由他人代替履行时，行政机关请他人代为履行，并要求当事人承担有关费用的一种特殊执行方式。作为一种特殊的执行方式，代履行有其特定的适用条件：当事人应当履行的义务须为可以为他人代替履行的义务。

2. 代履行的一般适用条件

《行政强制法》第 50 条规定，行政机关依法作出要求当事人履行排除妨碍、恢复原状等义务的行政决定，当事人逾期不履行，经催告仍不履行，其后果已经或者将危害交通安全、造成环境污染或者破坏自然资源的，行政机关可以代履行，或者委托没有利害关系的第三人代履行。由此可见，《行政强制法》规定的代履行有其严格的适用条件限制：

（1）只针对行政机关依法作出要求当事人履行排除妨碍、恢复原状等义务的行政决定；

（2）当事人逾期不履行，如果当事人按期履行，则不得适用代履行；

（3）行政机关必须事先催告，只有经催告仍不履行的，才可以代履行；

（4）当事人不履行行政决定的后果，已经或者将危害交通安全、造成环境污染或者破坏自然资源；

（5）如果行政机关委托第三人代履行，则须委托没有利害关系的第三人代履行；

（6）代履行不得采用暴力、胁迫以及其他非法方式实施。

3. 代履行的费用承担

代履行的费用按照成本合理确定，由当事人承担。但是，法律另有规定的除外。为了防止行政机关借代履行谋利，除非法律另有规定，代履行的费用应当按照成本而非市场价格合理确定。

4. 代履行的特殊情形

需要立即清除道路、河道、航道或者公共场所的遗洒物、障碍物或者污染物，当事人不能清除的，行政机关可以决定立即实施代履行；当事人不在场的，行政机关应当在事后立即通知当事人，并依法作出处理。

例 17：林某在河道内修建了“农家乐”休闲旅社，在紧急防汛期，防汛指挥机构认为需要立即清除该建筑物，林某无法清除，防汛指挥机构无需催告就可立即实施代履行。因属紧急情况，在法定节假日防汛指挥机构也可强制清除。本案防汛指挥机构不得与林某签订执行协议约定分阶段清除，否则会影响行洪安全，危害公共利益。

考点精华 49　特别规定考点总结

	强制措施	强制执行	行政许可	行政处罚
特别规定	查封扣押期限法律行政法规另有规定的除外，冻结期限法律有特别规定的除外。	代履行的费用由当事人承担，但法律另有规定的除外。	许可决定期限法律法规另有规定的除外，延续期限法律、法规、规章另有规定的除外，收费法律行政法规有特别规定可以。	处罚期限 2 年，法律另有规定的除外。县级以上地方政府有权机关处罚，但法律、行政法规另有规定的除外；处罚时效法律有特别规定的除外。

二、申请人民法院强制执行

对于没有行政强制执行权的行政机关而言，为了督促行政相对人及时履行行政决定中确定的义务，实现行政管理的目的，申请人民法院强制执行就显得必不可少。申请人民法院强制执行，又称非诉执行，是整个行政强制执行极为重要的组成部分，对于实现行政管理目标意义重大。本次《行政强制法》的制定，对于非诉案件的执行部分作了详细的制度设计，2018 年发布的《行诉解释》也按照《行政强制法》的规定作了配套调整和细化规定。

（一）适用条件

由于法院的资源并不富裕，法院的工作也不轻松，对于官民关系的冲突，法院心里也没有底，因此申请法院执行需要符合一系列条件。

只有符合下列条件，行政机关才可以申请人民法院强制执行行政决定中确定的义务：

1. 行政行为依法可以由人民法院执行；

2. 行政行为已经生效并具有可执行内容；

3. 申请人是作出该行政行为的行政机关或者法律、法规、规章授权的组织；

4. 被申请人是该行政行为所确定的义务人；

5. 被申请人在行政行为确定的期限内或者行政机关催告期限内未履行义务；

6. 申请人在法定期限内提出申请；

7. 被申请执行的行政案件属于受理执行申请的人民法院管辖。

行政机关根据法律的授权对平等主体之间民事争议作出裁决后，当事人在法定期限内不起诉又不履行，作出裁决的行政机关在申请执行的期限内未申请人民法院强制执行的，生效行政裁决确定的权利人或者其继承人、权利承受人在 6 个月内可以申请人民法院强制执行。

（二）适用程序

1. 催告

行政机关申请人民法院强制执行前，应当催告当事人履行义务。因此，与行政机关自行执行相一致，催告也同样构成了非诉案件执行的必经程序。

2. 申请与受理

（1）受理法院

催告书送达 10 日后当事人仍未履行义务的，行政机关可以向所在地的基层人民法院申请强制执行；执行对象是不动产的，则属于不动产所在地的法院专属管辖，应当向不动产所在地有管辖权的人民法院申请强制执行。基层人民法院认为执行确有困难的，可以报请上级人民法院执行；上级人民法院可以决定由其执行，也可以决定由下级人民法院执行。

（2）申请材料

行政机关向人民法院申请强制执行，应当提供下列材料：①强制执行申请书；②行政决定书及作出决定的事实、理由和依据；③当事人的意见及行政机关催告情况；④申请强制执行标的情况；⑤法律、行政法规规定的其他材料。

强制执行申请书应当由行政机关负责人签名，加盖行政机关的印章，并注明日期。

（3）受理

人民法院接到行政机关强制执行的申请，应当在 5 日内受理。行政机关对人民法院不予受理的裁定有异议的，可以在 15 日内向上一级人民法院申请复议，上一级人民法院应当自收到复议申请之日起 15 日内作出是否受理的裁定。

3. 审查

由于人民法院只是负责执行，并不负责审理案件，因此一般而言，法院只是对执行申请予以形式审查。但是，如果人民法院认为有必要，也可以进行实质审查。因此，在申请执行的问题上，人民法院坚持"形式审查为原则，实质审查为例外"的审查原则。

（1）形式审查

人民法院对行政机关强制执行的申请进行书面审查，对符合关于申请材料的法律规定，且行政决定具备法定执行效力的，除特殊情形外，人民法院应当自受理之日起 7 日内作出是否执行的裁定。

（2）实质审查

人民法院发现有下列情形之一的，不再只是进行形式审查，而是由形式审查转入实质审查。在作出裁定前可以听取被执行人和行政机关的意见：①明显缺乏事实根据的；②明显缺乏法律、法规依据的；③其他明显违法并损害被执行人合法权益的。

人民法院在作出裁定前发现行政行为明显违法并损害被执行人合法权益的，应当听取被执行人和行政机关的意见，并自受理之日起30日内作出是否准予执行的裁定。与形式审查相比较而言，由于实质审查相对要更为复杂，因此所需时间则无疑会更久。而且在救济程序中，上一级人民法院审查也自然需要更长的时间。因此，人民法院应当自受理之日起30日内作出是否执行的裁定。裁定不予执行的，应当说明理由，并在5日内将不予执行的裁定送达行政机关。

行政机关对人民法院不予执行的裁定有异议的，可以自收到裁定之日起15日内向上一级人民法院申请复议，上一级人民法院应当自收到复议申请之日起30日内作出是否执行的裁定。

（3）需要采取强制执行措施的，由法院负责强制执行非诉行政行为的机构执行。

4. 紧急情况下的非诉执行

因情况紧急，为保障公共安全，行政机关可以申请人民法院立即执行。经人民法院院长批准，人民法院应当自作出执行裁定之日起5日内执行。

5. 执行费用与执行所得款项

（1）行政机关申请人民法院强制执行，不缴纳申请费。因为不履行的责任在被执行人，因此，强制执行的费用应由被执行人承担。

（2）人民法院以划拨、拍卖方式强制执行的，可以在划拨、拍卖后将强制执行的费用扣除。

（3）依法拍卖财物，由人民法院委托拍卖机构依照《中华人民共和国拍卖法》的规定办理。

（4）划拨的存款、汇款以及拍卖和依法处理所得的款项应当上缴国库或者划入财政专户，不得以任何形式截留、私分或者变相私分。

◈ 考点精华 50

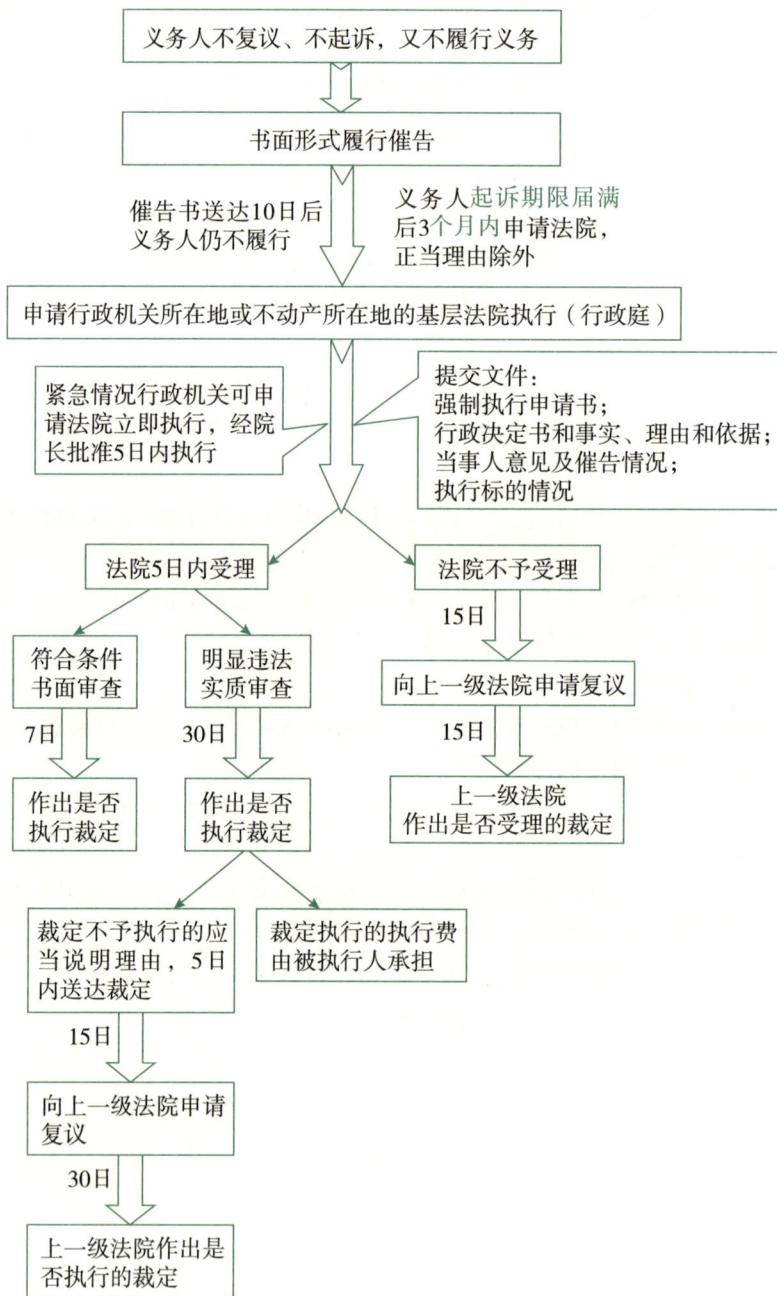

▌▌ 金题自测 ▶

1. 下列哪一行为属于行政强制措施?

A. 公安交管局暂扣违章驾车涛涛的驾驶执照 6 个月

B. 城管局对拒不缴纳公共卫生费的郭大侠按日加处滞纳金

C. 公安局对醉酒闹事者小云约束至酒醒

D. 税务局对拒不缴纳税款的某公司直接拍卖其财产抵缴

［考点］行政强制措施的概念和种类

［解题思路］行政强制措施是指行政机关在行政管理过程中，为制止违法行为、防止证据损毁、避免危害发生、控制危险扩大等情形，依法对公民的人身自由实施暂时性限制，或者对公民、法人或者其他组织的财物实施暂时性控制的行为。行政强制措施具有非惩罚性、临时性等特征。

行政机关在行政管理过程中，因惩罚违法行为一定期限剥夺行为权利而实施的暂扣许可证或执照的行为，则属于行政处罚；若为保障案件调查处理或保存证据而暂时扣留许可证或执照的行为，则属于行政强制措施。选项属于因违法行为而一段时间内剥夺被许可人的合法行为权利予以惩罚，属于行政处罚，不属于在案件调查中为保障案件调查而临时扣押证件的行政强制措施，故 A 选项错误；

按照行政强制法的规定，对拒不履行金钱给付义务的当事人加处罚款或加处滞纳金，均属于执行罚，是行政强制执行的种类之一，故 B 选项中的加处滞纳金应属于行政强制执行，而非行政强制措施；

按照现行法律规定，只有行政拘留这种限制人身自由的行政行为属于行政处罚，除行政拘留以外的其他限制人身自由的行政行为均属于行政强制措施。按照《治安管理处罚法》的规定，对醉酒闹事者约束至酒醒也属于临时性、非惩罚性的行政强制措施，C 选项正确；

税务局对拒不缴纳税款的某公司直接拍卖其财产抵缴不是对人身自由或财物实施的暂时性控制，不属于行政强制措施，而是对不履行行政义务的当事人实施的行政强制执行，D 选项错误。

［答案］C

2. 关于行政强制的设定和实施，下列哪些说法是正确的？

A. 行政法规不能设定冻结存款的强制措施

B. 地方性法规可授权具有管理公共事务职能的组织作出行政强制措施

C. 省会城市的人大制定的地方性法规无权设定行政强制措施

D. 省级政府规章可以设定强制措施

［考点］行政强制措施的设定

［解题思路］《行政强制法》第 10 条规定，行政强制措施由法律设定。尚未制定法律，且属于国务院行政管理职权事项的，行政法规可以设定除限制人身自由、冻结存款汇款和应当由法律规定的行政强制措施以外的其他行政强制措施。尚未制定法律、行政法规，且属于地方性事务的，地方性法规可以设定查封、扣押的行政强制措施。法律、法规以外的其他规范性文件不得设定行政强制措施。故 A 选项正确，D 选项错误。省级或地级的地方性法规均可以依法设定扣押、查封两种强制措施，故 C 选项错误。

《行政强制法》第 70 条规定，法律、行政法规授权的具有管理公共事务职能的组织在法定授权范围内，以自己的名义实施行政强制，适用本法有关行政机关的规定。可见，只有法律、行政法规才能依法授权公共组织实施行政强制措施，故 B 选项错误。

［答案］A

3. 某生鲜超市因制卖注水猪肉被县工商局查封经营场所，并责令停产停业整顿一个月。超市不服，向法院起诉，下列选项不正确的是？

    A. 县工商局可以委托县公安局实施查封

    B. 对责令停产停业的决定超市无权申请听证

    C. 实施查封须制作现场笔录并当场交付扣押决定书和清单一式二份

    D. 对查封的场所委托第三方保管的，所发生的合理保管费用由超市承担

[考点] 行政强制措施的程序

[解题思路] 本题中某工商局实施的查封经营场所，属于行政强制措施。根据《行政强制法》第 17 条规定，行政强制措施由法律、法规规定的行政机关在法定职权范围内实施；行政强制措施权不得委托。因此 A 选项"可以委托公安局实施"的说法错误；

    《行政处罚法》第 42 条规定，行政机关作出责令停产停业、吊销许可证或者执照、较大数额罚款等行政处罚决定之前，应当告知当事人有要求举行听证的权利。责令停产停业的处罚属于当事人可以申请听证的范围，故 B 选项错误；

    《行政强制法》第 24 条规定，行政机关决定实施查封、扣押的，应当履行本法第 18 条规定的一般程序，制作并当场交付查封、扣押决定书和清单。查封、扣押清单一式二份，由当事人和行政机关分别保存。故 C 选项正确；

    《行政强制法》第 26 条规定，对查封的场所、设施或者财物，行政机关可以委托第三人保管，第三人不得损毁或者擅自转移、处置。因第三人的原因造成的损失，行政机关先行赔付后，有权向第三人追偿。因查封、扣押发生的保管费用由行政机关承担。故 D 选项错误。

[答案] ABD

4. 下列哪些情况不符合法律规定：

    A. 公安机关对拘留决定有权自行强制执行

    B. 海关对拒不缴纳关税和滞纳金的企业经催告无效，查封其财物变卖抵缴税款

    C. 环保局对不按期缴纳罚款的企业每日按罚款数额的 3% 加处罚款

    D. 某区政府因公共利益需要征收房产，房屋所有人拒绝搬迁的，区政府强制拆除

[考点] 行政机关自行强制执行

[解题思路] 《行政强制法》第 13 条规定，行政强制执行由法律设定，行政强制执行的执行机关、执行根据、被执行人、执行条件、执行方式等，均由法律明确规定。

    《治安处罚法》第 103 条规定，对被决定给予行政拘留处罚的人，由作出决定的公安机关送达拘留所执行。故 A 选项正确；

    《海关法》第 66 条规定，进出口货物的纳税义务人，应当自海关填发税款缴款书之日起 15 日内缴纳税款；逾期缴纳的，由海关征收滞纳金。纳税义务人、担保人超过 3 个月仍未缴纳的，经直属海关关长或者其授权的隶属海关关长批准，海关可以采取下列强制措施：（一）书面通知其开户银行或者其他金融机构从其存款中扣缴税款；（二）将应税货物依法变卖，以变卖所得抵缴税款；（三）扣留并依法变卖其价值相当于应纳税款的货物或者其他财产，以变卖所得抵缴税款。故 B 选项正确；

    《行政处罚法》第 51 条规定，当事人到期不缴纳罚款的，做出行政处罚决定的行政机关可以每日按罚款数额的 3% 加处罚款，因此 C 选项正确；

《国有土地上房屋征收补偿条例》第 28 条规定，被征收人在法定期限内不申请行政复议或者不提起行政诉讼，在补偿决定规定的期限内又不搬迁的，由作出房屋征收决定的市、县级人民政府依法申请人民法院强制执行。政府只有对责令拆除违法建筑的决定才有强制执行权，对于拆迁即房屋征收补偿决定没有强制执行权，故 D 选项错误。

有法律明确授予强制执行权的行政机关才能自行强制执行，没有法律授予强制执行权的行政机关只能申请法院强制执行。《行政强制法》、《行政处罚法》等法律授权作出处罚决定的行政机关均可以自行决定加处执行罚的间接执行，但行政机关决定实施划拨存款、拍卖财产抵缴等直接执行措施，仍需有单行法律的明确授权，否则就只能申请法院强制执行。在考试中涉及的有法律授予强制执行权的行政机关包括：税务和海关可以对生产经营者不履行征税决定或处罚决定的实施强制执行，公安和国安有权对拘留决定强制执行，按照《城乡规划法》第 68 条规定，县级以上人民政府可以实施或责成有关部门实施强制拆除违法建筑。环保、质监、工商、计划生育、国土资源等部门均没有法律授予强制执行权，相对人不履行行政决定的，须申请人民法院强制执行。

[答案] D

5. 某市建设委员会以某建筑公司违规施工建房为由，作出责令停产停业的决定，但某公司未停止建筑施工活动，亦未在法定期限内提起诉讼，某市建设委员会申请法院强制执行。下列哪些选项是正确的？

A. 市建设委员会申请法院强制执行时，应向法院提交执行申请书、行政决定书及作出决定的事实理由依据、当事人意见及催告情况和执行标的情况

B. 某市建设委员会申请人民法院申请强制执行前应催告某公司履行义务

C. 接受申请的法院应当在受理申请之日起 30 日内作出是否准予强制执行的裁定

D. 法院强制执行所产生的执行费用申请执行的市建设委员会承担

[考点] 申请法院强制执行的程序

[解题思路]《行政强制法》第 55 条规定，行政机关向人民法院申请强制执行，应当提供下列材料：（一）强制执行申请书；（二）行政决定书及作出决定的事实、理由和依据；（三）当事人的意见及行政机关催告情况；（四）申请强制执行标的情况；（五）法律、行政法规规定的其他材料。故 A 选项正确；

《行政强制法》第 55 条规定，行政机关申请人民法院强制执行前，应当催告当事人履行义务。催告书送达 10 日后当事人仍未履行义务的，行政机关可以向所在地有管辖权的人民法院申请强制执行。故 B 选项正确；

《行政强制法》第 57 条规定，人民法院对行政机关强制执行的申请进行书面审查，对符合本法第 55 条规定，且行政决定具备法定执行效力的，除行政决定明显违法外，人民法院应当自受理之日起 7 日内作出执行裁定。《行政强制法》第 58 条规定，人民法院发现有下列情形之一的，在作出裁定前可以听取被执行人和行政机关的意见：（一）明显缺乏事实根据的；（二）明显缺乏法律、法规依据的；（三）其他明显违法并损害被执行人合法权益的。人民法院应当自受理之日起 30 日内作出是否执行的裁定。裁定不予执行的，应当说明理由，并在 5 日内将不予执行的裁定送达行政机关。可见，人民法院受理非诉行政执行案件后作出是否执行的裁定的期限分为两种：发现有明显违法情形的，为受理

之日起 30 日内裁定是否执行；无明显违法的，7 日内裁定准予执行。故 C 项"受理后 30 日内裁定"的表述对法院裁定的期限未作区分，C 选项错误；

《行政强制法》第 60 条规定，行政机关申请人民法院强制执行，不缴纳申请费。强制执行的费用由被执行人承担。故 D 选项错误。

［答案］AB

6. 某市交通管理局责令韩某清除影响道路行驶的障碍物，韩某未在法定期限内履行义务，交通局随后催告韩某履行义务，韩某仍然不履行清除义务，导致道路交通安全受到严重影响，交通局向韩某作出代履行的决定，下列选项中正确的是：

A. 在代履行实施前 7 天须再次催告韩某履行义务

B. 若实施代履行交通局可以委托没有利害关系的某建筑公司实施

C. 代履行的费用一律由行政机关承担

D. 韩某对代履行决定不服，可以向人民法院提起行政诉讼

［考点］代履行的程序

［解题思路］《行政强制法》第 51 条规定，代履行应当遵守下列规定：（一）代履行前送达决定书，代履行决定书应当载明当事人的姓名或者名称、地址，代履行的理由和依据、方式和时间、标的、费用预算以及代履行人；（二）代履行三日前，催告当事人履行，当事人履行的，停止代履行；（三）代履行时，作出决定的行政机关应当派员到场监督；（四）代履行完毕，行政机关到场监督的工作人员、代履行人和当事人或者见证人应当在执行文书上签名或者盖章。代履行的费用按照成本合理确定，由当事人承担。但是，法律另有规定的除外。代履行不得采用暴力、胁迫以及其他非法方式。在代履行实施前 3 天须再次催告当事人履行义务，故 A 选项错误。代履行的费用原则上由当事人承担，故 C 选项错误。

《行政强制法》第 50 条规定，行政机关依法作出要求当事人履行排除妨碍、恢复原状等义务的行政决定，当事人逾期不履行，经催告仍不履行，其后果已经或者将危害交通安全、造成环境污染或者破坏自然资源的，行政机关可以代履行，或者委托没有利害关系的第三人代履行。可见，交通局可以委托第三方建筑公司实施，故 B 选项正确。

《行政强制法》第 8 条规定，公民、法人或者其他组织对行政机关实施行政强制，享有陈述权、申辩权；有权依法申请行政复议或者提起行政诉讼；因行政机关违法实施行政强制受到损害的，有权依法要求赔偿。代履行属于行政强制执行，可以依法向法院起诉，故 D 选项正确。

［答案］BD

案例：村民王某擅自盖楼，区国土资源局发现王某建设审批手续不齐全，通知王某停止建设违法建筑并限期整改。王某并未整改，后区规划局立案调查，确认王某所建房屋属于违法建筑，区规划局作出了《限期拆除》的通知，限王某收到通知 1 日内拆除，王某并未拆除。区规划局与区城建大队签署合作协议，委托区城乡建设局所属的城建执法大队拆除。区城建大队拆除过程中并未对房屋内财物进行登记和采取合理的保护措施，拆除行为导致房内财物损失。王某向法院提起诉讼，将区政府、区规划局、区城乡建设局、区城乡大队列为被告，并提出以下诉讼请求：1. 请求确认强制拆除行为违法；2. 请

求赔偿拆除房屋过程中造成的财产损失。开庭审理时，被告负责人因事未出庭，区城建大队委托其他工作人员与代理人出庭应诉。

　　[问题]　本案的强制拆除行为是否违法？

　　[答题模板]　本案的强制拆除行为违法。首先是超越职权，按照《行政强制法》的规定，有法律授予强制执行权的行政机关才能自行强制执行。《城乡规划法》只授权县级以上人民政府可自行强拆规划违法建筑或责成有关部门拆除，规划局对责令拆除违法建筑的决定应报请区政府强制执行，而非自行强制执行或委托其他主体强制执行。其次是程序违法，按照《行政强制法》的规定，对责令拆除违法建筑的决定强制执行须先催告，当事人收到催告书后有权进行陈述和申辩，行政机关应当充分听取当事人的意见。若当事人对该决定起诉期限届满后仍不履行的才能依法强制拆除。

08 第八章
政府信息公开

考情速览

　　政府信息公开不仅是建设阳光政府的时代要求，也是公民知情权的制度保障。2007年国务院颁布的行政法规《政府信息公开条例》，是我国政府信息公开的基本制度依据，2019年4月国务院又对《政府信息公开条例》进行了全面修订。同时，为了规范政府信息公开案件的审理规则，最高人民法院于2011年颁布了《最高人民法院关于审理政府信息公开行政案件若干问题的规定》的司法解释，对于审理该类案件作出了补充细化规定。本章关于政府信息公开的整个知识体系，就是由这两部分制度所构成。

　　本章的学习应当理解政府信息公开的体系，掌握信息公开的主体，区分不予公开、主动公开与依申请公开信息的适用范围，以及主动公开和依申请公开的内容、方式、程序，熟悉政府信息公开的监督制度。

　　本章在客观题和主观题中均有命题考查，自从政府信息公开的司法解释颁行以来，本章的考查力度逐步加大。政府信息公开在客观题部分每年固定考查1—2道选择题，主观题也曾多次以案例和论述题形式命题考查。本章的考点相对分散，考查主要集中在不予公开的范围，依申请信息公开的条件、程序和收费，信息公开申请的处理方式，涉及商业秘密、个人隐私信息的公开程序，信息公开的监督等方面。

第一节　政府信息公开概述

一、概念

　　政府信息是指行政机关在履行行政管理职能过程中制作或者获取的，以一定形式记录、保存的信息。政府信息公开制度是有关政府信息公开的运作及保证政府信息公开切实落实的制度，它包括政府信息公开的范围、主体、方式和程序、监督救济等内容。

　　政府信息公开最早起源于瑞典，在现代国家法治建设中具有多重意义和作用。在当今信息时代，信息的价值和意义难以估量，对经济和社会发展的作用巨大，充分发挥政府信息的效用，是政府的重要职责；推行政府信息公开，让公众了解政府运作的情况和掌握所需要的资料，是公众行使对政府和国家管理活动的参与权和监督权的前提，是民主政治的核心内容之一。"阳光是最好的防腐剂"，政府信息公开可以将政府的活动置于公众的监督之下，可以推进依法行政，保障公众的知情权，对防止腐败具有重要作用。此外，政府信息公开还具有满足公民、组织的个人需要、推动科学研究发展等功能和作用。因此，通过立法推动政府信息公开是现代行政法的一项重要任务，也成为法治进步的世界潮流。2007年国务院制定《政府信息公开条例》对我国政府信息公开制度作出了规定，2019年又在总结经验教训的基础上对《政府信息公开条例》作了全面修订。

《政府信息公开条例》的规定，国务院办公厅、县级以上地方人民政府办公厅（室）、垂直部门的办公厅（室）是信息公开工作主管部门，统一推进、指导、协调、监督各级行政机关的政府信息公开工作。

二、政府信息公开的基本原则

（一）公正、公平、便民

行政机关公开政府信息，应当遵循公正、公平、便民的原则。公民、组织享有平等获取政府信息的权利，不能成为少数人的特权，行政机关在公开政府信息时，应当公正、平等地对待申请人，不应当歧视和存有偏见。在信息公开时，应当方便公众，通过建立健全管理制度，提高办理效率，为公众获取政府信息提供便利。

（二）及时、准确

行政机关公开政府信息应当及时、准确，不仅要在恰当时机公开相关信息，遵守公开的法定期限，而且要保证所公开的信息是真实可信、准确无误的。一旦发现影响或者可能影响社会稳定、扰乱社会管理秩序的虚假或者不完整信息的，行政机关应当在其职责范围内发布准确的政府信息予以澄清。

（三）正确处理公开与保密的关系

公开与保密是一对矛盾。政府信息公开既要保证公民、法人和其他组织及时、准确地获取政府信息，又要防止出现因公开不当导致失密、泄密而损害国家安全、公共安全、经济安全，影响社会稳定和侵犯公民、法人或者其他组织的合法权益。

首先，政府信息公开以公开为常态，以不公开为例外。除法定的不予公开事项外，政府信息均应公开；其次，政府机关公开政府信息，不得危及国家安全、公共安全、经济安全和社会稳定；最后，要建立政府信息公开保密审查机制。行政机关在公开政府信息前应当依照《保密法》以及其他法律、法规和国家有关规定对拟公开的政府信息进行审查。行政机关对政府信息不能确定是否可以公开时，应当依照法律、法规和国家有关规定报有关主管部门或者同级保密工作部门确定。凡属于不予公开范围的政府信息，应依法保密。涉密信息能作区分处理的，应公开不涉密的部分。

第二节　政府信息公开的范围、方式与程序

◇ **考点精华51**

概念	政府信息是指行政机关在履行行政管理职能过程中制作或获取的，以一定形式记录、保存的信息。

主管	国务院办公厅、县级以上地方人民政府办公厅（室）、垂直部门的办公厅（室）是信息公开主管部门。	
公开主体	（1）收集信息由保存机关公开；（2）制作信息由制作机关公开，多机关共同制作由牵头制作的机关公开；（3）从其他行政机关获取信息由最初获取或制作的机关公开；（4）法律法规有特别规定的除外。	
不公开	以公开为常态，不公开为例外。	
	应当不公开	应根据情势评估调整：（1）国家秘密；（2）法律、行政法规规定不予公开的；（3）公开后可能危及国家安全、公共安全、经济安全或社会稳定的。
	应当不公开+例外	涉及商业秘密、个人隐私不得公开，但例外应公开：（1）应书面征求第三方的意见，秘密持有人同意（15个工作日不提意见视为同意）；（2）不公开造成公共利益重大影响的。
	可以不公开	（1）人事管理、后勤管理、内部流程等内部事务信息；（2）讨论记录、磋商函、请示报告等过程性信息和行政执法案卷信息，法律、法规、规章另有规定的除外。
公开	主动公开。	依申请公开。
范围	（1）涉及公众利益调整、需要公众广泛知晓或参与的：立法和文件、预算决算、收费项目依据、许可等执法的依据程序结果、强制处罚依据程序和一定影响处罚决定、公务员招考信息和结果等；（2）市县乡政府还应主动公开：征收房屋土地、社会救助等；（3）范围增加：需求大可纳入，申请人可建议。	（1）公民、法人或者其他组织还可以向国务院部门、地方各级政府及政府部门、被授权的行政内部机构、法定授权组织等行政主体申请获取其制作或保存相关政府信息；（2）申请人无需与申请公开的信息有利害关系，均有申请资格；（3）申请数量、频次明显超过合理范围，可要求说明理由，理由不合理的告知不予处理，理由合理但无法如期答复的可以确定合理延期答复；（超过数次说理由，合理可延期，无理可不理）（4）涉密信息能作区分处理的公开不涉密部分。
方式与程序	（1）应当建立发布机制：通过政府公报、政府网站、新闻发布会以及报刊、广播、电视等方式公开；（2）应当在统一的政府信息发布平台公开；（3）政府应当在国家档案馆、公共图书馆、政务服务场所设置政府信息查阅场所，并提供主动公开的政府信息；（4）可以通过公告栏、电子屏等其他途径；（5）形成后20工作日内主动公开；（6）行政机关发现影响社会稳定、扰乱社会管理秩序的虚假或不完整信息，应当发布准确的政府信息予以澄清。	（1）应当采用书面形式，申请书、信函、电子数据等，确有困难的可以口头提出，由行政机关代为填写；（2）申请内容不明确应指导释明并在7个工作日内一次性告知补正的内容和期限，逾期不补正视为放弃，不再处理；（3）应当提交有效身份证件、证明文件；（4）不能当场答复的，收到申请20个工作日内答复，延长不超过20工作日；收到申请日：当面按提交，邮寄按签收，平信收后按确认，电子按双方确认；（5）行政机关应当按照申请人要求的形式和保存情况确定提供方式，危及载体安全或成本过高可采取适当形式；（6）行政机关不收费，但申请数量、频次明显超过合理范围，可以收取信息处理费。（超过数次，均可收费）

申请处理	（1）申请公开：应公开须公开，不公开说理由，已主动公开告知获取方式，重复申请的不处理，检索没有告知不存在，非本机关职权告知并说理由，法律、行政法规另有规定的告知依规定办理；
	（2）申请更正：应当更正的，有权的更正并告知，无权的可以转送后告知或告知到有权机关申请；
	（3）申请信访、投诉、举报的，告知不处理和相应的法定途径；
	（4）申请分析加工信息的，告知不予提供；
	（5）申请提供公开出版物的，可以告知获取途径。

一、政府信息公开的范围

判断是否属于政府信息公开的范围，关键看该信息是否属于政府信息、是否属于不予公开的范围。既属于政府信息，又不属于不予公开的范围，则应当依法予以公开。

（一）政府信息的认定

行政机关履行行政职能过程中制作或获取并记录、保存的信息均属于政府信息，应当依法公开。首先，与行政机关履行行政管理职能无关的信息，不属于政府信息公开的范围；其次，行政机关履行职责过程中记录、保存的信息均属于政府信息，无论形成时间，均应当依法公开；最后，行政机关履行职责过程中已经记录、保存的信息应当依法公开，但未记录、保存的信息不属于政府信息公开的范围，行政机关没有调查搜集的义务。

（二）不予公开的范围

政府信息公开是原则，不公开是例外。按照 2019 年修订的《政府信息公开条例》的规定，不公开的例外有三类：

1. 应当不公开

以下政府信息均不得公开：（1）国家秘密；（2）法律、行政法规规定不予公开的事项；（3）若公开会危及国家安全、公共安全、经济安全和社会稳定的信息。

2. 应当不公开但例外公开

涉及商业秘密、个人隐私的政府信息一般应当不公开，但经权利人书面同意公开或者行政机关认为不公开可能对公共利益造成重大影响的，涉及商业秘密、个人隐私的政府信息例外予以公开。

3. 可以不公开

以下两类政府信息是否公开，由行政机关合理裁量，可以依法选择不公开：（1）行政机关的人事管理、后勤管理、内部流程等内部事务信息；（2）行政机关在履行行政管理职能过程中形成的讨论记录、过程稿、磋商信函、请示报告等过程性信息以及行政执法案卷信息，但法律、法规、规章另有规定的除外。

行政内部事务信息是行政机关在对内管理过程中形成的政府信息，对行政相对人的权利义务没有直接影响，且信息公开的行政资源有限，综合考虑现实国情，《信息公开条例》规定此类信息行政机关可以不公开。

过程性行政信息是行政机关在作出行政决定前所形成的流程、讨论、请示、草稿等政府信息，不具有最终性和完整性，对行政相对人的权利义务也不产生直接的影响，且公开会对行政决策过程中行政执法人员发表意见的中肯性产生阻碍，故与诉讼案件中法院的合议庭讨论记录一样，可以不予公开，只需要将最终影响行政相对人权益的行政决定公开即可。

行政案卷是行政机关调查处理案件所形成的证据文书材料的汇总，制作保存行政案卷是证据制度的要求。行政案卷信息并非都对行政相对人的权利义务产生直接影响，行政案卷中对当事人权益产生直接影响的主要证据、权利义务告知书、最终的行政决定书等内容，应依法采取主动告知、送达等方式向当事人公开。同时，行政案卷中的举报人信息、调查技术等信息公开后可能会影响行政管理活动的正常进行，将需要当事人知晓且不影响案件调查的信息通过专门的行政程序告知、送达即可，行政案卷本身可以不予公开。

我国的政府信息公开是以公开结果为主，以公开过程为辅。过程性政府信息和行政案卷信息一般属于可以不公开的范围，但一些影响结果公正性的重要过程性政府信息和特殊行政案卷信息也需要按照法律、法规、规章的特别规定予以公开，按照特别法的规定就不再属于可以不公开的范围。例如，《行政复议法》规定，行政复议案卷应当公开，当事人有权查询，以便于当事人能够全面了解行政复议案件的相关事实，确保行政复议案件审理的公正性。

二、政府信息公开的主体

行政机关从公民、法人和其他组织获取的政府信息，由保存该政府信息的行政机关负责公开。行政机关制作的政府信息，由制作该政府信息的行政机关负责公开。两个以上行政机关共同制作的政府信息，由牵头制作的行政机关负责公开。

行政机关获取的其他行政机关的政府信息，由制作或者最初获取该政府信息的行政机关负责公开。法律、法规对政府信息公开的权限另有规定的，从其规定。

行政机关设立的派出机构、内设机构依照法律、法规对外以自己名义履行行政管理职能的，可以由该派出机构、内设机构负责与所履行行政管理职能有关的政府信息公开工作。

行政机关应当建立健全政府信息公开协调机制。行政机关公开政府信息涉及其他机关的，应当与有关机关协商、确认，保证行政机关公开的政府信息准确一致。行政机关公开政府信息依照法律、行政法规和国家有关规定需要批准的，经批准予以公开。行政机关应当建立健全政府信息管理动态调整机制，对本行政机关不予公开的政府信息进行定期评估审查，对因情势变化可以公开的政府信息应当公开。

三、政府信息公开方式与程序

（一）主动公开

政府信息公开的方式有两种：一个是主动公开；另一个是依申请公开。主动公开，是指行政机关在职责范围内对政府信息通过便于公众知晓的方式主动发布予以公开。

1. 主动公开的范围

对涉及公众利益调整、需要公众广泛知晓或者需要公众参与决策的政府信息，行政机关应当主动公开。行政机关应当依法确定本机关主动公开政府信息的具体内容，并按照上级行政机关的部署，不断增加主动公开的内容。多个申请人就相同政府信息向同一行政机关提出公开申请，且该政府信息属于可以公开的，行政机关可以纳入主动公开的范围。

对行政机关依申请公开的政府信息，申请人认为涉及公众利益调整、需要公众广泛知晓或者需要公众参与决策的，可以建议行政机关将该信息纳入主动公开的范围。行政机关经审核认为属于主动公开范围的，应当及时主动公开。

按照《政府信息公开条例》的具体规定，行政机关应当主动公开本机关的下列政府信息：（1）行政法规、规章和规范性文件；（2）机关职能、机构设置、办公地址、办公时间、联系方式、负责人姓名；（3）国民经济和社会发展规划、专项规划、区域规划及相关政策；（4）国民经济和社会发展统计信息；（5）办理行政许可和其他对外管理服务事项的依据、条件、程序以及办理结果；（6）实施行政处罚、行政强制的依据、条件、程序以及本行政机关认为具有一定社会影响的行政处罚决定；（7）财政预算、决算信息；（8）行政事业性收费项目及其依据、标准；（9）政府集中采购项目的目录、标准及实施情况；（10）重大建设项目的批准和实施情况；（11）扶贫、教育、医疗、社会保障、促进就业等方面的政策、措施及其实施情况；（12）突发公共事件的应急预案、预警信息及应对情况；（13）环境保护、公共卫生、安全生产、食品药品、产品质量的监督检查情况；（14）公务员招考的职位、名额、报考条件等事项以及录用结果；（15）法律、法规、规章和国家有关规定规定应当主动公开的其他政府信息。

同时，设区的市级、县级人民政府及其部门还应当根据本地方的具体情况，主动公开涉及市政建设、公共服务、公益事业、土地征收、房屋征收、治安管理、社会救助等方面的政府信息；乡（镇）人民政府还应当根据本地方的具体情况，主动公开贯彻落实农业农村政策、农田水利工程建设运营、农村土地承包经营权流转、宅基地使用情况审核、土地征收、房屋征收、筹资筹劳、社会救助等方面的政府信息。

行政机关公布的政府信息应当全面、准确、真实，这是程序公开的基本内容，也是诚实守信原则的要求。若行政机关发现影响或者可能影响社会稳定、扰乱社会管理秩序的虚假或者不完整信息的，应当在其职责范围内主动发布准确的政府信息予以澄清。

2. 主动公开的程序

（1）期限

属于主动公开范围的政府信息，应当自该政府信息形成或者变更之日起20个工作日内及时公开。法律、法规对政府信息公开的期限另有规定的，从其规定。

（2）途径

行政机关应当建立健全政府信息发布机制，将主动公开的政府信息通过政府公报、政府网站或者其他互联网政务媒体、新闻发布会以及报刊、广播、电视等途径予以公开。

各级人民政府应当加强依托政府门户网站公开政府信息的工作，利用统一的政府信息公开平台集中发布主动公开的政府信息。政府信息公开平台应当具备信息检索、查阅、下载等功能。

各级人民政府应当在国家档案馆、公共图书馆、政务服务场所设置政府信息查阅场所，并配备相应的设施、设备，为公民、法人和其他组织获取政府信息提供便利。行政机关应当及时向国家档案馆、公共图书馆提供主动公开的政府信息。行政机关还可以根据需要设立公共查阅室、资料索取点、信息公告栏、电子信息屏等场所、设施，公开政府信息。

（二）依申请公开

依申请公开，是指行政机关根据自然人、法人或者其他组织的申请，提供不属于应当主动公开的政府信息。不属于主动公开范围的其他政府信息的，公民、法人或者其他组织可以向国务院部门、地方各级政府及政府部门、被授权的行政内部机构、法定授权组织等行政主体申请获取其制作或保存相关政府信息。

1. 依申请公开的条件

（1）申请符合法定形式和内容

政府信息申请应当采用申请书、信件、数据电文等书面形式，采用书面形式确有困难的，申请人可以口头提出，由受理该申请的行政机关代为填写政府信息公开申请。

在内容方面，政府信息公开申请应当包括三项：第一，申请人的姓名或者名称、身份证明、联系方式；第二，申请公开的政府信息的内容描述和形式要求；第三，申请公开的政府信息的形式要求，包括获取信息的方式、途径。注意，按照 2019 年新修订的《政府信息公开条例》的规定，申请政府信息公开实行实名制，申请人均应出示自己的身份证明，公民应出示身份证等身份证件，组织应出示工商登记、社团登记等身份证明文件。

政府信息公开申请内容不明确的，行政机关应当给予指导和释明，并自收到申请之日起 7 个工作日内一次性告知申请人作出补正，说明需要补正的事项和合理的补正期限。答复期限自行政机关收到补正的申请之日起计算。申请人无正当理由逾期不补正的，视为放弃申请，行政机关不再处理该政府信息公开申请。

（2）不属于恶意申请

2019 年新修订的《政府信息公开条例》取消了申请信息公开的用途要求，申请人也无需与申请公开的信息有利害关系，公民、法人或其他组织均有申请人资格，但故意恶意申请信息公开的被排除在公开范围之外。申请人申请公开政府信息的数量、频次明显超过合理范围，行政机关可以要求申请人说明理由。行政机关认为申请理由不合理的，告知申请人不予处理；行政机关认为申请理由合理，但是无法在法定期限内答复申请人的，可以确定延迟答复的合理期限并告知申请人。因为信息公开实行了实名制，故行政机关有条件来精准判断申请人是否存在申请公开政府信息的数量、频次明显超过合理范围的情形。

（3）依法属于公开范围

如果申请公开的政府信息属于不予公开范围的，则应当告知申请人并说明理由。涉密信息能作区分处理的，应公开不涉密的部分。申请公开的政府信息涉及商业秘密、个人隐私的，行政机关应当依法调查裁量后决定是否公开，即事先应当书面征求权利人意见，权利人同意的予以公开，权利人不同意公开且有合理理由的，行政机关不予公开。行政机关书面征询权利人意见后 15 个工作日没有答复的，视为放弃陈述意见，由行政机关依法决定是否公开。同时，不公开造成公共利益重大影响的，也可以决定予以公开，并将决定公开的政府信息内容和理由书面告知权利人。

（4）依法属于本行政机关公开职责

搜集的政府信息采取"谁制作，谁公开"、制作的政府信息采取"谁保存、谁公开"的原则来划分行政机关之间的公开职责，即行政机关制作的政府信息，由制作该政府信息的行政机关负责公开；行政机关从公民、法人或者其他组织获取的政府信息，由保存该政府信息的行政机关负责公开。但是，法律、法规对政府信息公开的权限另有规定的，从其规定。申请公开的政府信息由两个以上行政机关共同制作的，牵头制作的行政机关收到政府信息公开申请后可以征求相关行政机关的意见，被征求意见机关应当自收到征求意见书之日起 15 个工作日内提出意见，逾期未提出意见的视为同意公开。

如果申请公开的政府信息依法不属于本行政机关公开的，则应当告知申请人，对能够确定该政府信息的公开机关的，应当告知申请人该行政机关的名称、联系方式。

（5）该政府信息存在

申请查询的政府信息存在是行政机关公开信息的基本条件。行政机关经过检索、查找，如果申请公开的政府信息确实不存在的，则应当告知申请人申请公开的信息不存在。

2. 依申请公开的程序

（1）期限

行政机关收到政府信息公开申请，能够当场答复的，应当当场予以答复。行政机关不能当场答复的，应当自收到申请之日起 20 个工作日内予以答复；需要延长答复期限的，应当经政府信息公开工作机构负责人同意并告知申请人，延长的期限最长不得超过 20 个工作日。行政机关征求第三方和其他机关意见所需时间不计算在前款规定的期限内。

申请人当面提交政府信息公开申请的，以提交之日为收到申请之日；申请人以邮寄方式提交政府信息公开申请的，以行政机关签收之日为收到申请之日；以平常信函等无需签收的邮寄方式提交政府信息公开申请的，政府信息公开工作机构应当于收到申请的当日与申请人确认，确认之日为收到申请之日；申请人通过互联网渠道或者政府信息公开工作机构的传真提交政府信息公开申请的，以双方确认之日为收到申请之日。

（2）公开形式

申请人申请政府信息公开时，可以对公开的形式提出自己的要求。行政机关应当根据申请人的要求及行政机关保存政府信息的实际情况，确定提供政府信息的具体形式；按照申请人要求的形式提供政府信息，可能危及政府信息载体安全或者公开成本过高的，可以通过电子数据以及其他适当形式提供，或者安排申请人查阅、抄录相关政府信息。申请公开政府信息的公民存在阅读困难或者视听障碍的，行政机关应当为其提供必要的帮助。

（3）收费

行政机关依申请提供政府信息，原则上不收取费用。但是，申请人申请公开政府信息的数量、频次明显超过合理范围的，行政机关才可以收取信息处理费。行政机关收取信息处理费的具体办法由国务院价格主管部门会同国务院财政部门、全国政府信息公开工作主管部门制定。

◆ 考点精华 52：行政法中的收费考点总结

事项	收费规定
行政处罚	15 天内向银行交罚款。（但当场罚 20 元、当场罚款后当场不收事后难执行、向银行交有困难经当事人申请的可以当场收罚款）
行政许可	行政许可不能收费，但是法律、行政法规规定的除外。申请格式文本不得收费，听证不收费。
行政强制	强制措施：查封扣押后的保管检测费用由行政机关承担。
	强制执行：申请法院执行的费用由被执行人承担，代履行费由当事人承担，法律另有规定除外。

续表

事项	收费规定
信息公开	一般不收费，申请数量、频次明显超合理范围，可以收取信息处理费。
行政复议	复议不收费，但当事人申请委托鉴定的，鉴定费用由当事人承担。
行政诉讼诉讼费用	普通行政案件：诉讼费用由败诉方承担，双方都有责任的由双方分担。行政附带民诉分别收费。
	行政协议案件：对于行政机关不依法履行、未按约定履行协议提起诉讼的，诉讼费用准用民事案件交纳标准；对于行政机关单方变更、解除协议等行为提起诉讼的，诉讼费用适用行政案件交纳标准。

3. 申请的处理方式

按照《政府信息公开条例》的规定，行政机关在政府信息公开方面只有依法公开信息和更正错误信息的职责，除此以外，当事人在政府信息公开申请中提出其他方面的无理请求的，行政机关不予处理。对申请人在政府信息公开中提出的申请，行政机关根据下列情况分别作出答复：

（1）所申请公开信息已经主动公开的，告知申请人获取该政府信息的方式、途径；

（2）所申请公开信息可以公开的，向申请人提供该政府信息，或者告知申请人获取该政府信息的方式、途径和时间；

（3）行政机关决定不予公开的，告知申请人不予公开并说明理由；申请公开的信息中含有不应当公开或者不属于政府信息的内容，但是能够作区分处理的，行政机关应当向申请人提供可以公开的政府信息内容，并对不予公开的内容说明理由；

（4）经检索、查找，没有所申请公开信息的，告知申请人该政府信息不存在；

（5）所申请公开信息不属于本行政机关负责公开的，告知申请人并说明理由；能够确定负责公开该政府信息的行政机关的，告知申请人该行政机关的名称、联系方式；

（6）行政机关已就申请人提出的政府信息公开申请作出答复、申请人重复申请公开相同政府信息的，告知申请人不予重复处理；

（7）所申请公开信息属于工商、不动产登记资料等信息，有关法律、行政法规对信息的获取有特别规定的，告知申请人依照有关法律、行政法规的规定办理；

（8）公民、法人或者其他组织有证据证明行政机关提供的与其自身相关的政府信息记录不准确的，可以要求行政机关更正。有权更正的行政机关审核属实的，应当予以更正并告知申请人；不属于本行政机关职能范围的，行政机关可以转送有权更正的行政机关处理并告知申请人，或者告知申请人向有权更正的行政机关提出；

（9）行政机关向申请人提供的信息，应当是已制作或者获取的政府信息。需要行政机关对现有政府信息进行加工、分析的，行政机关可以不予提供；

（10）申请人以政府信息公开申请的形式进行信访、投诉、举报等活动，行政机关应当告知申请人不作为政府信息公开申请处理并可以告知通过相应渠道提出；

（11）申请人提出的申请内容为要求行政机关提供政府公报、报刊、书籍等公开出版物的，行政机关可以告知获取的途径。

四、政府信息公开的监督

◇ **考点精华 53**

年度报告	（1）政府部门应当在每年 1 月 31 日前提交并公布本机关信息公开工作年度报告； （2）县级以上政府信息主管部门每年 3 月 31 日前提交本级政府信息公开工作年度报告。
投诉举报	公民、法人或者其他组织认为行政机关不依法履行政府信息公开义务的，可以向上级行政机关或者政府信息公开工作主管部门投诉、举报。
复议诉讼	认为行政机关在政府信息公开工作中的行政行为（行政不作为、公开商业秘密或个人隐私）侵犯其合法权益的，可以申请行政复议或者提起行政诉讼。

政府信息公开的监督，是确保政府信息公开制度能够真正有效实施的重要保障，《政府信息公开条例》根据我国的实际情况规定了以下制度：

（一）对政府信息公开的考核、评议

各级人民政府应当把政府信息公开列入考核制度、社会评议制度和责任追究制度，定期对政府信息公开工作进行考绩、评议。

（二）年度报告

县级以上人民政府部门应当在每年 1 月 31 日前向本级政府信息公开工作主管部门提交本行政机关上一年度政府信息公开工作年度报告并向社会公布。县级以上地方人民政府的政府信息公开工作主管部门应当在每年 3 月 31 日前向社会公布本级政府上一年度政府信息公开工作年度报告。

政府信息公开报告应当包括的内容有：（1）主动公开政府信息的情况；（2）依申请公开政府信息和不予公开政府信息的情况；（3）政府信息公开的收费及减免情况；（4）因政府信息公开申请行政复议、提起行政诉讼的情况；（5）政府信息公开工作存在的主要问题及改进情况；（6）其他需要报告的事项。

（三）公民、组织的申诉、复议与诉讼

公民、法人或者其他组织认为行政机关不依法履行政府信息公开义务的，可以向上级行政机关或者政府信息公开工作主管部门举报。收到举报的机关应当予以调查处理。

公民、法人或者其他组织认为行政机关在政府信息公开工作中的行政行为侵犯其合法权益的，可以依法申请行政复议或者提起行政诉讼。当然，按照《最高人民法院关于审理政府信息公开行政案件若干问题的规定》司法解释，行政主体在政府信息公开的当中的两类行为属于具体行政行为，可以向人民法院提起行政诉讼，一是不予公开、不予答复、不予更正等信息公开的不作为，二是擅自公开他人商业秘密或个人隐私侵犯合法权益的行为。

▋▋ **金题自测**

1. 因规划的道路经过某居民小区，该小区居民李某向某市规划局申请公开其绘制的本市部分道路规划图纸。下列哪些说法是正确的？

A. 李某提交书面申请时应出示本人有效身份证明

B. 并不是所有道路规划图纸与李某都有利害关系，因此不能全部公开

C. 李某向保存有相关图纸的建设局申请公开，建设局应当履行公开义务

D. 某市规划局公开信息时，不得收取信息处理费用

［考点］ 依申请政府信息公开的程序

［解题思路］《政府信息公开条例》第 29 条规定，政府信息公开申请应当包括下列内容：（一）申请人的姓名或者名称、身份证明、联系方式；（二）申请公开的政府信息的名称、文号或者便于行政机关查询的其他特征性描述；（三）申请公开的政府信息的形式要求，包括获取信息的方式、途径。故 A 选项正确。

《政府信息公开条例》第 27 条规定，除行政机关主动公开的政府信息外，公民、法人或者其他组织可以向地方各级人民政府、对外以自己名义履行行政管理职能的县级以上人民政府部门申请获取相关政府信息。可见，公民均可以申请获取相关的政府信息，不需要与申请公开的政府信息有任何利害关系，故 B 选项错误。

《政府信息公开条例》第 10 条规定，行政机关制作的政府信息，由制作该政府信息的行政机关负责公开。行政机关从公民、法人和其他组织获取的政府信息，由保存该政府信息的行政机关负责公开；行政机关获取的其他行政机关的政府信息，由制作或者最初获取该政府信息的行政机关负责公开。法律、法规对政府信息公开的权限另有规定的，从其规定。可见，行政机关自己制作原创的信息，如证件、文件、规划图纸等，由制作机关公开，其他机关哪怕有保存也无公开责任，即谁制作、谁公开。某市规划局绘制的本市部分道路规划图纸是行政机关制作的信息，建设局若不是图纸信息的制作机关，则没有公开的义务，故 C 选项错误。

《政府信息公开条例》第 42 条规定，行政机关依申请提供政府信息，不收取费用。但是，申请人申请公开政府信息的数量、频次明显超过合理范围的，行政机关可以收取信息处理费。因此，D 选项说法错误。

［答案］ A

2. 以下关于政府信息公开的方式与程序的说法，正确的是：

A. 行政机关应当将主动公开的政府信息，通过政府公报、政府网站、新闻发布会以及报刊、广播、电视等便于公众知晓的方式公开

B. 各级人民政府应当在国家档案馆、公共图书馆、政务服务场所设置政府信息查阅场所，并配备相应的设施、设备，为公民、法人或者其他组织获取政府信息提供便利

C. 行政机关应当设立公共查阅室、资料索取点、信息公告栏、电子信息屏等场所、设施，公开政府信息

D. 行政机关可以根据需要向国家档案馆、公共图书馆提供主动公开的政府信息

［考点］ 主动公开政府信息的方式与程序

［解题思路］《政府信息公开条例》第 23 条规定："行政机关应当建立健全政府信息发布机制，将主动公开的政府信息通过政府公报、政府网站或者其他互联网政务媒体、新闻发布会以及报刊、广播、电视等途径予以公开。" A 项正确；

第 25 条第 1 款规定："各级人民政府应当在国家档案馆、公共图书馆、政务服务场所设置政府信息查阅场所，并配备相应的设施、设备，为公民、法人和其他组织获取政府信息提供便利。" B 项正确；

第 2 款规定："行政机关可以根据需要设立公共查阅室、资料索取点、信息公告栏、

电子信息屏等场所、设施，公开政府信息。"C项错误；

第3款规定："行政机关应当及时向国家档案馆、公共图书馆提供主动公开的政府信息。"D项错误。

《政府信息公开条例》对于行政机关主动公开政府信息的方式与程序存在不同要求，分别规定了法定与非法定的公开方式。特别值得注意的是这里对行政机关的"应当"与"可以"的不同职责要求之分别。

[答案] AB

3. 某县政府主动公开招考公务员录用情况的信息，下列哪些说法是正确的？

A. 县政府应当建立健全政府信息发布机制，将主动公开的政府信息通过政府公报、政府网站或者其他互联网政务媒体、新闻发布会以及报刊、广播、电视等途径予以公开

B. 县政府应当加强依托政府门户网站公开政府信息的工作，利用统一的政府信息公开平台集中发布主动公开的政府信息

C. 县政府应当设立公共查阅室、资料索取点、信息公告栏、电子信息屏等场所、设施，主动公开政府信息

D. 县政府应当在国家档案馆、公共图书馆、政务服务场所设置政府信息查阅场所，并配备相应的设施、设备，为公民、法人或者其他组织获取政府信息提供便利

[考点] 主动政府信息公开的方式与程序

[解题思路]《政府信息公开条例》第23条规定，行政机关应当建立健全政府信息发布机制，将主动公开的政府信息通过政府公报、政府网站或者其他互联网政务媒体、新闻发布会以及报刊、广播、电视等途径予以公开。A项正确；

《政府信息公开条例》第24条规定，各级人民政府应当加强依托政府门户网站公开政府信息的工作，利用统一的政府信息公开平台集中发布主动公开的政府信息。B项正确；

《政府信息公开条例》第25条规定，行政机关可以根据需要设立公共查阅室、资料索取点、信息公告栏、电子信息屏等场所、设施，公开政府信息。可见C项"应当"的说法错误；

《政府信息公开条例》第25条规定，各级人民政府应当在国家档案馆、公共图书馆、政务服务场所设置政府信息查阅场所，并配备相应的设施、设备，为公民、法人和其他组织获取政府信息提供便利。D项正确。

[答案] ABD

4. 关于行政公开，下列说法是不正确的？

A. 行政机关须按照申请人要求的方式公开

B. 除国家秘密、商业秘密、个人隐私的信息以外的政府信息均应当公开

C. 若申请人申请信息公开的频次明显超过合理范围，行政机关应不予处理

D. 公民申请查询政府信息的，行政机关应当在受理申请后最长1个月内作出决定

[考点] 政府信息公开

[解题思路]《政府信息公开条例》第40条规定，行政机关依申请公开政府信息，应当根据申请人的要求及行政机关保存政府信息的实际情况，确定提供政府信息的具体

形式；按照申请人要求的形式提供政府信息，可能危及政府信息载体安全或者公开成本过高的，可以通过电子数据以及其他适当形式提供，或者安排申请人查阅、抄录相关政府信息。故 A 选项错误；

《政府信息公开条例》第 14 条规定，依法确定为国家秘密的政府信息，法律、行政法规禁止公开的政府信息，以及公开后可能危及国家安全、公共安全、经济安全、社会稳定的政府信息，不予公开。《政府信息公开条例》第 15 条规定，涉及商业秘密、个人隐私等公开会对第三方合法权益造成损害的政府信息，行政机关不得公开。但是，第三方同意公开或者行政机关认为不公开会对公共利益造成重大影响的，予以公开。行政机关的内部管理信息、过程性信息和行政案卷信息可以不公开，法律、法规、规章有特别规定的除外。可见，B 选项的说法缩小了不予公开的范围。故 B 选项说法错误；

《政府信息公开条例》第 35 条的规定，申请人申请公开政府信息的数量、频次明显超过合理范围，行政机关可以要求申请人说明理由。行政机关认为申请理由不合理的，告知申请人不予处理；行政机关认为申请理由合理，但是无法在本条例第 33 条规定的期限内答复申请人的，可以确定延迟答复的合理期限并告知申请人。故 C 选项说法过于绝对，申请人申请公开政府信息的数量、频次明显超过合理范围的并非一律不予处理，故 C 选项错误；

《政府信息公开条例》第 33 条规定，行政机关收到政府信息公开申请，能够当场答复的，应当当场予以答复。行政机关不能当场答复的，应当自收到申请之日起 20 个工作日内予以答复；需要延长答复期限的，应当经政府信息公开工作机构负责人同意并告知申请人，延长的期限最长不得超过 20 个工作日。信息公开制度当中的日期均为工作日，故 D 选项错误。

［答案］ABCD

5. 陈某准备装修其购买的位于 17B 楼层房屋，向区房产局提出申请查询复制其保存的该栋房屋的建筑设计图纸，该局以设计图纸涉及商业秘密为由作出不予公开的答复。陈某又提出要求房产局为其按房屋建筑设计图纸为其设计装修方案，房产局予以拒绝。陈某在向公安机关申请转户口过程中被告知其房产证登记的楼层错误，无法办理，于是向房产局申请将 17B 楼层更正为 18 楼，房产局拒绝更正。陈某不服拒绝公开决定、拒绝设计答复和拒绝更正决定，向法院起诉。下列哪些说法是正确的？

A. 对于区房产局拒绝设计装修方案不服起诉，法院不予立案

B. 法院认为不予公开图纸的决定合法，应判决驳回原告的诉讼请求

C. 对于请求更正的政府信息是否有误，陈某应承担举证责任

D. 对于不予更正的决定是否合法，应该由区房产局承担举证责任

［考点］信息公开的诉讼

［解题思路］《最高人民法院关于审理政府信息公开行政案件若干问题的规定》第 2 条规定，公民、法人或者其他组织对下列行为不服提起行政诉讼的，人民法院不予受理：（一）因申请内容不明确，行政机关要求申请人作出更改、补充且对申请人权利义务不产生实际影响的告知行为；（二）要求行政机关提供政府公报、报纸、杂志、书籍等公开出版物，行政机关予以拒绝的；（三）要求行政机关为其制作、搜集政府信息，或者

对若干政府信息进行汇总、分析、加工，行政机关予以拒绝的；（四）行政程序中的当事人、利害关系人以政府信息公开名义申请查阅案卷材料，行政机关告知其应当按照相关法律、法规的规定办理的。要求区房产局设计装修方案属于请求行政机关对政府信息分析加工，行政机关予以拒绝而向法院起诉的，法院不予受理，故 A 选项正确；

法院认为不予公开图纸合法，则行政机关不构成行政不作为，按照《最高人民法院关于审理政府信息公开行政案件若干问题的规定》第 2 条之规定，法院判决驳回诉讼请求，故 B 选项正确；

《最高人民法院关于审理政府信息公开行政案件若干问题的规定》第 5 条规定，被告拒绝向原告提供政府信息的，应当对拒绝的根据以及履行法定告知和说明理由义务的情况举证。原告起诉被告拒绝更正政府信息记录的，应当提供其向被告提出过更正申请以及政府信息与其自身相关且记录不准确的事实根据。可见，对行政机关拒绝更正政府信息的起诉案件，原告和被告均应承担举证责任，故 C、D 选项正确。

［答案］ ABCD

案例：吴某在混凝土有限公司的混凝土搅拌站旁种有 30 亩龙眼果树。为掌握搅拌站产生的烟尘对龙眼树开花结果的环境影响情况，吴某于 2013 年 6 月 1 日请求东岭环保局公开搅拌站相关环境资料，包括：50 号《关于建设项目环评审批文件执法监察查验情况的函》、23 号《关于行政许可事项执法监察查验情况的函》、422 号《关于混凝土有限公司混凝土搅拌站项目环评影响报告表的批复》、《混凝土有限公司混凝土搅拌站项目环评影响报告表》。8 月 4 日，东岭环保局作出《政府信息部分公开告知书》，同意公开 422 号文，但认为 23 号、50 号文系该局内部过程性的信息，不宜公开；《项目环评影响报告表》是企业文件资料，不属政府信息，也不予公开。

［问题］ 按照《政府信息公开条例》的规定，企业提交的《项目环评影响报告表》是否需要公开？

［答题模板］《项目环评影响报告表》可能会涉及商业秘密，应当由环保局依法调查裁量后决定是否公开。根据《政府信息公开条例》的规定，行政机关履行行政管理职权过程中制作或获取，以一定形式记录、保存的信息均属于政府信息。若申请公开的政府信息涉及商业秘密或个人隐私，经书面征询权利人同意或不公开可能造成公共利益重大损失的，予以公开。《项目环评影响报告表》属于行政机关履行行政职能所获取并记录、保存的政府信息，若涉及商业秘密，环保局在书面征询企业同意的情况下可以公开。

09 第九章
行政复议

考情速览

行政复议法作为行政争议法的重要组成部分，在往年的考试命题中一直占据重要地位，客观题和主观题均会命题考查。行政复议与行政诉讼的制度具有紧密的联系，都属于解决行政争议的方式，是先申请行政复议才能提起行政诉讼，还是既可以申请行政复议，也可以直接起诉，是申请复议与提起诉讼所要解决的任务之一。行政复议与行政诉讼的关系，也一直是往年考试命题的热点问题。审理主体不同，导致二者也存在较大的区别，同时行政诉讼法已修改，而《行政复议法》修改滞后，导致同为"民告官"的制度出现一些本不应有的差异，而命题者经常将行政复议与行政诉讼的知识点混合考查，由于二者具有相似性，如何准确进行区分，就需要作精细化的理解和对比记忆。

行政复议中当事人和复议机关的确定须以行政相对人、行政主体和行政机关的构成体系为基础，而且行政复议的程序繁琐，因而该考点的难度较大。命题主要涉及的考点包括：行政复议的受案范围、申请人和被申请人以及第三人与复议机关的确定、申请复议的程序、证据制度、审理程序以及复议决定等，尤其是行政复议机关的确定，是最频繁的考点。

作为行政机关内部监督和救济制度，其核心要义是上级行政机关通过案件审理来解决"官民争议"，它自然与法院审理"官民争议"的行政诉讼存在诸多异同之处，无论是在审理对象、审理主体、审理程序、证据制度，还是裁判方式上都有不少区别和联系。学习行政复议这部分内容应当把握的一个前提是，行政复议是"上级行政权"审理"下级行政权"，应区别于"司法权"审理"行政权"的行政诉讼。

第一节 行政复议概述

一、行政复议概念

行政复议，是指行政相对人认为行政机关所作的具体行政行为侵犯其合法权益，要求有权行政机关依法对被申请的行政行为的合法性与适当性予以审查，并最终作出裁判决定的一种行政争议解决方式。

作为行政争议解决的一项基本途径，行政复议对于迅速化解行政争议，缓和官民关系起到了十分积极的作用。另外，由于行政复议一般是在上下级行政机关之间进行，其审理案件的效率高于行政诉讼，也是实现上下级行政机关之间行政法治监督的重要方式。

与行政诉讼相比，行政复议有两个明显的优势：一是专业性。复议机关作为上级行政机关，对于本领域的行政管理更熟悉，因而解决相关行政争议的专业性往往也更强，审理争议的范围也更广泛，不仅可以审理行政行为的合法性，还可以对适当性进行审理。二是高效便捷。上下级行政机关本身就是领导与被领导关系，而行政权追求效率优先，因此复议案件审理的程序相对高效便捷，一般也不存在裁判结果"执行难"的问题。

相对于行政诉讼由法院审理案件，行政复议是一种在行政系统内部进行的解决行政争议的方式，行政复议机关本身的中立性往往不足，"上下串通"也是当事人最担心的问题，行政复议程序也不如司法程序那么严格和公平，因而其公正性也会受到更多质疑。但行政复议也拥有上述两个无可比拟的优点，因而仍是一种有效解决行政争议的方式，与行政诉讼相比各有利弊。

1999年4月，全国人大常委会颁布了《行政复议法》，在法律层面上正式确立了行政复议制度。2007年5月，国务院制定了《行政复议法实施条例》，对行政复议法条文予以了大幅细化。由此，《行政复议法》与《行政复议法实施条例》构成了当前行政复议的基本制度依据。

二、行政复议的基本原则

按照行政复议法的有关规定，行政复议机关依法履行行政复议职责，应当遵循合法、公正、公开、及时、便民的基本原则，坚持有错必纠，保障公民、法人或其他组织的合法权利，确保法律、法规的正确实施。

（一）合法原则

合法原则要求行政复议机关应当坚持以法律、法规、规章以及上级机关制定的其他具有约束力的规范性文件为准绳，按照法定权限与程序对具体行政行为的合法性与合理性进行全面审查并作出相应的行政复议决定。合法原则是行政复议活动取得正当性的基本前提，也是依法行政的基本要求。

（二）公正原则

公正原则要求行政复议机关应当保持地位中立，平等对待双方当事人，不偏私不袒护，裁量理性公正，行政复议结果应当体现公平正义的现代法治精神。

（三）公开原则

公开原则是指行政复议应当公开进行，保持透明。除了涉及国家秘密、商业秘密或者个人隐私的以外，行政复议的过程与结果都应当向当事人和社会公开，接受当事人与社会的监督。

（四）及时原则

及时原则是指行政复议机关应当在法定时限内尽快作出行政复议决定，不得拖延敷衍。及时原则也是行政法高效便民原则中高效原则的基本要求，追求快捷高效也是行政复议区别于行政诉讼的一项鲜明特点和优势。与行政诉讼实行两审终审不同，行政复议实行一级复议终局的制度。

（五）便民原则

便民原则是指行政复议应当尽可能方便当事人申请，减少当事人的成本支出，简化手续与环节，并获得最有效的权利救济。行政复议的便民原则也是行政法高效便民原则中便民原则在行政复议领域的具体体现与基本要求。

第二节　行政复议范围

◆ **考点精华 54**

直接申请	具体行政行为（部分抽象行政行为）的合法性、合理性侵犯合法权益。
申请附带审查部分抽象行政行为	对具体行为不服，可以要求一并审查具体行为依据的一般规范性文件；但不能直接针对抽象行政行为申请复议。知道依据文件的在申请时提出，审理时知道的在决定前提出。
	申请附带审查的对象限于行政机关的一般规范性文件，不可以申请附带审查行政法规、部门规章、地方政府规章、国务院的决定、规定。

行政复议的范围是指行政复议机关受理行政案件的职责权限，主要解决的是究竟哪些案件可以纳入受理范围，成为行政复议的审理对象。按照《行政复议法》的规定，行政复议的受案范围包括两个方面：一是肯定范围，即行政复议机关可以受理的行政争议事项；另一个是排除范围，即行政复议机关不予受理的行政争议事项。

一、肯定范围

（一）具体行政行为

公民、法人或者其他组织认为具体行政行为侵犯其合法权益的，可以申请行政复议。所谓具体行政行为，是指行政主体针对特定公民、法人或者其他组织所作的设定、变更、消灭权利义务的处理决定。行政复议法所保护的行政相对人合法权益范围较广，并不局限于行政相对人的人身权与财产权。

行政复议法规定，行政复议一般只受理对具体行政行为有争议的案件。包括行政处罚、行政强制措施、行政许可、行政确认、侵犯经营自主权的行为、侵犯农业承包权的行为、违法要求履行义务的行为、不依法履行保护义务的行为、行政给付行为等。

（二）附带审查部分抽象行政行为

尽管行政复议原则上只审理具体行政行为所引发的行政争议，但与行政诉讼一致的是，行政复议也可以附带审查具体行政行为所依据的部分抽象行政行为。当然，这一审查也须同时符合两项要求：

1. 附带审查只限于规章以下的行政规范性文件，不包括法律、法规、规章、国务院的规范性文件和权力机关、司法机关的规范性文件。具体而言，是指国务院部门的规定、县级以上地方各级人民政府及其工作部门的规定以及乡、镇人民政府的规定。注意这里的规范性文件不包括国务院所作出的抽象行政行为，例如国务院制定、发布的决定、命令等，它们因具有法律效力，也不能被附带审查。

2. 审查方式为附带审查，而非直接申请复议。行政复议申请人不得单独就某一抽象行政行为要求行政复议机关进行专门审查，而只能在对某一具体行政行为申请复议的同时，一并要求行政复议机关附带审查该具体行政行为所依据的行政规范性文件。

二、排除范围

根据行政复议法的相关规定，以下行为不属于行政复议的受案范围：

（一）内部行政行为

主要是指行政机关对于其工作人员的行政处分决定以及其他奖惩、任免等人事处理决定。基于这些行为产生的争议可以依据法律、行政法规的规定提出申诉或者通过申请复核等救济途径解决，而不能通过行政复议或者行政诉讼的方式予以解决。

（二）抽象行政行为

行政复议申请人不得单独就某一抽象行政行为要求行政复议机关进行专门审查，而只能在对某一具体行政行为申请复议的同时，一并要求行政复议机关附带审查该具体行政行为所依据的行政规范性文件，但行政法规、规章和国务院的规范性文件不得申请附带审查。

（三）行政机关针对民事争议的处理

行政机关对民事纠纷作出的调解等行为，其约束力取决于双方自愿接受。一方当事人若不服行政机关对民事纠纷作出的调解或者其他处理，可以依法申请仲裁机构予以仲裁，或者向人民法院提起民事诉讼，而不得申请行政复议。

第三节　行政复议与行政诉讼的关系

◆ **考点精华 55**

复诉自由选择	（1）选复议后对复议决定不服还可向法院起诉； （2）选诉讼则法院判决后不得再复议（司法最终）。
复议前置	（1）纳税争议。对征税决定确定的纳税主体、范围、数额、方式、比例不服；谁来交、交多少、怎么交的争议。对反倾销税的征收、处罚、强制措施和强制执行不服，不属于纳税争议，可以直接起诉； （2）侵犯已经取得自然资源权利的确认：裁决、确权处理决定或发证的方式确认争议自然资源（土地、林权等）所有权或使用权；（排除：初次申请权属登记的许可，处罚、强制等）； （3）反垄断限制集中或不予限制集中的决定。
诉讼裁决任选一种	省部级单位对自身行为的复议决定仍不服，可以申请国务院最终裁决或向法院起诉。
复议终局	（1）省级政府根据国务院或省政府的区划勘定或土地征收决定作出的关于确认九大自然资源权属的复议决定； （2）出入境管理对外国人限制人身自由。

行政复议是行政系统内部的救济手段，而行政诉讼则是外部的司法救济方式，两种权利

救济与争议解决途径各有优缺点，一般案件当事人可以根据具体情形自由选择，但有些特殊行政案件须先复议再诉讼，也有特殊情形属于复议或诉讼只能任选其一，还有一些案件是只能复议而不能诉讼。

一、复议和诉讼自由选择

一般行政案件属于复议和诉讼自由选择型，当事人可以根据具体情形自由选择向上级机关申请复议或者直接向法院起诉。若当事人选复议，对复议决定不服，还可以继续向法院起诉，但若选择直接起诉，按照司法终局的原则，就不能再回头申请复议。

（一）不得同时进行

公民、法人或者其他组织申请行政复议，行政复议机关已经依法受理的，或者法律、法规规定应当先向行政复议机关申请行政复议、对行政复议决定不服再向人民法院提起行政诉讼的，在法定行政复议期限内不得向人民法院提起行政诉讼。同样，公民、法人或者其他组织向人民法院提起行政诉讼，人民法院已经依法受理的，不得申请行政复议。

行政复议和行政诉讼不能同时进行，主要有两个原因：一是防止严重浪费纠纷解决的资源。纠纷解决资源属于社会财富的组成部分，应当慎重运用；二是防止行政复议与行政诉讼的结果相矛盾。一旦出现矛盾裁决，就会产生新的争议，将严重损害这两种救济制度功能的正常发挥。

（二）司法终局

人民法院的司法裁决具有最终法律效力，当事人若选择直接起诉，按照司法终局的原则，对法院的裁判不服也不能再回头申请复议。若当事人选复议，而复议机关的决定是行政决定，不具有最终效力，当事人对复议决定不服，还可以继续向法院起诉。

（三）一事不再理

申请人撤回行政复议申请的，不得再以同一事实和理由提出行政复议申请。但是，申请人能够证明撤回行政复议申请违背其真实意思表示的除外。但是，申请人撤回行政复议申请的，只是放弃了申请复议，但并未放弃诉讼的权利，若依然在行政诉讼起诉期限内，仍可以向人民法院提起行政诉讼。

二、先复议后诉讼

先复议后诉讼，又称复议前置，是指行政诉讼的提起须以申请行政复议为前提，如果没有申请行政复议的，不得向人民法院提起行政诉讼。当然，如果法律、法规规定应当实行复议前置，然而行政复议机关决定不予受理或者受理后超过行政复议期限不作答复的，则视为已经履行了先申请复议的程序，公民、法人或者其他组织可以自收到不予受理决定书之日起或者行政复议期满之日起十五日内，依法向人民法院提起行政诉讼。

具体而言，在法律职业资格考试中涉及的复议前置案件主要有法律规定的三种情形：

（一）确认自然资源权属的行政行为

《行政复议法》第 30 条第 1 款规定，公民、法人或者其他组织若认为行政机关的具体行政行为侵犯其已经依法取得的土地、矿藏、水流、森林、山岭、草原、荒地、滩涂、海域等自然资源的所有权或者使用权的，则应当先申请行政复议；对行政复议决定不服的，可以依法向人民法院提起行政诉讼。

最高人民法院在《最高人民法院关于适用〈行政复议法〉第三十条第一款有关问题的批复》中答复山西省高级人民法院："根据《行政复议法》第30条第1款的规定，公民、法人或者其他组织认为行政机关确认土地、矿藏、水流、森林、山岭、草原、荒地、滩涂、海域等自然资源的所有权或者使用权的具体行政行为，侵犯其已经依法取得的自然资源所有权或者使用权的，经行政复议后，才可以向人民法院提起行政诉讼，但法律另有规定的除外；对涉及自然资源所有权或者使用权的行政处罚、行政强制措施等其他具体行政行为提起行政诉讼的，不适用《行政复议法》第30条第1款的规定。"可见，司法解释对于《行政复议法》第30条第1款的"具体行政行为"作了狭义解释，明确规定这里的具体行政行为只限于确认自然资源权属的行政行为，不包括涉及自然资源的行政处罚、行政强制、行政许可等其他具体行政行为。

例18：县政府为汪某颁发集体土地使用证，杨某认为该行为侵犯了自己已有的集体土地使用权，须先申请复议，对复议决定不服方可起诉。

例19：甲、乙两村分别位于某市两县境内，因土地权属纠纷向市政府申请解决，市政府裁决争议土地属于甲村所有。乙村不服，认为裁决侵犯其已经取得的土地所有权，须先申请复议，对复议决定不服方可起诉。

例20：对县自然资源局作出的违法占用土地的行政处罚、申请土地使用权的拒绝批准均无须先复议，可以直接起诉。

自然资源的行政确权行为之所以需要实行复议前置，其根本原因在于这类具体行政行为的专业性与政治性都比较强，由相应的行政主管机关先进行行政复议，有利于准确有效地解决纠纷。同时，若争议经过行政复议后已经得到解决，可以有效节省司法资源，从而降低纠纷解决的成本。

（二）纳税争议

《税收征收管理法》第88条规定，纳税人、扣缴义务人、纳税担保人同税务机关在纳税上发生争议时，必须先依照税务机关的纳税决定缴纳或者解缴税款及滞纳金或者提供相应的担保，然后可以依法申请行政复议。只有对行政复议决定不服的，方可依法向人民法院起诉。当事人对税务机关的处罚决定、强制执行措施或者税收保全措施不服的，可以依法申请行政复议，也可以依法向人民法院起诉。当事人对税务机关的处罚决定逾期不申请行政复议也不向人民法院起诉、又不履行的，作出处罚决定的税务机关可以采取本法第40条规定的强制执行措施，或者申请人民法院强制执行。

纳税争议实行复议前置的主要原因，还是在于纳税争议具有一定的专业性。相对于人民法院而言，对于纳税争议及解决办法的理解与把握，税务机关显然更熟悉因而也更专业。由税务机关先进行行政复议，有利于准确的解决纠纷。

准确的理解与把握什么是"纳税争议"是解题的关键。一般而言，双方当事人就纳税问题而发生的分歧与纠纷，均可以理解为纳税争议。然而，复议前置的纳税争议的范围一般是特定的，人们往往把它通俗地总结为"交不交，谁来交，交多少，怎么交"的问题。凡是关于这四大类的纠纷，均属于复议前置的纳税争议。

注意，除了纳税争议需要复议前置以外，当事人对税务机关的处罚决定、强制执行措施或者税收保全措施不服的，则实行复议选择，既可以依法申请行政复议，也可以依法直接向人民法院起诉。

（三）反垄断决定

按照《反垄断法》第 53 条的规定，对国务院反垄断执法机构作出的限制经营者集中或不予限制经营者集中的决定不服的，可以先依法申请行政复议；对行政复议决定不服的，可以依法提起行政诉讼。

限制经营者集中的决定是反垄断执法机构禁止经营者采取兼并方式造成市场垄断作出的行政决定，而不予限制经营者集中的决定则属于反垄断执法机构认为经营者的兼并不会造成垄断而作出的行政决定。因为反垄断执法机构的这两种行政决定专业性很强，不适宜人民法院直接审理，故法律规定属于复议前置的行政案件。

三、诉讼或复议裁决任选其一

"诉讼或裁决"是指只能在提起行政诉讼和申请国务院裁决中选择一种救济途径。如若选择申请国务院裁决，即不得再向人民法院提起行政诉讼。

依据《行政复议法》的规定，对国务院部门或者省、自治区、直辖市人民政府的具体行政行为不服的，向作出该具体行政行为的国务院部门或者省、自治区、直辖市人民政府申请行政复议。对行政复议决定不服的，既可以向人民法院提起行政诉讼，也可以向国务院申请裁决，国务院依法作出最终裁决。

注意，国务院裁决所针对的对象问题。并非是所有的国务院部门或者省级政府所作的行政复议决定均可以申请国务院裁决，而只是限于国务院部门或者省级政府针对自己作出的具体行政行为的自我复议决定。

四、只能复议不能诉讼

只复议不诉讼又称复议终局，是指对于行政机关作出的具体行政行为只能申请行政复议，而不得向人民法院提起行政诉讼。换句话说，法律并不提供司法救济的途径。具体而言，只能复议不能诉讼的案件主要包括两种情形：

（一）特殊的自然资源确权案件

《行政复议法》第 30 条第 2 款规定，根据国务院或者省、自治区、直辖市人民政府对行政区划的勘定、调整或者征用土地的决定，省、自治区、直辖市人民政府确认土地、矿藏、水流、森林、山岭、草原、荒地、滩涂、海域等自然资源的所有权或者使用权的行政复议决定为最终裁决。

《行政复议法》第 30 条第 2 款是第 1 款的特别除外规定，自然资源确认权属的行政案件一般是先复议再诉讼，但如果是向省级政府申请复议，而省级政府作为复议机关根据两种特殊文件（国务院或省级政府的区域勘定、征收土地决定）作出了复议决定，该复议决定具有最终效力，不得再向法院起诉，除此以外的其他自然资源确权案件先复议，对复议决定不服还可以向法院起诉。

此种情形只可申请行政复议而不可提起行政诉讼，主要原因是这一行政管理事项严格来说属于宪法规定的国务院或者省级人民政府的专项职权，由行政机关作出最终决定较为合适，而不宜接受人民法院的司法审查。

（二）对外国人出入境采取限制人身的措施

《出境入境管理法》第 64 条规定，外国人对依照本法规定对其实施的继续盘问、拘留审查、限制活动范围、遣送出境措施不服的，可以依法申请行政复议，该行政复议决定为最终决定。其他境外人员对依照本法规定对其实施的遣送出境措施不服，申请行政复议的，适用前款规定。

这一类行为只能申请行政复议，而不得再向人民法院提起行政诉讼，是因为这一类行政行为往往涉及到国家安全与社会秩序，关乎国家主权事项，提供司法救济会影响行政管理的效率，不利于实现维护国家安全和社会秩序。

第四节　行政复议参加人和行政复议机关

◈ 考点精华 56

申请人	与具体行政行为有法律上利害关系的人：行政相对人或利害关系人。
	公民死亡→近亲属；组织终止→继承权利的组织（中止复议等待继受人，60 天无法继受复议终止）。申请人为 5 人以上的，应推选代表人 1~5 名代表参加复议。
被申请人	普通行政机关、派出机关、被授权组织。
	多个行政机关的共同行政行为申请复议，应以多个行政机关为共同被申请人。
	行政机关被撤销→继承权力的行政机关。
	受委托组织的行为，告委托的行政机关。
	上级批准的具体行政行为以批准的上级为被申请人。（经批准：复议告上级、诉讼看名义）
	行政内部机构的行为，未经法律、法规授权，对外以自己名义作出具体行政行为的，该行政机关为被申请人。（罚款告所、拘留告局）
第三人	其他与案件有利害的关系人。复议中的第三人为申请人型第三人，可以通知其参加复议，第三人不参加不影响复议案件的审理。不参加复议的利害关系人对复议决定不服可向法院起诉。

行政复议参加人，是指参加行政复议，与行政复议结果存在法律上利害关系的当事人以及复议代理人。

一、行政复议申请人

（一）普通申请人

行政复议申请人是指对行政机关作出的具体行政行为不服，依法以自己的名义向行政复议机关提出行政复议申请的公民、法人或者其他组织。

关于行政复议的申请人，有以下两项要求需要注意：

1. 申请人是公民、法人或其他组织。行政复议与行政诉讼一样，是"民告官"而非"官告民"，行政复议申请人只能是作为行政相对人或者其他利害关系人的公民、法人或者其他组织，而不包括居于行政主体地位的行政机关。

2. 申请人与具体行政行为存在法律上的利害关系，属于行政相对人或利害关系人。行政复议的申请人必须是认为自身合法权益受到具体行政行为的侵害，并依法申请行政复议的公民、法人或者其他组织。而与被申请复议的具体行政行为有法律上的利害关系，是指该行为对其权利义务产生法律效果，可以是具体行政行为明确针对的行政相对人，也包括影响其合法权益的利害关系人。

（二）申请人资格转移

在特定情形下，申请人的资格也可以发生相应的转移。有权申请行政复议的公民死亡的，其近亲属也可以申请行政复议。若有权申请行政复议的公民为无民事行为能力人或者限制民事行为能力人的，其法定代理人可以代为申请行政复议。有权申请行政复议的法人或者其他组织终止的，承受其权利的法人或者其他组织可以申请行政复议。

（三）特殊申请人资格

《行政复议法实施条例》对于行政复议的申请人还作了四点重要补充：

1. 合伙企业申请行政复议的，应当以核准登记的企业为申请人，由执行合伙事务的合伙人代表该企业参加行政复议；其他合伙组织申请行政复议的，由合伙人共同申请行政复议。

2. 不具备法人资格的其他组织申请行政复议的，由该组织的主要负责人代表该组织参加行政复议；没有主要负责人的，由共同推选的其他成员代表该组织参加行政复议。

3. 股份制企业的股东大会、股东代表大会、董事会认为行政机关作出的具体行政行为侵犯企业合法权益的，可以以企业的名义申请行政复议。

4. 同一行政复议案件申请人超过 5 人的，推选 1—5 名代表人参加行政复议。

二、行政复议被申请人

行政复议被申请人是申请人控诉的作出行政行为侵害公民、法人或者其他组织合法权益的行政主体，包括行政机关或者法律、法规授权的组织两大类。具体而言，行政复议的被申请人有以下几种类型：

（一）普通行政机关

公民、法人或者其他组织对行政机关的具体行政行为不服，申请行政复议的，作出该具体行政行为的行政机关为被申请人。这是最典型的行政复议被申请人类型。

例 21：某县农业局以甲的果园未加入合作社为由，作出罚款 1000 元的行政处罚决定，甲不服该行政处罚决定，申请行政复议，则该县农业局就是此行政复议的被申请人。

（二）共同被申请人

1. 行政机关与法律、法规授权的组织以共同的名义作出具体行政行为的，行政机关和法律、法规授权的组织为共同被申请人。这是因为行政机关与法律、法规授权组织均为行政主体，可以独立承担相应的法律责任，因此自然可以作为行政复议的共同被申请人。

2. 行政机关与其他组织以共同名义作出具体行政行为的，行政机关为被申请人。这是因为其他组织不具备行政主体资格，不能独立承担由此产生的相应法律责任，只能由可以独立承担相应法律责任的行政机关作为行政复议的被申请人。

（三）被撤销机关的被申请人

若作出决定的机关被撤销的，则继续行使其职权的行政机关是被申请人，没有继续行使权力的机关的，决定撤销的行政机关为被申请人。

（四）授权组织作为被申请人

法律、法规授权组织作出的行为，授权组织本身就是行政主体，可以独立承担相应法律责任，具有行政主体资格，因此该授权组织是被申请人。

（五）经批准行政行为的被申请人

下级行政机关依照法律、法规、规章规定，经上级行政机关批准作出具体行政行为的，批准机关为被申请人。由批准机关作为行政复议的被申请人，是因为若以下级行政机关作为行政复议的被申请人，则批准机关很可能就是行政复议机关，这样行政复议就会因为复议机关与批准机关重合而失去意义。行政诉讼则不同，经上级批准的行为起诉，应以在对外发布的法律文书上署名的行政机关为被告。经批准，复议告上级，诉讼看名义。

（六）派出机关、内设机构、派出机构的被申请人

行政机关的派出机关、法律法规授权的行政机关设立的派出机构、内设机构或者其他组织对外以自己的名义作出具体行政行为的，该派出机关、派出机构和内设机构为被申请人。但是，若行政机关设立的派出机构、内设机构或者其他组织，未经法律、法规授权，对外却以自己名义作出具体行政行为的，则由该行政机关为被申请人。

三、行政复议第三人

所谓行政复议第三人，是指因与被申请的具体行政行为存在利害关系，通过申请或者行政复议机关通知而参加行政复议的公民、法人或者其他组织。

例22：郭大侠和涛涛共同销售牛蛙，被县市场监管局以无证经营为由没收二人用于销售的牛蛙100只，涛涛对市场监管没收牛蛙不服申请行政复议后即为该复议案件的申请人，但本案审理的市场监管局没收牛蛙的行政处罚行为与郭大侠也有利害关系，而郭大侠又未提出行政复议申请，则郭大侠可以作为第三人直接参加涛涛告市场监管局违法没收的复议案件的审理，打好自己的小算盘，和涛涛配合参加复议。

尽管不是行政复议的申请人，但是第三人依然在行政复议当中享有一系列权利：

（一）申请参加复议

行政复议期间，申请人以外的公民、法人或者其他组织与被审查的具体行政行为有利害关系的，可以向行政复议机构申请作为第三人参加行政复议。但是值得注意的是，行政复议期间，复议机构认为申请人以外的公民、法人或者其他组织与被审查的具体行政行为有利害关系的，"可以"通知其作为第三人参加行政复议，而非"应当"通知，是否通知第三人参加复议，行政复议机关拥有裁量权。第三人不参加行政复议，不影响行政复议案件的审理，因为第三人对复议决定不服，可以直接向人民法院提起行政诉讼。但在行政诉讼中，只要法院发现有利害关系的第三人，则"应当"通知其参加诉讼，在是否通知的问题上，没有裁量余地，因为法院的裁决具有最终效力，不通知第三人参加诉讼就剥夺了当事人的救济权利。

（二）申请人和第三人均可以委托代理人

为了便利行政复议第三人有效参与行政复议，申请人和第三人均可以委托1~2名代理人参加行政复议。当然，这里的代理人也可以是律师。

《行政复议法实施条例》对委托代理人的形式问题也提出了要求。申请人、第三人可以

委托1~2名代理人参加行政复议。申请人、第三人委托代理人的，应当向行政复议机构提交授权委托书。授权委托书应当载明委托事项、权限和期限。公民在特殊情况下无法书面委托的，可以口头委托。口头委托的，行政复议机构应当核实并记录在卷。申请人、第三人解除或者变更委托的，应当书面报告行政复议机构。也就是说，若行政复议的申请人为法人或者其他组织，则须书面委托代理人参加行政复议，而不得口头委托。

公民委托代理人可能存在书写困难，而法人或其他组织则一般不存在书写困难的问题。同时，相对于公民个人因具体行政行为受到的损害而言，法人或者其他组织受到具体行政行为损害的后果往往会更为严重，涉案标的额往往也更大，申请行政复议也更多地关系到企业的生产经营，书面委托代理人可以更为明确地约定委托事项以及双方其他的权利义务，特别是委托人的授权事项和授权范围，从而更加明确代理的法律效果等事宜。

四、行政复议机关

◈ **考点精华57　复议机关（管辖）——被申请人的上级行政机关（省部级自审）**

类型	被申请人	复议机关	具体情况
双重管辖	县级以上政府双重领导的部门。	同级政府或上一级主管部门。	限于地方政府工作部门，国务院部门除外。
	省以下垂直领导的机关。	同级政府或上一级主管部门、省政府或人大有特别规定除外。	国务院批准实行省以下垂直领导的机关。
单向管辖	省级以下政府。	上一级人民政府。	若归地区公署领导的则向行政公署复议。
	中央垂直领导机关。	上一级主管部门。	人民银行、海关、外汇+税务、国安。
自我管辖	省部级单位。	原机关自己。	对复议决定不服起诉或申请国务院裁决，国务院的裁决为终局裁决。
特殊情形	政府派出机关。	设立该派出机关的政府。	包括行政公署、区公所、街道办事处。
	部门派出机构。	该机构所属的主管部门或该主管部门的同级政府。	如是垂直领导部门的派出机构作为被申请人，则复议机关仅包括其所在主管部门。
	被授权组织。	直接管理该组织的机关。	被授权的国务院直属事业单位以部委论。
	多个行政机关。	其共同上一级机关。	（1）同级政府或共同上级部门；（2）多个中央部门的向任何一个申请后共同复议。
	被撤销的机关。	职权继承机关的上一级机关。	视继续行使职权的机关为被申请人处理。
	五种特殊情形，可以由具体行政行为发生地的县级人民政府接受后转交复议机关。		

注：复议机关为审理案件的机关，复议机关负责具体办理复议案件法制机构称为复议机构。

行政复议机关，是指依照法律规定，有权受理行政复议申请，并对申请行政复议的行政行为进行合法性、适当性审查并作出行政复议决定的行政机关。一般来说，只有行政机关才可以充当复议机关，法律、法规授权组织不能成为复议机关。而担任复议机关的行政机关，一般均是作出具体行政行为的行政机关的主管部门。

在行政复议中，行政复议机关具有裁判机构的性质，与行政诉讼由法院裁判不同，行政复议机关一般为被申请人的上级行政机关，只有对省部级单位的行政行为不服，由该省部级单位自身作为复议机关审理自己的行政行为。

注意，行政复议机关与行政复议机构也是两个不同的概念，不应混淆。行政复议机构是行政复议机关中具体负责承办复议工作的行政机构，只不过以复议机关名义开展复议审理工作，而对外行使行政复议职权并对外独立承担相应法律责任的只能是行政复议机关。

（一）县级以上地方各级人民政府工作部门的复议机关

1. 对县级以上地方各级人民政府普通工作部门的具体行政行为不服的，由申请人选择，可以向该部门的本级人民政府申请行政复议，也可以向上一级主管部门申请行政复议。

我国地方政府的工作部门一般实行的是双重管理的行政管理体制，除了实行垂直领导的行政机关以外，一般的政府工作部门既是本级政府的职能部门，需要接受本级政府的领导，又要同时接受上级主管部门的监督与管理，因此复议机关自然是本级人民政府或上一级主管部门。具体如何确定，由行政复议申请人自由选择。

2. 根据《行政复议法》第12条规定，对人民银行、海关、国税、外汇管理等实行垂直领导的行政机关和国家安全机关的具体行政行为不服的，向上一级主管部门申请行政复议。按照2018年党和国家机构改革方案的要求，地方的国家税务局和地方税务局合并为税务局后，国家税务总局依据改革精神修订的《税务复议规则》规定，对地方各级税务局的行政行为不服，向上一级税务局申请行政复议。可见，机构改革后的税务局继续按照中央垂直机关确定复议机关。

3. 申请人对税务局等经国务院批准实行省以下垂直领导的部门作出的具体行政行为不服的，可以选择向该部门的本级人民政府或者上一级主管部门申请行政复议，但省、自治区、直辖市的省级地方性法规或省级地方规章另有规定的，则应当依照省、自治区、直辖市的规定办理。

（二）地方各级人民政府的复议机关

1. 对地方各级人民政府的具体行政行为不服的，向上一级地方人民政府申请行政复议。例如申请人对乡镇人民政府的具体行政行为不服，只能向县级人民政府申请行政复议。

2. 对省、自治区人民政府依法设立的派出机关所属的县级地方人民政府的具体行政行为不服的，向该派出机关申请行政复议。由于派出机关本身就是行政主体，因此可以作为行政复议机关。例如，申请人对于某省政府设立的派出机关行政公署下属的某县政府的具体行政行为不服，申请行政复议则只能向该行政公署提出申请，而不得直接向省政府申请行政复议。

（三）国务院部门或省级人民政府的复议机关

1. 省部级单位自审。对国务院部门或省级人民政府的具体行政行为不服的，向作出该具体行政行为的国务院部门或省级人民政府申请行政复议。

2. 省部级单位自审复议决定的二次救济。对国务院部门或省级人民政府审理自身行为的原级行政复议决定不服的，可以向人民法院提起行政诉讼；也可以向国务院申请裁决，国务院依法作出最终裁决。

注意，对国务院部门或者省级政府的具体行政行为申请原级行政复议后，对该行政复议决定不服的，才可以向国务院申请裁决。如果是对国务院部门或者省、自治区、直辖市人民政府最初作出的具体行政行为不服的，不得直接向国务院申请裁决。同时，对国务院部门或者省级政府的具体行政行为并不一定必须先申请复议，是否需要复议前置，还要看申请复议的具体行政行为是否属于纳税争议、确认自然资源权属、反垄断等复议前置的情形。

国务院部门或者省级人民政府统称省部级单位，属于由国务院直接领导的下级机关，因国务院一般审理复议案件，故对省部级单位的行为不服，只能先向作出行政行为的省部级申请原级复议。省部级单位审理自身行为的原级复议决定公正性不足，申请人对原级复议决定不服，还可以申请国务院作出最终裁决或者向法院起诉，而这两种救济方式只任选一种，国务院的裁决和法院的裁判均具有最终效力，对国务院的复议裁决不服，也不能再向法院起诉。

行政复议中的国务院裁决针对的只是省部级单位审理自身行为的原级复议决定，对省部级单位审理下级行政机关所作出的普通复议决定不服，只能向法院起诉，而不得申请国务院裁决。对省部级单位作出的复议决定的救济方式可以概括为：省部级审下级，普通决定可起诉；省部级审自己，国院裁决或起诉。

（四）特殊行政复议机关

1. 对县级以上地方人民政府依法设立的派出机关的具体行政行为不服的，向设立该派出机关的人民政府申请行政复议。例如，对于省政府依法设立的地区行政公署的具体行政行为不服的，可以向省政府申请行政复议。

2. 对政府工作部门依法设立的派出机构依照法律、法规或者规章规定，以自己的名义作出的具体行政行为不服的，向设立该派出机构的部门或者该部门的本级地方人民政府申请行政复议。

3. 对法律、法规授权的组织的具体行政行为不服的，分别向直接管理该组织的地方人民政府、地方人民政府工作部门或者国务院部门申请行政复议。

4. 对两个或者两个以上行政机关以共同的名义作出的具体行政行为不服的，向其共同上一级行政机关申请行政复议。

5. 对被撤销的行政机关在撤销前所作出的具体行政行为不服的，向继续行使其职权的行政机关的上一级行政机关申请行政复议。

以上五种情形的复议机关的确认非常复杂，申请人除了可以向复议机关申请复议外，也可以向具体行政行为发生地的县级地方人民政府提出行政复议申请，由接受申请的县级地方人民政府依法转交复议机关。

当然，这里的具体行政行为发生地的县级地方政府并不一定是法定的复议机关，只是基于便民原则的要求，接受复议申请后依法转交法定的复议机关，为相对人申请行政复议提供便利，防止行政复议申请人找不到行政复议机关而影响其申请行政复议权利的有效行使。

第五节　行政复议申请与受理

◇ **考点精华 58**

申请复议	期限	知道具体行为、签收法律文书或当场作出之日起 60 日内。
		特别法律规定超过 60 日的依照其规定。（少于 60 日的特别法律规定无效，仍按 60 日计算）

申请复议	期限	因不可抗力或者其他正当理由耽误法定申请期限的,申请期限自障碍消除之日起继续计算。
	方式	申请人申请行政复议,可以书面申请,也可以口头申请;口头申请的,行政复议机关应当当场记录申请人的基本情况、行政复议请求、申请行政复议的主要事实、理由和时间。
受理申请	受理申请后5日内审查申请、书面告知补充申请材料、不予受理或向其他机关申请的,应在受理后5日内告知当事人,否则视为受理。	
	行政复议机关无正当理由不予受理的,由上级机关责令其受理,或由上级机关直接受理。	

一、行政复议的申请

（一）申请时限

公民、法人或者其他组织认为具体行政行为侵犯其合法权益的,可以自知道该具体行政行为之日起60日内提出行政复议申请,但法律规定的申请期限超过60日的除外。可见,《行政复议法》对于申请时限作了最低底线要求,明确规定其他法律可以对特殊行政复议案件的申请时限作出延长性的特别规定,却不得作出少于最低60日的缩短性规定,否则无效,仍然按行政复议法规定的60日计算申请期限。另外,这里只允许法律另作规定,除法律以外的其他任何规范均无权另行规定。

注意,2014年《行政诉讼法》修改时就延长了行政诉讼的起诉期限,由3个月延长到了6个月,但法律另有规定的除外。与行政复议的申请时限不同的是,其他法律对特殊行政案件的起诉期限可以延长或缩短,均从特别法律的规定。

1. 期限计算

（1）对行政作为的申请时限

当场作出具体行政行为的,自具体行政行为作出之日起计算;载明具体行政行为的法律文书直接送达的,自受送达人签收之日起计算;载明具体行政行为的法律文书邮寄送达的,自受送达人在邮件签收单上签收之日起计算;没有邮件签收单的,自受送达人在送达回执上签名之日起计算;具体行政行为依法通过公告形式告知受送达人的,自公告规定的期限届满之日起计算;行政机关作出具体行政行为时未告知公民、法人或者其他组织,事后补充告知的,自该公民、法人或者其他组织收到行政机关补充告知的通知之日起计算;被申请人能够证明公民、法人或者其他组织知道具体行政行为的,自证据材料证明其知道具体行政行为之日起计算。行政机关作出具体行政行为,依法应当向有关公民、法人或者其他组织送达法律文书而未送达的,视为该公民、法人或者其他组织不知道该具体行政行为。

（2）对行政不作为的申请时限

有履行期限规定的,自履行期限届满之日起计算;没有履行期限规定的,自行政机关收到申请满60日起计算。公民、法人或者其他组织在紧急情况下请求行政机关履行保护人身权、财产权的法定职责,行政机关不履行的,行政复议申请期限不受前述规定的限制。

2. 期限延长

因不可抗力或者其他正当理由耽误法定申请期限的,申请期限自障碍消除之日起继续计算。

（二）申请形式

为了便于申请人申请行政复议，申请人申请行政复议，既可以书面申请，也可以口头申请，法律对申请人的申请方式并未作出特别的限制。

1. 书面形式

可以采取当面递交、邮寄或者传真等方式提出行政复议申请。有条件的行政复议机构可以接受以电子邮件形式提出的行政复议申请。申请人书面申请行政复议的，应当在行政复议申请书中载明下列事项：（1）申请人的基本情况，包括：公民的姓名、性别、年龄、身份证号码、工作单位、住所、邮政编码；法人或者其他组织的名称、住所、邮政编码和法定代表人或者主要负责人的姓名、职务；（2）被申请人的名称；（3）行政复议请求、申请行政复议的主要事实和理由；（4）申请人的签名或者盖章；（5）申请行政复议的日期。

2. 口头形式

申请人申请行政复议，采用口头方式申请的，行政复议机关应当当场记录申请人的基本情况、行政复议请求、申请行政复议的主要事实、理由和时间。

二、行政复议的受理

（一）5 日内告知审查意见，否则视为受理

行政复议机关收到行政复议申请后，应当在 5 日内进行审查，对不符合行政复议法规定的行政复议申请的，决定不予受理，并应当书面告知申请人。对符合《行政复议法》规定，但是却不属于本机关受理的行政复议申请，应当告知申请人向有关行政复议机关提出。除此之外，行政复议申请自行政复议机关负责法制工作的机构收到之日起即为受理。

（二）不予受理的纠错

公民、法人或者其他组织依法提出行政复议申请，行政复议机关无正当理由不予受理的，上级行政机关应当责令其受理。必要时，上级行政机关也可以直接受理。

第六节　行政复议的审理、决定和执行

◆ **考点精华 59**

审理方式	原则上书面方式，可以依申请或依职权听证（非开庭）审理。
	原则上不调解，但行政赔偿纠纷、行政补偿纠纷、自由裁量权行为（罚款数额、拘留天数、"可以"等）可以调解，注意，征税决定、不予赔偿属于羁束性行为，不能调解。
证据制度	（1）行政复议机关在受理 7 日内（许可、公开均为工作日，强制 10 日以内工作日，复议为 5 个、7 个工作日）将申请书副本发送被申请人；（2）被申请人 10 日内提出书面答复，并提交当初作出行为的证据、依据。如不提出则视为没有证据、依据，具体行为被撤销，不得申请延期提供。
	被申请人不得自行向申请人和有关组织和个人收集证据。
	申请人、第三人有权查阅资料，涉及国家秘密、商业秘密或者个人隐私除外。

证据制度	当事人可自行委托鉴定，也可申请复议机关委托鉴定，费用由当事人承担，时间不计算在复议审理期限内。
委托代理	申请人、第三人可委托1~2名代理人（公民可口头），被申请人只能委托其机关工作人员。
撤回复议申请	被申请人在复议期间改变具体行政行为不影响案件的审理，但申请人可以经复议机关同意撤回申请。若撤回复议申请则不得以同一事实和理由再次申请复议，但违背真实意愿撤回复议申请的除外。
复议期间停止执行	复议期间具体行政行为原则上不停止执行（行政行为的执行力），但以下情况需停止执行：（1）被申请人认为需要；（2）行政复议机关认为需要；（3）申请人申请停止，行政复议机关决定；（4）法律规定停止。如拘留、暂缓执行等。
中止与终止	（1）复议期间涉及法律适用问题的，中止审理等待有权机关作出解释；（2）在申请人对行政拘留申请复议期间，因申请人同一违法行为涉嫌犯罪，行政拘留变更为刑事拘留的复议终止。

一、行政复议的审理

（一）审理形式

1. 书面审查

行政复议原则上采取书面审查的办法。所谓书面审查，是指行政复议机关审理案件并不组织当事人当面集中审理，而是依据书面材料查清案件事实并作出行政复议决定的审理方式。

复议案件采取书面审理并不绝对，如果申请人提出要求或者行政复议机关具体负责案件审理的复议机构认为有必要时，也可以向有关组织和人员调查情况，听取申请人、被申请人和第三人的意见。行政复议机构认为必要时，可以实地调查核实证据。对重大、复杂的行政复议案件，如果申请人提出要求或者行政复议机构认为必要时，还可以采取听证的方式审理。也就是说，行政复议的审理方式，以书面审理为原则，调查询问审理以及听证审理为例外。与行政诉讼不同，行政复议的审理方式只有书面、调查询问、听证或调解，不得采取开庭的方式审理。

行政复议人员向有关组织和人员调查取证时，可以查阅、复制、调取有关文件和资料，向有关人员进行询问。调查取证时，行政复议人员不得少于2人，并应当向当事人或者有关人员出示证件。被调查单位和人员应当配合行政复议人员的工作，不得拒绝或者阻挠。

行政复议机构审理复议案件，无论采取何种方式审理，均应当由2名以上行政复议人员参加，防止独断偏私。初次从事行政复议的人员，应当通过国家统一法律职业资格考试取得法律职业资格。

2. 调解

行政权不得随意处分，故行政复议机关在行政复议过程中一般不得进行调解。但是，有下列情形之一的，行政复议机关也可以按照自愿、合法的原则进行调解：（1）公民、法人或者其他组织对行政机关行使法律、法规规定的自由裁量权作出的具体行政行为不服申请行政复议的；（2）当事人之间的行政赔偿或者行政补偿纠纷。

当事人经调解达成协议的，行政复议机关应当制作行政复议调解书。行政复议调解书应当载明行政复议请求、事实、理由和调解结果，并加盖行政复议机关印章。行政复议调解书经双方当事人签字，即具有法律效力。调解未达成协议或者调解书生效前一方反悔的，行政复议机关应当及时作出行政复议决定。

3. 和解

公民、法人或者其他组织对行政机关行使法律、法规规定的自由裁量权作出的具体行政行为不服申请行政复议，申请人与被申请人在行政复议决定作出前自愿达成和解的，应当向行政复议机构提交书面和解协议。若和解内容不损害社会公共利益和他人合法权益的，则行政复议机构应当准许。

（二）举证责任

行政复议的举证责任制度与行政诉讼的举证责任制度略有不同，但基本精神却是一致的，即应由行政机关对其作出的具体行政行为承担举证责任，否则将承担不利结果的举证制度，故在行政复议中举证责任同样是一种败诉风险。

1. 行政复议机关负责法制工作的机构应当自行政复议申请受理之日起 7 日内，将行政复议申请书副本或者行政复议申请笔录复印件发送被申请人。被申请人应当自收到申请书副本或者申请笔录复印件之日起 10 日内，提出书面答复，并提交当初作出具体行政行为的证据、依据和其他有关材料。

在行政复议过程中，被申请人不得自行向申请人和其他有关组织或者个人收集证据。以上规则是要求行政机关先取证、后决定，在当初作出行政决定时就应确保证据充分，禁止事后补证据。当然，法律只是限制了被申请人在行政复议过程中的证据收集权，申请人和第三人仍有权在行政复议过程中收集证据。

2. 原则上由被申请人承担举证责任，有下列情形之一的，申请人应当提供证据：（1）认为被申请人不履行法定职责的，提供曾经要求被申请人履行法定职责而被申请人未履行的证明材料；（2）申请行政复议时一并提出行政赔偿请求的，提供受具体行政行为侵害而造成损害的证明材料。

（三）申请人、第三人查阅材料

行政复议机关应当为申请人、第三人查阅有关材料提供必要条件。关于查阅材料的内容，则是被申请人提出的书面答复、作出具体行政行为的证据、依据和其他有关材料。除涉及国家秘密、商业秘密或者个人隐私外，行政复议机关不得拒绝。

（四）撤回复议申请

申请人与被申请人若自行达成和解，则以申请人撤回复议申请的方式达成。行政复议决定作出前，申请人要求撤回行政复议申请的，经说明理由，复议机关同意后可以撤回。申请人撤回行政复议申请的，行政复议终止。

（五）附带审查抽象行政行为的处理

与行政诉讼一样，行政复议尽管不得单独受理和审查抽象行政行为，但可以在审查具体行政行为时附带审查部分抽象行政行为。依据附带审查的启动方式不同，可以将附带审查划分为依申请附带审查与依职权附带审查。

1. 依申请附带审查的处理

申请人在申请行政复议时，若一并申请对国务院部门的规定、县级以上地方各级人民政府及其工作部门的规定、乡、镇人民政府的规定进行审查的，如果行政复议机关对该规定有权处理的，则应当在 30 日内依法处理。如果无权处理的，则应当在 7 日内按照法定程序转送有权处理的行政机关依法处理，有权处理的行政机关应当在 60 日内依法处理。处理期间，中止对具体行政行为的审查。

2. 依职权附带审查的处理

行政复议机关在对被申请人作出的具体行政行为进行审查时，如果认为其依据不合法，本机关有权处理的，则应当在 30 日内依法处理。如果无权处理的，应当在 7 日内按照法定程序转送有权处理的国家机关依法处理。处理期间，中止对具体行政行为的审查。

（六）被申请人自行改变具体行政行为

为了尽快解决行政争议，在行政复议期间被申请人可以改变原具体行政行为。若申请人认可该改变结果而撤回行政复议申请并获得行政复议机关同意，则行政复议程序结束。然而，若申请人不撤回行政复议申请，或者尽管提出撤回行政复议的申请但却未获得行政复议机关准许，则并不影响行政复议案件的审理。

（七）行政复议期间具体行政行为的停止执行

一般情况下，为了维护公共利益和行政管理秩序，及时制止违法行为对社会造成的危害，行政复议期间具体行政行为并不停止执行。但如果有下列情形之一的，也可以决定停止执行：

1. 被申请人认为需要停止执行的。
2. 行政复议机关认为需要停止执行的。
3. 申请人申请停止执行，行政复议机关认为其要求合理，决定停止执行的。
4. 法律规定停止执行的。

二、行政复议决定

◆ 考点精华 60

结案方式	基本含义	适用条件
调解	案中进行；复议机关主持；表现为制作复议调解书。	自由裁量行为：行政行为合理性争议、赔偿和补偿争议。
和解	案外进行；当事人协商；复议机关同意撤回申请。	合理性争议可和解，需提交和解协议，经复议机关同意撤回复议申请，和解协议不得影响公共利益和他人合法权益。
维持决定	被申请的行为完全合法。	被申请的具体行政行为正确无误，可以确定。
驳回决定	不支持申请人的请求。	不应受理的案件、对不作为的申请不成立。
撤销决定	针对作为违法的主要决定。	可以撤销，并可同时责令原机关限期重做。
确认决定	抚慰性决定。	确认违法（不适合撤销或重大明显违法）。

续表

结案方式	基本含义	适用条件
变更决定	针对作为错误的改变决定。	可以改结果、改主要事实证据、改定性依据；但超越职权或程序违法不得直接变更，复议机关只能撤销。复议不得加重损害。
履行决定	针对不作为的主要决定。	被申请人不作为，履行仍有现实意义。
赔偿决定	如果调解不成或一方反悔，应及时做出赔偿决定。	依申请作出：如申请人提出，必须决定赔偿与否。 依职权作出：撤销或变更直接针对财物作出的行为。
对抽象行政行为的审查处理	审查作为具体行政行为依据的文件并加以处理。	依申请审查：仅针对规章以下文件，限 30 日内处理，无权处理的应在 7 日内转送有权行政机关，后者在 60 日内处理。 依职权审查：参照依申请审理，但审查范围不限规章以下文件，接受转送的有权机关不限于行政机关且无审查期限。
审理期限	（1）60 日内作出行政复议决定，但是法律规定的少于 60 日的除外，延长期限不超过 30 日，现场勘验所用时间不计入复议审理期限。行政复议机构进行审查，提出处理意见→行政复议机关负责人作出决定； （3）复议机关发现被申请人的相关行政行为违法或需要善后处理的，可以制作行政复议意见书，有关机关应在 60 日内通报纠正或善后情况。	

（一）审理期限

行政复议机关应当自受理申请之日起 60 日内作出行政复议决定；但是法律规定的行政复议期限少于 60 日的除外。情况复杂，不能在规定期限内作出行政复议决定的，经行政复议机关的负责人批准，可以适当延长，并告知申请人和被申请人；但是延长期限最多不超过 30 日。

（二）复议决定的种类及适用

行政复议机关负责法制工作的机构应当对被申请人作出的具体行政行为进行审查，提出意见，经行政复议机关的负责人同意或者集体讨论通过后，作出行政复议决定。也就是说，应当依法由行政复议机关而非行政复议机构对外作出行政复议决定。

1. 维持决定

如果行政复议机关经审理认为具体行政行为认定事实清楚，证据确凿，适用依据正确，程序合法，内容适当的，应当决定维持具体行政行为。与行政复议不同，行政诉讼中没有维持判决，对合法的行政行为一律判决驳回原告诉讼请求，原因在于法院只能监督行政机关，而不得维护行政机关。

2. 履行决定

若被申请人依法应当履行法定职责但却不履行的，应当决定其在一定期限内履行法定职责。

3. 决定撤销、变更或者确认违法决定

具体行政行为有下列情形之一的，决定撤销、变更或者确认该具体行政行为违法；决定撤销或者确认该具体行政行为违法的，可以责令被申请人在一定期限内重新作出具体行政行为：（1）主要事实不清、证据不足的；（2）适用依据错误的；（3）违反法定程序的；（4）超越或者滥用职权的；（5）具体行政行为明显不当的。

可见，对于违法的具体行政行为，复议机关可以视情况作出撤销、变更或确认违法的决定。一般情况下，具体行政行为违法的，复议机关可以撤销。具体行政行为证据不足、适用定性法律依据错误或者结果明显不当的，复议机关既可以撤销，也可以作出变更决定。具体行政行为违法但不可撤销的，复议机关则决定确认违法。关于撤销决定和变更决定，应注意二者适用的区别：

（1）撤销决定。《行政复议法》规定，如若被申请人不依法提出书面答复、提交当初作出具体行政行为的证据、依据和其他有关材料的，视为该具体行政行为没有证据、依据，决定撤销该具体行政行为。

《行政复议法》规定，决定撤销或者确认该具体行政行为违法的，是"可以"而非"应当"责令被申请人在一定期限内重新作出具体行政行为。是否需要责令重作，行政复议机关可以自由裁量。不应做的直接撤销就可以了，应该做但做错了，撤销后就可以责令原机关重做。行政复议机关责令被申请人重新作出具体行政行为的，被申请人不得以同一事实和理由作出与原具体行政行为相同或者基本相同的具体行政行为。行政复议机关依法责令被申请人重新作出具体行政行为的，被申请人应当在法律、法规、规章规定的期限内重新作出具体行政行为；法律、法规、规章未规定期限的，重新作出具体行政行为的期限为 60 日。公民、法人或者其他组织对被申请人重新作出的具体行政行为不服，可以依法申请行政复议或者提起行政诉讼。

（2）变更决定。《行政复议法实施条例》规定，具体行政行为有下列情形之一，行政复议机关可以决定变更：①认定事实清楚，证据确凿，程序合法，但是明显不当或者适用依据错误的；②认定事实不清，证据不足，但是经行政复议机关审理查明事实清楚，证据确凿的。也就是说，变更决定只能适用于证据不足、适用定性法律依据错误或者结果明显不当，若具体行政行为程序违法或超越职权，复议机关只能撤销而不能直接变更。

4. 驳回复议申请决定

有下列情形之一的，行政复议机关应当决定驳回行政复议申请：

（1）申请人认为行政机关不履行法定职责申请行政复议，行政复议机关受理后发现该行政机关没有相应法定职责或者在受理前已经履行法定职责的；

（2）受理行政复议申请后，发现该行政复议申请不符合行政复议法及其实施条例规定的受理条件的。

上级行政机关认为行政复议机关驳回行政复议申请的理由不成立的，应当责令其恢复审理。

5. 赔偿决定

（1）申请人提出行政赔偿请求的。行政复议机关对符合国家赔偿法的有关规定应当给予赔偿的，在决定撤销、变更具体行政行为或者确认具体行政行为违法时，应当同时决定对被申请人依法给予赔偿；

（2）申请人没有提出行政赔偿请求的。行政复议机关在依法决定撤销或者变更罚款，撤销违法集资、没收财物、征收财物、摊派费用以及对财产的查封、扣押、冻结等具体行政行为时，应当同时责令被申请人返还财产，解除对财产的查封、扣押、冻结措施，或者赔偿相应的价款。

三、行政复议决定的执行

◇ **考点精华 61**

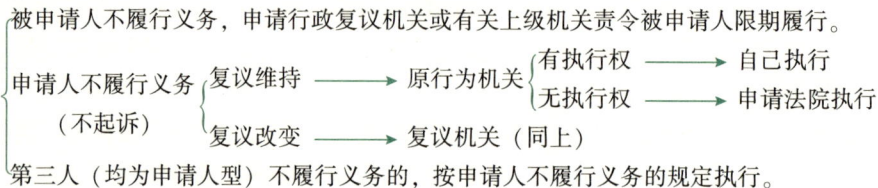
被申请人不履行义务，申请行政复议机关或有关上级机关责令被申请人限期履行。

申请人不履行义务
（不起诉）
复议维持 ——→ 原行为机关 ⎰有执行权 ——→ 自己执行
⎱无执行权 ——→ 申请法院执行
复议改变 ——→ 复议机关（同上）

第三人（均为申请人型）不履行义务的，按申请人不履行义务的规定执行。

（一）被申请人不履行复议决定的执行

被申请人不履行复议决定或无正当理由拖延履行的，行政复议机关或者有关上级行政机关应当责令其限期履行。当然，行政复议机关不仅应当决定原行政机关履行相应的法定职责，而且还应当指明履行职责的期限。注意，被申请人不履行复议决定，申请人不得向人民法院申请强制执行，只能申请复议机关或上级行政机关责令被申请人履行复议决定。

（二）申请人或第三人不履行复议决定的执行

申请人逾期不起诉又不履行行政复议决定的，或者不履行最终效力的行政复议决定的，按照下列规定分别处理：

1. 维持具体行政行为的行政复议决定，由作出具体行政行为的行政机关依法强制执行，或者申请人民法院强制执行。

2. 变更具体行政行为的行政复议决定，由行政复议机关依法强制执行，或者申请人民法院强制执行。

第三人（均为申请人型）不履行义务的，按申请人不履行义务的规定执行。

▌**金题自测**

1. 下列哪些情形下当事人必须先申请复议，对复议决定不服的才能提起行政诉讼？

A. 县政府依杨某和李某的申请，裁决某宗争议土地的使用权属于杨某，李某认为侵犯其已经取得的土地使用权

B. 高某对公安部作出的治安处罚决定不服

C. 顾某对税务局因逾期缴纳税款而处 1000 元罚款不服

D. 对县自然资源局作出的限期拆除占用耕地的违法建筑的决定不服

［考点］复议前置程序

［解题思路］《行政复议法》第 30 条规定，公民、法人或者其他组织认为行政机关的具体行政行为侵犯其已经依法取得的土地、矿藏、水流、森林、山岭、草原、荒地、滩涂、海域等自然资源的所有权或者使用权的，应当先申请行政复议；对行政复议决定不服的，可以依法向人民法院提起行政诉讼。A 选项中李某认为县政府的裁决争议土地使用权的行为侵犯了其已经取得的土地使用权，属于必须先申请复议，对复议决定不服才能起诉的案件，故 A 选项正确。

《治安管理处罚法》第 102 条规定，被处罚人对治安管理处罚决定不服的，可以依法

申请行政复议或者提起行政诉讼。据此可知，治安管理处罚法并未专门规定复议前置程序，故 B 选项错误。

《税收征收管理法》第 88 条规定，纳税人、扣缴义务人、纳税担保人同税务机关在纳税上发生争议时，必须先依照税务机关的纳税决定缴纳或者解缴税款及滞纳金或者提供相应的担保，然后可以依法申请行政复议；对行政复议决定不服的，可以依法向人民法院起诉。当事人对税务机关的处罚决定、强制执行措施或者税收保全措施不服的，可以依法申请行政复议，也可以依法向人民法院起诉。可见对税务机关的处罚和强制行为不服，不属于纳税争议，不属于复议前置的案件，可以直接向法院起诉，故 C 选项错误。

《行政处罚法》第 6 条规定，公民、法人或者其他组织对行政机关所给予的行政处罚，享有陈述权、申辩权；对行政处罚不服的，有权依法申请行政复议或者提起行政诉讼。县自然资源局作出的是行政处罚，当事人对县自然资源局作出的处罚不服的，则既可以申请行政复议，也可以提起行政诉讼，故 D 选项错误。

［答案］A

2. A 市甲县市场监管局以本县某食品公司生产销售的葡萄酒生产日期标注不真实，违反《产品质量法》为由，经 A 市市场监管局批准，以县市场监管局的名义决定罚款 30 万元并没收违法所得。下列哪些说法是错误的？

A. 该食品公司对处罚决定不服申请复议，须以县市场监管局为被申请人

B. 该食品公司撤回复议申请则复议程序中止

C. 该食品公司只能向甲县政府申请复议

D. 该食品公司向法院起诉的，应以县市场监管局为被告

［考点］行政复议的被申请人与复议机关

［解题思路］《行政复议法实施条例》第 13 条规定，下级行政机关依照法律、法规、规章规定，经上级行政机关批准作出具体行政行为的，批准机关为被申请人。经市市场监管局批准，县市场监管局以自己的名义作出处罚决定，应当以批准的上级市市场监管局为被申请人，复议机关为市政府和上一级主管部门，故 A、C 选项错误，当选。

《行政复议法》第 25 条规定，行政复议决定作出前，申请人若要求撤回行政复议申请的，经说明理由，可以撤回申请；撤回行政复议申请的，行政复议终止，故 B 选项错误，当选。

《最高人民法院关于适用行政诉讼法的解释》第 19 条规定，当事人不服经上级行政机关批准的行政行为，向人民法院提起诉讼的，应当以在对外发生法律效力的文书上署名的机关为被告。故此案应以署名的县市场监管局为被告，故 D 选项正确，不当选。

［答案］ABC

3. 国家发展与改革委员会与国家市场监管总局以非法经营为由共同对某公司罚款 500 万元。该公司不服申请行政复议。对于此案，下列哪些说法正确？

A. 该公司可以向国家发展与改革委员会提出行政复议申请

B. 行政复议机构可以采取听证的方式审理该行政复议案件

C. 复议机关不能对罚款决定的适当性进行审查

D. 该公司对复议决定不服的，只能向国务院申请作出最终裁决

[考点] 复议案件的申请与审理

[解题思路]《行政复议法实施条例》第 23 条规定，申请人对两个以上国务院部门共同作出的具体行政行为不服的，依照《行政复议法》第 14 条的规定，可以向其中任何一个国务院部门提出行政复议申请，由作出具体行政行为的国务院部门共同作出行政复议决定。故 A 选项正确。

《行政复议法实施条例》第 33 条规定，行政复议机构认为必要时，可以实地调查核实证据；对重大、复杂的案件，申请人提出要求或者行政复议机构认为必要时，可以采取听证的方式审理。故 B 选项正确。

《行政复议法》第 28 条规定，具体行政行为有下列情形之一的，决定撤销、变更或者确认该具体行政行为违法；决定撤销或者确认该具体行政行为违法的，可以责令被申请人在一定期限内重新作出具体行政行为：（1）主要事实不清、证据不足的；（2）适用依据错误的；（3）违反法定程序的；（4）超越或者滥用职权的；（5）具体行政行为明显不当的。可见，复议机关既可以对具体行政行为的合法性进行审查，也可以对具体行政行为的合理性进行审查，故 C 选项错误。

《行政复议法》第 14 条规定，对国务院部门或者省、自治区、直辖市人民政府的具体行政行为不服的，向作出该具体行政行为的国务院部门或者省、自治区、直辖市人民政府申请行政复议。对行政复议决定不服的，可以向人民法院提起行政诉讼；也可以向国务院申请裁决。故 D 选项错误。

[答案] AB

4. 县税务局在稽查账目时发现某公司漏缴税款 3 万元，经调查核实后向该公司送达了 10 天内补缴税款 3 万元并缴纳滞纳金 3000 元的通知，该公司不服通知申请复议后向法院起诉，下列选项正确的是：

A. 该公司对通知不服可以直接向法院起诉

B. 该公司不履行缴纳税款和滞纳金的义务经催告无效，税务局可以通知银行直接划拨存款抵缴

C. 未经原告申请，法院无权在诉讼中裁定税务局停止执行

D. 若省政府规章规定只能向上级税务局申请复议，则该公司不能向县政府申请复议

[考点] 复议机关

[解题思路]《税收征收管理法》第 88 条规定，纳税人、扣缴义务人、纳税担保人同税务机关在纳税上发生争议时，必须先依照税务机关的纳税决定缴纳或者解缴税款及滞纳金或者提供相应的担保，然后可以依法申请行政复议；对行政复议决定不服的，可以依法向人民法院起诉。当事人对税务机关的处罚决定、强制执行措施或者税收保全措施不服的，可以依法申请行政复议，也可以依法向人民法院起诉。补缴税款的决定属于纳税争议，是复议前置的案件，故 A 选项错误。

《税收征收管理法》第 38 条规定，税务机关有根据认为从事生产、经营的纳税人有逃避纳税义务行为的，可以在规定的纳税期之前，责令限期缴纳应纳税款；在限期内发现纳税人有明显的转移、隐匿其应纳税的商品、货物以及其他财产或者应纳税的收入的迹象的，税务机关可以责成纳税人提供纳税担保。如果纳税人不能提供纳税担保，经县

以上税务局（分局）局长批准，税务机关可以采取下列税收保全措施：（1）书面通知纳税人开户银行或者其他金融机构冻结纳税人的金额相当于应纳税款的存款；（2）扣押、查封纳税人的价值相当于应纳税款的商品、货物或者其他财产。可见，税务机关有法律授予的强制执行权，故 B 选项正确。

《行政诉讼法》第 56 条规定，诉讼期间，不停止行政行为的执行。但有下列情形之一的，裁定停止执行：（1）被告认为需要停止执行的；（2）原告或者利害关系人申请停止执行，人民法院认为该行政行为的执行会造成难以弥补的损失，并且停止执行不损害国家利益、社会公共利益的；（3）人民法院认为该行政行为的执行会给国家利益、社会公共利益造成重大损害的；（4）法律、法规规定停止执行的。故 C 选项错误。

《行政复议法实施条例》第 24 条规定，申请人对经国务院批准实行省以下垂直领导的部门作出的具体行政行为不服的，可以选择向该部门的本级人民政府或者上一级主管部门申请行政复议；省、自治区、直辖市另有规定的，依照省、自治区、直辖市的规定办理。税务局属于省以下垂直领导的部门，其复议机关一般是上级税务局和本级政府，但省级政府规章或地方性法规有特别规定，应从其规定，故 D 选项正确。

［答案］BD

5. 省药品管理局与省发改委以涉嫌非法经营为由共同对某公司罚款 500 万元，该公司认为处罚过重不服向省政府申请行政复议。对于此案，下列哪些说法不正确？

A. 若该公司经复议机关同意撤回复议申请，则不能以同一事实和理由再次申请复议

B. 复议机关应当在受理后 7 个工作日内将申请书副本送达被申请人

C. 此案的审理应由 2 名以上的工作人员参加

D. 该公司对复议决定不服的，可以向国务院申请作出最终裁决

［考点］复议案件的审理程序

［解题思路］《行政复议法实施条例》第 38 条第 2 款规定，申请人撤回行政复议申请的，不得再以同一事实和理由提出行政复议申请。但是，申请人能够证明撤回行政复议申请违背其真实意思表示的除外。据此可知，申请人如果能够证明撤回行政复议申请违背其真实意思表示的，依然可以再次申请行政复议。故 A 选项错误，当选。

《行政复议法》第 40 条规定，行政复议期间的计算和行政复议文书的送达，依照《民事诉讼法》关于期间、送达的规定执行。本法关于行政复议期间有关"5 日"、"7 日"的规定是指工作日，不含节假日。故复议机关应当在受理后 7 个工作日内将申请书副本送达被申请人。故 B 选项正确，不当选。

《行政复议法实施条例》第 32 条规定，行政复议机构审理行政复议案件，应当由 2 名以上行政复议人员参加。故 C 选项正确，不当选。

《行政复议法》第 14 条规定，对国务院部门或者省、自治区、直辖市人民政府的具体行政行为不服的，向作出该具体行政行为的国务院部门或者省、自治区、直辖市人民政府申请行政复议。对行政复议决定不服的，可以向人民法院提起行政诉讼；也可以向国务院申请裁决，国务院依照本法的规定作出最终裁决。此案并非是对省级政府对自身行为的复议决定不服，故不能向国务院申请裁决。故 D 选项错误，当选。

［答案］AD

　　案例： 2009 年市政府根据该市整顿交通秩序的需要，发布《关于整顿城区小型车辆营运秩序的公告》和《关于整顿城区小型车辆营运秩序的补充公告》。其中，《公告》要求"原已具有合法证照的客运人力三轮车经营者必须在 2009 年 7 月 19 日至 7 月 20 日到市交警大队办公室重新登记"，《补充公告》要求"经审查，取得经营权的登记者，如果是原有经营权经营者每辆车按 7200 元／两年的标准交纳经营权有偿使用费"。张某认为市政府作出的《公告》和《补充公告》相关规定构成重复收费，严重侵犯其合法经营权。

　　［问题］假如在针对"市政府作出《公告》和《补充公告》相关的行政行为"的行政复议过程中，行政复议机关发现该行政行为违法，能否作出更改相关行政行为的复议决定？

　　［答题模板］符合法定条件的可以依法决定变更。根据《行政复议法》第 28 条的规定，行政复议机关对于违法行政行为，有权直接变更。若市政府的行政行为主要证据不足、定性法律依据错误或明显不当，复议机关可以决定撤销或变更。

10 第十章 行政诉讼

考情速览

　　行政诉讼是一种特殊的"民告官"制度，其核心内容是法院依法裁判行政机关与公民、法人或其他组织之间的行政争议，属于典型的司法审判活动，不仅需要遵循司法审判的基本原则，也要严格遵守司法权与行政权的边界划分，以审查行政行为的合法性为界，防止司法权僭越行政权。同时人民法院在地位上也要保持被动和中立，其功能在于监督行政机关依法行政，保障相对人的合法权益，及时有效的化解行政纠纷。

　　尽管行政诉讼也属于诉讼制度之一，但考试却一般只考与民诉、刑诉有差异之处，也就是主要考查行政诉讼的特殊制度。在往年考试的分值构成上，行政诉讼往往分值很大，几乎占到行政法总分值的三分之一。但近几年考试中行政诉讼的分值比例在有所降低，这与法律职业资格考试改革涉及的考试人群变化有关。在法考时代，行政诉讼的地位仍然十分重要，考查分值和频率仍然会高于其他法律。近年来的考试着重于将行政诉讼与其他制度综合考查。从而在一定意义上增加了试题的难度。在考试题型分布上，尽管客观题会有较大分值的考查力度外，行政诉讼也是主观案例分析题的主要命题内容。尤其值得关注的是，2015年生效的《行政诉讼法修正案》及2018年最新出台的《最高人民法院关于适用行政诉讼法的解释》、《公益诉讼司法解释》等新法，令这一部分的知识点大幅增加，作为新增考点仍然是未来法考客观和主观题考查的重中之重。

第一节　行政诉讼的受案范围与管辖

一、行政诉讼的受案范围

◇ **考点精华62**

	主体标准：行政机关及其法律、法规、规章授权的组织。
概括式	行为标准：行政行为、合法性（含明显不当）。
	保护范围：人身权、财产权等合法权益。

正面列举	直接起诉	具体行政行为	(1) 行政处罚；(2) 行政强制措施和行政强制执行；(3) 行政许可：拒绝、不予答复或对有关行政许可的其他决定（撤销、撤回、注销、不予延续、终止办理等）不服；(4) 确认自然资源的所有权或者使用权；(5) 征收、征用及其补偿决定；(6) 行政不作为：申请保护人身权、财产权等合法权益，行政机关拒绝履行或者不予答复的；(7) 侵犯经营自主权、农村土地经营权或承包经营权的；(8) 滥用行政权力排除或者限制竞争；(9) 违法集资、摊派费用或违法要求履行其他义务的；(10) 行政给付：没有依法支付抚恤金、最低生活保障待遇或者社会保险待遇的；(11) 认为行政机关侵犯其他人身权、财产权等合法权益的（裁决、确认、检查等）；(12) 法律、法规规定可以提起诉讼的其他行政案件：行政复议决定、信息公开案件等。
		行政协议	行政机关不依法履行、未按照约定履行或者违法变更、解除行政协议的。（民告官）
反面列举	非行政性		(1) 国家行为；(2) 刑事侦查行为；(3) 民事行为。
	非特定性		抽象行政行为不能直接起诉，只能申请附带审查。
	非处分性		(1) 调解仲裁行为；(2) 行政指导行为；(3) 根据法院的生效裁判、协助执行通知书作出的执行行为，但扩大执行范围或采取违法方式（行政自主）的除外；(4) 信访行为（登记、受理、交办、转送、复查、复核意见）；(5) 驳回当事人对行政行为提起申诉后行政机关驳回申诉、不予改变、维持结论等重复处理行为（维持原决定：复议除外）；(6) 为作出行政行为而实施的过程性行为（准备、告知、催告等）；(7) 对公民、法人或者其他组织权利义务不产生实际影响的其他行为。
	非外部性		(1) 对公务员的人事决定；(2) 行政机关作出的不产生外部法律效力的行为（内部沟通、磋商、函件等）；(3) 上级对下级实施的内部层级监督行为（执法检查、督促履责）；(4) 行政机关公务协助协议；(5) 内部人事协议。
	法律规定的终局裁决		(1) 国务院复议裁决；(2) 省级政府自然资源确权特殊复议决定；(3) 出入境管理对外国人限制人身自由行为的复议决定。

　　行政诉讼受案范围，是指人民法院可以受理的行政案件的权力界限。行政诉讼的受案范围问题，既是人民法院审理案件的权力界限，也关系到行政相对人申请救济的权利限制问题。因此，行政诉讼的受案范围大小，一直以来都是一个非常重要的问题。

　　关于受案范围的立法方法，可以分为概括式、列举式和混合式等立法模式。概括式是由行政诉讼法典对行政诉讼的受案范围作原则性和概括性的规定，较为简单和灵活，但可能会带来具体解释的难题，容易产生歧义。列举式是指法律明确规定可以受理与不予受理的行政争议种类，较为具体和容易掌握，但容易出现繁琐和疏漏，难以全面列举等局限性。混合式则是结合两者，吸收两者所长，相互弥补。我国的行政诉讼立法采用的就是概括式加列举式的混合立法模式。

（一）概括式范围

1. 行政机关和法律、法规、规章授权组织的行政行为

根据行政诉讼法的有关规定，公民、法人或者其他组织认为行政机关和法定授权组织及其工作人员的行政行为侵犯其合法权益，有权依法向人民法院提起诉讼。由此可知，新行政诉讼法已经不再将受案范围严格局限于具体行政行为，而是扩展到行政协议、复议决定等法律规定的行政行为均可以依法起诉，在形式上扩大了行政诉讼的受案范围。

具体行政行为是行政机关及其他有权主体针对特定公民、法人或者其他组织所作的设定、变更、消灭其权利义务的单方行政行为。由于具体行政行为是一个学理概念而非法定概念，并且具体行政行为与抽象行政行为的划分并不总是毫无争议，很多时候往往模糊不清，给具体行政行为的认定带来了不小的难题。这种认定的困难给各级法院拒绝受理行政案件提供了重要理由，加剧了"民告官"告状难的现状，对于保护民众诉权十分不利。新法彻底取消了"具体"这一限制，拓宽了行政诉讼受案范围，至少可以防止各级法院通过对具体行政行为进行任意解释而拒绝受理行政案件。

行政行为这一受案范围标准的限制，意味着行政诉讼只审查与解决公民、法人或者其他组织与行政机关或者授权组织发生的行政争议，从而与民事诉讼、刑事诉讼区别开来。

2. 审查行政行为的合法性

由于三大诉讼在共有原则的问题上原理一致，行政诉讼的基本原则并无特别之处，但行政诉讼具有一项特有的基本原则：审查行政行为合法性原则，这是与民事诉讼和刑事诉讼的目的和性质不同而导致的。

所谓行政行为合法性审查原则，是指人民法院一般只审查行政行为的合法性问题，而不审查行政行为的合理性问题。《行政诉讼法》第6条规定，人民法院审理行政案件，对行政行为是否合法进行审查。行政行为的合法性审查原则界定了人民法院进行司法审查的范围，对司法权与行政权在诉讼中的权力界限与角色分工进行了制度安排。

之所以只审查合法性问题而不审查合理性问题，是因为合理性问题往往属于行政裁量权的范畴。换句话说，合理性问题是行政权的领地，司法审查一旦过多介入会引发司法权与行政权边界划分问题的争议，也就是会导致产生是否越权的疑问。从行政管理技术的层面来讲，过多干预行政合理性问题，也会导致法院面临行政知识装备短缺的问题。除了明显的合理性问题外，一般的行政裁量行为的合理性问题，法院往往缺乏相应的司法审查的知识与经验优势。因此，人民法院原则上只应当审查行政行为的合法性问题。

新行政诉讼法规定，行政行为明显不当的，人民法院应当作出撤销判决。另外，行政处罚明显不当，或者其他行政行为涉及对款额的确定、认定确有错误的，人民法院也可以判决变更。由于"明显不当"的行政行为或者行政处罚已经违反了一般人的理性判断标准，即便不是行政机关，一般人也可以借助于生活经验与常识加以辨别与评价，属于由合理性转化为合法性的问题，属于广义上的合法性审查了，与行政诉讼只审查行政行为合法性的基本原则并不矛盾。

行政行为合法性审查原则，意味着人民法院的司法审查权是有限的。这一点与行政复议存在明显的不同。行政复议是行政系统的自我救济与监督，无论是对于行政行为的合法性问题，还是对于合理性问题，都属于行政权的领地，本身作为行政机关的行政复议机关对具体行政行为的合法性与合理性问题因而也都可以进行审查。

3. 侵犯公民、法人或者其他组织的合法权益

（1）人身权和财产权

行政诉讼法上的人身权与财产权是一个广义的概念。除了包括宪法规定的人身权、民法规定的人身权之外，还包括行政法律法规规定的特殊的人身权，例如公务员的身份保障权等。只要行政机关所作的行政行为侵犯了相对人的人身权与财产权，相对人均可以提起行政诉讼，人民法院也均可以受理。

（2）其他合法权益

其他合法权益是指除了人身权、财产权以外受法律保护权利与利益。需要注意的是，这里的其他合法权益，一般是指专门的法律法规作出规定的合法权益。修正案规定了其他合法权益受到侵害也可以提起行政诉讼，从而扩大了行政诉讼的实际受案范围。

（二）属于受案范围的案件列举

根据《行政诉讼法》第 12 条的规定，人民法院受理公民、法人或者其他组织提起的下列诉讼：

1. 行政处罚行为。对行政拘留、暂扣或者吊销许可证和执照、责令停产停业、没收违法所得、没收非法财物、罚款、警告等行政处罚不服的。

2. 行政强制行为。对限制人身自由或者对财产的查封、扣押、冻结等行政强制措施和行政强制执行不服的。

3. 行政许可行为。申请行政许可，行政机关拒绝或者在法定期限内不予答复，或者对行政机关作出的有关行政许可的其他决定不服的。

4. 行政确权行为。对行政机关作出的关于确认土地、矿藏、水流、森林、山岭、草原、荒地、滩涂、海域等自然资源的所有权或者使用权的决定不服的。

5. 行政征收、征用行为。对征收、征用决定及其补偿决定不服的。

6. 行政不作为。申请行政机关履行保护人身权、财产权等合法权益的法定职责，行政机关拒绝履行或者不予答复的。

7. 侵犯经营自主权、土地承包经营权、土地经营权行为。认为行政机关侵犯其经营自主权或者农村土地承包经营权、农村土地经营权的。

8. 排除或者限制竞争的行为。认为行政机关滥用行政权力排除或者限制竞争的。

9. 违法要求履行义务的行为。认为行政机关违法集资、摊派费用或者违法要求履行其他义务的。

10. 行政给付行为。认为行政机关没有依法支付抚恤金、最低生活保障待遇或者社会保险待遇的。

11. 行政协议行为。认为行政机关不依法履行、未按照约定履行或违法变更、解除政府特许经营协议、土地房屋征收补偿协议、自然资源使用协议、社会资本合作协议等协议的。

12. 其他侵犯人身权、财产权等合法权益的行为。认为行政机关侵犯其他人身权、财产权等合法权益的。

除前述规定外，人民法院还受理法律、法规规定可以提起诉讼的其他行政案件。为了更好地保护公民诉权，最高法院曾陆续颁布了一些司法解释，对于行政诉权的扩张作出了努力。例如少年收容教养决定案件、教育行政决定案件、设施使用费征收案件、计划生育案件等等，均属于受案范围。除此之外，最高法院还陆续规定了其他一些案件也可以作为行政案件受理。

（三）不属于受案范围的案件列举

1. 国家行为

所谓国家行为，是指国务院、中央军事委员会、国防部、外交部等根据宪法和法律的授权，以国家的名义实施的有关国防和外交事务的行为，以及经宪法和法律授权的国家机关宣布紧急状态、实施戒严和总动员等行为。国家行为是一种政治行为，是否以及如何实施要基于各种政治考量，而不是通常理解的纯粹法律适用的问题，对国家行为最终承担的也是政治责任而非法律责任。由此看来，对于国家行为，人民法院并无审查的专长和技术优势，因此不宜由人民法院进行司法审查。

2. 抽象行政行为

抽象行政行为是行政机关针对不特定的对象，制定的能够反复适用的具有普遍约束力的行政规则的行为。抽象行政行为之所以不属于受案范围，主要原因在于宪法与立法法等对于抽象行政行为的审查已经作了相应的制度安排。另外，抽象行政行为对象广泛、数量庞大，且具有较强的专业性，人民法院有限的司法能力是无法满足审判需要的。

新行政诉讼法已经将部分抽象行政行为纳入到了人民法院附带审查的范围，从而在一定程度上赋予了人民法院司法审查权。按照《行政诉讼法》的有关规定，公民、法人或者其他组织认为行政行为所依据的国务院部门和地方人民政府及其部门制定的规范性文件不合法，在对行政行为提起诉讼时，可以一并请求对该规范性文件进行审查。

之所以要将部分抽象行政行为纳入到人民法院的附带审查的范围，是因为不少具体行政行为所依据的抽象行政行为本身就不合法，如果人民法院只是撤销或者变更违法的具体行政行为，而对该行政行为所依据的规范性文件无动于衷，则显然难以实现釜底抽薪之功效，无法彻底解决行政争议。因而应当对具体行政行为所依据的抽象行政行为进行全面审查。然而新行政诉讼法尽管允许对抽象行政行为进行附带审查，但这里的抽象行政行为的范围是有限的，只限于规章以下的规范性文件，对于行政法规和规章则不能进行司法审查。

3. 行政机关对行政机关工作人员的奖惩、任免等决定

行政机关对行政机关工作人员的奖惩、任免等决定属于内部行政行为，往往涉及到高度经验性的判断，而非法律问题的认知，人民法院一般并无进行司法审查的优势与专长，因而不宜通过行政诉讼的方式解决这类行政争议，因而不属于行政诉讼的受案范围。

4. 法律规定由行政机关最终裁决的行政行为

终局行政裁决行为由行政机关作出最终判定，法律不再提供司法救济途径，因而不在人民法院受案范围之列。例如行政复议法规定的涉及土地等自然资源确权行为的省级政府复议决定，就是最终裁决。这里所指称的法律，只限于全国人民代表大会及其常务委员会制定、通过的规范性文件。

5. 刑事司法行为

刑事司法行为是指公安、国家安全等机关依照刑事诉讼法的明确授权实施的行为。这些行为由刑事诉讼法调整，由检察机关依法实行法律监督。

由于公安、国家安全等机关具有双重身份，既具有刑事司法机关的性质，又具有行政管理机关的性质。因此其实施的行为究竟是否可以被纳入行政诉讼的受案范围，还要看其实施的职权行为究竟是以什么身份实施的，其目的与意图是否是为了实现刑事追诉的需要。如果是以刑事司法机关的身份实施，且以实现刑事追诉为目的，即应排除在行政诉讼受案范围之

外。反之，如果是以行政机关的身份实施，且以行政管理为目的而作出的行政行为，即应属于行政案件的受案范围。

6. 调解行为以及法律规定的仲裁行为

行政机关主持的调解行为，须以当事人自愿为前提。调解结果也应建立在双方当事人同意的基础之上。行政调解由于没有公权力的强制属性，对当事人没有相应的法律约束力，因而不具有可诉性。如果当事人不服行政机关的调解结果，可以依法申请仲裁或者向人民法院提起民事诉讼，而不必再提起行政诉讼。

由于仲裁具有相对独立性，行政机关对当事人之间的民事争议所作的具有法律约束力的仲裁行为，一般实行一裁终局，人民法院通常也不再提供司法救济的途径。

7. 行政指导行为

行政指导是指行政机关为了实现一定的行政管理目标，在行政管理的过程中，采取提供指导意见的方式实施的不具有强制约束力的行政行为。既然不具有强制约束力，是否听取行政机关的行政指导完全取决于公众自身的意见，当事人当然拥有选择的权利，因此不具有可诉性。

8. 驳回当事人对行政行为提起申诉的重复处理行为

重复处理行为是指行政机关根据公民、法人或者其他组织的申请或者申诉，对原有的生效行政行为所作出的没有改变的维持决定。由于重复处理行为并未形成新的权利义务状态，没有对当事人形成新的负担，因此不具有可诉性。人民法院不受理重复处理行为的另一方法的原因，是考虑到如果重复处理行为可诉，则行政诉讼的起诉期限制度就会被架空而会变得没有意义。

9. 对公民、法人或者其他组织权利义务不产生实际影响的行为

对公民、法人或者其他组织权利义务不产生实际影响的行为是指不产生法律效果的行为。一般是指不影响权利义务的事实行为和其他行为。既然没有对当事人形成新的权利义务，因而不具有可诉性。

行政事实行为是国家机关和国家机关工作人员实施的以处分权利义务为目的，也不发生相应法律效果，但以事实状态存在的行为。事实行为一般不属于行政诉讼受案范围，但事实行为若实际侵害了公民、法人或其他组织的合法权益，也可以按照国家赔偿法的规定单独提起行政赔偿诉讼。

10. 行政过程性行为

行政过程性行为又被称为行政程序性行为，是指行政机关在尚未作出最终处分权利义务的行政决定前，为推动行政程序并最终作出具体行政行为所进行的各种过程、阶段、准备性行为。行政行为进行准备、论证、研究、层报、咨询等，尚不具备最终的法律效力，不属于可诉的行为。

11. 协助执行行为

行政机关依照法院生效裁判作出的行为，本质上属于履行生效裁判的行为，并非行政机关自身依职权主动作出的行为，亦不属于可诉的行为。

12. 内部层级监督行为

内部层级监督属于行政机关上下级之间管理的内部行为，对相对人的权利义务不直接产生法律效果。当事人起诉要求法院判决上级人民政府履行监督下级人民政府的职责，属于不

可诉的行为。

13. 信访办理行为

信访工作机构登记、受理、交办、转送、承办、协调处理、监督检查、指导信访事项等行为，对信访人不具有强制力，对信访人的实体权利义务不产生实质影响，不具有可诉性。

14. 行政机关作出的不产生外部法律效力的行为

例如行政机关的内部沟通、会签意见、内部报批等行为，属于行政内部行为，并不对外发生法律效力，对公民、法人或者其他组织合法权益不直接产生法律效果，因此不属于可诉的行为。行政机关之间签订公务协助协议、行政机关与工作人员签订人事协议也不属于受案范围。

二、行政诉讼的管辖

（一）概述

所谓行政诉讼的管辖，是指不同级别与各地方的人民法院之间受理第一审行政案件的职权分工，解决的是人民法院审理行政案件的权限划分问题。与行政诉讼的受案范围主要解决的是人民法院主管的权力范围不同，行政诉讼的管辖则是在解决了人民法院的受案范围问题之后，进一步明确具体应由哪一个法院审理行政案件的权限分工问题。因此，行政诉讼的管辖是以解决了人民法院的受案范围问题为前提的。

明确了行政诉讼的管辖问题，既可以有助于明确法院之间的权力分工，防止互相推诿或者互相争抢行政案件，也有助于当事人便捷有效地及时寻求司法救济。如何才能更便利当事人参与行政诉讼，便于人民法院公正、有效地行使审判权，并实现法院的负担均衡，均为行政诉讼的管辖制度设计需要重点予以考虑的因素。

行政诉讼是"民告官"的诉讼，由哪一法院受理会牵涉到多种权力与利益的较量问题。地方保护与部门本位的力量博弈，也经常会在法院管辖问题上体现出来。因此，科学地设计管辖制度，也有利于人民法院更为公正地行使审判权，防止受到法外因素的干扰。

行政诉讼的管辖是关于人民法院审理第一审行政案件的权限分工的制度安排，不是二审以及再审案件的法院权限分工。我国实行的是两审终审制，确定了一审行政案件的管辖法院，二审管辖法院也就随之可以确定。另外，行政案件立案确定管辖法院以后，受诉人民法院的管辖权也不受当事人住所地改变、追加被告等事实和法律状态变更的影响。

（二）地域管辖

◆ **考点精华 63**

地域	被告所在地法院管辖	一般案件
	被告或原告所在地均可管辖	对限制人身自由的强制措施不服起诉。原告所在地包括户籍地、经常居住地、被限制人身自由地。对行政机关基于同一事实，既采取限制人身自由的强制措施，又采取其他强制措施或行政处罚一并不服的，由被告所在地或者原告所在地的法院一并管辖。必须是被限制人身自由的人提起诉讼才适用特殊管辖。
	复议机关所在地或原机关所在地均可管辖	经过复议的案件（复议维持或改变原决定）。

续表

地域	不动产所在地法院专属管辖	行政行为导致不动产物权变动而起诉：权属裁决、不动产登记、征收不动产等）。
	跨区域管辖	经最高人民法院批准，高级人民法院可以根据审判工作的实际情况，确定若干普通或专门法院跨行政区域管辖行政案件。（京批省定）
级别	中级法院	（1）被告为省部级单位、县级以上政府的；（2）被告为各级海关的案件；（3）国际贸易、反倾销反补贴行政案件；（4）法律规定的案件（证券交易所为被告等）；（5）社会影响重大的共同诉讼案件；（6）涉外或涉及港澳台的案件；（7）其他重大、复杂案件。被告：级别高，专业强；原告：人多大，有涉外。
	基层法院	普通一审行政诉讼案件。
	复议维持	以原机关和复议机关为共同被告，须以原机关来确定级别管辖（就低不就高）。
	复议改变	以复议机关为被告，按照被告复议机关确定级别管辖。
如地域管辖和级别管辖一起考察，则按先地域后级别（看行为、看主体）、先特殊后一般的方式确定。		

地域管辖是指同级人民法院之间受理第一审行政案件的分工和权限。如果说级别管辖是从纵向上划分一审法院的权限分工的话，那么地域管辖则是从横向上划分同一级别不同地域的人民法院的权限分工。在确定了级别管辖以后，只有借助于地域管辖方可最终确定具体的管辖法院。依据行政诉讼法的规定，地域管辖又划分为一般地域管辖与特殊地域管辖。

1. 一般地域管辖

一般行政案件由被告所在地的人民法院管辖，这也是"原告就被告"的一般地域管辖原则的体现和要求。之所以要体现"原告就被告"的基本管辖原则，是因为"原告就被告"可以便利当事人参与诉讼，也便于人民法院及时通知、调查取证与保证诉讼的顺利执行，同时也可以照顾到不同地方性法规、行政规章以及其他规范性文件效力的区域性特点，能保证行政机关作出行政行为的制度依据与审判机关的审查依据保持一致，以免出现区域规范冲突。

2. 特殊地域管辖

特殊地域管辖是指由于存在各种特殊情形，法律所作的不同于一般地域管辖的例外规定。

（1）限制人身自由的案件

对限制人身自由的行政强制措施不服提起的诉讼，由被告所在地或者原告所在地人民法院管辖。这一特殊地域管辖的规定主要是为了便利被限制人身自由的原告提起行政诉讼而进行的制度设计。因为被限制人身自由地与原告户籍所在地或者经常居住地有可能相距甚远，在行使诉权时有可能会存在诸多不便。作此规定可以便利当事人起诉，体现便民精神。准确理解限制人身自由案件特殊地域管辖规则，应注意以下几个问题：

① "原告所在地"包括原告的户籍所在地、经常居住地和被限制人身自由地。所谓经常居住地，是指公民离开住所地连续居住满一年的地方，但住院就医的地方除外。所谓被限制人身自由地，是指公民被羁押、限制人身自由的场所的所在地。这里尤其需要注意的是，被

限制人身自由地也属于"原告所在地"而非"被告所在地"。

②行政拘留不属于限制人身自由的强制措施，不适用这一特殊地域管辖，被行政机关采取行政拘留处罚决定的人，只能向被告所在地法院提起行政诉讼。

③行政机关基于同一事实既实施限制人身自由强制措施，又同时实施行政处罚或者对财产采取行政强制措施的，被限制人身自由的公民对上述行为均不服的，既可以向被告所在地人民法院提起诉讼，也可以向原告所在地人民法院提起诉讼，受诉人民法院可一并管辖。

司法解释之所以作这一规定，主要还是为了便利原告起诉，以切实维护当事人的诉权。另外，由关联法院一并管辖也可以提高诉讼效率，有效节省司法资源，也可以保证法律适用的统一，防止不同法院作出相互矛盾的裁判。

（2）经过的复议案件由复议机关或原机关所在地的法院管辖

若案件经过行政复议，也可以由复议机关所在地人民法院管辖。这里需要注意把握复议案件的一般地域管辖确定规则。如果经过行政复议的行政案件，那么无论行政复议机关有无改变原行政行为，既可以由最初作出行政行为的行政机关所在地法院管辖，也可以由复议机关所在地人民法院管辖。这一规定主要是基于便利当事人起诉的考虑。可见，在地域管辖问题上，只要是经过行政复议，无论是原机关所在地法院，还是复议机关所在地法院，均拥有管辖权。

例23：孙某对县税务局作出的罚款10万元的行政处罚不服，向市税务局申请行政复议。市税务局经过复议，维持了原处罚决定。孙某若不服市税务局的该复议决定，决定提起行政诉讼。则孙某既可以向原行政机关县税务局所在地法院提起诉讼，也可以向复议机关市税务局所在地法院提起诉讼。若本案的复议机关市税务局经过复议，改变了原处罚决定，决定对孙某罚款6万元。孙某对该复议决定依然不服，决定向人民法院提起行政诉讼。则尽管复议改变后的被告只能是复议机关市税务局，但原行政机关县税务局所在地法院与复议机关市税务局所在地法院仍然均有管辖权。

关于复议维持案件的级别管辖问题，行政诉讼法并未明确规定，《最高人民法院关于适用行政诉讼法的解释》对此作了相应的补充规定。按照司法解释的规定，作出原行政行为的行政机关和复议机关为共同被告的，以作出原行政行为的行政机关确定案件的级别管辖。亦即是说，复议维持案件的级别管辖实行"就低不就高"原则。

例24：段某对位于西城区的市教育局的行政处罚决定不服，向位于东城区的市人民政府申请行政复议，市政府作出维持该处罚决定的行政复议决定，段某不服提起行政诉讼。本案的地域管辖，应当向市教育局或市政府所在地的法院提起行政诉讼。而本案属于复议维持，级别管辖就低不就高，则以原机关市教育局为被告确定级别管辖为基层法院，因此本案最终应当由西城区与东城区的基层法院作为管辖法院。

（3）涉及不动产权属变动的案件，由不动产所在地人民法院管辖

不动产行政案件由不动产所在地法院管辖属于专属管辖，其他人民法院均无管辖权。所谓专属管辖，也称排他性管辖，是指法律以诉讼标的所在地为标准，规定特定的诉讼只能由特定的人民法院进行管辖，其他人民法院无权管辖的诉讼管辖制度。这一制度安排的主要考虑，是为了便于人民法院在审理行政案件过程中对不动产采取措施，以及保证案件审理后能够得到顺利执行。关于不动产诉讼的专属管辖问题，这里特别需要注意以下三点：

①这里的不动产案件，是指因行政行为导致不动产权属发生变动而起诉的案件，而不是

所有涉及不动产的案件均适用特殊地域管辖。例如，土地等自然资源权属的裁决案件、不动产征收案件、不动产权属登记案件等，适用不动产专属管辖的规定，而房屋租赁许可案件、土地污染罚款案件、责令拆除违法建筑等就不涉及不动产权属变动，故不适用不动产专属管辖的规定。

②不动产已登记的，以不动产登记簿记载的所在地为不动产所在地；不动产未登记的，以不动产实际所在地为不动产所在地。

③不动产案件的专属管辖，并不是指凡是案件涉及不动产的，均须由不动产所在地法院管辖，而是指案件的客体或者诉讼标的是不动产，或者不动产就是产生行政争议的原因，也就是行政诉讼的主要目的就是为了解决不动产权属纠纷问题。

3. 跨区域集中管辖

经最高人民法院批准，高级人民法院可以根据审判工作的实际情况，确定若干人民法院跨行政区域集中管辖行政案件。这是行政诉讼法修正案新增的特殊地域管辖制度，主要是为了探索设立跨行政区划的人民法院，保障各地法院能够排除地方干预，确保实现独立审判的司法改革目标。

铁路运输法院、海事法院等专门人民法院一般不审理行政案件，但也可以按照上述规则，经最高人民法院批准，高级人民法院决定由某个专门法院跨行政区域集中管辖行政案件。

（三）级别管辖

级别管辖，是指上下级人民法院之间受理第一审行政案件的分工和权限。级别管辖是在法院系统内部解决第一审行政案件应当由哪一级人民法院予以受理的问题。确定级别管辖是确定行政诉讼管辖的前提，在明确了行政诉讼的级别管辖问题之后，一般才会明确相应的地域管辖问题。

1. 基层法院的管辖

基层人民法院管辖第一审普通行政案件。除了法律另有规定的以外，所有的第一审行政案件均由基层人民法院管辖。这是因为基层人民法院距离当事人最近，并且数量多、分布广，由基层法院作为一审法院，既便利于当事人参加诉讼，又便利于人民法院对行政案件的及时审理、裁判与执行。

2. 中级人民法院的管辖

（1）国务院部门或县级以上政府为被告的案件

公民、法人或者其他组织对国务院部门或者县级以上地方人民政府所作的行政行为提起行政诉讼的案件。

这类案件的被告行政级别较高，其所作的行政行为往往较为重要，社会影响也较大，由中级法院管辖，有利于人民法院排除干扰，尽可能实现公正审判。

（2）海关处理的案件

主要包括海关处理的纳税案件和海关行政处罚案件。海关处理的案件一般专业性、技术性较强，中级法院更有能力审理这类行政案件。另外，海关行政机关的设立大都与中级法院的设置地域相吻合，由中级法院管辖在区域范围方面也较为合理。

（3）法律规定由中级人民法院管辖的案件

其他法律根据不同行政案件的社会影响程度，可以对行政作出特别规定的机会。这里的法律应该是狭义的法律，是指全国人大及其常委会制定发布的基本法律和普通法律。

（4）本辖区内重大、复杂的案件

《最高人民法院关于适用行政诉讼法的解释》规定，中级人民法院管辖的重大、复杂的案件具体包括以下三类：①社会影响重大的共同诉讼案件；②涉外或者涉及港、澳、台的行政案件；③其他重大、复杂的案件。

3. 高级人民法院的管辖

高级人民法院管辖本辖区内重大、复杂的第一审行政案件。这里的"重大、复杂"一般是指在本行政区域内具有示范作用或者重要意义。

4. 最高人民法院

最高人民法院管辖全国范围内重大、复杂的第一审行政案件。

例25：甲、乙两村分别位于某市两县境内，因土地权属纠纷向市政府申请解决，市政府裁决争议土地属于甲村所有。乙村不服，向省政府申请复议，复议机关确认争议的土地属于乙村所有。甲村不服行政复议决定，提起行政诉讼。此案属于复议改变，以省政府为被告，且涉及不动产案件，由争议土地所在地的中级人民法院管辖。

（四）裁定管辖

◇ 考点精华 64

特殊管辖	移送管辖	法院发现受理的案件不属于本院管辖的，应当移送有管辖权的法院，受移送的法院应当受理。受移送的法院认为受送案件不属于本院管辖，应当报请上级法院指定管辖，不得再自行移送。
	移转管辖	上级法院有权审理下级法院管辖的案件，上级审理的案件不能移转到下级法院（能上不能下）。
	选择管辖	（1）两个以上法院都有管辖权的案件，原告向两个以上有管辖权的法院提起诉讼的，由最先立案的法院管辖。（2）行政协议可约定管辖，但违反级别管辖、专属管辖的除外。
	指定管辖	当事人以案件重大复杂直接向上级法院起诉的，上级法院：（1）书面告知向原法院起诉；（2）决定自己审；（3）指定其他下级法院审。
		下级法院对其管辖的案件审理困难或法院间就管辖产生争议，认为需要由上级人民法院审理或者指定管辖的，可以报请上级法院决定：（1）决定由报请的法院审；（2）决定自己审；（3）指定其他下级法院审。
	管辖权异议	（1）当事人收到应诉通知后15日内向受诉法院提出，指定管辖不适用管辖权异议；（2）受诉法院的管辖权不受当事人住所地改变、追加被告等事实和法律状态变更的影响。法院对管辖异议审查后确定有管辖权的，不因当事人增加或者变更诉讼请求等改变管辖，但违反级别管辖、专属管辖规定的除外；（3）重审一审、再审一审提出和一审未提二审才提出管辖权异议的，不予审查。

裁定管辖是指在没有法律直接规定的情形下，依据人民法院裁定而确定的诉讼管辖。作为法定管辖的必要补充，裁定管辖解决的是法定管辖难以穷尽案件管辖的各种具体情形之际如何确定管辖法院的问题。以下结合相关法律及司法解释的有关规定，分别阐述裁定管辖的

几种具体情形。

1. 移送管辖

移送管辖是指受理案件的人民法院发现自己没有管辖权，而将案件移送到有管辖权的人民法院审理的制度。由此可见，移送管辖移送的只是案件而非管辖权，因为负责移送的人民法院原本对于案件就没有管辖权，因而谈不上管辖权的转移，而只是移送行政案件至正确的管辖法院而已。

《行政诉讼法》规定，人民法院发现受理的案件不属于自己管辖时，应当移送有管辖权的人民法院。另外，为了防止案件的无限制移送导致审理拖延，受移送的人民法院不得再行移送。

2. 移转管辖

移转管辖，又称管辖权转移，是指将案件的管辖权由下级法院移交给上级法院审理的管辖制度。移转管辖制度的基本宗旨，在于当有管辖权的法院无法顺利行使管辖权时，为了顺利有效审理案件，而实现管辖权向上级法院的自由转移。与移送管辖不同的是，移转管辖移转的是诉讼管辖权，也就是说，受诉人民法院原本拥有管辖权，只不过由于各种原因而无法有效行使管辖权，因而将管辖权移交到可以正确有效行使管辖权的人民法院进行审理。而移送管辖则是受诉人民法院原本就没有相应的管辖权，无权对案件进行审理，因而只能将案件移送到有管辖权的人民法院进行审理。具体而言，移转管辖主要包括以下两种情形：

（1）上级人民法院有权审判下级人民法院管辖的第一审行政案件。这种情形是指下级法院原本拥有管辖权，但由于各种原因而无法正常行使，从而由上级法院提级审理。

（2）下级人民法院对其管辖的第一审行政案件，认为需要由上级人民法院审判的，可以报请上级人民法院决定。这一情形是指下级人民法院原本拥有管辖权，但认为无法正常行使，从而主动要求提级审理。拥有管辖权的人民法院可能因为多种原因而无法正常行使管辖权，例如受到了严重的行政干预而无法正常审理，或者为了更好保护当事人诉权等，则可以主动要求改变级别管辖由上级人民法院提级审理。行政诉讼法修正案删除了上级法院也可以把自己管辖的第一审行政案件移交下级人民法院审判的规定，从而意味着取消了管辖权下移的制度规定。

诉讼管辖权的上下转移原本是为了解决诉讼管辖面临障碍时的变通做法，具有灵活调整级别管辖的良好功效。然而由于行政诉讼属于"民告官"，是审理公权力行为的案件，必须确保审判机关的级别足够高，才能满足公正审判。行政诉讼中，中级人民法院审理一些特殊行政机关为被告的案件尚且容易受到不当的干预，如果将法定应当由中级人民法院审理的案件移交下级基层法院审理，则无法保证独立公正的裁判。另外，如果允许诉讼管辖权可以自由下放，则原本由上级法院管辖的一审行政案件，上级法院有可能特意下放到下级法院，而二审则由自己审理。这种通过下放管辖权来变相掌控裁判结局的诉讼手段，从根本上架空了二审的制度意义，令二审失去了原本的审级救济与纠错功能。

3. 选择管辖

依据行政诉讼法的规定，对于两个以上人民法院都有管辖权的案件，原告拥有选择权，可以自由选择其中一个人民法院提起诉讼。如果原告向两个以上有管辖权的人民法院提起诉讼的，则应当由最先立案的人民法院管辖。人民法院对管辖权发生争议，由争议双方协商解决。协商不成的，报它们的共同上级人民法院指定管辖。

例26：B市居民李某从C市居民田某处非法购得一辆走私轿车，未办理过户手续。在A市一起交通事故查验中，A市公安局认定该车系走私车，予以没收，并将李某于C市扣留盘问24小时，李某对扣留不服向省公安厅申请复议，复议机关维持了原决定。李某对复议决定仍不服提起行政诉讼。本案涉及限制人身自由的强制措施，又经过复议，可以同时适用复议和限制人身两项特殊地域管辖，李某起诉可以由被告所在地的A市法院管辖，也可以有原告所在地的B市法院、C市法院管辖，或者由复议机关省公安厅所在地的法院管辖。

4. 指定管辖

指定管辖是指因为存在特殊情形，上级人民法院裁定将案件交由某一下级人民法院审理的管辖制度。这里的特殊情形主要包括两种：一是有管辖权的人民法院由于特殊原因不能行使管辖权，因而无法审理案件。例如因为不可抗力或者人民法院与本案有利害关系而导致案件无法或者不便审理；二是不同的人民法院之间发生了管辖权争议，而争议各方又协商不成。

由于行政审判所遭遇的严重行政干预，行政诉讼管辖制度亟待作出相应调整。为了解决行政案件管辖的一些相关问题，《最高人民法院关于适用行政诉讼法的解释》对于指定管辖制度作了明确的规定。基本内容如下：

（1）当事人启动

①当事人主动越级起诉。当事人以案件重大复杂为由或者认为有管辖权的基层人民法院不宜行使管辖权，直接向中级人民法院起诉，中级人民法院应当根据不同情况在7日内分别作出以下处理：指定本辖区其他基层人民法院管辖；决定自己审理；书面告知当事人向有管辖权的基层人民法院起诉。

②当事人被动越级起诉。当事人向有管辖权的基层人民法院起诉，受诉人民法院在7日内未立案也未作出裁定，当事人向中级人民法院起诉，中级人民法院应当根据不同情况在7日内分别作出以下处理：要求有管辖权的基层人民法院依法处理；指定本辖区其他基层人民法院管辖；决定自己审理。

由此可见，对于当事人选择中级法院起诉的情形，无论是基于何种理由，中级法院均可以作出三种选择：一是要求有管辖权的法院管辖；二是告知当事人向有管辖权的法院起诉，或者指定本辖区其他法院管辖；三是决定自己审理。

（2）基层法院启动。基层人民法院对其管辖的第一审行政案件，认为需要由中级人民法院审理或者指定管辖的，可以报请中级人民法院决定。中级人民法院应当根据不同情况在7日内分别作出以下处理：决定自己审理；指定本辖区其他基层人民法院管辖；决定由报请的人民法院审理。

（3）中级法院启动。中级人民法院对基层人民法院管辖的第一审行政案件，根据案件情况，可以决定自己审理，也可以指定本辖区其他基层人民法院管辖。

（4）其他适用。前述关于指定管辖的规定，也适用于中级人民法院和高级人民法院管辖的第一审行政案件需要由上一级人民法院审理或者指定管辖的情形。

最高法院的这一管辖解释，大幅扩充了中级法院的指定管辖权，其基本精神在于赋予中级法院更多自由裁量的权力。一旦发现下级人民法院不宜管辖的情形，即可以灵活作出指定管辖的处理，从而尽可能避免基层法院的审理受到干扰。

5. 管辖权异议

管辖权异议是指当事人认为受理案件的人民法院并无管辖权，因而要求改变管辖的诉讼制度。有权提出管辖权异议，是当事人行使行政诉权的具体体现，也可以实现对于人民法院行使管辖权的监督与制约。人民法院对管辖异议审查后确定有管辖权的，不因当事人增加或者变更诉讼请求等改变管辖，但违反级别管辖、专属管辖规定的除外。发回重审一审、再审一审或者一审未提出，二审才提出管辖异议的，人民法院不予审查。

（1）管辖权异议的提起

只有诉讼当事人可以提起管辖权异议，其他诉讼参与人无权提起。当事人提出管辖权异议，应当在接到人民法院应诉通知之日起 15 日内以书面形式提出，并应当说明理由。

（2）管辖权异议的处理

对当事人提出的管辖权异议，人民法院应当进行审查。如果认为当事人的异议成立的，应当裁定将案件移送有管辖权的人民法院进行审理。如果认为当事人的异议不成立的，则应当裁定予以驳回。

（3）管辖权异议的救济

人民法院针对当事人提出的管辖权异议，应当作出书面裁定，送达各方当事人。对于人民法院作出的管辖权异议裁定，当事人可以提起上诉。

第二节　行政诉讼参加人

一、行政诉讼的原告

◇ 考点精华 65

原告	普通原告			1. 原告资格：行政相对人和与行政行为有利害关系的人（处分权利义务）； 2. 相对人或利害关系人主观认为行政行为侵犯某种合法权益就可起诉，客观上是否确实侵犯其合法权益不影响原告资格，只影响裁判结果； 3. 行政主体只能做被告而不能做原告，行政诉讼不允许反诉； 4. 行政行为生效即产生原告资格，不需要等到强制执行该决定。
	特殊原告	利害关系人	相邻权人	侵害采光、排水、通风、通行等权利皆可起诉。
			公平竞争人	参与竞争的当事人认为行政行为侵犯公平竞争权皆可起诉。
			复议当事人	复议的申请人、第三人均可起诉。
			受害人	治安案件的受害人要求行政机关处罚加害人的，受害人认为对加害人的处罚明显不当或不作为不服，可以起诉。
			自益投诉人	为维护自身合法权益向行政机关投诉，具有处理投诉职责的行政机关作出或者未作出处理的（上级机关对下级机关的监督处理除外）。
			信赖保护人	被撤销或变更的原行为的利害关系人均可作原告。
			农地使用权人	农村土地使用权人可以自己的名义起诉（承包土地的村民可以起诉，经过半数同意也可以村委会或村民小组的名义起诉）。

原告	特殊原告	组织的原告资格	特殊债权人	债权人以行政机关对债务人所作的行政行为损害债权实现为由提起行政诉讼的，人民法院应当告知其就民事争议提起民事诉讼，但行政机关作出行政行为时依法应予保护或者应予考虑的除外。
			合伙	核准登记的合伙企业以字号为原告，未登记个人合伙以全体合伙人为共同原告，推选代表人参加诉讼。
			个体工商户	以营业执照上登记的经营者为原告。有字号的以执照登记的字号为原告，并应注明该字号经营者的基本信息。
			中外混合企业	中外联营、合资、合作企业有原告资格，其单独的投资人均可因自己利益或企业利益受损以自己的名义起诉。
			股份制企业案件	股东大会、股东会、董事会等认为侵犯企业合法权益的，可以企业的名义起诉。
			非国有企业案件	被行政机关注销、撤销、合并、强令兼并、出售、分立或者改变企业隶属关系的，企业或其法定代表人（含原企业和合并后的新企业）可以起诉。
			非盈利法人	事业单位、社会团体、基金会、社会服务机构等非营利法人的出资人、设立人认为行政行为损害法人合法权益的，可以自己的名义提起诉讼。
			涉及业主共有利益的案件	业主委员会可以自己的名义提起诉讼。业主委员会不起诉的，专有部分占建筑物总面积过半数或者占总户数过半数的业主可以提起诉讼。
			检察院提起公益诉讼	行政机关违法致使公共利益受到侵害，向行政机关提出检察建议后仍不依法履行职责，检察院可作为原告提起诉讼。
	原告资格转移			（1）公民死亡→近亲属（配偶、父母、子女、兄弟姐妹、祖父母、外祖父母、孙子女、外孙子女和其他具有扶养、赡养关系的亲属），组织终止→继承权利的组织；（2）90日无人继受诉讼终止。
	委托近亲属起诉			公民因被限制人身自由而不能提起诉讼的，其近亲属可以依其口头或者书面委托以该公民的名义提起诉讼。

（一）普通原告

行政诉讼的原告是指因行政行为产生争议，认为行政机关的行政行为侵犯其合法权益，依法向人民法院提起行政诉讼的公民、法人或者其他组织。由于行政诉讼是"民告官"的诉讼，因此原告只能是作为行政相对人或者其他利害关系人的公民、法人或者其他组织，而不应是作为行政主体的行政机关或者法律、法规、规章授权组织。当然，如果行政机关或者授权组织位于行政相对人的地位，接受行政机关或者授权组织的行政管理，则也可能会成为行政诉讼的原告。

行政诉讼原告包括行政相对人，但不仅限于行政行为直接针对的行政相对人。公民、法人或者其他组织即使不是某一行政行为的直接相对人，只要其合法权益受到行政行为的实质影响，即权利义务受到行政行为的侵害，即可成为行政诉讼原告，可以依法向人民法院提起行政诉讼。

合法权益是指受法律明确保护的权利及其相关利益，排除法律禁止的非法利益和法律不保护但也不禁止的反射利益。依据《行政诉讼法》的规定，合法权益主要是指人身权、财产权。除了人身权、财产权以外的合法权益受到行政行为侵害的，只有在有关专门的单行法律、法规另有规定可以起诉的方可提起行政诉讼。

注意，这里的行政行为究竟是否违法，原告合法权益是否受到实际损害并不是提起行政诉讼的前提。只要原告主观上认为行政行为侵犯了自己的合法权益，就可以提起行政诉讼。至于行政行为是否违法并侵犯原告合法权益，尚需留待人民法院进行审理并作出判决后才能作出最终确认。

（二）特殊原告的确认

行政诉讼原告的确认是直接关系到原告能否拥有行政诉权，将行政争议起诉到人民法院要求获得司法救济的重要问题。我国行政诉讼法及其司法解释分别列举了行政诉讼原告的以下类型：

1. 相邻权人

所谓相邻权人是指不动产的占有权人在行使其物权时，对与其相邻的他人不动产所依法享有特定支配权的公民、法人或者其他组织。

尽管在行政行为中，相邻权人并非行政行为的直接相对人，但是由于其认为相邻权受到了行政行为的侵害，与行政行为也产生了利害关系，因而可以原告身份起诉。

2. 公平竞争权人

所谓公平竞争权，是指经营者依法享有的要求其他经营者及相关主体公平竞争，以保障经营者合法利益的权利。《行政诉讼法》规定，公民、法人或者其他组织认为行政机关滥用行政权力排除或者限制竞争的，可以向人民法院提起行政诉讼，从而赋予了公平竞争权人可以提起行政诉讼的权利，明确了人的原告资格。

与相邻权的原理一致，公平竞争权人尽管不是行政行为的直接相对人，但是由于其权利受到了实质影响，依然构成了法律上的利害关系，符合原告的起诉要件，因而可以原告身份直接向人民法院起诉。

3. 复议的申请人和第三人

按照《行政诉讼法》的规定，行政复议案件的申请人对复议决定不服，可以依法提起行政诉讼。同时，按照司法解释的规定，在行政复议等行政程序中被追加为第三人的，属于行政复议决定的当事人，对行政复议决定不服也有权依法提起行政诉讼。

4. 受害人

受害人是指受到其他公民违法行为侵害的人。由于受害人并非行政行为的直接相对人，因此其原告资格依然是一个值得讨论的问题。行政诉讼法及其有关司法解释明确规定了受害人的原告资格问题。要求主管行政机关依法追究加害人法律责任的公民、法人或者其他组织，可以原告身份依法提起行政诉讼。

这里需要注意的是，起诉的一方为原告，没有起诉的另一方则为第三人。另外，如果双方都向人民法院提起行政诉讼，且诉讼请求并不一致，则均为诉讼原告，但并非共同原告。加害人一般为被处罚人，若对处罚不服可以起诉，受害人认为行政机关对加害人的处罚过轻，也有权起诉。

5. 自益投诉人

公民、法人或其他组织为维护自身合法权益向行政机关投诉，具有处理投诉职责的行政机关作出或者未作出处理的，投诉人可以依法提起行政诉讼。

注意，为维护他人合法权益或公共利益而向机关机关投诉，对行政机关的处理不服没有原告资格起诉。他人合法权益受到损害，由被侵害人自己去投诉、起诉，只能管好自家门前雪，莫管他人瓦上霜。至于涉及公益行政诉讼，只有检察机关才能依法起诉，公民只能作为朝阳群众、正义市民、吃瓜群众向行政机关投诉，对行政机关的处理不服是没有原告资格提起行政诉讼的，实在不服就去监察委员会举报吧。同时，只有对公民、法人或其他组织的不法行为向行政机关投诉的案件，对行政机关的处理不服，才能提起行政诉讼，若向上级机关投诉下级机关的不法行政行为，要求上级行政机关监督下级，对上级机关的处理不服，不属于行政诉讼的受案范围，不能起诉。

此条规定只是为了排除那些"投诉专业户"和非法牟利的"职业信访人"，并不排除为维护自身合法权益的"职业打假人"作为原告起诉行政机关对投诉的处理行为，此为司法解释有意将民事诉讼排斥的"职业打假"归责到行政机关处理，并要求行政机关充分利用行政执法的资源和途径化解民事纠纷，保障消费者和其他市场主体的合法权益。

6. 信赖保护人

被撤销或变更的原行为的利害关系人均可作原告。撤销或变更原行政行为，实际是重新作出了一个新的行政决定，若侵害行政相对人或利害关系人的信赖保护合法权益，可以作为原告提起行政诉讼。

7. 农地使用权人

农村土地承包人等土地使用权人对行政机关处分其使用的农村集体所有土地的行为不服，可以自己的名义提起诉讼。由于农村集体土地的所有权与使用权是分离的，不仅所有权人的权益需要保护，使用权人的权益同样也需要予以保护。因此，在行政行为涉及有关土地权益时，不仅所有权人可以起诉，使用权人也同样应当具备原告资格，从而获得起诉的权利。

8. 特殊债权人

债权人以行政机关对债务人所作的行政行为损害债权实现为由提起行政诉讼的，人民法院应当告知其就民事争议提起民事诉讼，但行政机关作出行政行为时依法应予保护或者应予考虑的除外。

（三）组织的原告资格

1. 合伙组织

合伙企业向人民法院提起诉讼的，应当以核准登记的字号为原告。未依法登记领取营业执照的个人合伙的全体合伙人为共同原告；全体合伙人可以推选代表人，被推选的代表人，应当由全体合伙人出具推选书。

2. 个体工商会

以营业执照上登记的经营者为原告。有字号的以执照登记的字号为原告，并应注明该字号经营者的基本信息。

3. 中外混合企业

联营企业、中外合资或者合作企业的联营、合资、合作各方，认为联营、合资、合作企业权益或者自己一方合法权益受行政行为侵害的，均可以自己的名义提起诉讼。这里需要注意的是，联营、合资、合作各方对行政行为不服的，均可以自己的名义提起诉讼，即以联营、合资、合作一方自己的名义提起行政诉讼。但若是整个企业均不服该行政行为，则该企业当然可以以企业名义提起行政诉讼。

4. 股份制企业

股份制企业的股东大会、股东会、董事会等认为行政机关作出的行政行为侵犯企业经营自主权的，可以企业名义提起诉讼。

是否具有原告资格与是否可以提起行政诉讼是不同的。司法解释只是规定股份制企业的股东大会、股东会、董事会等均可以提起行政诉讼，代企业行使行政诉权，但这些股份制企业的内部机构本身却并不具有诉讼原告资格，不能以自己的名义起诉，而只能以企业的名义提起行政诉讼。

5. 非国有企业

非国有企业被行政机关注销、撤销、合并、强令兼并、出售、分立或者改变企业隶属关系的，企业或者其法定代表人可以原告身份起诉。

这里需要注意的是，因为法定代表人具有独立的诉权和原告资格，因而非国有企业的法定代表人是以自己的名义起诉，而非以企业的名义起诉。司法解释作此规定，就是为了企业的经营自主权，防止行政机关通过人事任免等手段随意侵犯企业的经营自主权。

6. 非盈利法人

事业单位、社会团体、基金会、社会服务机构等非营利法人的出资人、设立人认为行政行为损害法人合法权益的，可以自己的名义提起诉讼。

7. 涉及业主共有利益的案件

业主委员会可以自己的名义提起诉讼。业主委员会不起诉的，专有部分占建筑物总面积过半数或者占总户数过半数的业主可以提起诉讼。

8. 检察院提起行政公益诉讼

人民检察院在履行职责中发现生态环境和资源保护、食品药品安全、国有财产保护、国有土地使用权出让等领域负有监督管理职责的行政机关违法行使职权或者不作为，致使国家利益或者社会公共利益受到侵害的，向行政机关提出检察建议后仍不依法履行职责，检察院可作为原告提起诉讼。

例 27：县规划局向房地产公司颁发建设工程规划许可证，批准地产公司在小区大门附近建设高层建筑，小区 28 户居民认为该规划许可证违反国家强制性规定，侵犯居民的采光、通风等相邻权，可以作为原告提起行政诉讼。地产公司若认为规划许可证的内容错误，不符合申请的内容，也可以作为原告起诉。本案中，房地产公司是规划许可证的行政相对人，28 户居民是规划许可证的利害关系人，二者均有原告资格起诉规划许可证违法。而规划局是作出规划许可证的行政主体，无论是行政相对人还是利害关系人起诉规划许可违法，规划局将成为行政诉讼的被告。

（四）原告资格的转移

原告资格的转移是指在特殊情形下，丧失诉讼权利能力的公民、法人或者其他组织的原告资格可以转移给他人的制度。原告资格转移是立法为了保护接受原告资格的特定主体的合法权益而作的制度设计，从而使得这些接受原告资格的特定主体不至于因为原告的权利能力丧失，而导致其合法权益无法获得相应司法救济的情形出现。按照行政诉讼法及其司法解释的规定，原告资格转移主要包括以下两种情形：

1. 公民原告资格转移

有权提起诉讼的公民死亡，其近亲属可以提起诉讼。这里的近亲属主要包括配偶、父母、子女、兄弟姐妹、祖父母、外祖父母、孙子女、外孙子女和其他具有扶养、赡养关系的亲属。

公民若因被限制人身自由而不能提起行政诉讼的，其近亲属可以依其口头或者书面委托以该公民的名义向人民法院提起行政诉讼。近亲属起诉时无法与被限制人身自由的公民取得联系，近亲属可以先行起诉，并在诉讼中补充提交委托证明。

2. 组织原告资格转移

有权提起诉讼的法人或者其他组织终止，承受其权利的法人或者其他组织可以向人民法院提起行政诉讼。

二、行政诉讼的被告

◆ **考点精华 66**

	行为主体	被告
一般情况	一般机关	作出行政行为的机关。
	派出机关	派出机关。
	开发区管理机构及部门	（1）国务院、省级政府批准设立：开发区管理机构及其职能部门对自己的行政行为各自单独作被告；（2）其他开发区管理机构及其所属部门的行为，一般以设立的政府为被告，管理机构有行政主体资格的自己作被告。
	法定授权组织	依照法律法规规章授权实施的行政行为，法定授权组织是被告。
	受委托组织	委托行使其权力的机关。
	不作为案件	有作为义务的机关。
	原主体被撤销	告继受职权的主体，没有继受主体的告所属政府，垂直领导告上一级行政机关。
特殊情况	行政内部机构	1. 未经法律法规规章授权以自己名义实施的，以所属的行政机关为被告；2. 有法律法规授权的，不越权告机构；幅度越权告机构；种类越权告所属行政机关（派出所：罚款告所、拘留告局）。
	共同行为	共同被告（遗漏但原告不同意追加的，转列为第三人）。
	伪共同行为	其中的行政主体是被告，非行政主体是第三人。

续表

	行为主体	被告	
特殊情况	经批准的行为	对外文书签名盖章的机关（经批准：复议告上级、诉讼看名义）。	
	拆迁案件	市、县级政府确定的房屋征收部门的房屋征收补偿行为，以房屋征收部门为被告。	
	经过复议的案件	复议维持	作出原机关和复议机关是共同被告。
			1. 包括维持原行为的处理结果和驳回复议请求，但以复议申请不符合受理条件为由驳回复议申请的除外（属于复议不作为）。既有维持内容又有改变内容或不受理申请内容的，按复议维持共同被告； 2. 法院应在审查原行为合法性时，一并审查复议决定的合法性； 3. 原机关和复议机关对原行为合法性共同承担举证责任，可以由其中一个机关实施举证。复议机关对复议决定的合法性单独承担举证责任。
		复议改变	改变原决定是指复议决定改变原行政行为的处理结果，不含改变原行为的事实证据和定性法律依据。包括：撤销、变更结果、责令履行、确认无效、确认违法（程序违法除外）。
			复议机关是被告。
		复议不作为	不受理、以不符合受理条件为由驳回复议申请、受理后不按期限决定。
			复议机关在法定期限（60 日）内未作出复议决定，起诉原行为原机关是被告；起诉复议机关不作为的，复议机关是被告。
纠错	被告错列	要求原告变更被告，原告不变更裁定驳回起诉。	
	被告遗漏	通知原告追加，原告不同意追加为第三人。但复议维持的共同被告案件遗漏被告的，原告不同意追加，法院应当直接追加漏告的机关为共同被告。	

（一）概述

所谓行政诉讼的被告，是指实施的行政行为被公民、法人或者其他组织起诉到人民法院，并被人民法院通知参加行政诉讼的行政机关或者法律、法规、规章授权组织。与诉讼原告一样，行政诉讼被告也是诉讼当事人，以自己的名义参加行政诉讼，并受人民法院裁判结果的拘束。

1. 被告是行政机关或者法律、法规、规章授权的组织

由于行政诉讼是"民告官"，因此被告只能是作为行政主体的行政机关或者授权组织，而不应是作为行政相对人的公民、法人或者其他组织。《行政诉讼法》明确了规章授权组织也可以作为行政诉讼的被告，从而扩大了作为诉讼被告的授权组织的范围。

2. 被告是作出被诉行政行为的行政主体

凡是没有行政主体资格，不能独立承担实体法律责任的机构或者组织，均不得成为行政

诉讼的被告。

3. 被告应当由人民法院通知应诉

只有原告明确提出指控，并由人民法院通知参加行政诉讼，才会成为行政诉讼的被告。

（二）被告的确认

被告一般是对行政相对人作出行政行为并被起诉到人民法院的行政主体，"谁作出行政行为，谁就是被告"是一般的行政诉讼被告确定规则。但是，由于具体的行政实践较为复杂，被告的确认因而也就存在诸多不同的情形。

1. 一般行政机关

公民、法人或者其他组织直接向人民法院提起诉讼的，作出行政行为的行政机关是被告。这是最典型的诉讼被告的确认情形，也是"谁作出行政行为，谁就是被告"规则的典型体现。当然，这里的行政机关应当享有行政职权，能对外以自己的名义独立作出行政行为，并能独立承担相应法律责任的行政主体。

2. 派出机关

派出机关包括行政公署、街道办事处和区公所三种，作为独立的行政机关，具有行政主体资格，对其行政行为不服，可以派出机关为被告起诉。

3. 开发区管理机构及部门

（1）国家级、省级开发区。当事人对由国务院、省级人民政府批准设立的开发区管理机构作出的行政行为不服提起诉讼的，以该开发区管理机构为被告；对由国务院、省级人民政府批准设立的开发区管理机构所属职能部门作出的行政行为不服提起诉讼的，以其职能部门为被告。

（2）非国家级、省级开发区。对不属于国务院或省级政府批准设立的其他开发区管理机构所属职能部门作出的行政行为不服提起诉讼的，以开发区管理机构为被告；开发区管理机构没有行政主体资格的，以设立该机构的地方人民政府为被告。

开发区是经济改革的试验场，由于累积的经验还不成熟，我国一直没有制定开发区管理方面统一的法律和行政法规，对于开发区管理委员会及其工作部门的法律地位没有明确规定。按照国务院文件和开发区管理方面的规章规定，经国务院和省级政府批准，地方政府设立的开发区、产业园区、高新技术园区、自贸区管理委员会属于政府的派出机构，依照地方性法规、规章的授权，管委会及其工作部门代表设立的政府行使行政管理职权。可见，合法成立的开发区管委会及其工作部门具有行政机关的地位，享有行政主体资格，可以作为行政诉讼的被告。但实践中，不属于国务院或省级政府批准，地方政府违规设立的其他开发区管理委员会及其工作部门只具有政府派出机构的地位，类似于公安派出所，一般不具有行政主体资格，不能成为行政诉讼的被告，而应当以派出这些开发区管理机构的当地政府为被告，若这种违规设置的开发区管委会经地方性法规、地方规章授权后有行政主体资格的，才可以作被告。

4. 法律、法规、规章授权的组织作为被告的

由法律、法规、规章授权的组织所作的行政行为，该授权组织是行政诉讼的被告。当事人对村民委员会或者居民委员会依据法律、法规、规章的授权履行行政管理职责的行为不服提起诉讼的，以村民委员会或者居民委员会为被告。当事人对高等学校等事业单位以及律师协会、注册会计师协会等行业协会依据法律、法规、规章的授权实施的行政行为不服提起诉讼的，以该事业单位、行业协会为被告。

5. 委托行政行为的被告

（1）由于行政机关的人员有限，行政机关进行行政管理就会存在大量的委托行为，委托行政行为的被告确定就会成为现实问题。行政诉讼法司法解释规定，由行政机关委托的组织所作的行政行为，当事人不服提起行政诉讼的，委托的行政机关是被告。也就是说，应当由委托机关而非受托机关对外独立承担相应的法律责任。例如，当事人对村民委员会、居民委员会受行政机关委托作出的行为不服提起诉讼的，以委托的行政机关为被告。当事人对高等学校等事业单位以及律师协会、注册会计师协会等行业协会受行政机关委托作出的行为不服提起诉讼的，以委托的行政机关为被告。

（2）行政机关在没有法律、法规或者规章规定的情况下，授权其内设机构、派出机构或者其他组织行使行政职权的，应当视为委托。当事人不服提起行政诉讼的，应当以该行政机关为被告，可以概括为"名为授权，实为委托"，或者"非法授权，视为委托"。

6. 不作为案件中的被告

具有法定行政职权且依法应当履行但却拒不行使该行政职权，从而侵害相对人合法权益的行政机关，可以作为行政诉讼的被告。需要注意的是，要想确认不作为案件中的被告，首先应当明确该行政机关是否负有应当履行的法定职责。如果没有该项法定职责，也就不存在所谓的不作为违法的问题。

7. 行政机关被撤销后的被告

行政诉讼被告资格的转移，主要涉及的是行政机关被撤销或者职权变更的情形。具体分为以下两种情形：

（1）行政机关被撤销或者职权变更的，但行政职权依然存在的，则继续行使其职权的行政机关是被告。

（2）行政机关被撤销或者职权变更的，其行政职权若已不复存在的，则作出撤销决定的行政机关是被告。

8. 内部机构的被告

（1）行政机关组建并赋予行政管理职能但不具有独立承担法律责任能力的机构，以自己的名义作出行政行为，当事人不服提起诉讼的，应当以组建该机构的行政机关为被告。

（2）行政机关的内设机构或者派出机构在没有法律、法规或者规章授权的情况下，以自己的名义作出行政行为，当事人不服提起诉讼的，应当以该行政机关为被告。由于没有法律、法规或者规章授权，即缺乏相应的法定行政职权，当然不得以行政主体的身份出现并独立承担法律责任。若有法律、法规或者规章授权，则应当以该机构为被告。

而法律、法规或者规章授权行使行政职权的行政机关内设机构，超出法定授权范围实施行政行为，当事人不服提起行政诉讼的，该机构是否可以成为诉讼被告，要看该机构或者组织的越权种类而定。若属于幅度越权，应当以实施该行为的机构或者组织为被告；若属于种类越权，则应当以该行政机关为被告。公安局所属的派出所以自己的名义作出治安处罚行为，罚款 500 以下或警告属于符合法定授权，罚款 500 以上属于幅度越权，都应当以派出所为被告；若派出所以自己的名义作出拘留决定，则属于种类越权，应当以所属的公安局为被告，即"罚款告所，拘留告局"。

9. 共同行政行为的被告

两个以上行政机关作出同一行政行为的，共同作出行政行为的行政机关是共同被告。当然，这里的同一行政行为应当是一个行政决定，一个文号，且内容相同的行政行为。若行政行为的内容不同，或者虽然内容相同，但文号不同，都不构成这里的同一行政行为。另外，这里的共同行政机关应当均为可以自己名义实施行政行为并可以独立承担相应法律责任的行政主体。

10. 伪共同行为

按照《行政诉讼法》的规定，对行政主体和没有行政主体资格的组织共同作出的行政行为起诉，其中的行政主体是被告，非行政主体作为第三人参加诉讼。

11. 经批准的行政行为的被告确认

当事人不服经上级行政机关批准的行政行为，向人民法院提起诉讼的，应当以在对外发生法律效力的文书上署名的机关为被告。通俗地说，即应以对外生效的文书上盖章的机关为被告。因为经上级行政机关批准的行政行为，究竟应由哪一行政机关对该行政行为承担实质意义上的法律责任，或者哪一行政机关所负的责任更多，外部行政相对人往往难以掌握和判断，给行政诉讼被告的确定带来了实际困难，规定谁署名谁承担法律责任谁当被告，更有利于被告的确定。这一点与行政复议的被申请人的确定不同。

12. 拆迁案件

市、县级人民政府确定的房屋征收部门组织实施房屋征收与补偿工作过程中作出行政行为，被征收人不服提起诉讼的，以房屋征收部门为被告。征收实施单位受房屋征收部门委托，在委托范围内从事的行为，被征收人不服提起诉讼的，应当以房屋征收部门为被告。按照《国有土地上房屋征收补偿条例》的规定，作出征收房屋决定的法定主体是县级以上人民政府，对征收房屋的决定不服应当以作出征收决定的政府为被告。而实践中，市、县级人民政府确定的房屋征收部门在政府也会组织实施房屋征收与补偿实际操作的具体工作，对房屋征收部门组织实施房屋征收与补偿工作过程中以自己的名义作出行政行为不服，应当以房屋征收部门为被告。

13. 复议案件的被告确认

经过行政复议的案件，被告确认可以分为以下三种情形：

（1）复议机关决定维持原行政行为的，以作出原行政行为的行政机关与复议机关为共同被告。原法规定，复议维持的案件，以原机关作为被告。修正案之所以修改为将原机关与复议机关作为共同被告，是因为在行政复议实践中，复议机关为了逃避当被告，而更倾向于选择维持而非改变原行政行为，导致复议机关成了"维持会"，从而使得行政复议失去了意义，成了走过场。修正案作这一修改，正是为了弥补法律缺陷，督促复议机关积极履行复议职责，不应为了一己之私而怠于行政。

（2）复议机关改变原行政行为的，以复议机关为被告。复议机关改变原行政行为的，原行政行为由于已经被改变而不复存在，因此对当时生效的行政行为应为行政复议机关作出的行政行为，当事人不服的，当然应当以复议机关作为行政诉讼的被告。

（3）复议机关在法定期间内不作复议决定的，由当事人选择。当事人对原行政行为不服提起诉讼的，应当以作出原行政行为的行政机关为被告；当事人对复议机关不作为不服提起诉讼的，应当以复议机关为被告。

究竟何为"复议机关改变原行政行为"，司法解释对这一判断标准作了明确界定。依据《最高人民法院关于适用行政诉讼法的解释》的规定，行政诉讼法所说的"复议机关改变原行政行为"，是指复议机关改变原行政行为的处理结果、复议机关确认原行政行为违法，也属于改变原行政行为，但复议机关以违反法定程序为由确认原行政行为违法的除外。也就是说，行政行为的事实认定、法律适用发生改变而处理结果未变的，依然是复议维持，而不再视为复议改变。这一点与原解释的规定是不同的，对行政复议的改变作了狭义解释。

另外，《最高人民法院关于适用行政诉讼法的解释》还规定，《行政诉讼法》规定的"复议机关决定维持原行政行为"，包括复议机关驳回复议申请或者复议请求的情形，但以复议申请不符合受理条件为由驳回的除外。亦即是说，若案件并未经过实体审理，复议机关即以复议申请不符合受理条件为由予以驳回的，不应视为复议维持，而是可以视为复议不作为。

司法解释对于何为"复议改变"作了重新界定，需要注意的是，这一重新界定并不影响对于行政诉讼中被告改变原行政行为的判断标准。依据《最高人民法院关于行政诉讼撤诉若干问题的规定》第 3 条的规定，凡是有下列情形之一的，均属于行政诉讼法规定的"被告改变其所作的具体行政行为"：①改变被诉具体行政行为所认定的主要事实和证据；②改变被诉具体行政行为所适用的规范依据且对定性产生影响；③撤销、部分撤销或者变更被诉具体行政行为处理结果。很显然，司法解释的认定标准之调整，只是针对复议机关改变原行政行为的而言的，并不包括被诉行政机关自己改变被诉行政行为的认定标准。

例28：县卫生健康局认定孙某违法生育第三胎，决定对孙某征收社会抚养费 1 万元并将其关押到县拘留所参加思想转化班集中学习 15 天。孙某不服向县政府申请复议，请求撤销征收社会复议费、对关押 15 天集中学习确认违法。县政府作出复议决定：以缺乏法律依据为由确认关押 15 天违法，并变更了征收社会抚养费 1 万元的定性法律依据。孙某不服，向法院起诉。此案中，孙某针对一个行政决定的两部分内容分别提出了两个复议请求，复议决定就一部分请求决定变更了征收社会抚养费的法律依据，但结果没有变更，属于复议维持。同时，复议决定就另一部分请求决定确认关押 15 天违法属于复议改变。该复议决定属于部分维持结果、部分改变结果，仍然应当优先按照复议维持确定为共同被告。

14. 行政许可案件的被告

（1）上级批准的，许可以盖章发证的下级为被告，但对批准或者不批准行为不服一并提起诉讼的，以上级行政机关为共同被告；（2）下级审查报上级许可的，对不予审查或者不予上报不服以下级行政机关为被告；（3）统一办理的，以对当事人作出实质不利影响行为的机关为被告。

（三）被告的变更与追加

在行政诉讼提起后，经过人民法院的审查，如果发现被告不适格，人民法院则应当要求原告变更或者追加被告。

1. 被告的变更

行政诉讼被告的变更是指原告起诉的对象不正确，而依法更换行政诉讼被告的诉讼制度。司法解释规定，原告所起诉的被告不适格，人民法院应当告知原告变更被告。若原告不同意变更的，人民法院则应当裁定驳回起诉。

2. 被告的追加

被告的追加是指存在多名被告的情形下，原告只选择了部分被告起诉，对于其他被告则没有起诉，因而需要人民法院补充增加行政诉讼被告的诉讼制度。行政诉讼法规定，应当追加被告而原告不同意追加的，人民法院应当通知其以第三人的身份参加诉讼。

注意,应当追加被告而原告不同意追加的,人民法院不得强行追加被告,也不得裁定驳回起诉。因为行政诉讼同样遵循"不告不理"原则,而自由选择起诉对象则属于"不告不理"原则的基本要求之一。但是由于牵涉到相关利害关系人,法院应当通知其以第三人的身份参加诉讼。如若法院不通知第三人参加诉讼,则会构成诉讼主体的遗漏。

注意,普通行政诉讼案件和经复议后提起行政诉讼的案件相比,被告的追加制度有所不同。《最高人民法院关于适用行政诉讼法的解释》第134条规定,复议机关决定维持原行政行为的,作出原行政行为的行政机关和复议机关是共同被告。原告只起诉作出原行政行为的行政机关或者复议机关的,人民法院应当告知原告追加被告。原告不同意追加的,人民法院应当将另一机关列为共同被告。不难看出,复议维持遗漏被告的,若当事人不同意追加被告,也不再恪守"不告不理"原则,人民法院应当依职权追加遗漏的行政机关为诉讼被告,而不再将遗漏的被告列为诉讼第三人。

三、行政诉讼的第三人

◇ 考点精华67

概念与特征	同提起行政诉讼的行政行为有利害关系或与案件审理结果有利害关系,为了维护自己的合法权益,而申请或由人民法院通知参加行政诉讼的当事人。	
	(1)与原告不同,行政诉讼第三人不限于公民、法人或者其他组织,行政机关也可以作为第三人参加诉讼;(2)第三人也是当事人,享有当事人的诉讼权利,但只能对不利的判决上诉。	
类型	原告型	(1)同一行政行为涉及两个以上利害关系人,一部分利害关系人起诉后,没有起诉的其他利害关系人,法院应当通知或自己申请作为第三人参加诉讼;(2)第三人可以在诉讼已经开始,一审判决作出之前参加诉讼;(3)法院通知后第三人不参加诉讼视为放弃诉权,不影响案件审理。
	被告型	原告不同意追加被告的,法院依职权追加遗漏的行政机关为第三人。
	证人型	与行政案件处理结果有利害关系的第三人,可以自己申请或者由法院通知其参加诉讼。
上诉权	法院判决第三人承担义务或者减损第三人权益的,第三人有权依法提起上诉或再审。因不能归责于本人的事由未参加诉讼,但有证据证明裁判损害其合法权益的,可以申请再审。	
具体情形	(1)行政处罚案件中的受害人或者被处罚人。若一方提起行政诉讼,而另一方则未提起诉讼,则没有起诉的一方即为第三人;(2)行政处罚案件中的共同被处罚人。一方提起诉讼,而另一方并未提起,则没有起诉的一方为第三人;(3)行政裁决案件中的当事人。一部分当事人对裁决结果不服的,可以向人民法院起诉,则没有起诉的当事人可以第三人的身份参加诉讼;(4)应当追加为诉讼被告而原告不同意追加的,可以作为第三人参加诉讼;(5)两个以上的行政机关作出相互矛盾的行政行为,非被告的行政机关可以是第三人;(6)与行政机关共同署名作出行政行为的非行政机关;(7)行政机关就同一事项针对多个相对人分别处罚,一方对自己的处罚起诉,其他相对人可以作为第三人;(8)其他与案件审理结果有利害关系:案件裁判结果、事实认定影响其合法权益。	

（一）第三人的概念与特征

1. 含义

行政诉讼第三人是指同提起行政诉讼的行政行为有利害关系，为了维护自己的合法权益，而申请或由人民法院通知参加行政诉讼的当事人。

与原告不同，行政诉讼第三人不限于公民、法人或者其他组织，行政机关也可以作为第三人参加诉讼。行政诉讼第三人尽管是当事人，享有当事人的诉讼权利，承担当事人的诉讼义务，具有当事人的诉讼地位，但是第三人并不是在所有的情况下均享有独立的上诉权。《行政诉讼法》规定，人民法院判决第三人承担义务或者减损第三人权益的，第三人有权依法提起上诉。据此可知，行政诉讼第三人即使参加行政诉讼，成为了诉讼当事人，也未必具有完整的上诉权，其上诉权受到了一定程度的限制。

2. 特征

（1）第三人与被诉行政行为存在利害关系。这种利害关系是多方面的，既可能是与被诉行政行为的利害关系，也可能是与诉讼结果的利害关系。

（2）第三人也是当事人，享有当事人的诉讼权利，承担当事人的诉讼义务，具有独立的诉讼地位。一般而言，第三人原本应当是诉讼原告或者被告，只是由于并未提起诉讼或者被诉，而未参加已经开始的诉讼程序。一旦参加诉讼，第三人就成了诉讼当事人，不仅以自己的名义参加诉讼，而且也要受到人民法院生效裁判的拘束。第三人一旦参加诉讼，则既不依附于原告，也不依附于被告，是独立的诉讼当事人。只不过新法对于第三人的上诉权作了不同于原告与被告的限制。法院判决第三人承担义务或者减损第三人权益的，第三人有权依法提起上诉或再审。

（二）第三人的确认

按照第三人在诉讼中的地位与角色的不同，可以将第三人划分为原告型第三人、被告型第三人以及证人型第三人。通俗地说，原告型第三人事实上就是拥有原告资格却没有起诉，在诉讼开始后才参加行政诉讼的当事人。而所谓被告型第三人则是指应当作为被告，但原告又不愿指控，却与案件存在利害关系，而申请或者由人民法院通知参加行政诉讼的当事人。所谓证人型第三人，则是指在案件审理过程中主要作用在于协助人民法院查明案件事实的第三人。行政诉讼第三人主要包括以下几种情形：1. 行政处罚案件中的受害人或者被处罚人。若一方提起行政诉讼，而另一方则未提起诉讼，则没有起诉的一方即为第三人；2. 行政处罚案件中的共同被处罚人。一方提起诉讼，而另一方并未提起，则没有起诉的一方为第三人；3. 行政裁决案件中的当事人。一部分当事人对裁决结果不服的，可以向人民法院起诉，则没有起诉的当事人可以第三人的身份参加诉讼；4. 两个以上的行政机关作出相互矛盾的行政行为，非被告的行政机关可以是第三人；5. 与行政机关共同署名作出行政行为的非行政机关；6. 应当追加为诉讼被告而原告不同意追加的，可以作为第三人参加诉讼；7. 行政机关就同一事项针对多个相对人分别处罚，一方对自己的处罚起诉，其他相对人可以作为第三人；8. 其他与案件审理结果有利害关系，包括与案件裁判结果、事实认定影响其合法权益的。

例29：黄村与韩村就某宗土地所有权产生争议，向县政府申请裁决，县政府调查后裁决该土地归黄村所有，韩村不服，认为县政府的裁决侵犯了韩村已经取得的土地所有权。韩村经复议后向法院起诉，韩村是原告，县政府是被告，法院应当通知黄村作为第三人参加诉讼。

例 30：县税务局、市场监管局、城管局联合对段某作出处罚决定，段某不服，以城管局和市场监管局为被告起诉，法院通知段某追加税务局为被告，段某拒绝追加，法院只能将税务局追加为第三人参加诉讼。

例 31：光头强与熊二的女友翠花发生争执，熊大与熊二殴打光头强，公安机关对熊大拘留 5 天、对熊二拘留 10 天，熊二对拘留 10 天决定不服向法院起诉，光头强（受害人与拘留 10 天决定有法律上利害关系，有原告资格）可以作为原告型第三人参加诉讼，熊大可以作为与案件处理结果有利害关系的第三人参加诉讼（熊大与熊二属于同案不同罚，熊大与熊二的 10 天拘留决定没有法律上利害关系，对熊二的 10 天拘留决定不服没有原告资格起诉，但因熊大与熊二的拘留决定有事实上的关联，若法院认为熊二与熊大殴打事实不能成立而撤销拘留决定，则熊大的 5 天拘留决定也会因对熊二 10 天拘留决定的撤销判决发生后续法律效力的影响）。但翠花与熊大、熊二的拘留决定均没有法律上利害关系，也与案件裁判结果没有利害关系，翠花不能作为第三人参加诉讼，但可以作为证人参与诉讼。

（三）第三人参加诉讼的规则

1. 参加诉讼的时间

第三人参加行政诉讼，须在行政诉讼开始以后，人民法院的判决作出之前。

2. 参加诉讼的方式

（1）申请参加诉讼。即第三人向人民法院主动提出申请，要求参加已经开始的诉讼活动。若人民法院同意其参加诉讼，则应书面通知该第三人参加诉讼；若人民法院不同意其参加诉讼，则应裁定驳回申请。申请人不服裁定的，可以在 10 日内提出上诉。

（2）由人民法院通知参加诉讼。亦即人民法院通知相关利害关系人参加已经开始的诉讼活动。

注意，如果行政案件存在相关的利害关系人，人民法院应当通知其参加诉讼后，至于第三人最终是否参加诉讼，则并不影响人民法院对案件的审理。但是，如果人民法院应当通知当事人参加诉讼而未通知，则会构成诉讼主体的遗漏，属于严重的程序违法，会导致人民法院所进行的审判活动最终归于无效。

四、共同诉讼人

《行政诉讼法》规定，当事人一方或者双方为二人以上，因同一行政行为发生的行政案件，或者因同类行政行为发生的行政案件、人民法院认为可以合并审理并经当事人同意的，为共同诉讼。

共同诉讼是指当事人一方或者双方为两人以上，诉讼标的为同一或者同样的行政行为，且法院认为可以合并审理并经当事人同意的诉讼形态。而共同诉讼中的当事人，则称为共同诉讼人。其中，原告一方为两人以上的，称为共同原告，被告一方为两人以上的，则称为共同被告。之所以设立共同诉讼制度，其根本意义在于可以节约司法资源，提高诉讼效率，并防止不同人民法院作出相互矛盾的裁判，从而实现法律适用的统一。

◇ **考点精华 68**

共同诉讼	条件	当事人一方或者双方为二人以上：（1）因同一行政行为发生的案件为必要共同诉讼，应当合并审理，法院应当通知未起诉的利害关系人参加诉讼；应当追加的原告，已明确表示放弃实体权利的可不予追加；既不愿参加诉讼，又不放弃实体权利的，应追加为第三人，其不参加诉讼，不能阻碍案件的审理和裁判。利害关系人自己申请参加诉讼的，法院审查同意的书面通知参加诉讼，不符合条件的裁定驳回；（2）因多个同类行政行为发生的案件为普通共同诉讼，经当事人同意法院可以合并审理。
	诉讼代表人	（1）当事人一方 10 人以上的共同诉讼，由当事人推选代表人（应选 2—5 人）进行诉讼（过期未选的法院有权指定）；（2）代表人的诉讼行为对其所代表的当事人发生效力，但代表人变更、放弃诉讼请求或承认对方当事人的诉讼请求，应当经被代表的当事人同意；（3）非法人组织→主要负责人或推选的负责人，合伙企业→执行事务的合伙人。

（一）必要共同诉讼人

必要共同诉讼是指因同一行政行为发生的共同诉讼。亦即诉讼的客体是同一个行政行为，即诉讼标的同一。必要共同诉讼中的当事人，就是必要共同诉讼人。

由于必要共同诉讼系因同一行政行为而发生，共同原告或者共同被告拥有共同的权利和义务。必要共同诉讼的实质依然是一个行政行为引起的同一案件，只不过诉讼当事人是多数人而已，既然是同一而非多个案件，因此，人民法院应当合并审理，且一并作出相应裁判。若遗漏了当事人，人民法院应当通知参加诉讼。由于诉讼标的的同一性，决定了人民法院所作的裁判内容也应当是同一的。当然，尽管必要共同诉讼人因同一行政行为而发生了不可分割的联系，但是共同诉讼人都是独立的法律主体，有独立诉讼地位，一个人的诉讼行为对他人并不产生法律约束力。

必要共同诉讼人主要有以下几种情形：1. 两个以上的当事人，而共同从事违法行为而被一个行政机关在同一个行政处罚决定书中分别予以处罚；2. 法人或者其他组织因违法而被处罚，该法人或者组织的负责人或者直接行为人同时被一个处罚决定处罚；3. 两个以上的共同受害人，对行政机关的同一行政行为均不服并起诉到法院，这些起诉的共同受害人即为共同原告；4. 两个以上行政机关以一个共同行政决定形式，处理或者处罚了一个或者若干个当事人。

（二）普通共同诉讼人

普通共同诉讼是指因同样的行政行为发生的共同诉讼。亦即是说，该诉讼客体是同种类而非同一行政行为，即诉讼标的是同种类的内容相似的行政行为。普通共同诉讼中的当事人，就是普通共同诉讼人。

普通共同诉讼并案审理的目的是为了节省司法资源，提高诉讼效率。由于普通共同诉讼的诉讼标的只是相同种类的行政行为，而并不是共同的，因此属于可分之诉，究竟是否需要合并审理，还要由人民法院根据具体情形进行裁量并经当事人同意才能作出决定。

普通共同诉讼有以下情形：1. 两个以上行政机关分别依据不同的法律、法规对同一事实作出行政行为，公民、法人或者其他组织不服向同一人民法院起诉的；2. 行政机关就同一事实对若干公民、法人或者其他组织分别作出行政行为，公民、法人或者其他组织不服分别向同一人民法院起诉的；3. 在诉讼过程中，被告对原告作出新的行政行为，原告不服向同一人民法院起诉的；4. 人民法院认为可以合并审理的其他情形。

例32：市规划局批准房地产企业大力公司在一片旧居民区实施拆迁并开发商品房，规划范围内的居民认为自己由于历史原因没有办理土地使用权证，但已经在该片土地上居住40年，规划局在大力公司尚未取得土地使用权证的情况下批准拆迁建房是违法的。如果多位居民不服提起诉讼，是因同一行政行为产生的诉讼，属于必要共同诉讼，法院应当合并审理。

例33：区政府对某旧居民区实施拆迁改造，按照统一标准对188位居民分别作出了征收补偿决定，其中叶某等25位居民不服分别向同一法院起诉。因区政府分别作出188个补偿决定，25位居民分别起诉的是25个不同的补偿决定，属于因同一事实针对多个同类行政行为产生的诉讼，属于普通共同诉讼，法院经当事人同意才可以合并审理。

（三）集团诉讼与诉讼代表人

1. 集团诉讼

集团诉讼是指由人数众多的原告推选诉讼代表人参加的，且法院裁判及于全体利害关系人的共同行政诉讼。集团诉讼的本质依然是共同诉讼，只不过是共同诉讼的一种特殊形式，因此应当遵循共同诉讼的一般规则。

《最高人民法院关于适用行政诉讼法的解释》规定，同案原告为10人以上，应当推选2至5名诉讼代表人参加诉讼。若在指定期限内未选定的，人民法院则可以依职权指定诉讼代表人进行诉讼。

2. 诉讼代表人

诉讼代表人是指由人数众多的一方当事人从本方当事人中推选2—5人或者由人民法院依职权指定，代表该方当事人进行诉讼的人。依据《行政诉讼法》的规定，当事人一方人数众多的共同诉讼，可以由当事人推选代表人进行诉讼。代表人的诉讼行为对其所代表的当事人发生效力，但代表人变更、放弃诉讼请求或者承认对方当事人的诉讼请求，应当经被代表的当事人同意。关于诉讼代表人，需要注意几个问题：

（1）原告一方实行诉讼代表制。由于原告一方人数众多，需要推选诉讼代表人进行诉讼。诉讼代表人本身须为当事人之一，而不同于诉讼代理人。

（2）诉讼代表人的权限有限。一般而言，诉讼代表人的诉讼行为对全体利害关系人有效，然而并非所有的诉讼行为均对被代表的当事人有效。涉及重大权利处分事项的，须经被代表的当事人同意。具体而言，代表人变更、放弃诉讼请求或者承认对方当事人的诉讼请求，应当经被代表的当事人同意。

（3）共同诉讼的裁判效力不仅及于诉讼代表人，而且也及于其他为亲自参加诉讼的当事人。

（4）诉讼代表人的产生途径：一是原告在指定期限内推选产生；二是原告方若在人民法院指定期限内未能选定的，则应由人民法院依职权指定。

五、诉讼代理人

◆ **考点精华 69**

代理人	当事人、法定代理人可委托一至二人作为诉讼代理人，应提交载明委托事项权限并签名的委托授权书（公民无法书面的，可以由他人代写后捺印），解除或变更代理须书面报告法院，由法院通知其他代理人：（1）律师、基层法律服务工作者；（2）当事人的近亲属或者工作人员（须

续表

代理人	提供法定的工作关系证明）；（3）当事人所在社区、单位以及有关社会团体（法定社团、业务范围、劳动关系）推荐的公民（含全国专利代理人协会推荐的专利代理人）。
	（1）代理诉讼的律师有权按照规定查阅、复制本案有关材料，有权调查收集与本案有关的证据。对涉及国家秘密、商业秘密和个人隐私的材料，应当依法保密；（2）当事人和其他诉讼代理人有权按照规定查阅、复制本案庭审材料，但涉及国家秘密、商业秘密和个人隐私的内容除外。

（一）概念

诉讼代理人是指以当事人的名义，在代理权限内代理当事人进行诉讼活动的人。值得注意的是，诉讼代理人是以当事人名义进行的诉讼，其诉讼后果应由当事人承担。因而诉讼代理人只是诉讼参加人，而非当事人。诉讼代理人只是提供法律服务，不是行政诉讼法律关系中的独立法律主体，不承担因其行为产生的诉讼法律后果。

（二）种类

1. 法定代理人

法定代理人是指依法代替无诉讼行为能力的人进行行政诉讼活动的人。法定代理人的代理权来源于法律规定，而非当事人的委托授权，不以被代理人的意志为转移，因此其诉讼活动拥有独立性。从代理权限范围来看，法定代理属于全权代理，法定代理人的一切诉讼行为，均被视为被代理人本人所为的诉讼行为，与本人的诉讼行为产生同等效力，无须被代理人的特别授权。

2. 指定代理人

指定代理人是指由人民法院指定代理无诉讼行为能力的当事人进行行政诉讼的人。需要注意的是关于指定代理人的权限问题。如果指定代理人就是法定代理人，那么代理权限就是法定代理的权限，相当于当事人的诉讼权限，并无过多特别限制。但是，如果指定代理人是法定代理人以外的人，人民法院在指定时则应当明确其代理权限。

3. 委托代理人

委托代理人，是指基于被代理人的委托授权而代为进行行政诉讼的人。依据《行政诉讼法》第31条的规定，当事人、法定代理人，可以委托一至二人作为诉讼代理人。下列人员可以被委托为诉讼代理人：（1）律师、基层法律服务工作者；（2）当事人的近亲属或者工作人员，单位工作人员作为代理人的须提供法定的工作关系证明；（3）当事人所在社区、单位以及有关法定社会团体在业务相关的范围内推荐与其有劳动关系公民。例如，全国专利代理人协会可以推荐专利代理人作为代理人参加行政诉讼。

根据《最高人民法院关于适用行政诉讼法的解释》规定，当事人委托诉讼代理人，一般情况下应当向人民法院提交由委托人签名或者盖章的授权委托书，委托书应当载明委托事项和具体权限。公民在特殊情况下无法书面委托的，也可以由他人代书，并由自己捺印等方式确认，人民法院应当核实并记录在卷。被诉机关或者其他有义务协助的机关拒绝人民法院向被限制人身自由的公民核实的，视为委托成立。另外，如果当事人解除或者变更委托的，也应当书面报告人民法院，由人民法院通知其他当事人。

行政诉讼法对于当事人与代理律师的诉讼权利作了不同规定。代理诉讼的律师，有权按照规定查阅、复制本案有关材料，有权向有关组织和公民调查，收集与本案有关的证据。对涉及国家秘密、商业秘密和个人隐私的材料，应当依照法律规定保密。当事人和其他诉讼代理人有权按照规定查阅、复制本案庭审材料，但涉及国家秘密、商业秘密和个人隐私的内容除外。不难看出，相对于当事人而言，代理律师拥有更多的诉讼权利，可以调查取证，也可以按规定查询涉密材料。然而若非律师，当事人和其他诉讼代理人却并无这一诉讼权利。

第三节　行政诉讼程序

一、起诉与受理

◈ 考点精华 70

方式	起诉应当向人民法院递交起诉状，并按照被告人数提出副本。书写起诉状确有困难的，可以口头起诉，由人民法院记入笔录，出具注明日期的书面凭证，并告知对方当事人。	
提交起诉材料	（1）原告身份证明以及有效联系方式；（2）被诉行政行为或者不作为存在的材料；（3）原告与被诉行政行为具有利害关系的材料；（4）人民法院认为需要提交的其他材料。代理人代为起诉的，应在起诉状中写明或口头起诉时向法院说明代理人的基本情况，并提交代理人的身份证明和代理权限证明材料。	
条件	（1）原告适格；（2）有明确的被告，不明确的告知补正；（3）有具体的诉讼请求和事实根据，当事人未能正确表达诉讼请求的法院应当予以释明；（4）属于受案范围和受诉法院管辖。	
重复起诉	同时符合下列条件构成重复起诉，应当不予立案或驳回起诉：（1）同一事项在前诉的诉讼中或裁判生效后再提起诉；（2）后诉与前诉的当事人相同；（3）后诉与前诉的诉讼标的相同；（4）后诉与前诉的诉讼请求相同或前诉包含后诉的诉讼请求（后诉无新请求）。	
诉讼请求	（1）请求判决撤销或者变更行政行为；（2）请求判决行政机关履行法定职责或者给付义务；（3）赔偿或者补偿；（4）请求判决确认行政行为违法或无效；（5）请求解决行政协议争议；（6）请求一并解决相关争议：一并审查规章以下规范性文件（具体名称）、一并解决相关民事争议（具体请求）。	
与复议程序衔接	复议前置	若申请复议后复议机关在复议期限届满后未按期作出决定的，则视为已经履行了复议程序可以就原行为或复议不作为起诉。
	自由选择型	（1）撤回复议申请后仍可以起诉，法院应当立案；（2）复议机关已经立案的，法院裁定不予立案。若当事人同时申请复议和起诉的，先立案的机关主管，同时立案的当事人选择其一。

（一）起诉

所谓行政诉讼的起诉，是指公民、法人或者其他组织认为行政机关的行政行为侵犯其合法权益，向法院提起诉讼，请求法院运用国家审判权予以司法救济的诉讼活动。基于"不告不理"的诉讼原则，起诉是人民法院对案件行使行政审判权的前提条件，只有存在合法的起诉，行政诉讼程序才会正式启动，行政案件才有可能进入诉讼程序接受司法审查。若无当事人的起诉，人民法院不得依职权主动开启诉讼程序，对行政机关的行政行为进行司法审查。

1. 起诉的方式与条件

在起诉的方式问题上，《行政诉讼法》规定，起诉应当向人民法院递交起诉状，并按照被告人数提出副本。如果书写起诉状确有困难的，也可以口头起诉，由人民法院记入笔录，出具注明日期的书面凭证，并告知对方当事人。

起诉的一般条件是指当事人起诉应当符合的基本前提。依据行政诉讼法的规定，当事人起诉应当符合下列条件：

（1）原告是认为行政行为侵犯其合法权益的公民、法人或者其他组织

由于行政诉讼是"民告官"，因此原告只能是行政相对人或者其他受到行政行为影响的利害关系人，而不包括行政主体。当然，若行政机关或者法律、法规、规章授权组织在行政管理法律关系中处于行政相对人而非行政主体的地位，则当然也可以作为原告提起行政诉讼。

原告只要主观上"认为"行政行为侵犯其合法权益，就可以向人民法院提起行政诉讼。至于行政机关所作的行政行为客观上是否实际侵犯了其合法权益，还要留待案件的具体审理才能最终确定，并不影响原告资格的取得和原告的起诉。

（2）有明确的被告

与其他诉讼类型一致，行政诉讼也是发生在原被告之间解决争议的行为。缺乏明确的被告，行政争议也就无法形成，诉讼行为也便无以开展，行政诉讼也就无从成立。若原告指明的被告不适格，则人民法院应当告知原告变更被告。原告补正后仍不能确定明确的被告的，人民法院裁定不予立案。

（3）有具体的诉讼请求和事实根据

所谓诉讼请求，就是原告通过人民法院针对被告提出的诉讼实体权利主张，直接决定了法院审理和作出裁判的内容和范围，因而应当明确和具体。究竟什么才是这里的"有具体的诉讼请求"，司法解释专门作了详细界定。根据《最高人民法院关于适用行政诉讼法的解释》第 68 的规定，具体是指：①请求判决撤销或者变更行政行为；②请求判决行政机关履行特定法定职责或者给付义务；③请求判决确认行政行为违法；④请求判决确认行政行为无效；⑤请求判决行政机关予以赔偿或者补偿；⑥请求解决行政协议争议；⑦请求一并审查规章以下规范性文件；⑧请求一并解决相关民事争议；⑨其他诉讼请求。

当事人单独或者一并提起行政赔偿、补偿诉讼的，应当有具体的赔偿、补偿事项以及数额；请求一并审查规章以下规范性文件的，应当提供明确的文件名称或者审查对象；请求一并解决相关民事争议的，应当有具体的民事诉讼请求。当事人未能正确表达诉讼请求的，人民法院应当要求其明确诉讼请求。

（4）属于人民法院受案范围和受诉人民法院管辖

属于人民法院受案范围其实就是明确法院的主管问题，以免造成司法权的越权后果。属于受诉人民法院管辖解决的则是不同法院之间受理案件的分工问题，以免造成不同法院之间的管辖争议。当然，当事人将诉状递交给不具有管辖权的人民法院时，并不意味着因为管辖错误而丧失了诉权，而应由受诉人民法院告知其向有管辖权的人民法院提起诉讼。若人民法

院已经立案受理的，则应当移送有管辖权的人民法院进行审理。

（5）起诉应提交的材料

公民、法人或者其他组织提起诉讼时应当提交以下起诉材料：①原告的身份证明材料以及有效联系方式；②被诉行政行为或者不作为存在的材料；③原告与被诉行政行为具有利害关系的材料；④人民法院认为需要提交的其他材料。

由法定代理人或者委托代理人代为起诉的，还应当在起诉状中写明或者在口头起诉时向人民法院说明法定代理人或者委托代理人的基本情况，并提交法定代理人或者委托代理人的身份证明和代理权限证明等材料。

2. 起诉期限

◈ 考点精华 71

起诉期限	作为	内容期限全知道	知道或者应当知道作出行政行为之日起六个月内起诉，法律另有规定除外（延长或缩短一律从例外规定）。
		知内容不知期限	未告知起诉期限的，从知道或应当知道起诉期限之日起 6 个月内起诉，但从知道或者应当知道行政行为内容之日起最长不得超过 1 年。
		内容期限全不知	不知道行政行为内容的从知道或应当知道之日起 6 个月内起诉，但从行政行为做出之日起计算到实际起诉时间最长不得超过 5 年（不动产 20 年内）。
	不作为		（1）行政机关在接到申请两个月内不履行，期限届满之日起 6 个月内起诉； （2）法律、法规对行政机关履行职责的期限另有规定的从其规定； （3）紧急情况下请求保护人身权、财产权等合法权益的无履行期限限制，不履行的可立即起诉。
	复议后起诉		复议决定送达之日起 15 日内向人民法院提起诉讼。复议机关逾期不作决定的，申请人可以在复议期满（60 日）之日起 15 日内向人民法院提起诉讼。法律另有规定除外。
	确认无效		2015 年 5 月 1 日之前作出的行政行为提起诉讼请求确认无效的，法院不予立案。2015 年 5 月 1 日之后的行政行为提起诉讼请求确认行政行为无效的，不受起诉期限限制。
	期限延长		（1）因不可抗力或其他不属于其自身的原因耽误起诉期限的，被耽误的时间不计算在起诉期限内；（2）其他特殊情况耽误起诉期限的，在障碍消除后 10 日内，可以申请延长期限，是否准许由法院决定。

法律之所以需要对起诉期限作出规定，是在保障当事人及时行使诉权的同时，也为了维护公共利益而要确保行政管理的效率，使处于效力待定的行政行为尽快得到确定力，确保行政行为及时有效的实施。

（1）一般起诉期限

一般期限是指由行政诉讼法规定的在无特殊情形需作特殊规定的前提下，人民法院审理一般行政案件应当遵守的起诉期限。公民、法人或者其他组织直接向人民法院提起诉讼的，应当自知道或者应当知道作出行政行为之日起 6 个月内提出。法律另有规定的除外。申请人不服复议决定的，可以在收到复议决定书之日起 15 日内向人民法院提起诉讼。复议机关逾期不作决定的，申请人可以在复议期满之日起 15 日内向人民法院提起诉讼。法律另有规定的除外。

关于一般起诉期限，需要注意：一是对这里的"知道"应作准确理解。这里的"知道"是指公民、法人或者其他组织既知道行政行为的内容，也知道享有的诉权，即"全知道"。二是对于这里的"法律"含义的理解。这里的"法律"是指狭义上的法律，是指全国人大及其常委会制定发布的基本法律和普通法律。《行政诉讼法》关于起诉期限的规定，赋予了其他法律另作特别规定的权利，并且没有关于该期限的底线要求，也无统一标准，只要其他法律另有规定，均应当按照该规定执行。行政法规、地方性法规以及行政规章均无权就起诉期限另作规定。

（2）特殊起诉期限

《行政诉讼法》规定，公民、法人或者其他组织直接向人民法院提起诉讼的，应当在知道作出行政行为之日起 6 个月内提出，法律另有规定的除外。需要注意的是，对这里的"知道"应作正确理解，原则上应以行政机关明确告知起诉期限为标准。但是，相对人不得以"不知道"起诉期限为理由而无限期拖延起诉，从而造成行政法律关系的不稳定状态将长期存在。为此，《最高人民法院关于适用行政诉讼法的解释》专门作出了以下规定：

①知内容但不知起诉期限。行政机关作出行政行为或者行政复议机关作出行政复议决定时，未告知公民、法人或者其他组织起诉期限的，起诉期限从公民、法人或者其他组织知道或者应当知道诉权或者起诉期限之日起计算，但从知道或者应当知道行政行为内容之日起最长不得超过 1 年。

②内容期限全不知。公民、法人或者其他组织不知道行政机关作出的行政行为内容的，其起诉期限从知道或者应当知道该行政行为内容之日起计算。对涉及不动产的行政行为从作出之日起超过 20 年、其他行政行为从作出之日起超过 5 年提起诉讼的，人民法院不予立案。

例 34：因甲公司不能偿还到期债务，琛姑向法院提起民事诉讼。2014 年 6 月 7 日，琛姑在诉讼中得知县不动产管理局已于 2014 年 4 月 6 日根据申请，将某甲公司已经办理抵押的土地的使用权人由甲公司变更为乙公司。后琛姑认为行政机关的变更行为侵犯了抵押权人的合法债权，于 2016 年 1 月 9 日向县法院提起行政诉讼，请求确认县不动产管理局的变更行为违法。此案属于起诉期限和行政行为的内容全不知，本案的起诉期限是：琛姑应当在知道行政行为之日起 6 个月内提起行政诉讼；本案的最长诉讼保护时效是：因起诉的不动产登记导致物权变动，从琛姑应当从行政行为作出之日起最长 20 年内提起行政诉讼。

（3）行政不作为的起诉期限

公民、法人或者其他组织申请行政机关履行保护其人身权、财产权等合法权益的法定职责，行政机关在接到申请之日起 2 个月内不履行的，对行政机关不履行法定职责提起诉讼的，应当在行政机关履行法定职责期限届满之日起 6 个月内提出。法律、法规对行政机关履行职责的期限另有规定的，从其规定。公民、法人或者其他组织在紧急情况下请求行政机关履行保护其人身权、财产权等合法权益的法定职责，行政机关不履行的，提起诉讼不受前述规定期限的限制。

（4）扣除或延长期限

公民、法人或者其他组织因不可抗力或者其他不属于其自身的原因耽误起诉期限的，被耽误的时间不计算在起诉期限内。公民、法人或者其他组织因前述规定以外的其他特殊情况耽误起诉期限的，在障碍消除后 10 日内，可以申请延长期限，是否准许由人民法院决定。

3. 行政诉讼与行政复议的衔接

一般行政案件，当事人可以自由选择申请行政复议或者提起行政诉讼。但是，如果法律规定行政诉讼的提起须以申请行政复议为前置程序的，则应当依据法律的规定先申请行政复议，对于行政复议决定不服的，才可以依法向人民法院提起行政诉讼。具体而言，有以下几个问题需要准确掌握：

（1）法律、法规规定应当先申请复议，公民、法人或者其他组织未申请复议直接提起诉讼的，人民法院裁定不予立案。复议机关不受理复议申请或者在法定期限内不作出复议决定，公民、法人或者其他组织不服，依法向人民法院提起诉讼的，人民法院应当依法立案。

（2）法律、法规未规定行政复议为提起行政诉讼必经程序，公民、法人或者其他组织向复议机关申请行政复议后，又经复议机关同意撤回复议申请，在法定起诉期限内对原行政行为提起诉讼的，人民法院应当依法立案。

（3）法律、法规未规定行政复议为提起行政诉讼必经程序，公民、法人或者其他组织既提起诉讼又申请行政复议的，由先立案的机关管辖；同时立案的，由公民、法人或者其他组织选择。公民、法人或者其他组织已经申请行政复议，在法定复议期间内又向人民法院提起诉讼的，人民法院裁定不予立案。

（二）受理立案

◆ 考点精华 72

受理立案	受理登记	符合起诉条件的，应当当场登记立案。 对当场不能判定是否符合起诉条件的，应当接收起诉状，出具注明收到日期的书面凭证，并在 7 日内决定是否立案。
	不立案	不符合起诉条件的，作出不予立案的裁定，裁定书应当载明不予立案的理由。
	起诉瑕疵	（1）起诉状内容欠缺或错误，应当指导释明，并一次性告知当事人需要补正的内容。不得未经指导释明即以起诉不符合条件为由不接收起诉状；（2）当事人拒绝补正或经补正仍不符合起诉条件的，退回诉状并记录在册；坚持起诉的，裁定不予立案，并载明不予立案的理由。
	救济途径 上诉	裁定不立案：原告对不予立案的裁定不服，可以提起上诉。
	救济途径 投诉	受理瑕疵：对于不接收起诉状、接收起诉状后不出具书面凭证，以及不一次性告知当事人需要补正起诉状内容的，当事人可以向上级法院投诉，上级法院应当责令改正。
	救济途径 提级起诉	受理后不裁定：法院受理后既不立案、又不作出不予立案裁定的，当事人可以向上一级法院起诉。上一级法院认为符合起诉条件的应当立案审理，也可以指定其他下级法院立案审理。
法律责任	行政机关	行政机关及其工作人员不得干预、阻碍人民法院受理行政案件。
	法院	对于不接收起诉状、接收起诉状后不出具书面凭证，以及不一次性告知当事人需要补正的起诉状内容的，对直接负责的主管人员和其他直接责任人员依法给予处分。

作为启动人民法院审理程序不可或缺的诉讼阶段，受理与立案制度直接关系到人民法院的审理活动能否得以正常开展以及当事人的诉权能否得到有效维护的问题。行政诉讼属于"民告官"，地方各级法院的审判工作容易受到同级政府的不当干预，行政审判的独立性往往会更成立案难、审理难的问题。各级法院为了避免更多麻烦，而尽可能选择不予受理，导致民告官"受理难"问题显得尤为突出。可以预见，行政争议一旦无法获得有效的司法解决，便有可能引发更为激烈的社会矛盾和官民对抗。因而本次行政诉讼法修正案改过去的"受理审查制"为新的"立案登记制"，从根本上解决民告官"起诉难"的顽症，以更有效地发挥行政诉讼的司法救济功能。

1. 立案登记

立案登记是指人民法院对于依法应当受理的行政案件做到有案必立、有诉必应，不仅应当立案受理而且须进行登记以有效保障当事人诉权的诉讼受理制度。立案登记制度是行政诉讼法修正案对于原法的立案审查制度所作的重大修改，由原先的人民法院关于立案所进行的部分实质与部分形式审查转变为完全的形式审查，以更好地保障当事人诉权。

除了进行程序审查外，对于立案须进行登记并出具书面凭证，也是立案登记制度的重要内容。改变了原先人民法院经常不出具书面凭证的不良做法，给当事人寻求程序救济提供书面依据。另外，司法解释对于立案登记制度也作了一系列补充规定，进一步完善了立案登记制度。

2. 起诉审查

（1）登记立案。人民法院在接到起诉状时对符合《行政诉讼法》规定的起诉条件的，应当登记立案。这一规定表明，只要符合立案条件的案件，人民法院在程序上即应立案，而无斟酌裁量的余地。

（2）接收诉状。对当场不能判定是否符合《行政诉讼法》规定的起诉条件的，应当先接收起诉状，出具注明收到日期的书面凭证，并在 7 日内决定是否立案。人民法院不得直接拒绝接收起诉状，或者直接作出不予立案的裁定。7 日内仍不能作出判断的，应当先予立案。不符合起诉条件的，作出不予立案的裁定。

（3）说明理由。为了便利当事人寻求对于不予立案的程序救济，行政诉讼法还专门规定人民法院的裁定书应当载明不予立案的理由。

（4）指导释明。起诉状内容或者材料欠缺的，人民法院应给予指导和释明，并一次性全面告知当事人需要补正的内容、补充的材料及期限。在指定期限内补正并符合起诉条件的，应当登记立案。当事人拒绝补正或者经补正仍不符合起诉条件的，退回诉状并记录在册；坚持起诉的，裁定不予立案，并载明不予立案的理由。

3. 当事人的救济方式

（1）裁定不予立案的上诉

原告对人民法院不予立案的裁定不服的，可以向上一级人民法院提起上诉，案件是否应当立案的程序问题进入二审，由二审法院就是否应当立案作出终审裁判。

（2）受理后不裁定的越级起诉

人民法院在接受起诉状后，在 7 日内既不立案、又不作出不予立案裁定的，当事人可以向上一级人民法院越级起诉。上一级人民法院认为符合起诉条件的，应当立案、审理，也可以指定其他下级人民法院立案审理。

注意，越级起诉只能向上一级人民法院提起，不得超越法院的审级。同时，上一级法院只可以指定其他下一级法院立案审理的，不能指定原法院，以防止原法院对越级起诉的原告不公正的报复。

（3）不依法受理的投诉

对于不接收起诉状、接收起诉状后不出具书面凭证，以及不一次性告知当事人需要补正的起诉状内容的，当事人可以向上级人民法院投诉，上级人民法院应当责令改正，并对直接负责的主管人员和其他直接责任人员依法给予处分。

注意，所有投诉的事项范围均与起诉状相关，要么是不接收起诉状，要么是不出具书面凭证，要么是不告知补正和指导释明。当事人可以向上级人民法院投诉，法律没有明确限制受理投诉的法院级别。这一点与越级起诉只能向上一级人民法院起诉有区别，要注意区分。

二、第一审程序

第一审程序，是指人民法院自立案至作出第一审裁判的整个诉讼活动。第一审程序是整个行政诉讼的基础程序，也是最为规范的审理程序，对于二审以及再审等其他行政审判程序发挥指导作用。

（一）第一审普通程序

◈ 考点精华 73

一审	诉状交换	立案之日起 5 日内将起诉状副本发送被告（原告不得再提出新的诉讼请求），被告应当在收到起诉状副本 15 日内向法院提交作出行政行为的证据、依据的规范性文件和答辩状，法院应当在收到答辩状之日起 5 日内，将答辩状副本发送原告。
	通知开庭	法院应当在开庭 3 日前用传票传唤当事人，对证人、鉴定人、勘验人、翻译人员，应当书面通知到庭。
	延期审理	（1）应当到庭的当事人和其他诉讼参与人有正当理由没有到庭；（2）当事人临时提出回避申请且无法及时作出决定；（3）需要通知新的证人到庭、调取新的证据、重新鉴定或勘验、需要补充调查的；（4）其他应当延期的情形。
	审理时限	应当在立案之日起 6 个月内作出第一审判决。有特殊情况需要延长的，由高级法院批准，高级法院审理第一审案件需要延长的，由最高法院批准。
	放弃陈述	原告或上诉人在庭审中拒绝陈述导致庭审无法进行，经法庭释明法律后果后仍不陈述视为放弃陈述权利，承担不利法律后果。

行政诉讼第一审普通程序，是行政诉讼中除适用简易程序外所有行政诉讼案件均适用的审理程序，第一审普通程序也是最重要、最基础的审理程序。

1. 审理前的准备

（1）组成合议庭

如果决定适用普通程序审理案件，应当实行合议制。合议庭由审判员或者审判员、人民陪审员组成，为便于形成多数意见，合议庭人员应为 3 人以上的单数。

（2）交换诉状

《行政诉讼法》规定，人民法院应当在立案之日起 5 日内，将起诉状副本发送被告。被告应当在收到起诉状副本之日起 15 日内向人民法院提交作出行政行为的证据和所依据的规范性文件，并提出答辩状。人民法院应当在收到答辩状之日起 5 日内，将答辩状副本发送原告。另外，为了维护诉讼秩序，起诉状副本送达被告后，原告提出新的诉讼请求的，人民法院不予准许，但有正当理由的除外。

被告在法定时间内，不提交或者无正当理由逾期提交作出行政行为的证据和所依据的规范性文件的，人民法院应当认定该行政行为没有证据和依据，判决被告败诉。

（3）处理管辖异议

为了保障当事人的诉权，并防止管辖错误，当事人有权提出管辖异议。被告提出管辖异议的，应当在收到起诉状副本之日起 15 日内以书面形式提出。对当事人提出的管辖异议，人民法院应当进行审查。若异议成立的，应当裁定将案件移送有管辖权的人民法院。若异议不成立的，则应当裁定予以驳回。

（4）审查诉讼文书和调查收集证据

在审理前的准备阶段，为了庭审的顺利进行，及早熟悉争议点，以便提高诉讼效率，人民法院还应当审查相关诉讼文书，也可以要求有关当事人提供证据与交换证据。为了保证行政案件的公正审理，在当事人取证困难时，还可以依职权调查收集证据。

（5）审查并决定其他事项

除了前述审查内容以外，人民法院在审理前的准备阶段还应审查并决定其他事项。例如更换和追加当事人；决定或者通知第三人参加诉讼；决定是否合并审理等等事项。人民法院适用普通程序审理案件，应当在开庭 3 日前用传票传唤当事人。对证人、鉴定人、勘验人、翻译人员，应当用通知书通知其到庭。当事人或者其他诉讼。

（6）延期审理

延期审理是指人民法院将已定的审理日期或正在进行的审理推迟到另一日期审理的制度。有下列情形之一的，可以延期开庭审理：①应当到庭的当事人和其他诉讼参与人有正当理由没有到庭的；②当事人临时提出回避申请且无法及时作出决定的；③需要通知新的证人到庭，调取新的证据，重新鉴定、勘验，或者需要补充调查的；④其他应当延期的情形。

2. 庭审程序

（1）庭审方式

行政诉讼的第一审程序应当开庭审理，而不得采取书面审理的方式。言词审理要求庭审的指控与答辩应当以口头陈述的方式即言词形式进行。人民法院采用言词审理方式审理行政案件，有利于当事人充分行使辩论权和其他诉讼权利，便于树立司法权威，产生司法场景的仪式效应，也便于人民法院直接审理案件和查明全部事实。

人民法院公开审理行政案件，但涉及国家秘密、个人隐私和法律另有规定的除外。涉及商业秘密的案件，当事人申请不公开审理的，可以不公开审理。

（2）庭审程序

行政诉讼庭审程序由一系列的具体诉讼阶段组成，一般包括开庭准备、开庭审理、法庭调查、法庭辩论、合议庭评议和宣告判决六个部分。值得注意的是，人民法院审理行政案件，除依照行政诉讼法和司法解释外，具体的庭审程序还可以参照民事诉讼法的有关规定进行。

（3）庭审期限

人民法院应当在立案之日起 6 个月内作出第一审判决。有特殊情况需要延长的，由高级人民法院批准，高级人民法院审理第一审案件需要延长的，由最高人民法院批准。

一般而言，在诉讼程序中，若要延长一审审限，应当逐级报请上级法院批准，不得越级报批。但是，行政诉讼却是个例外。若基层人民法院为一审法院，需要延长审限的，则应当直接报请高级人民法院批准，但是应当同时报中级人民法院备案。

（二）简易程序

◆ 考点精华 74

简易程序	条件	普通一审认为事实清楚（证据一致，无需查证）、权利义务关系明确（能明确区分）、争议不大（合法性和责任承担无实质分歧）的，可以适用简易程序： （1）行政行为是依法当场作出的（处罚、强制等符合当场作出的条件）； （2）政府信息公开案件； （3）当事人各方同意的； （4）案件涉及款额 2000 元以下的。 二审、重审、再审的案件不适用简易程序。
	简便通知	可以口头、电话、短信、传真、电子邮件等简便方式传唤、通知、送达裁判文书以外的诉讼文书。（简程序不简裁判）
	程序规定	（1）审判员一人独任审理，并应当在立案之日起 45 日内审结； （2）举证期限由法院确定，也可以由当事人协商一致并经法院准许，但不得超过 15 日。被告要求书面答辩的，法院可以确定合理的答辩期间。
	裁转普通	法院在审理过程中，发现案件不宜适用简易程序的，裁定转为普通程序： （1）应当在审理期限届满前裁定并将相关事项书面通知双方当事人； （2）转为普通程序的审理期限自立案之日起计算。

原行政诉讼法没有规定简易程序，所有的行政案件一律适用普通程序审理。对于某些较为简单的行政案件，一律适用普通程序审理，会浪费司法资源，降低诉讼效率。新的行政诉讼法为此专门增设了简易程序，以适应不同类型的案件审理之所需。

1. 适用范围

（1）法定可适用的案件。人民法院审理下列第一审行政案件，认为事实清楚、权利义务关系明确、争议不大的，可以适用简易程序：被诉行政行为是依法当场作出的；案件涉及款额二千元以下的；属于政府信息公开案件的。

（2）意定可适用的案件。对第一审行政案件，当事人各方同意适用简易程序的，可以适用简易程序。

（3）不得适用的案件。二审、发回重审、按照审判监督程序再审的案件不适用简易程序。

2. 简易程序的要求

（1）适用简易程序审理的行政案件，人民法院可以用口头通知、电话、短信、传真、电子邮件等简便方式传唤当事人、通知证人、送达裁判文书以外的诉讼文书。

以简便方式送达的开庭通知，未经当事人确认或者没有其他证据证明当事人已经收到的，人民法院不得缺席判决；

（2）适用简易程序审理的行政案件，由审判员一人独任审理，并应当在立案之日起 45 日内审结；

（3）举证期限由法院确定，也可以由当事人协商一致并经法院准许，但不得超过 15 日。被告要求书面答辩的，法院可以确定合理的答辩期间；

（4）法院应当将举证期限和开庭日期告知双方当事人，并向当事人说明逾期举证以及拒不到庭的法律后果。双方均同意立即开庭或者缩短举证期限、答辩期间的，法院可以立即开庭审理或确定近期开庭。

3. 简易程序向普通程序的转化

人民法院在审理过程中，发现案件不宜适用简易程序的，裁定转为普通程序。法院裁定转为普通程序的，应当在审理期限届满前裁定并将相关事项书面通知双方当事人。裁定由简易程序转为普通程序的审理期限，自立案之日起计算，已经按简易程序审理已经消耗的期限自然也包括在内。

三、第二审程序

◆ 考点精华 75

二审	上诉提起	（1）上诉人（未上诉的对方当事人为被上诉人，其他当事人按原审地位列明，均上诉的都是上诉人）适格；（2）法定的判决、裁定（驳回起诉，不予立案，管辖异议）可以上诉；（3）法定上诉期限：判决 15 日，裁定 10 日；（4）上诉状向原审法院提交/二审法院提交→5 日移至原审。
	上诉受理	原审法院 5 日内将上诉状副本送达被上诉人→被上诉人 15 日内提交答辩状→原审法院 5 日内连同证据、案卷一并报送二审法院→受理。
	审理时限	应当在收到上诉状之日起 3 个月内作出终审判决。有特殊情况需要延长的，由高级法院批准，高级法院审理上诉案件需要延长由最高法院批准。
	审理方式	应当组成合议庭，开庭审理。经过阅卷、调查和询问当事人，对没有提出新的事实、证据或者理由，合议庭认为不需要开庭审理的可以不开庭书面审理。
	审理对象	一审→被诉行政行为的合法性（民事不审，关联审查未诉行政行为明显违法不认可）。二审→原审法院裁判和行政行为的合法性进行全面审查。

行政诉讼的第二审程序，又称上诉审程序，是指当事人对人民法院作出的一审裁判不服，依法向上一级人民法院提起上诉，上一级人民法院对案件再次审理并作出裁判的诉讼程序。由于我国实行两审终审制，因此二审程序又称为终审程序。尽管二审程序又称为终审程序，但并非每一个行政案件均须经过二审程序审理，因此不是必经程序。若当事人对一审裁判并未提起上诉，上诉期满后一审裁判即发生相应的法律效力，生效的一审裁判则成为终审裁判。

（一）上诉的提起与受理

1. 上诉的提起

（1）上诉的主体

上诉人应当符合上诉的主体要件。一审原告、被告以及法院判决承担义务或者减损权益的第三人及其法定代理人，经授权的委托代理人，均可以依法提起上诉。

（2）上诉的范围

上诉人不服一审法院所作的裁判，须为法律明确规定可以提起上诉的裁判。具体包括地方各级法院所作的一审未生效的判决，以及不予受理、驳回起诉和管辖权异议的裁定。

（3）上诉的形式

上诉应当提交上诉状，既可以向原审法院提交，也可以向上一级法院提交。

不同于刑事诉讼可以口头提起上诉，民事诉讼与行政诉讼只能以书面方式提起上诉。这一点与起诉的形式也不相同，行政诉讼的起诉允许在书面起诉确有困难的情况下口头起诉。

（4）上诉的期限

当事人不服人民法院第一审判决的，有权在判决书送达之日起15内向上一级人民法院提起上诉。当事人不服人民法院第一审裁定的，有权在裁定书送达之日起10日内向上一级人民法院提起上诉。逾期不提起上诉的，人民法院的第一审判决或者裁定即依法发生法律效力。

2. 上诉的受理

当事人提出上诉，应当按照其他当事人或者诉讼代表人的人数提出上诉状副本。原审人民法院收到上诉状，应当在5日内将上诉状副本发送其他当事人，对方当事人应当在收到上诉状副本之日起15日内提出答辩状。原审人民法院应当在收到答辩状之日起5日内将副本发送上诉人。对方当事人不提出答辩状的，不影响人民法院审理。原审人民法院收到上诉状、答辩状，应当在5日内连同全部案卷和证据，报送第二审人民法院。已经预收诉讼费用的，也应当一并报送。

（二）上诉案件的审理

1. 审理方式

人民法院对上诉案件，应当组成合议庭，开庭审理。经过阅卷、调查和询问当事人，对没有提出新的事实、证据或者理由，合议庭认为不需要开庭审理的，也可以不开庭审理。也就是说，与第一审应当开庭审理不同，二审以开庭审理为原则，调查询问式审理为例外。

2. 审理对象

第二审人民法院审理上诉案件，实行全面审查原则，应当对原审人民法院的裁判和被诉行政行为进行全面审查，不受上诉范围的限制。

3. 审理期限

人民法院审理上诉案件，应当在收到上诉状之日起三个月内作出终审判决。有特殊情况需要延长的，由高级人民法院批准，高级人民法院审理上诉案件需要延长的，由最高人民法院批准。

四、审判监督程序

◆ 考点精华 76

再审	条件	（1）裁判错误（结果错误、主要证据瑕疵、适用法律依据错误、依据的法律文书纠错）；（2）违反诉讼程序可能影响公正审判或遗漏当事人、诉讼请求；（3）审判人员腐败徇私、枉法裁判。

续表

再审	当事人申请	申请法院	当事人向上一级法院申请再审，应当在判决、裁定或者调解书发生法律效力后 6 个月内提出，原判决、裁定不停止执行。有下列情形之一的，自知道或者应当知道之日起 6 个月内提出：（1）有新的证据，足以推翻原判决、裁定；（2）原判决、裁定认定事实的主要证据是伪造；（3）据以作出原判决、裁定的法律文书被撤销或者变更的；（4）审判人员审理该案件时有贪污受贿、徇私舞弊、枉法裁判行为的。
		申请检察院	当事人可以向人民检察院申请抗诉或者检察建议（但法院对抗诉、检察建议作出再审判决、裁定后，当事人申请法院再审的不予立案）：（1）人民法院驳回再审申请的；（2）人民法院逾期未对再审申请作出裁定的；（3）再审判决、裁定有明显错误的。
	检察院抗诉		最高检察院和上级检察院对下级法院的判决、裁定或者调解书损害国家利益、社会公共利益，应当向上级检察院的同级法院提出抗诉。
			地方检察院可以向同级人民法院提出检察建议，并报上级检察院备案；也可以提请上级检察院向上级法院提出抗诉。
			检察院对原审程序中审判人员的违法行为，有权向同级人民法院提出检察建议。
	法院决定再审		（1）本院院长对本院的错误判决、裁定或违法调解（调解违反自愿原则、调解书内容违法），应当提交审判委员会讨论决定再审； （2）最高法院和上级法院对下级法院错误判决裁定或违法调解，有权提审或指令下级法院再审。
	再审裁判		原生效判决、裁定确有错误：在撤销原生效判决或者裁定，同时可以：（1）对生效判决、裁定的内容作出相应裁判；（2）裁定撤销生效判决或者裁定，发回作出生效判决、裁定的法院重新审理。

　　行政诉讼的审判监督程序，又称再审程序，是指人民法院根据当事人的申请、人民检察院的抗诉或者人民法院自己发现已生效的裁判违反法律、法规规定，而决定再次审理的诉讼程序。

（一）审判监督程序的提起

1. 当事人申请再审

当事人的申请符合下列情形之一的，人民法院应当再审：

（1）不予立案或者驳回起诉确有错误的；（2）有新的证据，足以推翻原判决、裁定的；（3）原判决、裁定认定事实的主要证据不足、未经质证或者系伪造的；（4）原判决、裁定适用法律、法规确有错误的；（5）违反法律规定的诉讼程序，可能影响公正审判的；（6）原判决、裁定遗漏诉讼请求的；（7）据以作出原判决、裁定的法律文书被撤销或者变更的；（8）审判人员在审理该案件时有贪污受贿、徇私舞弊、枉法裁判行为的。

　　另外，司法解释对于申请再审的时限问题也作了一些特殊规定。依据规定，当事人向上一级人民法院申请再审，应当在判决、裁定或者调解书发生法律效力后 6 个月内提出。有下列情形之一的，自知道或者应当知道之日起 6 个月内提出：

（1）有新的证据，足以推翻原判决、裁定的；（2）原判决、裁定认定事实的主要证据是伪造的；（3）据以作出原判决、裁定的法律文书被撤销或者变更的；（4）审判人员审理该案件时有贪污受贿、徇私舞弊、枉法裁判行为的。也就是说，司法解释对于所列举的几种严重违法情形的申请再审时限作了延长规定，以更好地实现对错误裁判的纠正，也可以更完善地保护当事人的合法权益。

2. 当事人申请法院再审

（1）提交材料：当事人申请再审的，应当提交再审申请书等材料，法院自收到申请书之日起5日内将申请书副本发送对方当事人，对方当事人应当自收到申请书副本之日起15日内提交书面意见。法院可以要求申请人和对方当事人补充有关材料，询问有关事项。

（2）审理期限：法院应当自再审申请案件立案之日起6个月内审查，有特殊情况需要延长的，由本院院长批准。

（3）法院根据审查再审申请案件的需要决定是否询问当事人；新的证据可能推翻原判决、裁定的，法院应当询问当事人。

（4）审查再审申请期间，被申请人及原审其他当事人依法提出再审申请的，法院应当将其列为再审申请人，对其再审事由一并审查，审查期限重新计算。经审查，其中一方再审申请人主张的再审事由成立的，应当裁定再审。各方再审申请人主张的再审事由均不成立的，一并裁定驳回再审申请。

（5）审查再审申请期间，再审申请人申请法院委托鉴定、勘验的，人民法院不予准许。再审申请人撤回再审申请的，是否准许由法院裁定。再审申请人经传票传唤，无正当理由拒不接受询问的，按撤回再审申请处理。

（6）法院准许撤回再审申请或者按撤回再审申请处理后，再审申请人再次申请再审的不予立案，但明显错误的（新证据推翻事实、事实不清、依据的裁判推翻、枉法裁判），自知道或者应当知道之日起六个月内提出的除外。当事人主张的再审事由成立，且符合申请再审条件的，法院应当裁定再审。

（7）当事人主张的再审事由不成立，或者当事人申请再审超过法定申请再审期限、超出法定再审事由范围等不符合申请再审条件的，法院应当裁定驳回再审申请。

（8）决定再审的案件，裁定中止原判决、裁定、调解书的执行，但支付抚恤金、最低生活保障费或者社会保险待遇的案件，可以不中止执行。法院审理再审案件应当围绕再审请求和被诉行政行为合法性进行。当事人的再审请求超出原审诉讼请求，符合另案诉讼条件的，告知当事人可以另行起诉。

（9）被申请人及原审其他当事人在庭审辩论结束前提出的再审请求且符合申请期限的，或者发现已经发生法律效力的判决、裁定损害国家利益、社会公共利益、他人合法权益的，法院应当一并审理。

3. 当事人申请检察院抗诉或提出检察建议

当事人可以向人民检察院申请抗诉或者检察建议（但法院对抗诉、检察建议作出再审判决、裁定后，当事人申请法院再审的不予立案；人民法院驳回再审申请的；人民法院逾期未对再审申请作出裁定的；再审判决、裁定有明显错误的）。

（1）人民检察院提出抗诉的案件，接受抗诉的人民法院应当自收到抗诉书之日起30日内作出再审的裁定；有《行政诉讼法》第91条第2、3项规定情形之一的，可以指令下一级人民法院再审，但经该下一级人民法院再审过的除外。

（2）人民法院在审查抗诉材料期间，当事人之间已经达成和解协议的，人民法院可以建议人民检察院撤回抗诉。

（3）人民检察院提出抗诉的案件，人民法院再审开庭时，应当在开庭 3 日前通知人民检察院派员出庭。

（4）人民法院收到再审检察建议后，应当组成合议庭，在 3 个月内进行审查，发现原判决、裁定、调解书确有错误，需要再审的，依照《行政诉讼法》规定裁定再审，并通知当事人；经审查，决定不予再审的，应当书面回复人民检察院。

（5）人民法院审理因人民检察院抗诉或者检察建议裁定再审的案件，不受此前已经作出的驳回当事人再审申请裁定的限制。

4. 人民法院启动再审

各级人民法院院长对本院已经发生法律效力的判决、裁定，发现有法定再审事由的，或者发现调解违反自愿原则或者调解书内容违法，认为需要再审的，应当提交审判委员会讨论决定。

最高人民法院对地方各级人民法院已经发生法律效力的判决、裁定，上级人民法院对下级人民法院已经发生法律效力的判决、裁定，发现有前述规定情形之一，或者发现调解违反自愿原则或者调解书内容违法的，有权提审或者指令下级人民法院再审。

5. 人民检察院启动再审

最高人民检察院对各级人民法院已经发生法律效力的判决、裁定，上级人民检察院对下级人民法院已经发生法律效力的判决、裁定，发现有法定再审事由的，或者发现调解书损害国家利益、社会公共利益的，应当提出抗诉。

地方各级人民检察院对同级人民法院已经发生法律效力的判决、裁定，发现有法定再审事由的，或者发现调解书损害国家利益、社会公共利益的，可以向同级人民法院提出检察建议，并报上级人民检察院备案；也可以提请上级人民检察院向同级人民法院提出抗诉。

需要注意的是，只有最高人民检察院和上级人民检察院可以依照审判监督程序提出抗诉，同级检察院无权依照审判监督程序提出抗诉。另外，司法解释对于当事人寻求人民检察院的检察监督也作了特别规定。依据该解释的有关规定，有下列情形之一的，当事人可以向人民检察院申请抗诉或者检察建议：（1）人民法院驳回再审申请的；（2）人民法院逾期未对再审申请作出裁定的；（3）再审判决、裁定有明显错误的。

当然，为了及时稳定行政法律关系，人民法院基于抗诉或者检察建议作出再审判决、裁定后，当事人若依然申请再审的，人民法院则应当不予立案。

人民法院在审查抗诉材料期间，当事人之间已经达成和解协议的，人民法院可以建议人民检察院撤回抗诉。人民检察院提出抗诉的案件，人民法院再审开庭时，应当在开庭 3 日前通知人民检察院派员出庭。

人民法院收到再审检察建议后，应当组成合议庭，在 3 个月内进行审查，发现原判决、裁定、调解书确有错误，需要再审的，依照《行政诉讼法》第 92 条规定裁定再审，并通知当事人；经审查，决定不予再审的，应当书面回复人民检察院。

人民法院审理因人民检察院抗诉或者检察建议裁定再审的案件，不受此前已经作出的驳回当事人再审申请裁定的限制。

（二）再审案件的审理

1. 审理对象

人民法院审理再审案件应当围绕再审请求和被诉行政行为合法性进行。当事人的再审请求超出原审诉讼请求，符合另案诉讼条件的，告知当事人可以另行起诉。

被申请人及原审其他当事人在庭审辩论结束前提出的再审请求且符合法定申请期限的，或者发现已经发生法律效力的判决、裁定损害国家利益、社会公共利益、他人合法权益的，人民法院应当一并审理。

2. 审理程序

人民法院按照审判监督程序再审的案件，发生法律效力的判决、裁定是由第一审人民法院作出的，按照第一审程序审理，所作的判决、裁定，当事人可以上诉。若发生法律效力的判决、裁定是由第二审人民法院作出的，则应当按照第二审程序审理，所作的判决、裁定是发生法律效力的判决、裁定。上级人民法院按照审判监督程序提审的，按照第二审程序审理，所作的判决、裁定是发生法律效力的判决、裁定。人民法院审理再审案件，自然应当另行组成合议庭审理。

3. 原裁判的执行问题

上级人民法院决定提审或者指令下级人民法院再审的，应当裁定中止原判决的执行。如果情况紧急的，还可以将中止执行的裁定口头通知负责执行的人民法院或者作出生效判决、裁定的人民法院，但应当在口头通知后 10 日内发出裁定书。按照审判监督程序决定再审的案件，裁定中止原判决、裁定、调解书的执行，但支付抚恤金、最低生活保障费或者社会保险待遇的案件，可以不中止执行。

4. 对原裁判的处理

（1）人民法院审理再审案件，认为原生效判决、裁定确有错误，在撤销原生效判决或者裁定的同时，可以对生效判决、裁定的内容作出相应裁判，也可以裁定撤销生效判决或者裁定，发回作出生效判决、裁定的人民法院重新审判。

（2）人民法院审理二审案件和再审案件，对原审法院受理、不予受理或者驳回起诉错误的，应当分别情况作如下处理：第一审人民法院作出实体判决后，第二审人民法院认为不应当受理的，在撤销第一审人民法院判决的同时，可以发回重审，也可以迳行驳回起诉；第二审人民法院维持第一审人民法院不予受理裁定错误的，再审法院应当撤销第一审、第二审人民法院裁定，指令第一审人民法院受理；第二审人民法院维持第一审人民法院驳回起诉裁定错误的，再审法院应当撤销第一审、第二审人民法院裁定，指令第一审人民法院审理。

（3）人民法院审理再审案件，发现生效裁判有下列情形之一的，应当裁定发回作出生效判决、裁定的人民法院重新审理：审理本案的审判人员、书记员应当回避而未回避的；依法应当开庭审理而未经开庭即作出判决的；未经合法传唤当事人而缺席判决的；遗漏必须参加诉讼的当事人的；对与本案有关的诉讼请求未予裁判的；其他违反法定程序可能影响案件正确裁判的。

（4）再审审理期间，有下列情形之一的，裁定终结再审程序：再审申请人在再审期间撤回再审请求，人民法院准许的；再审申请人经传票传唤，无正当理由拒不到庭的，或者未经法庭许可中途退庭，按撤回再审请求处理的；人民检察院撤回抗诉的；其他应当终结再审程序的情形。

因人民检察院提出抗诉裁定再审的案件，申请抗诉的当事人有上诉情形，且不损害国家利益、社会公共利益或者他人合法权益的，人民法院裁定终结再审程序。再审程序终结后，人民法院裁定中止执行的原生效判决自动恢复执行。

（5）再审期限

再审案件按照第一审程序审理的，适用第一审的审理期限。再审案件按照第二审程序审理的，适用第二审的审理期限。

五、行政诉讼审理的特殊程序

（一）被告负责人出庭程序

◆ **考点精华 77**

被告首长出庭	应当出庭	有例外	被告负责人应当出庭应诉，不能出庭的应当委托行政机关相应的工作人员出庭，不得仅委托律师出庭；负责人出庭应诉可另行委托 1—2 名代理人。
		无例外	涉及重大公共利益、社会高度关注或可能引发群体性事件或法院书面建议负责人出庭的应当出庭。
			负责人出庭应诉的，应当在案件基本情况部分予以列明。
	身份认定		（1）行政机关负责人包括：正职、副职及其他参与分管负责人，负责人出庭应诉应当提交能够证明职务的材料； （2）相应的工作人员包括：该行政机关有国家行政编制或其他依法履行公职的人员，地方政府法制机构或具体承办机关工作人员，可以视为政府相应的工作人员。委托工作人员出庭应诉的，应当提交加盖机关印章的授权委托书，并载明姓名、职务和代理权限。
	违规处理	拒绝说明理由	负责人有正当理由不能出庭的，行政机关应当向法院提交情况说明，并加盖机关印章或由该机关主要负责人签字认可。拒绝说明理由的不影响审判，法院可以向监察机关、上一级行政机关提出司法建议。
		出庭违规	负责人和工作人员均不出庭仅委托律师出庭的或法院书面建议行政负责人出庭后不出庭应诉的，法院应记录在案和在裁判文书中载明，并可以建议有关机关依法作出处理。

行政诉讼法规定，被诉行政机关负责人应当出庭应诉。不能出庭的，应当委托行政机关相应的工作人员出庭。当然，根据司法解释的有关规定，这里的"行政机关负责人"，既包括行政机关的正职负责人，也包括副职负责人。另外，行政机关负责人若出庭应诉的，也可以另行委托一至二名诉讼代理人。这一规定是对行政诉讼"立案难"、"审理难"等问题所采取的一项立法对策，对于行政诉讼"告官不见官"影响行政纠纷解决的问题具有特殊意义。

1. 出庭人员的要求

行政机关负责人，包括行政机关的正职、副职负责人以及其他参与分管的负责人。行政机关负责人出庭应诉的，可以另行委托一至二名诉讼代理人。行政机关负责人不能出庭的，应当委托行政机关相应的工作人员出庭，不得仅委托律师出庭。行政机关负责人出庭应诉的，应当向人民法院提交能够证明该行政机关负责人职务的材料。行政机关委托相应的工作人员出庭应诉的，应当向人民法院提交加盖行政机关印章的授权委托书，并载明工作人员的姓名、职务和代理权限。

"行政机关相应的工作人员"包括该行政机关具有国家行政编制身份的工作人员以及其他依法履行公职的人员。被诉行政行为是地方人民政府作出的，地方人民政府法制工作机构的工作人员，以及被诉行政行为具体承办机关工作人员，可以视为被诉人民政府相应的工作人员。

2. 应当出庭的案件类型

涉及重大公共利益、社会高度关注或者可能引发群体性事件等案件以及人民法院书面建议行政机关负责人出庭的案件，被诉行政机关负责人应当出庭。被诉行政机关负责人出庭应诉的，应当在当事人及其诉讼代理人基本情况、案件由来部分予以列明。

3. 违规处理

行政机关负责人有正当理由不能出庭应诉的，应当向人民法院提交情况说明，并加盖行政机关印章或者由该机关主要负责人签字认可。行政机关拒绝说明理由的，不发生阻止案件审理的效果，人民法院可以向监察机关、上一级行政机关提出司法建议。

行政机关负责人和行政机关相应的工作人员均不出庭，仅委托律师出庭的或者人民法院书面建议行政机关负责人出庭应诉，行政机关负责人不出庭应诉的，人民法院应当记录在案和在裁判文书中载明，并可以建议有关机关依法作出处理。

例35：某市公安局发现黄牛公司利用抢票软件协助他人订购春运火车票，收取一定的费用，涉嫌倒卖车船票，但涉案金额尚不够刑事处罚，遂对该公司作出罚款2000元的决定。该公司认为处罚明显不当，向法院提起行政诉讼。法院受理后认为本案属于公众关心的热点案件，书面建议被告负责人出庭应诉。本案市公安局的负责人应当出庭应诉，不能委托相应工作人员出庭，若市公安局负责人未出庭，法院应记录在案并可以建议有关机关依法作出处理。市公安局的负责人或参与分管的负责人出庭的，可以另行委托两名律师作为代理参加诉讼。

（二）诉讼中止与诉讼终结

1. 诉讼中止

诉讼中止是指在诉讼过程中，因出现某种原因而导致诉讼暂时停止，待原因消除后诉讼继续进行的制度。在诉讼过程中，有下列情形之一的，应当中止诉讼：

（1）原告死亡，须等待其近亲属表明是否参加诉讼的；

（2）原告丧失诉讼行为能力，尚未确定法定代理人的；

（3）作为一方当事人的行政机关、法人或者其他组织终止，尚未确定权利义务承受人的；

（4）一方当事人因不可抗力的事由不能参加诉讼的；

（5）案件涉及法律适用问题，需要送请有权机关作出解释或者确认的；

（6）案件的审判须以相关民事、刑事或者其他行政案件的审理结果为依据，而相关案件尚未审结的；

（7）其他应当中止诉讼的情形。

如果中止诉讼的原因消除后，则应当恢复诉讼。

2. 诉讼终结

诉讼终结是指在诉讼开始后，出现了令诉讼不可能进行下去或进行下去已无必要的情形，由人民法院决定结束对案件审理的制度。在诉讼过程中，有下列情形之一的，终结诉讼：

（1）原告死亡，没有近亲属或者近亲属放弃诉讼权利的；

（2）作为原告的法人或者其他组织终止后，其权利义务的承受人放弃诉讼权利的；

（3）因原告死亡须等待其近亲属表明是否参加诉讼，或者原告丧失诉讼行为能力尚未确定法定代理人的，或者作为一方当事人的行政机关、法人或者其他组织终止，尚未确定权利义务承受人而导致中止诉讼满 90 日仍无人继续诉讼的，裁定终结诉讼，但有特殊情况的除外。

（三）行政诉讼的调解

◆ 考点精华 78

审判公开	审理	原则上公开审理行政案件，但涉及国家秘密、个人隐私和法律另有规定的应当不公开。其他案件（如商业秘密）当事人申请不公开审理的，可以不公开审理。
	宣判	（1）公开审理和不公开审理的案件，一律公开宣告判决；（2）当庭宣判的，应当在十日内发送判决书；定期宣判的，宣判后立即发给判决书；（3）宣告判决时，必须告知当事人上诉权利、上诉期限和上诉的法院。
	裁判文书	法院应当公开发生法律效力的判决书、裁定书，供公众查阅，但涉及国家秘密、商业秘密和个人隐私的内容除外。
调解	范围	审理行政案件原则上不适用调解。但行政赔偿、补偿以及行使法律、法规规定的自由裁量权的案件（罚款、行政拘留、行政协议等）可以调解。
	程序	（1）调解应遵循自愿、合法原则，不得损害国家利益、社会公共利益和他人合法权益；（2）调解过程不公开，但当事人同意公开的除外。调解协议内容不公开，但为保护国家利益、社会公共利益、他人合法权益，法院认为确有必要公开的除外；（3）当事人自行和解或调解达成协议后，请求法院按照和解协议或者调解协议的内容制作判决书的，法院不予准许。
回避		院长担任审判长时的回避由审判委员会决定；审判人员的回避，由院长决定；其他人员的回避，由审判长决定。当事人对决定不服的，可以申请复议一次。

行政诉讼制度设计是否应当允许适用调解，一直存有广泛争议。原行政诉讼法规定，行政诉讼不得调解，只允许行政赔偿诉讼可以调解。因此，原行政诉讼法对于调解问题持较为保守的态度。随着社会的发展，以及人们对行政诉讼功能认识的深化，行政诉讼不适用调解制度的规定越来越难以适应社会形势发展的要求。修正案对于诉讼调解制度进行了相应的调整完善，有利于顺利实现行政诉讼解决行政争议的制度目标。

1. 调解的适用范围

《行政诉讼法》第60条规定，人民法院审理行政案件，不适用调解。但是，行政赔偿、补偿以及法律、法规规定的自由裁量权的案件可以调解。《最高人民法院关于适用行政诉讼法的解释》规定，符合法定调解范围的案件，法律关系明确、事实清楚，在征得当事人双方同意后，人民法院可以迳行调解。当然，调解应当遵循自愿、合法原则，不得损害国家利益、社会公共利益和他人合法权益。不难看出，行政诉讼法修正案对于诉讼调解的规定，在认可原先的不得调解这一原则立场基础上，作了相对灵活的补充规定。行政诉讼调解对象的范围是特定的，只限于行政赔偿、补偿以及罚款、行政拘留、行政协议等行政机关行使法律、法规规定的自由裁量权的案件。

行政赔偿诉讼的双方当事人可以就赔偿方式、赔偿项目或者赔偿数额进行协商，从而为行政诉讼法规定该类案件的调解制度提供了基础。同时，由于行政补偿的方式、项目和标准往往缺乏明确规定，需要对公共利益予以具体衡量，因此行政机关往往拥有一定的裁量权，这同样为此类诉讼的调解制度提供了基础。法律、法规规定的自由裁量权的案件，是指法律、行政法规以及地方性法规规定可以行使裁量权的行政案件。由于法律明确了行政机关的裁量权，因此当然为该类诉讼调解制度的确立提供了基础。

2. 程序规定

（1）调解达成协议法院应当制作调解书，写明诉讼请求、案件的事实和调解结果。调解书由审判人员、书记员署名，加盖法院印章，送达双方当事人；

（2）调解书经双方当事人签收后即具有法律效力，调解书生效日期根据最后收到调解书的当事人签收的日期确定；

（3）调解过程不公开，但当事人同意公开的除外。调解协议内容不公开，但为保护国家利益、社会公共利益、他人合法权益，法院认为确有必要公开的除外；

（4）当事人一方或者双方不愿调解、调解未达成协议的，人民法院应当及时判决。当事人自行和解或调解达成协议后，请求法院按照和解协议或者调解协议的内容制作判决书的，法院不予准许。

（四）回避

按照程序正当原则的要求，凡是影响案件公正审判的诉讼审判人员、书记员和法定的其他人员应当回避，不得参与该案件的审理工作，保障案件裁判的公正性。除了审判人员主动回避之外，当事人可以申请审判人员部分或集体回避。行政诉讼的回避制度与民事诉讼基本相同，应注意以下几个问题：1. 当事人申请审判人员回避的应说明理由，在开始审理时提出，回避事由在案件开始审理后知道的，应当在法庭辩论终结前提出；2. 被申请回避的人员，在法院作出是否回避的决定前应暂停参与本案工作，但案件需要采取紧急措施的除外；3. 对回避申请法院应当在 3 日内以口头或者书面形式作出决定，对明显不属于法定回避事由的法庭可以当庭驳回；申请人对驳回决定不服的，可以向作出决定的法院申请复议一次。复议期间，被申请回避的人员不停止参与本案的工作。对申请人的复议申请，人民法院应当在 3 日内作出复议决定并通知申请人；4. 院长担任审判长时的回避由审判委员会决定；审判人员的回避，由院长决定；其他人员的回避，由审判长决定；5. 在一个审判程序中参与过本案审判的审判人员不得再参与该案二审、重审、再审等其他程序的审判，但发回重审后又进入二审程序的除外。

第四节　行政诉讼的特殊制度与规则

一、证据制度

◆ 考点精华 79

证据种类		书证；物证；视听资料；电子数据；证人证言；当事人的陈述；鉴定意见；勘验笔录、现场笔录：对现场执法情况的客观记录，属于实物证据；原则上双方签名，当事人拒签则注明原因，无须见证人。
举证责任	被告	被告应当在收到起诉状副本 15 日内向法院提交作出行政行为合法的证据和依据。
		（1）被告因不可抗力等正当事由不能提供的，经法院准许可以延期提供：应当在答辩期内以书面方式向法院提出。准许延期提供的，被告应在正当事由消除后 15 日内提供证据，逾期提供的视为没有证据； （2）被告不提供或者无正当理由逾期提供证据，视为没有证据，但第三人提供证据的除外； （3）原告或第三人提出其在行政程序中未提出的理由或证据，经法院准许被告可补充证据； （4）在诉讼过程中，被告及其诉讼代理人不得自行向原告、第三人和证人收集证据。
	原告	（1）在起诉证明符合起诉条件；（2）诉依申请的行政不作为，原告应当对提出申请举证。但诉依职权的不作为和原告因正当理由不能提供证据的除外；（3）行政赔偿、补偿请求应当就损害事实举证，因被告的原因导致原告无法就损害举证的，应当由被告就该损害情况承担举证责任。当事人的损失因客观原因无法鉴定的，法院应结合当事人主张和在案证据，遵循法官职业道德，运用逻辑推理和生活经验、生活常识等，酌情确定赔偿数额；（4）原告主张撤销、解除行政协议的，对事由承担举证责任。
		提交证据期限：原告、第三人应当在一审开庭前或法院指定的交换证据清单之日提交证据，因正当事由申请延期提供的，经法院准许，可以在法庭调查中提供。逾期提供证据的，法院应责令其说明理由；拒不说明理由或理由不成立的，视为放弃举证权利。
		反驳：可以提供证明行政行为违法的证据。原告提供的证据不成立，不免除被告举证责任。
	第三人	被告不提供或者无正当理由逾期提供证据，视为没有相应证据，但被诉行政行为涉及第三人合法权益，第三人提供证据的除外。（行政机关怠于举证，第三人可以举证）
	拒绝更正信息	对行政机关拒绝更正政府信息不服向法院起诉的案件，原告与被告同时举证，原告举证信息错误，被告举证拒绝更正合法。

（一）证据的概念与种类

1. 证据的概念与特征

能够证明行政案件一切事实的材料，都是行政诉讼的证据。这些证据既包括当事人向人民法院提交的证据，也包括人民法院依法调取的证据。一般来说，具有证明效力的证据具备以下几项基本属性：

（1）客观性。又称真实性，是指证据本身必须是客观存在的，不应是主观想象或者臆测的产物。客观性是证据的首要属性与最本质的特征。任何违反客观性特征的事实材料，都不得作为证据使用。

（2）关联性。又称相关性，是指证据应当与待证事实之间存在客观联系，具有因果关系。证据的关联性直接关系到证据有无证明力以及证明力大小的问题。

（3）合法性。又称法律性，是指证据应当具备相应的合乎法律的属性。不仅应当由法定主体依法取证，而且应当依法定的证据形式呈现出来，并且应当依法查证属实，才可以成为定案根据。证据的合法性是证据的客观性与关联性的重要保证，也是证据是否具备法律效力的重要条件。

2. 证据的种类

证据的种类是指行政诉讼法根据各种外在表现形式而对证据所作的划分。依据行政诉讼法的有关规定，行政诉讼的证据有以下几种：（1）书证；（2）物证；（3）视听资料；（4）电子数据；（5）证人证言；（6）当事人的陈述；（7）鉴定意见；（8）勘验笔录、现场笔录。

需要注意的是，现场笔录是行政诉讼特有的证据种类，即是民事诉讼、刑事诉讼所没有的证据种类。所谓现场笔录是指行政机关及其工作人员在实施行政行为的过程中，对某些事项当场所作的客观记录。

（二）举证责任

1. 概念

所谓举证责任，是指由法律预先规定，在行政案件的事实处于真伪不明的情况下，由当事人一方提供证据予以证明，并承担无法证明相应情况而导致的败诉风险的证据制度。举证责任制度的最主要功能，在于解决究竟应当由谁提供证据的问题，当案件事实处于真伪不明状态时人民法院能够依法及时确定诉讼结果。

2. 举证责任的分配

（1）被告的举证责任

在行政诉讼中，被告对作出的行政行为负有举证责任，应当提供作出该行政行为的证据和所依据的规范性文件。被告不提供或者无正当理由逾期提供证据，视为没有相应证据。

按照诉讼的一般原则，举证责任的分配实行"谁主张，谁举证"的举证规则，然而行政诉讼与民事诉讼相比有很大的区别。之所以应当由被告对作出的行政行为负有举证责任，是因为在具体的行政管理过程中，行政机关只有在掌握了充分的证据以后，才可以作出相应的行政行为。因此，在行政诉讼中由其承担对被诉行政行为的举证责任因而也是合理的。这一举证责任的分配，也可以发挥行政机关的举证优势，并且可以促进行政机关依法行政，保障弱的行政相对人的合法权益。

另外，行政诉讼法除了规定被告的举证责任以外，还专门赋予了第三人以举证权利，以防止因被告不积极举证而侵害第三人的合法权益。《行政诉讼法》规定，被告不提供或者无正当理由逾期提供证据，视为没有相应证据。但是，被诉行政行为涉及第三人合法权益，第三人提供证据的除外。

（2）原告的举证责任

行政诉讼不仅应当需要被告承担主要的举证责任，原告也应当承担一定的举证责任。依据行政诉讼法的有关规定，原告对下列事项承担举证责任：

①证明起诉符合法定条件，但被告认为原告起诉超过起诉期限的除外；

②在起诉被告不作为的案件中，证明其提出申请的事实，但有下列情形之一的除外：被告应当依职权主动履行法定职责的；原告因正当理由不能提供证据的；

③在行政赔偿、补偿的案件中，原告应当对行政行为造成的损害提供证据。但因被告的原因导致原告无法举证的，应由被告对该损害情况承担举证责任。当事人的损失确因客观原因无法举证的，法院应结合当事人的主张和在案证据，遵循法官职业道德，运用逻辑推理、生活经验、生活常识等，酌情确定赔偿数额。

同时，原告主张撤销、解除行政协议的，应当对事由承担举证责任。

注意：被告承担的举证责任包括两个方面：一是应当提供作出该行政行为的事实根据；二是提供作出该行政行为所依据的规范性文件。关于复议维持案件的举证责任分配问题。复议机关决定维持原行政行为的，人民法院应当在审查原行政行为合法性的同时，一并审查复议程序的合法性。作出原行政行为的行政机关和复议机关应当对原行政行为合法性共同承担举证责任，可以由其中一个机关实施举证行为。另外，复议机关当然应当对复议决定的合法性承担举证责任。

3. 举证期限

由于原、被告对于行政诉讼证据的持有状态不同，并且保存证据的能力也存在重大差异，行政诉讼法及其相关司法解释对于双方的举证期限作了不同规定：

（1）被告的举证期限

被告对作出的行政行为负有举证责任，应当在收到起诉状副本之日起 15 日内，提供据以作出被诉行政行为的证据和所依据的规范性文件，并提出答辩状。被告不提供或者无正当理由逾期提供证据的，视为被诉行政行为没有相应的证据。但是，被诉行政行为涉及第三人合法权益，第三人提供证据的除外。被告在作出行政行为时已经收集了证据，但因不可抗力等正当事由不能提供的，经人民法院准许，可以延期提供。原告或者第三人提出了其在行政处理程序中没有提出的理由或者证据的，经人民法院准许，被告可以补充证据。

被告申请延期提供证据的，应当在收到起诉状副本之日起 15 日内以书面方式向人民法院提出。人民法院准许延期提供的，被告应当在正当事由消除后 15 日内提供证据。逾期提供的，视为被诉行政行为没有相应的证据。

（2）原告的举证期限

原告或者第三人应当在开庭审理前或者人民法院指定的交换证据清单之日提供证据。因正当事由申请延期提供证据的，经人民法院准许，可以在法庭调查中提供。这是因为法庭调查主要就是用来解决事实认定问题的，而举证则同样是为了认定事实，两者并不矛盾。

当事人申请延长举证期限，应当在举证期限届满前向法院提出书面申请。申请理由成立的，法院应当准许适当延长并通知其他当事人。申请理由不成立的，法院不予准许并通知申请人。逾期提供证据的，人民法院应当责令其说明理由；拒不说明理由或者理由不成立的，视为放弃举证权利。

（三）当事人提供证据的要求

◈ **考点精华 80**

书证	（1）原件/复印件；（2）部门保管的盖印章；（3）谈话笔录应签名盖章。
物证	（1）原物/复制件；（2）种类物（一部分）。
视听资料	（1）原始载体/复制件；（2）注明制作过程；（3）声音资料附文字记录。
证人证言	（1）证人基本情况；（2）签名/盖章；（3）日期；（4）附身份证明文件，否则无效。
鉴定意见	（1）被告提供的→载明委托事项、相关材料、技术手段、鉴定说明、签名盖章；（2）原告第三人在举证期限届满前书面申请重新鉴定：被告持有的鉴定意见均可申请，申请对法院委托的鉴定意见重新鉴定（资格、程序、依据、其他经过质证不能作为证据的）。
勘验笔录	（1）法院依当事人申请或依职权勘验；（2）勘验人必须出示法院证件并邀请当地基层组织或当事人所在单位派人参加；（3）当事人不到场不影响勘验，应在勘验笔录中说明。
现场笔录	（1）对现场执法情况的客观记录，属于实物证据；（2）时间地点事件；（3）双方签名，当事人拒签则注明原因，在场其他人可以签名。
法院收据	法院收到当事人提供的证据应当出具收据，由经办人员签名或盖章。

1. 书证

书证是指以文字、符号、图形等形式所记载或者表示的内容、含义来证明案件事实的证据。提供书证应当符合下列要求：

（1）当事人原则上应当向人民法院提供书证的原件。书证的原本、正本和副本均属于书证的原件。若当事人提供原件确有困难的，也可以提供与原件核对无误的复印件、照片、节录本。

（2）若提供由有关部门保管的书证原件的复制件、影印件或者抄录件的，应当注明出处，并应当经该部门核对无异后加盖其印章。

（3）提供报表、图纸、会计帐册、专业技术资料、科技文献等书证的，应当附有说明材料。

（4）被告提供的被诉行政行为所依据的询问、陈述、谈话类笔录，应当有行政执法人员、被询问人、陈述人、谈话人签名或者盖章。

2. 物证

物证是指以自己的存在、形状、质量等外部特征和物质属性，证明案件事实的物品。当事人向人民法院提供物证，应当符合下列要求：

（1）当事人向人民法院提交物证，原则上应当提供原物。若提供原物确有困难的，也可以提供与原物核对无误的复制件或者证明该物证的照片、录像等其他证据；

（2）若原物为数量较多的种类物的，则只须提供其中的一部分即可，而无须提交所有的该种类物证据。例如公安局没收了陈某违法运输的一车烟花爆竹，陈某不服提起行政诉讼，则当事人提交证据时只需要提供一部分烟花爆竹即可。

3. 视听资料

视听资料是指以声音、图像及其他视听材料等现代科技手段来记载和证明案件事实的证据材料。提供视听资料，应当符合下列要求：

（1）当事人提供视听资料，应当提供有关资料的原始载体。若提供原始载体确有困难的，也可以提供复制件。

（2）当事人提交的视听资料，应当注明制作方法、制作时间、制作人和证明对象等。

（3）若当事人提供的视听资料只有声音而无图像的，声音资料应当附有与该声音内容相应的文字记录。

4. 电子数据

电子数据是指通过电子作为媒介形式形成或者存储在电子介质中的证据信息材料。例如通过电子邮件、电子数据交换、网上聊天记录、博客、短信等方式形成或者存储在电子介质中的信息材料。电子数据是本次行政诉讼法修改新增加的证据种类，以适应科学技术的发展对于诉讼技术更新的要求。

5. 证人证言

证人证言是指证人就自己了解的案件事实向人民法院所作的陈述，一般以口头形式呈现出来，也可以向人民法院提供书面证人证言。当事人向人民法院提供证人证言，应当符合下列要求：

（1）当事人提交的证人证言，应当写明证人的姓名、年龄、性别、职业、住址等基本情况。

（2）证人证言应当有证人的签名。若证人不能签名的，则应当以盖章等方式证明。

（3）证人证言还应当注明出具日期。

（4）证人证言应当附有居民身份证复印件等证明证人身份的文件。

6. 鉴定意见

鉴定意见是指鉴定人运用自己的专业知识，利用专业的设备和材料，对某些专门问题所作的意见。被告行政机关向人民法院提供的鉴定意见，应当符合下列要求：

（1）被告向人民法院提供的在行政程序中采用的鉴定意见，应当载明委托人和委托鉴定的事项、向鉴定部门提交的相关材料、鉴定的依据和使用的科学技术手段、鉴定部门和鉴定人鉴定资格的说明，并应有鉴定人的签名和鉴定部门的盖章。通过分析获得的鉴定意见，还应当说明分析过程。

（2）原告或者第三人有证据或者有正当理由表明被告据以认定案件事实的鉴定意见可能有错误，在举证期限内书面申请重新鉴定的，人民法院应予准许。

（3）当事人对人民法院委托的鉴定部门作出的鉴定意见有异议申请重新鉴定，提出证据证明存在下列情形之一的，人民法院应予准许：鉴定部门或者鉴定人不具有相应的鉴定资格的；鉴定程序严重违法的；鉴定意见明显依据不足的；经过质证不能作为证据使用的其他情形。

（4）对需要鉴定的事项负有举证责任的当事人，在举证期限内无正当理由不提出鉴定申请、不预交鉴定费用或者拒不提供相关材料，致使对案件争议的事实无法通过鉴定意见予以认定的，应当对该事实承担举证不能的法律后果。

7. 勘验笔录

勘验笔录是指审判人员在诉讼过程中对与争议有关的现场、物品等进行的查验、测量、拍照后制作的笔录。勘验时应通知当事人到场，并通知当事人所在的单位派人现场参加见证。

8. 现场笔录

现场笔录是指行政机关在实施行政行为时对某些事项当场所作的能够证明案件事实的书面记录。现场笔录是行政诉讼特有的证据种类，民事诉讼与刑事诉讼均无该种证据种类。

被告向人民法院提供的现场笔录，应当载明时间、地点和事件等内容，并由执法人员和当事人签名。当事人若拒绝签名或者不能签名的，应当注明原因。若有其他人在现场的，可由其他人签名。如果法律、法规和规章对现场笔录的制作形式另有规定的，则应从其规定。

9. 涉外和涉密证据

（1）域外证据

当事人向人民法院提供的在中华人民共和国领域外形成的证据，应当说明证据的来源，经所在国公证机关证明，并经中华人民共和国驻该国使领馆认证，或者履行中华人民共和国与证据所在国订立的有关条约中规定的证明手续。

当事人提供的在中华人民共和国香港特别行政区、澳门特别行政区和我国台湾地区内形成的证据，应当具有按照有关规定办理的证明手续。

（2）外文证据

当事人向人民法院提供外文书证或者外国语视听资料的，应当附有由具有翻译资质的机构翻译的或者其他翻译准确的中文译本，由翻译机构盖章或者翻译人员签名。

（3）涉密证据

证据涉及国家秘密、商业秘密或者个人隐私的，提供人应当作出明确标注，并向法庭说明，法庭予以审查确认。

10. 提交与接受证据

（1）当事人应当对其提交的证据材料分类编号，对证据材料的来源、证明对象和内容作简要说明，签名或者盖章，注明提交日期。

（2）人民法院收到当事人提交的证据材料，应当出具收据，注明证据的名称、份数、页数、件数、种类等以及收到的时间，由经办人员签名或者盖章，无须加盖人民法院印章。

11. 证据交换

为了明确争议焦点，提高诉讼效率，对于案情比较复杂或者证据数量较多的案件，人民法院可以组织当事人在开庭前向对方出示或者交换证据，并将交换证据的情况记录在卷。

（四）调取和保全证据

◆ 考点精华 81

法院调取	法院要求提供或补充	（1）法院有权要求当事人提供或者补充证据；（2）法院要求行政机关提交证据，行政机关无正当理由拒不提交的，法院可以推定原告或者第三人基于该证据主张的事实成立。
	依职权调取	法院有权主动调取证据，但不得为证明行政行为合法调取被告作出行政行为时未收集的证据：（1）国家利益、公共利益或他人合法权益；（2）中止、回避、追加当事人等诉讼程序事项。

续表

法院调取	依申请调取	原告或者第三人不能自行收集的可以申请法院调取（与待证事实无关联、无意义、无必要的，人民法院不准许）：（1）由国家机关保存而须由人民法院调取的证据；（2）涉及国家秘密、商业秘密和个人隐私的证据；（3）确因客观原因不能自行收集的其他证据。
保全		（1）证据可能灭失/以后难以取得；（2）法院依申请/依职权；（3）诉讼开始前/诉讼中（申请保全须在举证期限届满前以书面形式提出）；（4）法院可以要求当事人提供担保。

1. 法院要求提供或补充证据

（1）对当事人无争议，但涉及国家利益、公共利益或者他人合法权益的事实，人民法院可以责令当事人提供或者补充有关证据；

（2）法院要求行政机关提交证据。原告或者第三人证明被告持有的证据对其有利，可以在开庭前书面申请法院责令行政机关提交。申请理由成立的，法院应当责令行政机关提交，因提交证据所产生的费用，由申请人预付。行政机关无正当理由拒不提交的，法院可以推定原告或者第三人基于该证据主张的事实成立；

（3）妨碍对方提交证据的处理。持有证据的当事人以妨碍对方使用为目的，毁灭证据或致使证据不能使用的，法院可以推定对方当事人基于该证据主张的事实成立，并可采取妨碍诉讼的司法强制措施处理。

2. 调取证据

无论是民事、刑事还是行政诉讼，证据主要应当是由诉讼当事人收集与提供，人民法院调取证据只是例外情形。这是因为按照"谁主张，谁举证"的举证责任分配规则，只有拥有独立诉讼主张的主体，才应该承担举证责任。而人民法院只是裁判机关，并不拥有独立的诉讼主张，因此自然也不承担收集与提供证据的任务。但是，尽管并不承担举证责任，为了准确查明案件事实，以便正确行使审判权，公正审理案件，在当事人举证范围之外，或者在当事人取证确实存在困难的情形下，人民法院也可以依职权调查取证。

可见，在行政诉讼证据制度中，应当是当事人举证为原则，人民法院调取证据为例外。依据行政诉讼法及其司法解释的相关规定，人民法院调取证据包括依职权调取证据与依申请调取证据两种情形：

（1）依职权调取证据

人民法院有权要求当事人提供或者补充证据。有下列情形之一的，人民法院有权向有关行政机关以及其他组织、公民调取证据：①涉及国家利益、公共利益或者他人合法权益的事实认定的；②涉及依职权追加当事人、中止诉讼、终结诉讼、回避等程序性事项的。

（2）依申请调取证据

与本案有关的下列证据，原告或者第三人不能自行收集的，可以申请人民法院调取：①由国家机关保存而须由人民法院调取的证据；②涉及国家秘密、商业秘密和个人隐私的证据；③确因客观原因不能自行收集的其他证据。

当事人申请调查收集证据，但该证据与待证事实无关联、对证明待证事实无意义或者其他无调查收集必要的，人民法院不予准许。

注意，尽管人民法院有权调取证据，但人民法院的调查取证权力却是有限的，不得为证明被诉行政行为的合法性，调取被告在作出行政行为时未收集的证据。当然，该项证据规定只是禁止人民法院为证明被诉行政行为的合法性而调查取证，并未禁止人民法院为证明被诉行政行为的违法性而调取证据。因此这一证据规则是不利被告而有利于原告的证据规则。

3. 证据保全

为了保证诉讼的顺利进行，在证据可能灭失或者以后难以取得的情况下，诉讼参加人可以向人民法院申请保全证据，人民法院也可以依职权主动采取保全措施。

（1）申请要求

当事人向人民法院申请保全证据的，应当在举证期限届满前以书面形式提出，并说明证据的名称和地点、保全的内容和范围、申请保全的理由等事项。

（2）提供担保

为了防止轻率的证据保全可能造成严重的损害后果，当事人若申请人民法院保全证据的，人民法院则可以要求其提供相应的担保。

（3）诉前保全

证据保全可以在诉讼过程中，若在诉讼开始前可能发生证据灭失或者以后难以取得的也允许诉前证据保全，申请诉前证据证据保全的主体须为与本案有利害关系的人。

（4）保全措施

人民法院依法保全证据的，可以根据具体情况，采取查封、扣押、拍照、录音、录像、复制、鉴定、勘验、制作询问笔录等保全措施。人民法院保全证据时，可以要求当事人或者其诉讼代理人到场。

（五）证据的对质、辨认与核实

◆ 考点精华 82

质证原则	（1）证据应当在法庭上出示，并由当事人互相质证，未经质证的证据不能作为定案依据，但当事人在庭前证据交换过程中没有争议并记录在卷的证据，经审判人员在庭审中说明后，可以直接作为认定案件事实的依据；（2）法院应当按照法定程序，全面、客观地审查核实证据；（3）以非法手段取得的证据，不得作为认定案件事实的根据；（4）对未采纳的证据应当在裁判文书中说明理由。
缺席证据	被告无正当理由拒不到庭而缺席判决的，被告提供的证据不能作为定案依据；但当事人在庭前交换证据中没有争议的证据除外。
涉密证据	对涉及国家秘密、商业秘密和个人隐私的证据，不得在公开开庭时出示。
调取证据	依申请调取的证据由申请人在庭审中出示，并由当事人质证。 依职权调取的证据由法庭出示并进行说明，听取当事人意见，但无须质证。
二审质证	对当事人依法提供的新证据、对一审认定的证据仍有争议的→应当质证。
再审质证	对当事人依法提供的新证据、因证据不足而再审的主要证据→应当质证。
无需质证	生效的裁判和仲裁文书确认的事实无需质证。
特殊证人	行政执法人员（现场笔录的合法真实/扣押财的产品种数量/检验物品的取样保管/人员身份合法性）；鉴定人；专业人员。

证据的对质辨认和核实是在法官的主持下，诉讼双方当事人就证据的真实性、关联性、

合法性以及证明力的有无与大小问题进行辩论与查证的诉讼活动，是案件的证据材料最终转化为定案根据的重要审查环节。关于审查质证的对象，原则上，所有的证据均应在法庭上出示，并经庭审质证，方可作为定案依据。

1. 质证基本规则

（1）对于案情比较复杂或者证据数量较多的案件，人民法院可以组织当事人在开庭前向对方出示或者交换证据，并将交换证据清单的情况记录在卷；

（2）证据应当在法庭上出示，并由当事人互相质证，未经质证的证据不能作为定案依据，但当事人在庭前证据交换过程中没有争议并记录在卷的证据，经审判人员在庭审中说明后，可以直接作为认定案件事实的依据；

（3）法院应当按照法定程序，全面、客观地审查核实证据；

（4）以非法手段取得的证据，不得作为认定案件事实的根据，包括：严重违反法定程序收集的证据材料；以违反法律强制性规定的手段获取且侵害他人合法权益的证据材料；以利诱、欺诈、胁迫、暴力等手段获取的证据材料；

（5）对未采纳的证据，人民法院应当在裁判文书中说明理由。

2. 无须质证

（1）人民法院依职权调取的证据，无须质证。但是应当由法庭出示，并可就调取该证据的情况进行说明，听取当事人意见；

（2）当事人在庭前证据交换过程中没有争议并记录在卷的证据，经审判人员在庭审中说明后，可以作为认定案件事实的依据；

（3）经过庭审质证的证据，一般无须质证，但若确有必要的除外。

3. 对物证、书证、视听资料的质证

对书证、物证和视听资料进行质证时，当事人应当出示证据的原件或者原物。但有下列情况之一的除外：（1）出示原件或者原物确有困难并经法庭准许可以出示复制件或者复制品；（2）原件或者原物已不存在，可以出示证明复制件、复制品与原件、原物一致的其他证据。视听资料则应当当庭播放或者显示，并由当事人进行质证。

4. 证人出庭作证

由于需要对证人进行交叉询问，乃是审查证人证言的有效方式，可以更为有效地辨别证人证言的真伪，更有利于查明案件事实。然而，要求所有证人在所有时候都出庭作证未免显得过于理想化。立法规定了一系列证人可以不出庭作证的特殊情形。

（1）不出庭的条件

知道案件事实的人原则上都有出庭作证的义务，但有下列情形之一的，经人民法院准许，当事人也可以向人民法院提交书面证言：①当事人在行政程序或者庭前证据交换中对证人证言无异议的；②证人因年迈体弱或者行动不便无法出庭的；③证人因路途遥远、交通不便无法出庭的；④证人因自然灾害等不可抗力或者其他意外事件无法出庭的；⑤证人因其他特殊原因确实无法出庭的。

（2）证人资格

证据司法解释规定，不能正确表达意志的人不能作证。易言之，不能正确表达意志的人所作的证人证言，根本不具备证据能力，应当直接作为非法证据予以排除。根据当事人申请，人民法院可以就证人能否正确表达意志进行审查或者交由有关部门鉴定。必要时，人民法院也可以依职权交由有关部门鉴定。

（3）申请证人出庭作证

当事人申请证人出庭作证的，原则上均应当在举证期限届满前提出，并经人民法院许可。人民法院若准许证人出庭作证的，则应当在开庭审理前通知证人出庭作证。

若当事人在庭审过程中要求证人出庭作证的，法庭则可以根据审理案件的具体情况，决定是否准许以及是否延期审理。

（4）要求相关行政执法人员作为证人出庭作证

由于相关的行政执法人员直接亲历了证据收集的现场，更了解取证的具体方法与过程，因而要求相关的行政执法人员出庭作证，无疑会更有利于查明案件事实。根据证据司法解释的有关规定，有下列情形之一，原告或者第三人可以要求相关行政执法人员作为证人出庭作证：①对现场笔录的合法性或者真实性有异议的；②对扣押财产的品种或者数量有异议的；③对检验的物品取样或者保管有异议的；④对行政执法人员的身份的合法性有异议的；⑤需要出庭作证的其他情形。

（5）证人出庭作证规则

证人出庭作证时，应当出示证明其身份的证件。法庭应当告知其诚实作证的法律义务和作伪证的法律责任。出庭作证的证人不得旁听案件的审理。法庭询问证人时，其他证人不得在场，但组织证人对质的除外。人民法院在证人出庭作证前应当告知其如实作证的义务以及作伪证的法律后果。证人因履行出庭作证义务而支出的交通、住宿、就餐等必要费用以及误工损失，由败诉一方当事人承担。

5. 鉴定意见的质证

（1）鉴定人出庭

当事人要求鉴定人出庭接受询问的，鉴定人应当出庭。鉴定人因正当事由不能出庭的，经法庭准许，可以不出庭，由当事人对其书面鉴定意见进行质证。鉴定人不能出庭的正当事由，参照证人不出庭的有关规定。对于出庭接受询问的鉴定人，法庭应当核实其身份、与当事人及案件的关系，并告知鉴定人如实说明鉴定情况的法律义务和故意作虚假说明的法律责任。

（2）专家辅助人出庭

对被诉行政行为涉及的专门性问题，当事人可以向法庭申请由专业人员出庭进行说明，法庭也可以通知专业人员出庭说明。必要时，法庭可以组织专业人员进行对质。当事人对出庭的专业人员是否具备相应专业知识、学历、资历等专业资格等有异议的，可以进行询问。由法庭决定其是否可以作为专业人员出庭。专业人员可以对鉴定人进行询问。

（六）证据的审核认定

◇ 考点精华 83

合法性：形式、来源、方式　真实性：原因、环境、原件、证人关系　关联性：逻辑关系	
不合法	严重违反法定程序收集的证据材料。
	以违反法律强制性规定的手段获取且侵害他人合法权益的证据材料。
	以利诱、欺诈、胁迫、暴力等不正当手段获取的证据材料。

不合法	当事人无正当事由超出举证期限提供的证据材料。
	在中国领域以外或者在香港、澳门和我国台湾地区形成的未办理法定证明手续的证据材料。
	被告证明在行政程序中依法要求原告或者第三人提供而没有提供，原告或者第三人后来在诉讼程序中提供的证据，法院一般不予采纳。
	原告或第三人在一审中无正当事由未提供而在二审中提供的证据，法院不予接纳。
不真实	无正当理由拒不提供原件原物，又无其他证据印证，且对方不予认可的复制件或者复制品。无法与原件、原物核对的复制品、复制件不能单独作为定案的依据。
	被当事人或者他人进行技术处理而无法辨明真伪的证据材料，又无其他证据印证。
	不能正确表达意志的证人提供的证言；未成年人所作与年龄和智力不相适应的证言不能单独作为定案依据。
不利被告证据	被告及其诉讼代理人在作出具体行为后或者在诉讼程序中自行收集的证据（先取证、后决定）。
	被告在行政程序中非法剥夺公民的陈述、申辩或者听证权利所采用的证据。
	原告或第三人在诉讼中提供的、被告在行政程序中未作为具体行为依据的证据。
复议证据	复议机关在复议程序中依法收集和补充的证据： （1）复议补充证据后维持的，可作为法院认定复议决定和原行政行为合法的依据； （2）复议补充证据后改变的，只能证明复议决定合法，不能用于证明原行为合法。

　　证据的审核认定是指法官在听取了当事人就证据的阐述、辩论和质证后，对于证据能否作为定案根据的审查核实并作出是否最终采纳的认定。另外，《行政诉讼法》对于证据的审核认定作了专门规定。依据该规定，人民法院应当按照法定程序，全面、客观地审查核实证据。对未采纳的证据应当在裁判文书中说明理由。这一规定明确了人民法院不予采证的说明理由制度。

　　1. 审查的内容
　　由于客观性、关联性与合法性属于诉讼证据的基本属性，因而证据的审核认定就主要围绕着证据的这三大基本属性进行的。
　　（1）合法性审查
　　法庭应当根据案件的具体情况，从以下方面审查证据的合法性：①证据是否符合法定形式；②证据的取得是否符合法律、法规、司法解释和规章的要求；③是否有影响证据效力的其他违法情形。
　　（2）关联性审查
　　法庭应当对经过庭审质证的证据和无需质证的证据进行逐一审查和对全部证据综合审查，遵循法官职业道德，运用逻辑推理和生活经验，进行全面、客观和公正地分析判断，确定证据材料与案件事实之间的证明关系，排除不具有关联性的证据材料，准确认定案件事实。由于关联性问题更多地属于经验判断范畴，成文法难以从具体的条文规则角度予以详细调整与规范，因而需要更多借助于法官的良知、经验与理性进行综合判断与选择。

（3）真实性审查

人民法院审查证据的真实性，应当从以下几个方面判断：①证据形成的原因；②发现证据时的客观环境；③证据是否为原件、原物，复制件、复制品与原件、原物是否相符；④提供证据的人或者证人与当事人是否具有利害关系；⑤影响证据真实性的其他因素。

2. 非法证据排除规则

《行政诉讼法》在第43条第3款规定，以非法手段取得的证据，不得作为认定案件事实的根据。此即行政诉讼的非法证据排除规则。依据相关司法解释的规定，下列证据材料不能作为定案依据：（1）严重违反法定程序收集的证据材料；（2）以偷拍、偷录、窃听等手段获取侵害他人合法权益的证据材料；（3）以利诱、欺诈、胁迫、暴力等不正当手段获取的证据材料；（4）当事人无正当事由超出举证期限提供的证据材料；（5）在中华人民共和国领域以外或者在中华人民共和国香港特别行政区、澳门特别行政区和我国台湾地区形成的未办理法定证明手续的证据材料；（6）当事人无正当理由拒不提供原件、原物，又无其他证据印证，且对方当事人不予认可的证据的复制件或者复制品；（7）被当事人或者他人进行技术处理而无法辨明真伪的证据材料；（8）不能正确表达意志的证人提供的证言；（9）以违反法律禁止性规定或者侵犯他人合法权益的方法取得的证据，不能作为认定案件事实的依据。

同时，被告有证据证明其在行政程序中依照法定程序要求原告或者第三人提供证据，原告或者第三人依法应当提供而没有提供，在诉讼程序中提供的证据，属于原告故意隐瞒真相引诱行政机关作出错误的判断，属于"钓鱼"证据，人民法院一般不予采纳。原告或第三人在一审中无正当事由未提供而在二审中提供的证据，因超过法定期限，属于"偷袭"证据，法院也不予接纳。

3. 不能用于证明行政行为合法的证据

行政诉讼证据规则对于证明被诉行政行为合法性的证据往往提出了更为严格的要求。下列证据不能作为认定被诉行政行为合法的依据：

（1）被告及其诉讼代理人在作出行政行为后或者在诉讼程序中自行收集的证据；

（2）被告在行政程序中非法剥夺公民、法人或者其他组织依法享有的陈述、申辩或者听证权利所采用的证据；

（3）原告或者第三人在诉讼程序中提供的、被告在行政程序中未作为行政行为依据的证据；

（4）复议机关在复议程序中依法收集和补充的证据的效力。复议补充证据后维持的，可作为法院认定复议决定和原行政行为合法的依据；复议补充证据后改变的，只能证明复议决定合法，不能用于证明原行为合法。

4. 证据效力大小的判断

◆ **考点精华84**

证据效力大小的判断	公文书证>其他书证。 法定鉴定部门的鉴定意见>其他鉴定部门的鉴定意见。 法庭主持勘验的勘验笔录>其他部门主持勘验的勘验笔录。 鉴定意见、现场笔录、勘验笔录、经过公证或者登记的书证>其他书证、视听资料、证人证言。

续表

证据效力大小的判断	其他证人证言>与当事人有亲属、密切关系证人提供的有利证言。 出庭作证的证人证言>未出庭作证的证人证言。 申请证人出庭须在举证期限届满前提出。在庭审中申请的，法院视情况决定是否准许或延期审理。证人出庭作证前应当告知如实作证的义务及作伪证的法律后果。证人出庭作证的必要费用和误工损失由败诉方承担。

按照证据司法解释的相关规定，证明同一事实的数个证据，其证明效力一般可以按照下列情形分别认定：（1）国家机关以及其他职能部门依职权制作的公文文书优于其他书证；（2）鉴定结论、现场笔录、勘验笔录、档案材料以及经过公证或者登记的书证优于其他书证、视听资料和证人证言；（3）原件、原物优于复制件、复制品；（4）法定鉴定部门的鉴定结论优于其他鉴定部门的鉴定结论；（5）法庭主持勘验所制作的勘验笔录优于其他部门主持勘验所制作的勘验笔录；（6）原始证据优于传来证据；（7）其他证人证言优于与当事人有亲属关系或者其他密切关系的证人提供的对该当事人有利的证言；（8）出庭作证的证人证言优于未出庭作证的证人证言；（9）数个种类不同、内容一致的证据优于一个孤立的证据。

人民法院对于庭审中经过质证的证据，若能够当庭认定的，应当当庭予以认定。若不能当庭认定的，则应当在合议庭合议时予以认定。人民法院应当在裁判文书中阐明证据是否采纳的理由。若法庭发现当庭认定的证据有误，可以按照下列方式纠正：庭审结束前发现错误的，应当重新进行认定；庭审结束后宣判前发现错误的，在裁判文书中予以更正并说明理由，也可以再次开庭予以认定；有新的证据材料可能推翻已认定的证据的，应当再次开庭予以认定。

二、行政案件审理中的特殊制度

（一）撤诉

◆ 考点精华 85

撤诉	申请撤诉	原告申请（自愿、不影响公共利益、第三人同意）。 法院可中止审理等待行政机关履行义务后裁定撤诉。	法院审查。 符合应当裁定准许。
	视为申请撤诉	原告经合法传唤，无不正当理由拒不到庭。	法院审查。
		原告未经法庭许可中途退庭。	法院审查。
		原告未按规定预交案件受理费。	不需审查。
	（1）裁定撤诉后，原告不得以同一事实和理由重新起诉，但案件受理费除外； （2）申请撤诉或可按撤诉处理的案件，当事人有违反法律的行为需依法处理的，法院可以不准许撤诉或者不按撤诉处理。		

1. 撤诉的概念

撤诉是指原告或者上诉人自立案起至人民法院作出裁判前，向人民法院撤回自己的诉讼请求，不再要求人民法院对案件进行审理并予以裁判的诉讼行为。依据撤诉是否由当事人主动申请，可以将撤诉划分为申请撤诉和视为申请撤诉两类。需要注意的是，视为申请撤诉是法院根据当事人的行为，认定当事人撤回诉讼请求，不再要求法院审理的诉讼行为。视为申请撤诉的制度目的，在于及时终结司法救济程序，稳定效力待定的行政法律关系，也可以防止浪费人力物力，便于节约司法资源。

2. 撤诉的条件

（1）申请撤诉的条件

①申请撤诉的主体必须是原告、上诉人、法定代理人或者其特别授权的诉讼代理人。第三人虽然不能申请撤诉，但原告申请撤诉的，为保护第三人的诉权，须第三人同意方可准许原告撤诉。

②申请撤诉须为当事人的真实意思表示，而不是受到胁迫或者欺骗作出的行为选择。

③撤诉必须符合法律规定，不得规避法律，也不得损害公共利益和他人合法权益。

④被告已经改变或者决定改变被诉行政行为，并书面告知人民法院。

⑤必须在人民法院宣告裁判之前申请撤诉，申请撤诉的须经人民法院准许。

（2）视为申请撤诉的条件

与当事人主动申请撤诉不同，视为申请撤诉是指当事人并为提出撤诉申请，而是人民法院根据当事人特定的诉讼行为，对原告作出申请撤诉的判断与推定。依据行政诉讼法相关司法解释的规定，视为申请撤诉须满足以下条件：

①原告或者上诉人经合法传唤，无正当理由拒不到庭的。

②原告或者上诉人经合法传唤，未经法庭许可中途退庭的。

③原告或者上诉人未按规定的期限预交案件受理费，又不提出缓交、减交、免交申请，或者提出申请未获批准的。

3. 撤诉的法律后果

（1）人民法院裁定撤诉的，行政诉讼程序终结，不再审理。

（2）人民法院裁定准许原告撤诉后，原告无正当理由以同一事实和理由重新起诉的，人民法院不予受理。但是，因案件受理费问题在按撤诉处理后，原告或者上诉人在法定期限内再次起诉或者上诉，并依法解决诉讼费预交问题的，人民法院应予受理。

《最高人民法院关于适用行政诉讼法的解释》第69条规定，当事人撤回起诉后无正当理由再行起诉的，若人民法院已经立案的，应当裁定驳回起诉。从这一条规定来看，换行政行为、换理由、换事实重新起诉的，就属于新的诉讼的，不属于重复起诉。

（3）准予撤诉的裁定确有错误，原告申请再审的，人民法院应当通过审判监督程序撤销原准予撤诉的裁定，重新对案件进行审理。

（4）法庭辩论终结后申请的法院可以准许，但涉及到国家利益和社会公共利益的除外。

（5）申请撤诉或可按撤诉处理的案件，当事人有违反法律的行为须依法处理的，法院可以不准许撤诉或者不按撤诉处理。

（二）缺席判决

◆ 考点精华 86

缺席判决	被告	（1）被告无正当理由经传票传唤拒不到庭的，或者未经法庭许可中途退庭的，可以按期开庭或继续审判，根据双方已提交的证据材料审理后依法缺席判决； （2）可以将被告拒不到庭或者中途退庭的情况予以公告，并可以向监察机关或者被告的上一级行政机关提出依法给予其负责人或直接责任人处分的司法建议。
	原告	原告申请撤诉法院不予准许后不出庭的，可以按原告缺席判决。

行政诉讼的缺席判决，是指人民法院在一方或者双方当事人未到庭的情形下经审理所作出的判决。缺席判决的意义在于维护法律的尊严与司法权威，维护诉讼秩序，充分保护到庭当事人的合法权益，使得人民法院进行的审理活动能够得到正常开展。缺席判决主要包括被告缺席判决和原告缺席判决两种情形：

1. 被告缺席判决

经人民法院传票传唤，被告无正当理由拒不到庭的，可以缺席判决，并将相关情况予以公告或向有关机关提出司法建议。

2. 原告缺席判决

原告或者上诉人申请撤诉，人民法院裁定不予准许的，原告或者上诉人经合法传唤无正当理由拒不到庭，或者未经法庭许可而中途退庭的，人民法院可以缺席判决。

（三）财产保全与先予执行

◇ **考点精华 87**

先予 执行	没有依法支付抚恤金、<u>最低生活保障金和工伤、医疗社会保险金</u>的案件，权利义务关系明确、不先予执行将严重影响原告生活的，可以根据原告的申请，裁定先予执行。
	裁定先于执行的，法院不得要求申请人提供担保。
	当事人对先予执行裁定不服的，可以申请复议一次，复议期间不停止裁定的执行。

1. 判决的先予执行

人民法院对起诉行政机关没有依法支付抚恤金、最低生活保障金和工伤、医疗社会保险金的案件，权利义务关系明确、不先予执行将严重影响原告生活的，可以根据原告的申请，裁定先予执行。行政诉讼的先予执行须以当事人提出先予执行的申请为前提，人民法院不得依职权主动采取先予执行措施。先于执行的意义在于解决当事人生产或者生活之急需。当事人对先予执行裁定不服的，可以向作出裁定的人民法院申请复议一次。复议期间不停止裁定的执行。

◇ **考点精华 88**

诉讼 保全	诉讼 保全	依申请、依职权→可能使行政行为或生效裁判难以执行的→可以裁定对一方当事人的财产进行保全或行为保全（责令其作出一定行为或者禁止其作出一定行为），法院可以要求申请人担保，申请人不提供担保的裁定驳回申请。
	诉前 保全	利害关系人因情况紧急，不立即申请保全将会使其合法权益受到难以弥补的损害的，可以在提起诉讼前向被保全财产所在地、被申请人住所地或者对案件有管辖权的法院申请采取保全措施。申请人应当提供担保，不提供担保的裁定驳回申请。申请人在法院采取保全措施后 30 日内不依法提起诉讼的应当解除保全。
	紧急 裁定	法院接受申请后，对情况紧急的，必须在 48 小时内作出裁定；裁定采取保全措施的，应当立即开始执行。
	复议	当事人对保全的裁定不服可以申请复议，复议期间不停止裁定的执行。

2. 财产保全

财产保全是指人民法院对于因一方当事人的行为或者其他原因，可能使行政行为或者人民法院生效裁判不能或者难以执行的案件，可以根据对方当事人的申请或者依职权采取的有关保护财产的诉讼措施。

人民法院既可以依当事人申请，也可以依职权采取财产保全措施。财产的保全的条件是可能使行政行为或生效裁判难以执行的，人民法院可以裁定对一方当事人的财产进行保全或责令其作出一定行为或者禁止其作出一定行为。

采取财产保全的，法院可以要求申请人担保，申请人不提供担保的裁定驳回申请。利害关系人因情况紧急，不立即申请保全将会使其合法权益受到难以弥补的损害的，可以在提起诉讼前向被保全财产所在地、被申请人住所地或者对案件有管辖权的法院申请采取保全措施。申请人应当提供担保，不提供担保的裁定驳回申请，申请人在法院采取保全措施后30日内不依法提起诉讼的应当解除保全。法院接受申请后，对情况紧急的，必须在48小时内作出裁定；裁定采取保全措施的，应当立即开始执行。当事人对保全的裁定不服可以申请复议，复议期间不停止裁定的执行。

（四）被告改变被诉行政行后的处理

◈ 考点精华 89

被告改变行政行为的处理	被告	原告	法院
	（1）一审期间、二审期间、再审期间；（2）种类：主动改变、法院建议改变；（3）直接改（主要证据、定性法律依据、结果），视为改（履行职责、补救补偿、裁决案件的裁决机关书面认可和解）；（4）原行为改变→新行为生效→告知法院。	对原行为不撤诉。	审理原行为。
		对新行为仍不服。	审理新行为。
		对原行为不撤诉，又对新行为不服。	原行为、新行为一起审。对原行为：（1）违法→确认违法（2）合法→驳回请求

行政行为具有拘束力，行政机关不得随意改变。但因行政管理的情形原本就复杂多变，应当允许行政机关及时纠正错误的行政行为，在行政诉讼中允许行政机关自我纠错，可以积极化解行政争议，与原告达成和解，促进官民关系的和谐，降低解决纠纷的成本，提高诉讼效率。因此，行政诉讼法和司法解释规定，在行政诉讼过程当中，行政机关可以依法自行改变被诉的行政行为，人民法院也可以建议行政机关改变被诉的行政行为。

1. 被告改变被诉行政行为的认定标准

（1）直接改

有下列情形之一的，属于"被告改变其所作的具体行政行为"：①改变被诉行政行为所认定的主要事实和证据；②改变被诉行政行为所适用的规范依据且对定性产生影响；③撤销、部分撤销或者变更被诉行政行为处理结果。

（2）视为改

有下列情形之一的，可以视为"被告改变其所作的行政行为"：①根据原告的请求依法履行法定职责；②采取相应的补救、补偿等措施；③在行政裁决案件中，书面认可原告与第三人达成的和解。

2. 被诉行政行为改变后的处理

按照"不告不理"的诉讼原则，被诉行政行为改变以后，人民法院究竟应当如何处理，关键是要取决于原告的态度。也就是说，人民法院审理的范围需要取决于原告的诉讼请求范围，而不得超越原告的诉讼请求予以审理。

（1）被告改变原行政行为，原告不撤诉的，则人民法院应当继续审理原行政行为。人民法院经审查认为原行政行为违法的，应当作出确认其违法的判决。若认为原行政行为合法的，则应当判决驳回原告的诉讼请求。注意，人民法院经审查认为原行政行为违法的，之所以作出确认违法的判决，是因为原行政行为已经被改变而不复存在，因此已经失去可撤销的前提，只能作出确认其违法的判决。

（2）原告对改变后的新行为提起诉讼的，法院应当审理改变后的新行为。若原告对原行为不撤诉，又对新行为不服提起诉讼，人民法院就对新行为和原行为一并审理。

（五）行政公益诉讼

◇ 考点精华90

检察机关提起行政公益诉讼	环境、食药、国有财产管理等行政违法或者不作为，使公共利益受到侵害，提出检察建议后仍然不改正，检察机关可以提起行政公益诉讼。	
	条件	（1）提出检察建议：检察院在履行职责中发现负有监管职责的行政机关违法行使职权或者不作为，致使国家利益或者社会公共利益受到侵害的，应当向行政机关提出检察建议，督促其依法履行职责； （2）督促后仍不履行可起诉：行政机关应当在收到检察建议书之日起两个月内依法履行职责，并书面回复人民检察院。出现国家利益或者社会公共利益损害继续扩大等紧急情形的，行政机关应当在15日内书面回复。行政机关仍然不依法履行职责的，检察院依法向法院提起行政诉讼。
	管辖	基层检察院提起一审行政公益诉讼，由行政机关所在地基层法院管辖。
	诉讼权利	（1）检察院享有当事人诉讼权利，可以向有关行政机关以及其他组织、公民调查收集证据材料；有关行政机关以及其他组织、公民应当配合；需要采取证据保全措施的，依照民事诉讼法、行政诉讼法相关规定办理； （2）检察院不服一审裁判可以向上一级法院上诉，上级检察院可以派员参加二审。
	提交材料	（1）行政公益诉讼起诉书，并按照被告人数提出副本；（2）被告违法行使职权或者不作为，致使国家利益或者社会公共利益受到侵害的证明材料；（3）检察机关已经履行诉前程序，行政机关仍不依法履行职责或者纠正违法行为的证明材料。
	撤诉	在行政公益诉讼案件审理过程中，被告纠正违法行为或者依法履行职责而使检察院的诉讼请求全部实现，检察院撤回起诉法院应当裁定准许；检察院变更请求确认原行政行为违法的，法院应当判决确认违法。
	裁判	（1）依照《行政诉讼法》规定，依法分别判决：驳回、撤销、履行或者给付、变更、确认违法； （2）法院可将判决结果告知被诉行政机关所属的政府或其他相关职能部门。

2017年《行政诉讼法修正案》增加了行政公益诉讼的规定，这种特殊的诉讼制度对于维护国家公共利益、监督行政机关依法行政和保障正常的诉讼秩序具有重要意义。按照全国

人大常委会制定的行政公益诉讼法律规则，由检察机关代表国家对行政机关侵害公共利益的违法行政行为向人民法院提起诉讼，监察委员会也会按照《监察法》的规定全程监督参与公益诉讼的公职人员依法履职，是在人民代表大会之下的"一府两院一委"在同一平台上保护国家公共利益的制衡和博弈，可谓新时代中国特色社会主义法治建设最具有创意的神来之笔。2018 年 2 月最高人民法院、最高人民检察院联合发布了《检察公益诉讼案件适用法律若干问题的解释》，其中就包含了行政公益诉讼的相关规定。

1. 检察机关才能提起行政公益诉讼

与民事公益诉讼不同，只有检察机关才能就行政机关侵害公共利益的行为提起行政公益诉讼，公民、环保公益组织、其他国家机关等其他主体均不能作为原告无权提起行政公益诉讼。

2. 检察机关提起行政公益诉讼的条件

人民检察院在履行职责中发现生态环境和资源保护、食品药品安全、国有财产保护、国有土地使用权出让等领域负有监督管理职责的行政机关违法行使职权或者不作为，致使国家利益或者社会公共利益受到侵害的，应当向行政机关提出检察建议，督促其依法履行职责。行政机关不依法履行职责的，人民检察院依法向人民法院提起诉讼。可见，检察机关必须"先礼后兵"，对行政机关的违法行为侵害公共利益的必须先提出检察建议督促改正，行政机关不予改正的，才能提起行政公益诉讼。

3. 管辖

基层人民检察院提起第一审行政公益诉讼案件，由被诉行政机关所在地基层人民法院管辖。

4. 诉讼权利与义务

（1）人民检察院以公益诉讼起诉人身份提起公益诉讼，依照民事诉讼法、行政诉讼法享有相应的诉讼权利，履行相应的诉讼义务，但法律、司法解释另有规定的除外。

（2）人民检察院提起行政公益诉讼，应当提交以下材料：行政公益诉讼起诉书，并按照被告人数提出副本；被告违法行使职权或者不作为，致使国家利益或者社会公共利益受到侵害的证明材料；检察机关已经履行诉前程序，行政机关仍不依法履行职责或者纠正违法行为的证明材料。

（3）人民检察院办理公益诉讼案件，可以向有关行政机关以及其他组织、公民调查收集证据材料；有关行政机关以及其他组织、公民应当配合；需要采取证据保全措施的，依照民事诉讼法、行政诉讼法相关规定办理。

（4）人民检察院应当派员出庭，并应当自收到人民法院出庭通知书之日起 3 日内向人民法院提交派员出庭通知书。派员出庭通知书应当写明出庭人员的姓名、法律职务以及出庭履行的具体职责。人民法院审理第二审案件，由提起公益诉讼的人民检察院派员出庭，上一级人民检察院也可以派员参加。

（5）人民检察院不服人民法院第一审判决、裁定的，可以向上一级人民法院提起上诉。

5. 裁判与执行

在行政公益诉讼案件审理过程中，被告纠正违法行为或者依法履行职责而使检察院的诉讼请求全部实现，检察院撤回起诉法院应当裁定准许；检察院变更请求确认原行政行为违法的，法院应当判决确认违法。

行政公益诉讼的案件，人民法院依照《行政诉讼法》规定依法分别判决：驳回、撤销、履行或给付、变更、确认违法。人民检察院提起公益诉讼案件判决、裁定发生法律效力，被告不履行的，人民法院应当移送执行。人民法院可将判决结果告知被诉行政机关所属的政府或其他相关职能部门。

（六）附带审查抽象行政行为

◆ 考点精华91

附带审查抽象行政行为	范围		（1）认为行政行为所依据行政规范性文件不合法，在对行政行为提起诉讼时，可以请求一并对该规范性文件进行附带审查，不得单独起诉文件； （2）不得对行政法规、国务院文件和规章申请附带审查。
	程序		（1）法院审查过程中发现规范性文件可能不合法的，应当听取文件制定机关的意见。制定机关申请出庭陈述意见的，法院应当准许； （2）行政机关未陈述意见或未提供证明材料，不影响法院对规范性文件审查。
			（1）法院审查文件是否超越权限、违反法定程序、作出行政行为所依据的条款及相关条款等； （2）条款违法包括：与上抵触、无上依据作出不利规定、无上依据扩大不利规定。
	处理	合法	应当认定为行政行为合法的依据。
		不合法	（1）不认定为行政行为合法的依据，并在裁判文书中释明理由； （2）终审法院应当向制定机关提出处理建议，并可以抄送制定机关的同级政府或者上一级行政机关、监察机关以及规范性文件的备案机关。（法院无权直接裁判或宣告无效）
			（1）终审法院在裁判生效之日起3个月内向制定机关提出修改或废止的司法建议。文件由多个部门联合制定的，可以向该文件的主办机关或共同上一级行政机关发送司法建议； （2）接收司法建议的行政机关应当在收到建议之日起60日内予以书面答复。情况紧急的，法院可以建议制定机关或其上一级行政机关立即停止执行该规范。
			法院认为规范性文件不合法的，应当在裁判生效后报送上一级法院进行备案。涉及省部级行政机关的文件，司法建议还应当分别层报最高院、高院备案。

根据行政诉讼法的有关规定，公民、法人或者其他组织认为行政行为所依据的国务院部门和地方人民政府及其部门制定的规范性文件不合法，在对行政行为提起诉讼时，可以一并请求对该规范性文件进行审查。《最高人民法院关于适用行政诉讼法的解释》详细规定了具体的程序和标准，从而使这项行政诉讼法修正案新增的司法审查制度落实。

1. 附带审查抽象行政行为的范围和方式

关于附带审查规范性文件的问题，特别需要注意以下两点：

（1）附带审查的范围。附带审查只限于部分抽象行政行为，具体而言是指国务院部门和地方人民政府及其部门制定的规范性文件，不含规章。当然，国务院发布的决定、命令等具有普遍约束力的规范性文件也不在审查范围之列；

（2）审查方式。只能是附带审查，而不能就某一个抽象行政行为单独要求人民法院予以审查。据此不难看出，行政诉讼的附带审查与行政复议附带审查的范围与方式是一致的，从而实现了与行政复议制度的正式接轨。

2. 附带审查抽象行政行为的管辖

公民、法人或者其他组织在对行政行为提起诉讼时一并请求对所依据的规范性文件审查的，由行政行为案件管辖法院一并审查。

3. 附带审查抽象行政行为的程序

（1）公民、法人或者其他组织请求人民法院一并审查规范性文件，应当在第一审开庭审理前提出；有正当理由的，也可以在法庭调查中提出。

（2）人民法院在对规范性文件审查过程中，发现规范性文件可能不合法的，应当听取规范性文件制定机关的意见。制定机关申请出庭陈述意见的，人民法院应当准许。

（3）行政机关未陈述意见或者未提供相关证明材料的，不能阻止人民法院对规范性文件进行审查。

4. 附带审查的标准

人民法院对规范性文件进行一并审查时，可以从规范性文件制定机关是否超越权限或者违反法定程序、作出行政行为所依据的条款以及相关条款等方面进行。有下列情形之一的，属于《行政诉讼法》第64条规定的"规范性文件不合法"：

（1）超越制定机关的法定职权或者超越法律、法规、规章的授权范围的；

（2）与法律、法规、规章等上位法的规定相抵触的；

（3）没有法律、法规、规章依据，违法增加公民、法人和其他组织义务或者减损公民、法人和其他组织合法权益的；

（4）未履行法定批准程序、公开发布程序，严重违反制定程序的；

（5）其他违反法律、法规以及规章规定的情形。

5. 附带审查抽象行政行为的处理

（1）合法

人民法院经审查认为行政行为所依据的规范性文件合法的，应当作为认定行政行为合法的依据。

（2）不合法

经审查认为规范性文件不合法的，不作为人民法院认定行政行为合法的依据，并在裁判理由中予以阐明。作出生效裁判的人民法院应当向规范性文件的制定机关提出处理建议，并可以抄送制定机关的同级人民政府、上一级行政机关、监察机关以及规范性文件的备案机关。具体而言，分为以下几个步骤：

①法院对不合法的规范性文件不予适用。注意，法院无权直接处理行政机关的抽象行政行为，不得由撤销、变更或确认无效，只能由法院建议行政机关自行处理。

②提出司法建议。规范性文件不合法的，人民法院可以在裁判生效之日起3个月内，向规范性文件制定机关提出修改或者废止该规范性文件的司法建议。规范性文件由多个部门联合制定的，人民法院可以向该规范性文件的主办机关或者共同上一级行政机关发送司法建议。接收司法建议的行政机关应当在收到司法建议之日起60日内予以书面答复。情况紧急

的，人民法院可以建议制定机关或者其上一级行政机关立即停止执行该规范性文件。

③向上级法院备案。人民法院认为规范性文件不合法的，应当在裁判生效后报送上一级人民法院进行备案。涉及国务院部门、省级行政机关制定的规范性文件，司法建议还应当分别层报最高人民法院、高级人民法院备案。

例 36：市乳制品行业协会依照本省地方规章的授权，对本市乳制品行业经营行使监督管理权。因本地乳制品生产企业经营困难，市乳制品行业协会发布通知，禁止外地品牌的奶制品进入本地市场，违者没收。某品牌生产乳制品企业在该市销售产品时被没收，该企业认为市乳业协会依据规章和文件没收产品违法，向法院提行政诉讼。通知属于抽象行政行为，而没收处罚属于具体行政行为，企业对乳制品行业协会的通知不服，不能直接向法院起诉，只有对乳制品行业协会的没收行为不服起诉，才能申请法院一并审查没收处罚所依据的规范性文件（通知），但不能申请法院附带审查地方规章。本案法院审理认为乳制品行业协会的通知违法，也无权判决确认无效，只能不予适用，法院同时应向通知的制定机关提出修改或废止的司法建议，并报上一级法院备案

例 37：县政府制定《农村集体土地拆迁补偿管理办法》规定："全县农村集体土地拆迁按照村在册有效人口计算分户补偿金额。村民中已经出嫁的妇女及其子女户口未迁出的，属于应迁出未迁出的人口，不给予拆迁补偿安置。"县政府依据该《补偿管理办法》对涉及农村土地拆迁的村妇温小云作出不予补偿的决定。该行政规范性文件的规定与《中华人民共和国妇女权益保障法》关于男女平等的规定不符，属于行政规范性文件与上位法的规定相抵触而违法，不能作为不予补偿决定合法的依据。

6. 文件合法性认定错误的再审

（1）各级人民法院院长对本院已经发生法律效力的判决、裁定，发现规范性文件合法性认定错误，认为需要再审的，应当提交审判委员会讨论。

（2）最高人民法院对地方各级人民法院已经发生法律效力的判决、裁定，上级人民法院对下级人民法院已经发生法律效力的判决、裁定，发现规范性文件合法性认定错误的，有权提审或者指令下级人民法院再审。

（七）行政诉讼与民事诉讼的关系

◆ 考点精华 92

		许可、登记、征收、征用和行政裁决的案件。
附带民诉	申请一并	（1）当事人申请一并解决相关民事争议的，受理行政案件的法院可以一并审理；（2）法院发现行政案件已经超过起诉期限，民事案件尚未立案的，告知当事人另行提起民事诉讼；民事案件已经立案的，由原审判组织继续审理。
	告知一并	法院发现民事争议为解决行政争议的基础，当事人没有请求一并审理相关民事争议的：（1）法院应当告知当事人依法申请一并解决民事争议；（2）当事人就民事争议另行提起民诉并已立案的，法院应当中止行政诉讼的审理，民事争议处理期间不计算在行政诉讼审理期限内。
	程序	请求一并审理相关民事争议应当在一审开庭审理前提出；有正当理由的，也可以在法庭调查中提出。

附带民诉	程序	应当单独立案（行政裁决一并解决民事争议的除外），由同一审判组织审理，按行政案件、民事案件的标准分别收取诉讼费用。
		（1）法院一并审理相关民事争议，适用民事法律规范的相关规定，法律另有规定的除外； （2）当事人在调解中对民事权益的处分（行政决定后），不能作为审查被诉行政行为合法性的根据。
		法院裁定准许行政诉讼原告撤诉，但其对已经提起的一并审理相关民事争议不撤诉的，人民法院应当继续审理。
		分别裁判，可单独上诉：（1）行政争议和民事争议应当分别裁判；（2）当事人仅对行政裁判或民事裁判提出上诉的，未上诉的裁判在上诉期满后生效。一审法院应当将全部案卷一并移送二审法院行政庭审理。二审法院发现未上诉的生效裁判确有错误的，应当依法再审。

1. 行政附带民事诉讼

随着新时代物质条件的富足，行政活动对民事关系的调整越来越复杂，行政纠纷往往和民事纠纷交织、关联，统筹解决有利于从根本上化解社会矛盾，让当事人在每一个案件中都能感受到统一的司法公正，也有利于降低诉讼成本。因此，2014年行政诉讼法修正案扩大了行政诉讼附带民事诉讼的范围，从而在法律层面正式构建了行政附带民事诉讼制度。《最高人民法院关于适用行政诉讼法的解释》又对相关具体规则作了明确。

行政案件和民事案件的审理对象不同，一般应当分别审理，但依据《行政诉讼法》的有关规定，只有行政许可、登记、征收、征用和行政机关对民事争议所作的裁决的行政诉讼中，当事人申请一并解决相关民事争议的，人民法院才可以一并审理附带的民事诉讼。关于行政附带民诉，应重点注意以下几个问题：

（1）关于行政附带民事诉讼的原被告问题。附带民事诉讼的原告可以是行政诉讼的原告，但附带民事诉讼的被告则不得是行政诉讼的被告。也就是说，作为行政主体的行政机关或者法律、法规、规章授权组织不得作为行政附带民事诉讼的被告。

（2）行政附带民事诉讼的范围是有限的，仅限于法律所明确规定的行政争议范围。依据《行政诉讼法》的有关规定，只有是在涉及行政许可、登记、征收、征用和行政机关对民事争议所作裁决的行政诉讼中，当事人申请一并解决相关民事争议的，人民法院方可一并审理。

（3）行政附带民事诉讼程序的启动，须以当事人明确提出申请一并解决民事争议为前提。若当事人并未申请一并解决相关的民事争议，人民法院不得依职权启动行政附带民事诉讼程序。这正是由民事诉讼"不告不理"的基本属性所决定了的。但是，人民法院在审理行政案件中发现民事争议为解决行政争议的基础，这样的情况民事争议和行政诉讼一并审理更有利于纠纷的化解，当事人没有请求人民法院一并审理相关民事争议的，人民法院应当告知当事人依法申请一并解决民事争议。当事人就民事争议另行提起民事诉讼并已立案的，人民法院应当中止行政诉讼的审理。民事争议处理期间不计算在行政诉讼审理期限内。

（4）人民法院决定在行政诉讼中一并审理相关民事争议，或者案件当事人一致同意相关民事争议在行政诉讼中一并解决，人民法院准许的，由受理行政案件的人民法院管辖。

（5）公民、法人或者其他组织请求一并审理相关民事争议，人民法院经审查发现行政案件已经超过起诉期限，民事案件尚未立案的，告知当事人另行提起民事诉讼；民事案件已经立案的，由原审判组织继续审理。

（6）行政诉讼原告在宣判前申请撤诉的，是否准许由人民法院裁定。人民法院裁定准许行政诉讼原告撤诉，但其对已经提起的一并审理相关民事争议不撤诉的，人民法院应当继续审理。

（7）人民法院一并审理相关民事争议，应当按行政案件、民事案件的标准分别收取诉讼费用。

例38：孙悟空认为县规划局向花果山公司颁发建设工程规划许可证建房侵犯其相邻权，向法院起诉请求撤销许可证并判决花果山公司民事赔偿，此案属于行政许可诉讼要求一并解决民事争议的案件，符合行政附带民诉的范围。

例39：张某通过房产经纪公司购买王某一套住房并办理了转让登记手续，后王某以房屋买卖合同无效为由，向法院起诉要求撤销登记行为。行政诉讼过程中，王某又以张某为被告就房屋买卖合同的效力提起民事诉讼，此案需要先审合同民事案件，买卖合同民事诉讼的裁判后，才能再审房产登记行政案件，属于先民事、后行政的案件，但当事人没有行政附带民诉，而是单独提起了民事诉讼，法院应当终止行政诉讼的审理，等待民事裁判的结果。

例40：喜洋洋与灰太狼就宅基地使用权产生争议向乡政府申请裁决，乡政府裁决该土地使用权属于喜洋洋，灰太狼不服向法院起诉行政裁决违法并请求法院一并解决土地权属争议，属于行政裁决诉讼要求一并解决民事争议的案件，法院就民事争议就无须单独立案。

2. 行政诉讼和民事诉讼分开审理

不符合行政附带民诉范围的，民事案件和行政案件应当分别审理。若行政诉讼与民事诉讼各自独立，则应当各自分别审理，一般不存在先后关系问题。在民事诉讼过程中，若需要先行解决行政争议或者行政行为的合法性审查问题，通常情况下，民事诉讼应当中止，等待行政诉讼的判决结果。在行政诉讼过程中，若须以相关的民事诉讼裁判为依据，则行政诉讼可以中止，等待民事诉讼的裁判结果。

（八）行政诉讼的法律适用

◆ **考点精华93**

法律适用	适用规则	适用	法律、行政法规（国务院批准、中央部委令公布规范的也属于行政法规）、地方性法规、民族条例作为审判的依据予以适用。
		参照	依职权审查，参照适用合法的规章，若不合法则不予适用。
		参考	依申请或依职权审查，对合法的一般规范性文件予以参考，若不合法则不予适用。
		援引	可援引司法解释作为裁判依据。
			（1）下位法和上位法冲突时，法院优先适用上位法；（2）相同效力等级的规范产生冲突，逐级报请有权机关裁决；（3）反倾销、反补贴行政诉讼仅依据法律、行政法规，参照部门规章，不适用地方立法。

法律 适用	参照 民诉	关于期间、送达、财产保全、开庭审理、调解、中止诉讼、终结诉讼、简易程序、执行等，以及检察院对案件受理、审理、裁判、执行的监督，行政诉讼法没有规定的，适用《民事诉讼法》的相关规定。

行政诉讼的法律适用是指人民法院具体运用各项法律规则审理行政案件的活动。行政法具有不同的法律渊源，效力层级也不一致，法律适用主要是解决面对各项同一或者不同效力层级的法律规则出现矛盾与冲突之际究竟应当如何选择和取舍制度依据的问题。

1. 适用规则

（1）依据法律、行政法规、地方性法规和民族条例

法律、行政法规、地方性法规和民族条例是行政审判必须遵循的法定依据，在有法律、行政法规、地方性法规和民族条例规定的情况下，人民法院必须根据法律、法规作出裁判，而无拒绝适用的权力。

（2）参照规章

规章既包括国务院部门规章，也包括地方政府规章。参照规章是指人民法院在具体审理案件时，拥有对规章的判断与选择权。人民法院审判行政案件涉及规章依据的，应当依职权进行合法性审查，对符合法律、法规的规章予以适用；对不符合法律法规的规章可以不予适用，实质上是赋予了人民法院对于规章的选择适用权。

行政审判之所以"参照"规章而非直接适用，主要是因为规章的制定机关与实施机关经常重合，一律以规章为依据，不利于实现对规章制定机关的行政行为进行监督的目的。另外，由于规章制定机关的多元化，基于部门或者地方利益保护的行政规章尤其容易与法律、法规相冲突，一律规定应当无条件适用规章并不适宜，应当给予人民法院以合理的灵活判断与自由选择的权力。当然，对于违法的规章，人民法院尽管可以拒绝适用，但却无权直接宣告该规章无效。对于违法的规章，可以按照立法法的有关规定提请有权机关依法予以纠正。

（3）参考一般规范性文件

由于《行政诉讼法》对于其他规范性文件的地位未作规定，因此在审判实践中一般是参考适用。对于有明确的法律、法规和规章依据，同时不违反法律、法规和规章的其他规范性文件，人民法院应当予以参考。

（4）援引司法解释

最高人民法院依法制定、发布的司法解释是审理案件的重要规范依据，对于各级人民法院审理案件具有法律约束力。明确法院裁判的具体制度依据，可以使裁判更具公信力。人民法院审理行政案件，适用最高人民法院司法解释的，应当在裁判文书中予以援引。

2. 法律适用冲突解决规则

由于法律、法规、规章制定主体的多元性，导致各种法律规范相互冲突的情形就会较为常见。如何判断与选择冲突规则也会成为法院在审理过程中的重要任务。关于行政诉讼法律规范的冲突规则问题，应当按照《立法法》的规定，上位法优于下位法，相同效力等级的文件产生冲突的，应当报请制定机关共同的上一级机关裁决。这一问题在"第三章抽象行政行为"部分已有详细阐述。

3. WTO 规则的适用问题

WTO 规则原则上不能在行政诉讼中直接适用，只是具有间接适用的效力。特殊情况下，WTO 规则在行政诉讼中可以直接适用。在行政法规、部门规章或者其他中央政府措施在承诺的时限内不能到位时，主管机关可以直接援引 WTO 规则。亦即 WTO 规则无法及时转化为国内法时，在行政诉讼中可以直接予以适用。

4．参照《民事诉讼法》

行政诉讼与民事诉讼同为纠纷解决方式，既具有相似性，又存在不同之处。行政诉讼与民事诉讼的关系相当密切，在《行政诉讼法》颁行之前，人民法院审理行政案件都是参照民事诉讼法进行的。在行政诉讼法颁行之后，不少行政诉讼制度也依然参照《民事诉讼法》的有关规定执行。《行政诉讼法》规定，人民法院审理行政案件，关于期间、送达、财产保全、开庭审理、调解、中止诉讼、终结诉讼、简易程序、执行等，以及人民检察院对行政案件受理、审理、裁判、执行的监督，《行政诉讼法》没有规定的，适用《中华人民共和国民事诉讼法》的相关规定。

（九）违法犯罪移送与排除妨害诉讼的强制措施

◆ **考点精华 94**

违法移送	行政机关的主管人员、直接责任人员违法违纪的，应当将有关材料移送监察机关、该行政机关或者其上一级行政机关；认为有犯罪行为的，应当将有关材料移送公安、检察机关。（行政案件继续审理并作出相应判决）
排除妨碍诉讼强制措施	法院根据情节轻重，可以予以训诫、责令具结悔过或者处 1 万元以下的罚款、15 日以下的拘留；构成犯罪的，依法追究刑事责任；对于单位可以对其主要负责人或者直接责任人员依照前款规定予以罚款、拘留；构成犯罪的，依法追究刑事责任。
	1．罚款、拘留可以单独适用，也可以合并适用； 2．对同一妨害行政诉讼行为的罚款、拘留不得连续适用； 3．发生新的妨害行政诉讼行为的，人民法院可以重新予以罚款、拘留。
	罚款、拘留须经法院院长批准。当事人不服的可以向上一级法院申请复议一次，复议期间不停止执行。
恶意诉讼	当事人之间恶意串通，企图通过诉讼等方式侵害国家利益、社会公共利益或者他人合法权益的，法院应当裁定驳回起诉或判决驳回其请求，并根据情节轻重予以罚款、拘留；构成犯罪的，依法追究刑事责任。

1．排除妨害诉讼的强制措施

为了有效维护行政诉讼秩序，防止非法妨害正常的诉讼活动，新行政诉讼法对于妨害诉讼行为的排除措施作了更为严格的规定。诉讼参与人或者其他人有下列行为之一的，人民法院可以根据情节轻重，予以训诫、责令具结悔过或者处 1 万元以下的罚款、15 日以下的拘留；构成犯罪的，依法追究刑事责任：

（1）有义务协助调查、执行的人，对人民法院的协助调查决定、协助执行通知书，无故推脱、拒绝或者妨碍调查、执行的；

（2）伪造、隐藏、毁灭证据或者提供虚假证明材料，妨碍人民法院审理案件的；

（3）指使、贿买、胁迫他人作伪证或者威胁、阻止证人作证的；

（4）隐藏、转移、变卖、毁损已被查封、扣押、冻结的财产的；

（5）以欺骗、胁迫等非法手段使原告撤诉的；

（6）以暴力、威胁或者其他方法阻碍人民法院工作人员执行职务，或者以哄闹、冲击法庭等方法扰乱人民法院工作秩序的；

（7）对人民法院审判人员或者其他工作人员、诉讼参与人、协助调查和执行的人员恐吓、侮辱、诽谤、诬陷、殴打、围攻或者打击报复的。

人民法院对有前述规定的行为之一的单位，可以对其主要负责人或者直接责任人员依照前款规定予以罚款、拘留；构成犯罪的，依法追究刑事责任。对于妨害诉讼的行为，罚款、拘留可以单独适用，也可以合并适用；对同一妨害行政诉讼行为的罚款、拘留不得连续适用；发生新的妨害行政诉讼行为的，人民法院可以重新予以罚款、拘留。罚款、拘留须经人民法院院长批准。当事人不服的，可以向上一级人民法院申请复议一次。复议期间不停止执行。

2. 恶意诉讼

当事人之间恶意串通，企图通过诉讼等方式侵害国家利益、社会公共利益或者他人合法权益的，法院应当裁定驳回起诉或判决驳回其请求，并根据情节轻重予以罚款、拘留；构成犯罪的，依法追究刑事责任。

3. 当事人违法犯罪材料的移送

（1）若人民法院在审理行政案件过程中，发现本案涉及犯罪需要追究刑事责任的，人民法院应当将有关案件材料移送公安司法机关处理。

（2）若人民法院在审理行政案件过程中发现涉及犯罪事实，将有关案件材料移送公安司法机关的，行政诉讼应继续审理作出相应的判决。

第五节　行政诉讼的裁判与执行

一、行政诉讼的裁判

（一）行政诉讼的判决

行政诉讼的判决，简称行政判决，是指人民法院经过对行政案件的审理，根据审理所查清的事实，依法对行政争议的实体问题所作的结论性处理决定。行政判决是行政诉讼结果的具体表现形式，也是人民法院解决行政争议的基本手段。

依据不同的标准，可以对行政诉讼判决作不同类型的划分。依据审级标准，可以将行政诉讼判决划分为一审判决、二审判决和再审判决；按照判决形式可以分为撤销、履行、给付、变更、确认违法或无效、驳回诉讼请求、赔偿等。同时，值得注意的是，与裁定可以口头方式作出不同，行政诉讼的判决只能以书面形式作出。

1. 一审判决

◈ **考点精华 95**

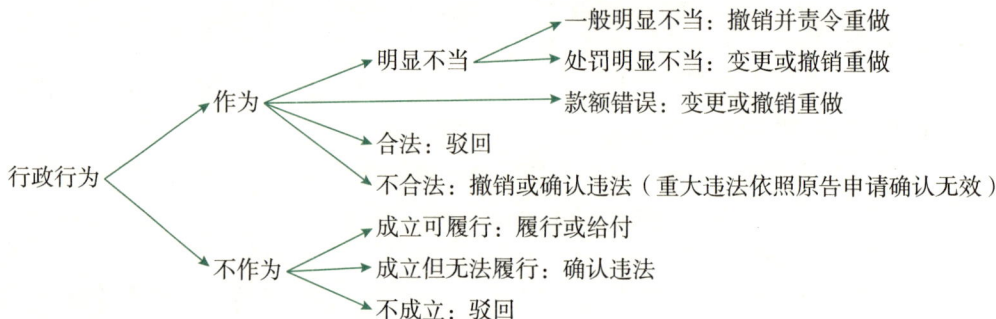

◈ **考点精华 96**

裁判类型		基本情况	适用条件
被告胜诉	应当驳回	行政行为合法：（1）证据确凿，主要事实清楚；（2）适用法律法规正确；（3）程序合法；（4）没有超越职权和滥用职权；（5）无明显不当。	
		诉不作为理由不成立：诉行政不作为理由不成立的。	
原告胜诉	撤销	行政行为违法或明显不当	（1）主要证据不足；（2）违反程序违法；（3）适用法律法规错误；（4）超越职权；（5）滥用职权；（6）明显不当的。
			如撤销将给公共利益造成一般损失的同时可以责令被告重做：（1）判决被告重做具体行政行为（不能做相同行为，改主要事实＼依据＼结果＼程序）；（2）若被责令重做仍做与原错误行为相同的行为，当事人起诉法院受理后撤销，并提出司法建议。
	履行	行政不作为	（1）被告不作为违法并履行仍有现实意义和可能判决在法定期限内履行职责；（2）尚需被告调查、裁量的，应当判决被告针对原告的请求重新处理。
	给付	给付不作为	（1）被告依法负有给付义务的，判决被告履行给付义务；（2）原告未先向行政机关提出申请的，法院裁定驳回起诉；（3）法院认为原告所请求履行的法定职责或者给付义务明显不属于行政机关权限范围的，可以裁定驳回起诉。
	可以变更		行政处罚明显不当（种类、幅度不当）或其他行政行为涉及款额确定认定错误的，法院可以判决变更（也可判决撤销责令重做）。
			变更不得对原告加重义务或减损权益，但利害关系人同为原告且诉讼请求相反的除外。
	确认	确认违法	违法但不能撤销：（1）行政行为应当撤销，但撤销会给国家利益、社会公共利益造成重大损害；（2）行政行为程序轻微违法，但对原告权利不产生实际影响。（期限、通知、送达等轻微违法）

续表

裁判类型	基本情况	适用条件
原告胜诉	确认违法	判撤销或履行无实际意义： （1）行政行为违法，但不具有可撤销内容（执行完毕，无法恢复）； （2）被告改变原违法行政行为，原告仍要求确认原行政行为违法的； （3）被告不履行或者拖延履行法定职责，判决履行没有意义的。
确认	确认无效	（1）不具有行政主体资格、减权利或者加义务没有依据、内容不可能实现等重大且明显违法情形，原告申请确认行政行为无效的；（2）轻诉违法可重判无效；（3）重诉无效改轻诉违法可轻判，拒绝改轻诉判驳回请求。起诉请求确认无效，法院认为不属于无效，经释明原告请求撤销的，应继续审理并依法作出相应判决；原告拒绝变更诉讼请求的，判决驳回其诉讼请求。
	补救赔偿	（1）判决确认违法或无效，可同时责令被告采取补救措施； （2）判决确认违法或无效，法院认为行政违法或无效可能给原告造成损失，经释明原告请求一并解决赔偿争议的，法院可以就赔偿进行调解；调解不成应一并判决。法院也可以告知原告就赔偿另行起诉。

按照《行政诉讼法》的规定，一审判决共分为七种，其中被告胜诉的有驳回诉讼请求的判决，而原告胜诉的有撤销、履行、给付、变更、确认违法或无效、赔偿的判决。

（1）驳回诉讼请求的判决

驳回原告诉讼请求的判决是指人民法院经审查，认为行政行为证据确凿，适用法律、法规正确，符合法定程序的，或者原告申请被告履行法定职责或者给付义务理由不成立的，从而作出否定原告诉讼请求的判决形式。驳回诉讼请求判决的适用情形有：

①被诉行政行为合法。具体是指被诉行政行为证据确凿，适用法律、法规正确，符合法定程序的。

②原告起诉被告不作为但理由不成立的。具体是指原告申请被告履行法定职责或者给付义务，但原告的理由不成立的。

注意，行政诉讼法修正案在被告行政机关胜诉的判决类型上作了重大修改，取消了原行政诉讼法规定的维持判决，而代之以驳回原告诉讼请求的判决类型。自此，法院只能通过行政诉讼监督行政机关依法行政，而不能再维护行政机关，这与行政复议是有区别的。

（2）撤销判决

撤销判决是指经过人民法院审理，认为被诉行政行为全部或者部分不合法，从而予以撤销或者部分撤销，使之丧失法律效力的判决形式。与驳回诉讼请求的情形相似，对于违法的行政行为，人民法院对其加以否定的通常做法就是判决撤销或部分撤销该行政行为。

①撤销判决的情形：

第一，主要证据不足的。被诉行政行为缺乏必要的证据，不足以证明被诉行政行为所认定的事实情况。主要证据不足意味着行政机关在没有查清事实的基础上即作出行政行为，人民法院当然有权予以撤销。

第二，适用法律、法规错误的。行政机关在实施行政管理行为时，错误适用了法律、法规的有关条款，导致行政行为的制度依据出现错误，人民法院有权予以撤销。

第三，违反法定程序的。行政机关在实施行政管理行为时违反法律规定的方式、步骤、顺序、时限等要求，人民法院有权予以撤销。需要注意的是，程序违法是行政行为违法的独立理由，也是人民法院作出撤销判决的独立法律依据。

第四，超越职权的。行政机关实施行政管理行为时超越了法律、法规授权的范围，实施了无权实施的行政行为。超越职权的行政行为，同样不具备合法性，应当作出撤销判决。

第五，滥用职权的。行政机关具备了实施行政行为的职权，并且形式合法，但行使权力的目的违反法律、法规赋予该项权力的目的。也就是权力的不正当行使。例如，基于私利的不正当的考虑，故意迟延和不作为，不一致的解释和反复无常，等等。对于滥用职权的行政行为，人民法院有权作出撤销判决。

第六，明显不当的。行政机关实施行政行为，尤其是在行使行政裁量权时明显超出了合理性的限度，构成了行政行为的明显不当，人民法院也应当作出撤销判决。由于明显不当已经逾越了通常认为的合理性的标准，构成了合法性问题，因而与人民法院对行政行为的合法性审查的行政诉讼原则并不冲突。修正后的行政诉讼法规定了明显不当的行政行为也应当撤销，扩大了人民法院对被诉行政行为合法性审查的范围，也变相扩张了人民法院对行政行为进行司法审查的疆域。

②撤销判决的类型

撤销判决按照是否可分可以划分为全部撤销、部分撤销以及撤销后责令行政机关重作等不同类型。

第一，全部撤销。适用于整个行政行为全部违法或者部分违法但行政行为不可分的情形。

第二，部分撤销。适应于行政行为部分违法但部分合法且行政行为可分的情形。

第三，判决撤销或者部分撤销，并可以判决被告重新作出行政行为。适用于违法行政行为撤销后尚需被告对行政行为所涉及事项作出处理的情形。人民法院判决被告重新作出行政行为的，被告不得以同一事实和理由作出与原行政行为基本相同的行政行为。

（3）履行判决

履行判决是指法院对无正当理由不履行或者拖延履行法定职责的情形作出的要求被告行政机关在一定期限内履行法定职责的判决。当然，人民法院判决被告履行法定职责或给付义务的，还应当同时指定履行的期限。因情况特殊难于确定期限的除外。

履行判决主要是人民法院针对被告不作为所作的一种判决方式，人民法院作出履行判决，应当同时具备以下条件：

①被告负有履行职责的法定义务。这是人民法院作出履行判决的基本前提。

②被告拒不履行或者拖延履行。无论是不履行，还是拖延履行法定职责，都属于不作为的范畴。

③被告不履行或者拖延履行无正当理由。若有正当理由，人民法院还需要判断该正当理由是否足以构成不履行法定职责的充分根据。

④判决履行具有实际意义。若判决履行法定职责已无实际意义，则应当作出确认违法或者无效判决。若行政机关不履行或者拖延履行法定职责给公民、法人或者其他组织损害的，

当事人还可以请求行政机关予以赔偿。

（4）给付判决

被告依法负有给付义务的，判决被告履行给付义务：原告申请被告依法履行支付抚恤金、最低生活保障待遇或者社会保险待遇等给付义务的理由成立，被告依法负有给付义务而拒绝或者拖延履行义务的，人民法院可以根据《行政诉讼法》第73条的规定，判决被告在一定期限内履行相应的给付义务。

另外，原告未先向行政机关提出申请的，法院裁定驳回起诉；法院认为原告所请求履行的法定职责或者给付义务明显不属于行政机关权限范围的，可以裁定驳回起诉。

（5）变更判决

变更判决是指法院经审理，认为行政机关所作的行政处罚明显不当，或者其他行政行为涉及对款额的确定、认定确有错误的，而直接改变原行政行为的判决方式。行政诉讼法修正案增加了对于其他行政行为涉及对款额的确定、认定确有错误的可以判决变更的规定，从而扩大了变更判决的适用范围。

当然，对于行政处罚明显不当或者其他行政行为涉及对款额的确定、认定确有错误的，人民法院可以判决变更，自然也可以依法判决撤销，并可同时责令行政机关重做决定。也就是说，一般行政行为明显不当，法院只能判决撤销，让行政机关自己回去重做改正；处罚明显不当或行政行为确定的钱搞错了，法院既可以直接判决变更，也可以撤销后让行政机关回去自己改正。

另外，人民法院判决变更，一般不得加重原告的义务或者减损原告的权益。但利害关系人同为原告，且诉讼请求相反的除外，这一原则可以称为不利变更禁止原则。同时，由于行政处罚权属于行政权的范畴，人民法院作为司法机关不得随意越界行使，因此，人民法院审理行政案件不得对行政机关未予处罚的人直接给予行政处罚。

（6）确认判决

◆ 考点精华97

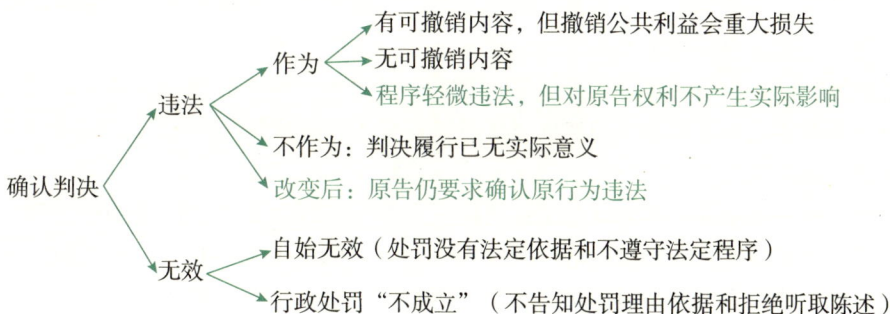

确认判决是指人民法院经过审查，确认被诉行政行为违法或者无效的判决形式。确认判决是人民法院对违法的行政行为确认其不具有法律效力但又不予撤销的判决方式。按照确认判决的内容不同，可以将确认判决划分为确认违法与确认无效两种判决形式。

①确认违法的判决

人民法院一般是在对违法行为无法作出撤销、履行判决的情形下，才会选择的对行政行为作出确认违法的判决。具体而言，分为两类情形：

首先，是违法但不能撤。行政行为有下列情形之一的，人民法院应当判决确认违法，但不撤销行政行为：

第一，行政行为依法应当撤销，但撤销会给国家利益、社会公共利益造成重大损害的。原本应当撤销的行政行为，但考虑到撤销判决会给国家利益、社会公共利益造成重大损害的，即不应再机械地作出撤销判决，而应选择判决确认该行政行为违法。

第二，行政行为程序轻微违法，但对原告权利不产生实际影响的。行政程序违法会直接导致行政行为本身违法，依法应予撤销。然而若只是程序轻微违法，且对原告权利未产生实际影响，即无撤销必要，判决确认违法并责令补正即可。

其次，是违法但无法撤销、履行。行政行为有下列情形之一，不需要撤销或者判决履行的，人民法院判决确认违法：

第一，行政行为违法，但不具有可撤销内容的。由于没有可撤销内容，人民法院无从撤销，只能确认违法。

第二，被告改变原违法行政行为，原告仍要求确认原行政行为违法的。由于原违法行政行为已经被行政机关改变而不复存在，因此无法撤销，只能选择判决确认违法。

第三，被告不履行或者拖延履行法定职责，判决履行没有意义的。对于失去履行意义的行政不作为，显然无法判决责令履行。之所以不判决撤销，是因为撤销判决针对的只能是行政机关所实施的行政行为，而不可能是撤销不作为，因此只能判决确认违法。

例41：县规划局对段某作出责令拆除违法建筑的决定并已报请政府拆除执行完毕，后段某诉至人民法院，请求人民法院撤销责令拆除的决定，人民法院经审理认为规划局处罚决定违法，但由于该处罚决定已经执行又无法恢复，不具有可撤销的内容，人民法院只能作出确认违法的判决。若规划局的处罚决定程序轻微违法，但对原告权利不产生实际影响法院也应判决确认违法。若县规划的处罚决定合法，应当判决驳回诉讼请求。

例42：县规划局向某国有企业颁发建设工程规划许可证，批准该国有企业在居民区附近建设公共轨道交通工程，居民杜某认为规划许可证违法，侵犯其相邻权，向法院提起行政诉讼请求判决撤销。法院审理认为该规划许可证违法，但该公共工程已经建设完毕，撤销该许可证会导致已经建成的公共工程成为违法建筑，依法拆除会导致国家财产的重大损失，故判决撤销该许可证会造成公共利益重大损害，应不予撤销而判决确认违法，事后通过国家赔偿来弥补行政许可违法给居民造成的实际损害，以此解决行政纠纷。

②确认无效的判决

行政行为有实施主体不具有行政主体资格或者没有依据等重大且明显违法情形，原告申请确认行政行为无效的，人民法院应当判决确认无效。确认无效的判决方式是新法新增加的判决方式，针对的是重大且明显违法的行政行为。关于确认无效的判决方式，需要注意几个问题：

第一，确认无效判决针对的是重大且明显违法的行政行为，不同于确认违法判决针对的只是一般违法的行政行为。确认无效的判决生效后，该行政行为的效力状态应为自始无效，而非自确认无效时失效。

第二，诉撤销可判确认无效。公民、法人或者其他组织起诉请求撤销行政行为，人民法院经审查认为行政行为无效的，应当作出确认无效的判决。

第三，诉无效非变更诉求不得判撤销。确认无效是对行政机关的行政行为认定为重大违法，与对行政机关的一般违法行为判决撤销和确认违法相比，确认无效的判决对行政机关的违法责任更重。故司法解释规定，对公民、法人或者其他组织起诉请求确认行政行为无效，人民法院审查认为行政行为不属于无效情形，经释明，原告请求撤销行政行为的，应当继续审理并依法作出相应判决；原告请求撤销行政行为但超过法定起诉期限的，裁定驳回起诉；原告拒绝变更诉讼请求的，判决驳回其诉讼请求。

例43：某市政府某日下午4点突然发布命令，当天下午6点开始实施车辆上牌限制措施。为防止突击购车上牌，市公安局在命令发布后立即对市内所有的汽车销售4S店采取强制封门、禁止虚假销售的措施。次日鹏城汽车销售公司不服，认为此举侵犯企业经营自主权向法院起诉。若此案原告诉讼请求是撤销违法行为，法院认为公安局的强制措施属于重大明显违法，法院可以直接判决确认无效。若此案原告诉讼请求是要求确认行政行为无效，法院认为公安局的强制措施只是一般性违法而非重大违法，应通知原告变更诉讼请求，若原告同意变更诉讼请求为撤销的法院才能判撤销或确认违法，原告不同意变更诉讼请求而坚持请求确认无效的，法院只能判驳回原告诉讼请求。

第四，人民法院经审理认为被诉行政行为违法或者无效，可能给原告造成损失，经释明，原告请求一并解决行政赔偿争议的，人民法院可以就赔偿事项进行调解；调解不成的，应当一并判决。人民法院也可以告知其就赔偿事项另行提起诉讼。

综上可见，人民法院作出的确认违法判决，是一种抚慰性判决，只是法院给像《秋菊打官司》、《我不是潘金莲》那样比较纠结的原告一个行政行为究竟是否合法的最终说法，仅仅是一个说法而已，确认判决没有实际意义，只能让原告良心上好受一点，或者拿着确认违法或无效的判决继续申请国家赔偿。

（7）复议案件的判决

◆ 考点精华98

复议判决	维持错误	（1）原始共同被告应当一并判：法院对原行为判决时，应当对复议决定一并作出相应判决； （2）追加共同被告可以一并判：法院依职权追加原机关或复议机关为共同被告的，对原行政行为或者复议决定可以作出相应判决。	
		原错、复议维持错	判决撤销原行为和复议决定，可以同时判决原机关重新作出行政行为。
		原不作为、复议驳回错	判决原机关履行职责或者给付义务，应当同时判决撤销复议决定。
		原对、复议维持错	原行为合法但复议决定违法，可以撤销复议决定或确认复议决定违法，并驳回对原行为诉讼请求。
	改变错误	判决撤销或变更，撤销复议决定的可以一并责令复议机关重作复议决定或判决恢复原行政行为的法律效力。	

经过复议以后向法院起诉的案件分为两种：复议改变后起诉和复议维持后起诉。复议改变的，原行为已经被复议决定取代，法院只需要审理后对复议决定作出裁判。而复议维持原决定的，法院需要对原行为和复议决定一并审理，根据不同情况分别作出裁判。

①复议维持案件的判决

人民法院对原行政行为作出判决的同时，应当对复议决定一并作出相应判决。人民法院依职权追加作出原行政行为的行政机关或者复议机关为共同被告的，对原行政行为或者复议决定可以作出相应判决。换而言之，复议维持后起诉的案件，若原告以共同被告起诉，则法院对原行为和复议决定应当一并裁判。若原告选择被告后法院强制追加为共同被告的，则法院可以对原告未起诉的复议决定或原行为裁量是否一并裁判。即"选择告可选择判，共同告须一并判"。具体而言，复议维持案件的判决分为以下几种情形：

第一，原行为和复议决定均违法的，人民法院判决撤销原行政行为和复议决定的，可以判决作出原行政行为的行政机关重新作出行政行为。

第二，原机关不作为、复议机关错误驳回请求的，人民法院判决作出原行政行为的行政机关履行法定职责或者给付义务的，应当同时判决撤销复议决定。

第三，原行政行为合法、复议决定违法的，人民法院可以判决撤销复议决定或者确认复议决定违法，同时判决驳回原告针对原行政行为的诉讼请求。

第四，原行政行为不符合复议或者诉讼受案范围等受理条件，复议机关作出维持决定的，人民法院应当裁定一并驳回对原行政行为和复议决定的起诉。

②复议改变案件的判决

复议决定改变原行政行为错误，人民法院判决撤销复议决定时，可以一并责令复议机关重新作出复议决定或者判决恢复原行政行为的法律效力。

同时，若复议决定违法造成损害的，应当依法确定原机关和复议机关的行政赔偿责任。原行政行为被撤销、确认违法或者无效，给原告造成损失的，应当由作出原行政行为的行政机关承担赔偿责任；因复议决定加重损害的，由复议机关对加重部分承担赔偿责任。

2. 二审判决

◆ 考点精华 99

二审	维持原判	驳回上诉，维持原判。	原判认定事实清楚，适用依据正确。
	依法改判	改判、撤销或变更。	原判认定事实清楚，适用依据错误。
	应当发回重审	重审须另组合议庭。	遗漏当事人或漏判诉讼请求、严重程序违法（开庭、回避、缺席）。
	改判或发回	对重审案件裁判可以上诉。	原判事实不清、证据不足。
	赔偿请求	一审遗漏行政赔偿请求：二审法院认为不应赔偿→判决驳回行政赔偿请求。二审法院认为应当赔偿→可以调解→不成就赔偿部分发回重审。	
		当事人在二审期间提出行政赔偿请求→可以调解→不成，告知另行起诉。	
	原审法院对发回重审的案件作出判决后，当事人提起上诉的二审法院不得再次发回重审。		
	二审法院需要改变原审判决的，应当同时对被诉行政行为作出判决。		

二审判决是指人民法院经过第二审程序的审理，对行政案件所作出的最终判决。由于我国实行两审终审制，因此第二审程序又称为终审程序，人民法院所作的判决也成为最终的生

效判决，当事人不服的，不得再行提起上诉。

（1）维持原判

第二审人民法院经审理，认为原判决、裁定认定事实清楚，适用法律、法规正确的，应当判决或者裁定驳回上诉，维持原判决、裁定。需要注意的是，二审维持原判，这里究竟是用判决还是用裁定，并不是任意选择的，而是应当根据一审裁判用的究竟是判决还是裁定来进行选择。另外，对于一审法院的判决，二审若驳回上诉、维持原判，行政诉讼与民事诉讼均用的是"判决"，但是，刑事诉讼却用的是"裁定"，注意区分。

（2）改判、撤销或者变更

原判决、裁定认定事实错误或者适用法律、法规错误的，二审法院应当依法予以改判、撤销或者变更。

（3）改判或者发回重审

原判决认定基本事实不清、证据不足的，二审法院应当发回原审人民法院重审，或者查清事实后改判。一般而言，原审判决基本事实不清、证据不足，属于严重的违法审判，二审应当撤销原判、发回重审。这里的撤销原判、发回重审更多的属于一种程序性制裁措施。然而，一审基本事实不清却未必都是因为一审法院自身的违法因素造成的，也有可能是因为受到严重的行政干预导致的结果。若原裁判非因自身因素造成的基本事实不清、证据不足的，二审法院也就可以自己查清事实后改判。

（4）发回重审

原判决遗漏当事人或者违法缺席判决等严重违反法定程序的，二审法院应当裁定撤销原判决，发回原审人民法院重审。另外，由于第二审人民法院审理上诉案件，应当对原审人民法院的裁判和被诉行政行为是否合法进行全面审查，因此，第二审人民法院审理上诉案件，需要改变原审判决的，还应当同时对被诉行政行为一并作出判决。

3. 再审裁判

再审裁判是指人民法院按照审判监督程序对行政案件所作的裁判，分为以下几种情况：

（1）经再审认为原审判决认定事实和适用法律并无不当的，应当裁定撤销原中止执行的裁定，继续执行原判决。

（2）法院经审理认为原审判决、裁定确有错误的，应当区分不同情况加以处理：

①原审法院审理案件时违反法定程序可能影响案件正确裁判的，应当裁定发回作出生效裁判的法院重新审理。主要包括下列情形：审理本案的审判人员、书记员应当回避而未回避的；依法应当开庭审理而未经开庭即作出判决的；未经合法传唤当事人而缺席判决的；遗漏必须参加诉讼的当事人的；对与本案有关的诉讼请求未予裁判的；其他违反法定程序可能影响案件正确裁判的。

②人民法院经过再审审理，如果认为第二审人民法院维持第一审人民法院不予受理裁定错误的，再审法院应当撤销第一审、第二审人民法院裁定，指令第一审人民法院受理。

③人民法院审理再审案件，认为原生效判决、裁定确有错误，在撤销原生效判决或者裁定的同时，可以对生效判决、裁定的内容作出相应裁判，也可以裁定撤销生效判决或者裁定，发回作出生效判决、裁定的人民法院重新审判。

再审判决、裁定的效力取决于再审法院究竟是按照哪一种程序进行的审理。若是按照第一审程序进行的审理，所作的判决、裁定当事人可以提起上诉。若是按照第二审程序进行的审理，所作的判决、裁定则是发生法律效力的判决、裁定，当事人不得提起上诉。

（二）行政诉讼裁定

◇ **考点精华 100**

裁定	（1）不予立案、驳回起诉、管辖异议，可以上诉； （2）一审裁定不予立案或驳回起诉错误，二审裁定撤销原裁定，指定一审法院立案或继续审理； （3）不符立案条件但已经立案的应当裁定驳回起诉，法院经过阅卷、调查和询问当事人，认为不需要开庭审理的，可以迳行裁定驳回起诉； （4）裁定书应当写明裁定结果和作出该裁定的理由，由审判人员和书记员署名，加盖法院印章。口头裁定的，记入笔录。
决定	不准许附带民诉、回避、司法强制措施、再审、诉讼期限等事项。

行政诉讼的裁定，是指人民法院在审理行政案件或者执行行政案件的过程中，就行政诉讼程序问题所作出的判定。裁定书应当写明裁定结果和作出该裁定的理由，由审判人员和书记员署名，加盖法院印章。口头裁定的，记入笔录。行政诉讼的裁定适用于下列范围：

1. 不予受理；2. 驳回起诉；3. 管辖异议；4. 终结诉讼；5. 中止诉讼；6. 移送或者指定管辖；7. 诉讼期间停止具体行政行为的执行或者驳回停止执行的申请；8. 财产保全；9. 先予执行；10. 准许或者不准许撤诉；11. 补正裁判文书中的笔误；12. 中止或者终结执行；13. 提审、指令再审或者发回重审；14. 准许或者不准许执行行政机关的具体行政行为；15. 其他需要裁定的事项。

对不予受理、驳回起诉与管辖权异议的裁定，当事人不服的，有权在一审法院作出裁定之日起 10 日内向上一级人民法院提起上诉。逾期不提出上诉的，一审人民法院的裁定即发生法律效力。一审裁定不予立案或驳回起诉错误，二审裁定撤销原裁定，指定一审法院立案或继续审理；不符立案条件但已经立案的应当裁定驳回起诉，法院经过阅卷、调查和询问当事人，认为不需要开庭审理的，可以迳行裁定驳回起诉。

（三）行政诉讼决定

行政诉讼决定，是指人民法院为了保证行政诉讼的顺利进行，依法对行政诉讼中的某些特殊事项所作的处理。行政诉讼中的决定主要有：

1. 有关回避事项的决定。当事人对于人民法院作出的回避决定不服的，可以申请复议。

2. 对妨害行政诉讼的行为采取强制措施的决定。当事人对人民法院作出的罚款、拘留强制措施不服的，可以申请复议。

3. 审判委员会对已生效的行政案件的裁判认为应当再审的决定。审判委员会决定再审的，该行政案件应当再审。

4. 有关诉讼期限事项的决定。与判决、裁定不同的是，决定一经宣布或送达则立即生效，当事人不服的，无权提起上诉。法律规定可以申请复议的，当事人有权申请复议，但复议期间不停止决定的执行。

5. 是否准许附带民事诉讼，也是用决定，而非裁定。

二、行政诉讼的执行

（一）行政诉讼裁判的执行

◈ 考点精华 101

申请	（1）行政机关拒不履行赔偿、补偿或其他给付义务的，对方当事人（原告、第三人）可以依法向法院申请强制执行； （2）原告或第三人不履行，对方当事人可以申请法院强制执行，有强制执行权的行政机关自行执行。
	申请执行的期限为二年，逾期申请的不予受理，有正当理由的除外。申请期限从履行期间最后一日起计算；规定分期履行的，从规定的每次履行期间的最后一日起计算；没有规定履行期限的从法律文书送达之日起计算。
执法法院	当事人向一审人民法院申请执行，一审法院认为需要可以报请二审法院执行；二审法院可以决定由其执行，也可以决定由一审人民法院执行。
依据	判决书、裁定书、赔偿书、调解书。
执行措施	对行政机关：（1）通知银行从该行政机关的账户内划拨；（2）在规定期限内不履行的，从期满之日起对该行政机关负责人按日处五十元至一百元的罚款；（3）将行政机关拒绝履行的情况予以公告；（4）向监察机关或者该行政机关的上一级行政机关提出司法建议，接受司法建议的机关根据有关规定进行处理，并将处理情况告知法院；（5）拒不履行判决、裁定、调解书，社会影响恶劣的，可以对该行政机关直接负责的主管人员和其他直接责任人员予以拘留；情节严重构成犯罪的，依法追究刑事责任。 对行政相对人：被告有强制执行权的可以自行执行，无权的申请法院执行。

1. 含义

行政诉讼裁判的执行，是指行政案件的当事人逾期拒不履行人民法院作出的生效法律文书，人民法院和有关行政机关依法采取强制手段促使当事人履行义务，从而使生效法律文书的内容得以实现的诉讼活动。

2. 特征

（1）行政诉讼裁判执行的主体是裁判的人民法院，有行政强制执行权的行政机关在胜诉后也可以强制执行法院裁判为合法的行政行为。

（2）执行申请人或被申请执行人是行政诉讼的当事人，一方当事人不履行法院的裁判，对方当事人可以申请法院强制执行。

（3）强制执行的依据须为已经发生法律效力的行政裁判法律文书，具体包括行政判决书、行政裁定书、行政调解书、行政赔偿判决书和行政赔偿调解书等已经生效的法律文书。

（4）强制执行的目的是使已生效的法律文书所确定的义务最终得以实现。

3. 执行主体

执行主体是指在行政诉讼执行中依法享有权利、承担义务的主体，包括执行机关、执行当事人、执行参与人以及执行异议人等相关执行主体。

（1）执行机关

行政诉讼的执行机关除了人民法院外，还包括作出行政行为并拥有自行强制执行权的行政机关。在人民法院判决驳回原告诉讼请求，导致被诉行政行为的合法性得到司法确认和维护之际，根据法律、法规的规定，享有自行强制执行权的行政机关即可以依法自行执行生效裁判所认可的行政行为，成为行政诉讼的执行机关。

在行政诉讼的执行中，发生法律效力的行政判决书、行政裁定书、行政赔偿判决书和行政赔偿调解书，一般由第一审人民法院执行。如果第一审人民法院认为情况特殊需要由第二审人民法院执行的，也可以报请第二审人民法院执行；第二审人民法院既可以决定由其执行，也可以决定由第一审人民法院执行。

（2）执行当事人

执行当事人是指行政诉讼执行中的执行申请人和被申请执行人。执行参与人是指除执行当事人以外的其他参与执行过程的单位或者个人。

（3）执行异议人。执行异议人是指没有参与执行程序，但对执行标的主张权利，提出不同意见的个人或者组织，亦称案外异议人。

4. 执行依据

行政诉讼的执行依据具体包括：行政判决书、行政裁定书、行政赔偿判决书和行政赔偿调解书。这些法律文书须为发生法律效力且具有可供执行内容的法律文书，并且可执行的事项应当具体明确，否则不得作为执行根据。

5. 申请执行的期限

（1）申请执行生效的行政判决书、行政裁定书、行政赔偿判决书和行政赔偿调解书的期限为 2 年。

（2）申请执行的期限从法律文书规定的履行期间最后一日起计算；规定分期履行的，从规定的每次履行期间的最后一日起计算。法律文书中没有规定履行期限的，从该法律文书送达当事人之日起计算。逾期申请的，除有正当理由外，人民法院不予受理。

6. 执行措施

（1）对行政机关的执行措施

人民法院判决行政机关履行行政赔偿、行政补偿或者其他行政给付义务，行政机关拒不履行的，作为对方当事人的原告或第三人可以依法向法院申请强制执行。行政机关拒绝履行判决、裁定的，第一审人民法院可以采取以下措施：

①对应当归还的罚款或者应当给付的款额，通知银行从该行政机关的账户内划拨；

②在规定期限内不履行的，从期满之日起，对该行政机关负责人按日处 50 元至 100 元的罚款；

③将行政机关拒绝履行的情况予以公告；

④向监察机关或者该行政机关的上一级行政机关提出司法建议。接受司法建议的机关，根据有关规定进行处理，并将处理情况告知人民法院；

⑤拒不履行判决、裁定、调解书，社会影响恶劣的，可以对该行政机关直接负责的主管人员和其他直接责任人员予以拘留；情节严重，构成犯罪的，依法追究刑事责任。

（2）对公民、法人或者其他组织的执行措施

公民、法人或者其他组织不履行法院的裁判，被告行政机关可以申请法院强制执行。人

民法院对公民、法人或者其他组织的执行措施，可以参照《民事诉讼法》的有关规定强制执行。需要注意的是，若执行机关为有执行权的行政机关而非人民法院时，行政机关须严格按照有关的单行法律、法规的规定予以执行。

（二）行政诉讼中行政行为的执行

◈ **考点精华 102**

情况	原则	例外
行政机关有强制权	原则上诉讼期间不停止执行。	裁定停止执行：（1）被告认为需要停止执行；（2）原告或者利害关系人申请停止执行，法院认为行政行为执行会造成难以弥补的损失，且停止执行不损害国家社会公共利益；（3）法院认为该行政行为执行会给国家社会公共利益造成重大损害；（4）法律、法规规定停止执行。当事人对停止执行或者不停止执行的裁定不服，可以申请复议一次。
行政机关无强制执行权	诉讼中申请法院执行行政行为的，法院不得代为强制执行，须等法院裁判后才能依法执行。	

行政行为具有执行力，为了维护行政秩序，被诉行政行为并不停止执行。但是，这一原则并不是绝对的，而是要受到相应的限制。在以下特殊情形下，被诉行政行为也会停止执行：

一是被告认为需要停止执行的。被告行政机关或者授权组织原本就是行政行为的实施者，若经过行政裁量认为不宜执行该行政行为的，也可以决定停止执行该行政行为。

二是原告或者利害关系人申请停止执行，人民法院认为该行政行为的执行会造成难以弥补的损失，并且停止执行不损害国家利益、社会公共利益的。这是人民法院从司法审查角度对行政行为执行问题的进行把关。需要注意的是，若只是人民法院认为停止执行该行政行为会造成难以弥补的损失还不够，还需要以停止执行不损害国家利益、社会公共利益为前提条件。

三是人民法院认为该行政行为的执行会给国家利益、社会公共利益造成重大损害的。对于直接损害国家利益、社会公共利益的行政行为，人民法院当然有权决定停止执行。

最后是法律、法规规定停止执行的。

（三）非诉行政案件的执行

◈ **考点精华 103**

非诉执行	前提	当事人不复议、不起诉、不履行行政决定，起诉期限届满后行为效力确定。
	催告	行政机关申请法院强制执行前应当催告，催告书送达 10 日后当事人仍未履行义务的，作出行政行为的行政机关可以申请法院执行。
	申请主体资格	没有强制执行权的行政机关或法定授权组织均可申请法院执行其行政行为。
		有强制执行权的行政机关，若有法律特别规定才能申请法院执行。
		行政裁决的义务当事人在法定期限内不起诉又不履行，裁决的行政机关未在法定期限内申请法院强制执行的，行政裁决的权利人或其继承人、权利承受人在 6 个月内可以申请法院强制执行行政裁决。

续表

非诉执行	期限	行政机关应当自被执行人对该行政行为的法定起诉期限届满之日起 3 个月内向法院提出执行申请，逾期申请的法院不予受理，但有正当理由的除外。
	受理条件	申请法院执行行政行为，应当具备以下条件： （1）行政行为依法可以由法院执行；（2）行政行为已经生效并具有可执行内容；（3）申请人是作出该行政行为的行政机关或法律、法规、规章授权的组织；（4）被申请人是该行政行为所确定的义务人；（5）被申请人在行政行为确定的期限内或催告期限内未履行义务；（6）申请人在法定期限内提出申请；（7）属于受理执行申请的法院管辖。
	提交申请材料	（1）行政机关负责人签名并加盖机关印章、注明日期的强制执行申请书；（2）行政决定书及作出决定的事实、理由和依据；（3）当事人的意见及行政机关催告情况；（4）申请强制执行标的情况；（5）法律、行政法规规定的其他材料。
	管辖	（1）由申请人所在地的基层法院受理，执行对象为不动产的由不动产所在地的基层法院受理；（2）基层法院认为执行确有困难可以报请上级法院执行；上级法院可以决定自己执行，也可以决定由下级法院执行。
	受理	法院对符合条件应当在五日内立案受理并通知申请人，对不符合条件的应当裁定不予受理。行政机关对不予受理裁定有异议，在 15 日内向上一级人民法院申请复议的，上一级人民法院应当在收到复议申请之日起 15 日内作出裁定。
	财产保全	行政机关或者行政裁决权利人申请法院强制执行前，有充分理由认为被执行人可能逃避执行的，可以申请法院采取财产保全措施。行政裁决权利人申请强制执行的，应当提供相应的财产担保。
	审查	形式审查：法院受理申请后，应当在 7 日内由行政庭对行政行为的合法性进行审查，并作出是否准予执行的裁定。 实质审查：法院发现行政行为明显违法并损害被执行人合法权益的，应当听取被执行人和行政机关的意见，并自受理之日起 30 日内作出是否准予执行的裁定。
	裁定	被申请执行的行政行为有下列情形之一的，法院应当裁定不准予执行：（1）实施主体不具有行政主体资格；（2）明显缺乏事实根据；（3）明显缺乏法律、法规依据；（4）其他明显违法并损害被执行人合法权益的。 行政机关对不准予执行的裁定有异议，在 15 日内向上一级法院申请复议的，上一级法院应当在收到复议申请之日起 30 日内作出裁定。
	执行	紧急情况为保障公共安全，行政机关可以申请法院立即执行。经法院院长批准，法院应当自作出执行裁定之日起五日内执行。 需要采取强制执行措施的由法院执行机构执行。 法院强制执行的费用由被执行人承担。

1. 含义

非诉行政案件的执行是指公民、法人或者其他组织既不履行行政义务，又不申请行政复议或者提起行政诉讼，而由行政机关申请人民法院采取强制执行措施，以实现行政机关所作的行政行为的内容的法律制度。非诉行政案件的执行在《行政强制法》当中被称为：没有强制执行权的行政机关申请人民法院强制执行具体行政行为。

2. 程序

自从《行政强制法》颁行以后，非诉案件的执行规则主要由《行政强制法》规定，《最高人民法院关于适用行政诉讼法的解释》对行政机关申请、法院审查和执行等问题作了更加细致的规定。

（1）申请执行的主体

一般而言，非诉案件的执行，除非有单行法律另有规定以外，均是由不具有强制执行权的行政机关申请人民法院执行。但是，如果行政机关根据法律的授权对平等主体之间民事争议作出裁决后，当事人在法定期限内不起诉又不履行，作出裁决的行政机关在申请执行的期限内未申请人民法院强制执行的，生效行政行为确定的权利人或者其继承人、权利承受人可以在6个月内申请人民法院强制执行。

（2）申请执行的期限

行政机关应当自被执行人对该行政行为的法定起诉期限届满之日起3个月内向法院提出执行申请，逾期申请的法院不予受理，但有正当理由的除外。

（3）受理条件

申请法院执行行政行为，应当具备以下条件：①行政行为依法可以由法院执行；②行政行为已经生效并具有可执行内容；③申请人是作出该行政行为的行政机关或法律、法规、规章授权的组织；④被申请人是该行政行为所确定的义务人；⑤被申请人在行政行为确定的期限内或催告期限内未履行义务；⑥申请人在法定期限内提出申请；⑦属于受理执行申请的法院管辖。

（4）受理程序

法院对符合条件应当在5日内立案受理并通知申请人，对不符合条件的应当裁定不予受理。行政机关对不予受理裁定有异议，在15日内向上一级人民法院申请复议的，上一级人民法院应当在收到复议申请之日起15日内作出裁定。

（5）申请执行的财产保全

为防止被执行人随意对财产进行处分，保证行政职能的实现以及公民、法人或者其他组织的合法权益，行政机关或行政行为确定的权利人申请人民法院强制执行前，有充分理由认为被执行人可能逃避执行的，可以申请人民法院采取财产保全措施。若是行政行为确定的权利人申请强制执行的，应当提供相应的财产担保。

（6）法院审查程序

人民法院对行政行为进行合法性审查，一般只是进行形式审查，必要时也会进行实质审查。形式审查应当在7日内由行政庭对行政行为的合法性进行审查，并作出是否准予执行的裁定。实质审查：法院发现行政行为明显违法并损害被执行人合法权益的，应当听取被执行人和行政机关的意见，并自受理之日起30日内作出是否准予执行的裁定。但是，无论是形式审查还是实质审查，都是由行政审判庭负责进行，并且实行合议制。人民法院的执行部门不负责对行政行为的合法性予以审查。

（7）裁定

被申请执行的行政行为有下列情形之一的，法院应当裁定不准予执行：①实施主体不具有行政主体资格；②明显缺乏事实根据；③明显缺乏法律、法规依据；④其他明显违法并损害被执行人合法权益的。

行政机关对不准予执行的裁定有异议，在 15 日内向上一级法院申请复议的，上一级法院应当在收到复议申请之日起 30 日内作出裁定。法院裁定准予执行的，由法院执行机构采取强制执行措施，强制执行的费用由被执行人承担。

第六节　审理专门行政案件司法解释专题

一、审理行政许可案件的司法解释

（一）受案范围

◇ **考点精华 104**

受理	（1）许可决定。认为行政机关作出的行政许可决定以及相应的不作为侵犯其合法权益的； （2）对许可的效力处理。认为行政机关就行政许可的<u>变更、延续、撤回、注销、撤销</u>等事项作出的有关具体行政行为及其相应的不作为侵犯其合法权益； （3）行政许可信息公开。认为行政机关<u>未公开行政许可决定</u>或者<u>未提供行政许可监督检查记录</u>侵犯其合法权益的； （4）许可不作为。行政机关受理行政许可申请后，<u>在法定期限内不履行法定职责</u>，公民、法人或者其他组织向人民法院起诉的。
不受理	（1）程序性行为和行政事实行为。公民、法人或者其他组织仅就行政许可过程中的<u>告知补正申请材料、听证</u>等通知行为不能提起行政诉讼的； （2）除外情况。如果告知补正申请材料、听证等通知行为导致许可程序对<u>上述主体事实上终止</u>（如终止办理程序）的除外。

1. 受理的事项

（1）许可决定。认为行政机关作出的行政许可决定以及相应的不作为侵犯其合法权益的；

（2）对许可的效力处理。认为行政机关就行政许可的<u>变更、延续、撤回、注销、撤销</u>等事项作出的有关具体行政行为及其相应的不作为侵犯其合法权益；

（3）行政许可信息公开。认为行政机关<u>未公开行政许可决定</u>或者未提供行政许可<u>监督检查记录</u>侵犯其合法权益的；

（4）许可不作为。行政机关受理行政许可申请后，<u>在法定期限内不履行法定职责</u>，公民、法人或者其他组织向人民法院起诉的。

2. 不受理的事项

（1）程序性行为和行政事实行为。公民、法人或者其他组织仅就行政许可过程中的告知补正申请材料、听证等通知行为不能提起行政诉讼的。

（2）除外情况。如果告知补正申请材料、听证等通知行为<u>导致许可程序对上述主体事实</u>

上终止（如终止办理程序）的除外。

（二）适格被告

◆ 考点精华 105

普通许可决定	不服行政许可决定提起诉讼的，以作出行政许可决定的机关为被告。
上级批准的许可	行政许可依法须经上级行政机关批准，当事人对批准或者不批准行为不服一并提起诉讼的，以上级行政机关为共同被告。
下级审查行为	行政许可依法须经下级行政机关或者管理公共事务的组织初步审查并上报，当事人对不予初步审查或者不予上报不服提起诉讼的，以下级行政机关或管理公共事务的组织为被告。
统一办理	行政机关依据《行政许可法》第 26 条第 2 款规定"统一办理"行政许可的，当事人对行政许可行为不服提起诉讼，以对当事人作出实质不利影响行为的机关为被告。

1. 普通许可决定

不服行政许可决定提起诉讼的，以作出行政许可决定的机关为被告；

2. 上级批准的许可

行政许可依法须经上级行政机关批准，当事人对批准或者不批准行为不服一并提起诉讼的，以上级行政机关为共同被告；

3. 下级审查行为

行政许可依法须经下级行政机关或者管理公共事务的组织初步审查并上报，当事人对不予初步审查或者不予上报不服提起诉讼的，以下级行政机关或者管理公共事务的组织为被告；

4. 统一办理

行政机关依据《行政许可法》第 26 条第 2 款规定"统一办理"行政许可的，当事人对行政许可行为不服提起诉讼，以对当事人作出实质不利影响行为的机关为被告。

（三）第三人举证与法院调取证据

1. 第三人举证

被告不提供或者无正当理由逾期提供证据的，与被诉行政许可行为有利害关系的第三人可以向人民法院提供；第三人对无法提供的证据，可以申请人民法院调取。

2. 法院依职权取证

人民法院在当事人无争议，但涉及国家利益、公共利益或者他人合法权益的情况下，也可以依职权调取证据。

（四）适用法律

◆ 考点精华 106

适用新法为原则	法院审理行政许可案件，应当以申请人提出行政许可申请后实施的新的法律规范为依据。
适用旧法为例外	（1）拖延或不当延误：行政机关在旧的法律规范实施期间，无正当理由拖延审查行政许可申请至新的法律规范实施的；（2）适用新的法律规范不利于申请人的，以旧的法律规范为依据。

1. 适用新法为原则

人民法院审理行政许可案件，应当以申请人提出行政许可申请后实施的新的法律规范为依据。

2. 附条件的从旧为例外

（1）拖延或不当延误：行政机关在旧的法律规范实施期间，无正当理由拖延审查行政许可申请至新的法律规范实施的；（2）适用新的法律规范不利于申请人的，以旧的法律规范为依据。

（五）裁判

◈ **考点精华 107**

驳回原告诉讼请求	第三人提供或者人民法院调取的证据能够证明行政许可行为合法的，人民法院应当判决驳回原告的诉讼请求。
撤销不予许可，责令重做	法院认为被告不予许可的决定违法而原告请求准予许可的理由成立，且被告没有裁量余地的，可以在判决理由写明，并判决撤销不予许可决定，责令被告重新作出决定。此时被告实施的为羁束行政，无自由裁量的空间，撤销不予许可的决定，责令被告重新作出决定，这时行政审判权逼迫行政权"合法就范"，但法院不能直接判决责令行政机关发放行政许可。
判令被告履行信息公开义务	被告无正当理由拒绝原告查阅行政许可决定及有关档案材料或者监督检查记录的，人民法院可以判决被告在法定或者合理期限内准予原告查阅。
违反旧法但符合新法的判决	被诉准予行政许可决定违反当时的法律规范但符合新的法律规范的，人民法院应当判决确认该决定违法；准予行政许可决定不损害公共利益和利害关系人合法权益的，判决驳回原告的诉讼请求。
违法许可给予赔偿	（1）连带责任：行政机关与他人恶意串通共同违法侵犯合法权益的，应承担连带赔偿责任；（2）合理确定份额：行政机关与他人共同违法侵犯原告合法权益的，应根据过错比例承担赔偿责任；（3）免除赔偿责任：行政机关已经履行审慎合理的审查职责，因他人行为导致许可决定违法，不承担赔偿责任。
依法撤回给予补偿	（1）补偿程序：行政先行处理——不予答复或者对行政机关作出的补偿决定不服——提起行政诉讼；（2）人民法院审理行政补偿案件可以适用调解；（3）补偿标准：一般在实际损失范围内确定补偿数额；特许的许可被撤回，一般按照实际投入的损失（设备、人力、无形资产、合同投入等）确定补偿数额。

1. 判决驳回原告诉讼请求

第三人提供或者人民法院调取的证据能够证明行政许可行为合法的，人民法院应当判决驳回原告的诉讼请求。

2. 撤销不予许可，责令重做

人民法院认为被告不予许可的决定违法而原告请求准予许可的理由成立，且被告没有裁量余地的，可以在判决理由写明，并判决撤销不予许可决定，责令被告重新作出决定。此时被告实施的为羁束行政，无自由裁量的空间，撤销不予许可的决定，责令被告重新作出决定，这时行政审判权逼迫行政权"合法就范"，但法院不能直接判决责令行政机关发放行政许可。

3. 判令被告履行信息公开义务

被告无正当理由拒绝原告查阅行政许可决定及有关档案材料或者监督检查记录的，人民法院可以判决被告在法定或者合理期限内准予原告查阅。

4. 违反旧法但符合新法的判决

被诉准予行政许可决定违反当时的法律规范但符合新的法律规范的，人民法院应当判决确认该决定违法；准予行政许可决定不损害公共利益和利害关系人合法权益的，判决驳回原告的诉讼请求。

（六）赔偿与补偿

1. 违法赔偿

（1）连带责任：被告在实施行政许可过程中，与他人恶意串通共同违法侵犯原告合法权益的，应当承担连带赔偿责任；

（2）合理确定份额：被告与他人违法侵犯原告合法权益的，应当根据其违法行为在损害发生过程和结果中所起作用等因素，确定被告的行政赔偿责任；

（3）免除赔偿责任的条件：被告已经依照法定程序履行审慎合理的审查职责，因他人行为导致行政许可决定违法的，不承担赔偿责任。

2. 合法补偿

（1）补偿程序：行政先行处理——不予答复或者对行政机关作出的补偿决定不服——依法提起行政诉讼；

（2）人民法院审理行政补偿案件可以适用调解；

（3）补偿标准：一般在实际损失范围内确定补偿数额；行政许可属于《行政许可法》第12条第2项规定情形的即有限自然资源开发利用、公共资源配置以及直接关系公共利益的特定行业的市场准入等，需要赋予特定权利的事项，一般按照实际投入的损失（设备、人力、无形资产、合同投入等）确定补偿数额。

二、审理政府信息公开案件司法解释

（一）受案范围

◆ **考点精华 108**

受案	（1）申请获取政府信息，行政机关拒绝提供或者逾期不予答复的； （2）对不履行主动公开义务不服直接起诉的，不能直接受案，应告知先向行政机关申请公开，对答复或不予答复不服方可起诉； （3）与其自身相关的记录不准确要求行政机关予以更正，拒绝更正或不予转送的； （4）提供的政府信息不符合其申请要求的内容形式； （5）主动公开或依他人申请公开政府信息涉及其商业秘密、个人隐私的； （6）公民、法人或者其他组织认为政府信息公开行政行为侵犯其合法权益造成损害的，可以一并或单独提起行政赔偿诉讼。

不受案	（1）因申请内容不明确，行政机关要求申请人作出更改、补充的告知行为； （2）行政程序中要求查阅案卷，告知按法律法规规定办理的； （3）要求提供政府公报、白皮书、报纸、杂志、书籍等公开出版物，行政机关拒绝的； （4）要求为其制作政府信息或要求向其他组织或个人搜集信息，行政机关予以拒绝的； （5）要求对政府信息进行汇总、分析、加工，行政机关予以拒绝的。

1. 受案

（1）申请获取政府信息，行政机关拒绝提供或者逾期不予答复的；

（2）对不履行主动公开义务不服直接起诉的，不能直接受案，应告知先向行政机关申请公开，对答复或不予答复不服方可起诉；

（3）与其自身相关的记录不准确要求行政机关予以更正，拒绝更正或不予转送的；

（4）提供的政府信息不符合其申请要求的内容形式；

（5）主动公开或依他人申请公开政府信息涉及其商业秘密、个人隐私的；

（6）公民、法人或者其他组织认为政府信息公开行政行为侵犯其合法权益造成损害的，可以一并或单独提起行政赔偿诉讼。

2. 不受案

（1）因申请内容不明确，行政机关要求申请人作出更改、补充的告知行为；

（2）行政程序中要求查阅案卷，告知按法律法规规定办理的；

（3）要求提供政府公报、白皮书、报纸、杂志、书籍等公开出版物，行政机关拒绝的；

（4）要求为其制作政府信息或要求向其他组织或个人搜集信息，行政机关予以拒绝的；

（5）要求对政府信息进行汇总、分析、加工，行政机关予以拒绝的。

（二）被告

◈ 考点精华 109

普通被告	（1）对依申请公开行为不服，应以作出答复的机关为被告，逾期不予答复的应以受理的行政机关为被告； （2）对主动公开行为不服，应以公开该信息的机关为被告； （3）对法律、法规授权的公共组织公开行为不服，以该组织为被告。
以对外发生法律效力文书上署名的机关为被告	（1）政府信息公开与否的答复依法报经有权机关批准的； （2）不能确定是否可以公开，报有关主管部门或者同级保密部门确定的； （3）行政机关在公开政府信息前与有关行政机关进行沟通确认的。

1. 普通被告

（1）对依申请公开行为不服，应以作出答复的机关为被告，逾期不予答复的应以受理的行政机关为被告；

（2）对主动公开行为不服，应以公开该信息的机关为被告；

（3）对法律、法规授权的公共组织公开行为不服，以该组织为被告。

2. 以在对外发生法律效力的文书上署名的机关为被告

（1）政府信息公开与否的答复依法报经有权机关批准的；

（2）不能确定是否可以公开，报有关主管部门或者同级保密部门确定的；

（3）行政机关在公开政府信息前与有关行政机关进行沟通确认的。

（三）举证责任

◆ **考点精华 110**

被告	（1）被告拒绝提供政府信息的，应对拒绝的根据以及履行告知、说明理由义务举证； （2）被告主张信息不存在，应当提供经过合理检索查询的证据；原告能够提供被告保存有政府信息线索的，可以申请人民法院调取证据； （3）以信息涉及其商业秘密、个人隐私为由起诉的，被告应对是否涉及原告商业秘密、个人隐私或者是否书面征得其同意举证；因公共利益决定公开的，被告应当对认定公共利益以及不公开可能对公共利益造成重大影响的根据举证； （4）被告拒绝更正与原告相关的政府信息记录的，应当对原告要求更正的理由是否成立以及被告是否有权更正举证。（原、被告同时举证）； （5）被告能够证明信息确定为国家秘密，请求在诉讼中不提交的，法院应当准许。审理信息公开行政案件，应当视情况采取适当的审理方式。
原告	起诉拒绝更正信息记录的，应当对被告提供的的政府信息记录不准确的相关事实举证。

1. 被告

（1）被告拒绝提供政府信息的，应对拒绝的根据以及履行告知、说明理由义务举证。

（2）被告主张信息不存在，应当提供经过合理查询的证据；原告能够提供被告保存有政府信息线索的，可以申请人民法院调取证据。

（3）以信息涉及其商业秘密、个人隐私为由起诉的，被告应对是否涉及原告商业秘密、个人隐私或者是否书面征得其同意举证；因公共利益决定公开的，被告应当对认定公共利益以及不公开可能对公共利益造成重大影响的根据举证。

（4）被告拒绝更正与原告相关的政府信息记录的，应当对原告要求更正的理由是否成立以及被告是否有权更正举证。（原、被告同时举证）

（5）被告能够证明信息确定为国家秘密，请求在诉讼中不提交的，法院应当准许。审理信息公开行政案件，应当视情况采取适当的审理方式。

2. 原告

起诉拒绝更正信息记录的，原告应当对被告提供的政府信息记录不准确的相关事实举证。可见，对拒绝更正政府信息起诉，原告和被告须同时承担举证责任，法院综合裁量才能准确认定事实。

（四）裁判

◆ **考点精华 111**

被告构成行政不作为的判决履行法定义务	（1）撤销不予公开决定，并判决被告在一定期限内公开。尚需被告调查、裁量的，判决其在一定期限内重新答复； （2）被告不予公开的政府信息内容可以作区分处理的，应当判决被告公开可以公开的内容； （3）被告提供的信息不符合申请人要求的内容或形式，可以判决被告按申请人的要求提供；

续表

被告构成行政不作为的判决履行法定义务	（4）应当更正而不更正信息记录的，应当判决被告在一定期限内更正。尚需被告调查、裁量的，判决其在一定期限内重新答复。被告无权更正的，判决其转送有权更正的行政机关处理。原告一并请求判决被告公开或更正政府信息且理由成立的，判决被告限期公开或更正。
被告公开政府信息涉及原告商业秘密、个人隐私	（1）应当判决确认违法，并可以责令被告采取相应的补救措施； （2）造成损害的，根据原告请求依法判决被告承担赔偿责任； （3）决定公开但尚未公开的，应当判决行政机关不得公开； （4）诉讼期间原告申请停止公开的，法院经审查认为公开该信息会造成难以弥补的损失，并且停止公开不损害公共利益的，可以裁定暂时停止公开。
被告不构成行政不作为的，应当判决驳回原告的诉讼请求	（1）不属于政府信息、政府信息不存在、属于不予公开范围、不属于被告公开的； （2）申请公开的信息已经向公众公开，已经告知申请人获取该信息的方式和途径的； （3）起诉被告逾期不予答复，理由不成立的； （4）以侵犯其商业秘密、个人隐私为由反对公开，理由不成立的； （5）要求被告更正与其自身相关的信息记录，理由不成立的； （6）无法按照申请人要求的形式提供政府信息，且被告已通过适当形式提供的； （7）其他应当判决驳回诉讼请求的情形。

1. 被告构成行政不作为的判决履行法定义务：

（1）撤销不予公开决定，并判决被告在一定期限内公开。尚需被告调查、裁量的，判决其在一定期限内重新答复；

（2）被告不予公开的政府信息内容可以作区分处理的，应当判决被告公开可以公开的内容；

（3）被告提供的信息不符合申请人要求的内容或形式，可以判决被告按申请人的要求提供；

（4）应当更正而不更正信息记录的，应当判决被告在一定期限内更正。尚需被告调查、裁量的，判决其在一定期限内重新答复。被告无权更正的，判决其转送有权更正的行政机关处理。原告一并请求判决被告公开或更正政府信息且理由成立的，判决被告限期公开或更正。

2. 被告公开政府信息涉及原告商业秘密、个人隐私的：

（1）应当判决确认违法，并可以责令被告采取相应的补救措施；

（2）造成损害的，根据原告请求依法判决被告承担赔偿责任；

（3）决定公开但尚未公开的，应当判决行政机关不得公开；

（4）诉讼期间原告申请停止公开的，法院经审查认为公开该信息会造成难以弥补的损失，并且停止公开不损害公共利益的，可以裁定暂时停止公开。

3. 被告不构成行政不作为的，应当判决驳回原告的诉讼请求：

（1）不属于政府信息、政府信息不存在、属于不予公开范围、不属于被告公开的；

（2）申请公开的信息已经向公众公开，已经告知申请人获取该信息的方式和途径的；

（3）起诉被告逾期不予答复，理由不成立的；

（4）以侵犯其商业秘密、个人隐私为由反对公开，理由不成立的；

（5）要求被告更正与其自身相关的信息记录，理由不成立的；

（6）无法按照申请人要求的形式提供政府信息，且被告已通过适当形式提供的；

（7）其他应当判决驳回诉讼请求的情形。

三、审理行政协议案件司法解释

◇ **考点精华 112**

<table>
<tr><td rowspan="12">行政协议案件的起诉</td><td rowspan="3">受案范围</td><td rowspan="2">肯定</td><td>对行政机关不依法履行、未按约定履行行政协议或单方变更、解除行政协议不服（民告官）：（1）政府特许经营协议；（2）土地、房屋等征收征用补偿协议；（3）矿业权等国有自然资源使用权出让协议；（4）政府投资的保障性住房的租赁、买卖等协议；（5）符合行政协议标准的政府与社会资本合作协议；（6）其他行政协议。</td></tr>
<tr><td>对行政协议提起民事诉讼后被裁定不予立案或驳回起诉，当事人又提起行政诉讼的，法院应当受理。</td></tr>
<tr><td>否定</td><td>（1）行政机关之间因公务协助订立协议；（2）行政机关与其工作人员订立劳动人事协议。</td></tr>
<tr><td colspan="2">管辖</td><td>（1）按照行政诉讼法及其司法解释的规定确定管辖法院；（2）当事人书面协议约定选择被告所在地、原告所在地、协议履行地、协议订立地、标的物所在地等与争议有实际联系地点的法院管辖的，法院从其约定，但违反级别管辖和专属管辖的除外。</td></tr>
<tr><td rowspan="4">当事人</td><td rowspan="2">原告</td><td>（1）行政协议的行政相对人或利害关系人可以作为原告起诉；（2）只能"民告官"，行政机关不能起诉，也不能提起反诉。</td></tr>
<tr><td>行政协议的利害关系人：（1）参与招标、拍卖、挂牌等竞争性活动，行政机关应当依法与其订立行政协议但拒绝订立，或行政机关与他人订立行政协议损害其合法权益的；（2）征收征用补偿协议损害其合法权益的被征收征用土地、房屋等不动产的用益物权人、公房承租人；（3）其他认为行政协议的订立、履行、变更、终止等行为损害其合法权益的。</td></tr>
<tr><td>被告</td><td>（1）作出被诉行政协议行为的行政机关是被告；（2）因行政机关委托的组织订立的行政协议发生纠纷的，委托的行政机关是被告。</td></tr>
<tr><td colspan="2">诉讼请求</td><td>（1）请求判决撤销行政机关变更、解除行政协议的行政行为或确认该行政行为违法；（2）请求判决行政机关依法履行或者按照行政协议约定履行义务；（3）请求判决确认行政协议的效力；（4）请求判决行政机关依法或者按照约定订立行政协议；（5）请求判决撤销、解除行政协议；（6）请求判决行政机关赔偿或者补偿；（7）其他有关行政协议的订立、履行、变更、终止等诉讼请求。</td></tr>
</table>

行政协议又被称为行政合同，是行政机关为了实现行政管理或者公共服务目标，与公民、法人或者其他组织协商订立的具有行政法上权利义务内容的协议。与民事合同不同，行政协议既能产生行政法律效果，由能产生民事法律效果。行政协议的本质在于利用协商机制与市场机制替代命令服从式的单一行政方式实现行政管理的职能，从而尽可能实现柔性化的行政管理改善提高行政管理的效率，实现国家治理能力和治理体系的现代化。

行政协议诉讼是指当事人就行政协议产生的行政争议，依法向人民法院提起行政诉讼，要求人民法院解决这一行政争议的诉讼类型。行政协议案件是行政诉讼法修正案新增加的一类属于受案范围的案件，对于顺利解决行政协议引发的特殊官民合同争议具有十分重要的意义。因为缔约的行政机关一方代表公共利益，所以在行政协议当中享有优益权，可以依法单方变更、解除协议，故行政协议纠纷具有一定的特殊性，自然应当由相配套的行政诉讼审理规则。2020 年 1 月 1 日生效的《最高人民法院关于审理行政协议案件的若干规定》作为审理行政协议案件的专门司法解释，对行政协议案件的特殊审理规则作出了详细规定。

（一）受案范围

1. 肯定范围

《行政诉讼法》第 12 条规定，对行政机关不依法履行、未按约定履行行政协议或者行政机关单方变更、解除行政协议不服，属于行政诉讼的受案范围。按照司法解释的细化规定，公民、法人或者其他组织就下列行政协议提起行政诉讼的，人民法院应当依法受理：（1）政府特许经营协议；（2）土地、房屋等征收征用补偿协议；（3）矿业权等国有自然资源使用权出让协议；（4）政府投资的保障性住房的租赁、买卖等协议；（5）符合行政协议标准的政府与社会资本合作协议；（6）其他行政协议。

公民、法人或者其他组织向人民法院提起民事诉讼，生效法律文书以涉案协议属于行政协议为由裁定不予立案或者驳回起诉，当事人又提起行政诉讼的，人民法院应当依法受理。

2. 排除范围

因行政机关订立的下列协议提起诉讼的，不符合行政协议的基本要素，故不属于人民法院行政诉讼的受案范围：（1）行政机关之间因公务协助等事由而订立的协议；（2）行政机关与其工作人员订立的劳动人事协议。

（二）管辖

行政协议纠纷向人民法院起诉的属于行政案件，应当按照行政诉讼法及其司法解释的规定确定管辖法院。

考虑到行政协议的契约特征，为方便当事人诉讼和审理便捷，当事人书面协议约定选择被告所在地、原告所在地、协议履行地、协议订立地、标的物所在地等与争议有实际联系地点的人民法院管辖的，人民法院从其约定，但违反级别管辖和专属管辖的除外。

（三）当事人

因行政协议的订立、履行、变更、终止等发生纠纷，公民、法人或者其他组织作为原告，以行政机关为被告提起行政诉讼。行政协议案件只能"民告官"，行政机关只能成为被告，既不能就行政协议的订立、履行、变更、终止等作为原告起诉，也不能提起反诉。

1. 原告

除了行政协议的行政相对人可以作为原告起诉以外，与行政协议有利害关系的公民、法人或者其他组织也有权作为原告提起行政诉讼，按照司法解释的规定，行政协议的利害关系人主要包括：（1）参与招标、拍卖、挂牌等竞争性活动，认为行政机关应当依法与其订立行政协议但行政机关拒绝订立，或者认为行政机关与他人订立行政协议损害其合法权益的公民、法人或者其他组织；（2）认为征收征用补偿协议损害其合法权益的被征收征用土地、房屋等不动产的用益物权人、公房承租人；（3）其他认为行政协议的订立、履行、变更、终止等行为损害其合法权益的公民、法人或者其他组织。

2. 被告

在行政协议案件中，作出被诉行政协议行为的行政机关是被告，因行政机关委托的组织订立的行政协议发生纠纷的，委托的行政机关是被告。

（四）诉讼请求

为了便于当事人提起行政协议诉讼，司法解释根据行政诉讼法的规定，明确了行政协议诉讼的具体种类，主要包括：

1. 请求判决撤销行政机关变更、解除行政协议的行政行为，或者确认该行政行为违法；
2. 请求判决行政机关依法履行或者按照行政协议约定履行义务；
3. 请求判决确认行政协议的效力；
4. 请求判决行政机关依法或者按照约定订立行政协议；
5. 请求判决撤销、解除行政协议；
6. 请求判决行政机关赔偿或者补偿；
7. 其他有关行政协议的订立、履行、变更、终止等诉讼请求。

（五）举证责任

◆ **考点精华 113**

行政协议案件的审理	举证责任	被告对于具有法定职权、履行法定程序、履行相应法定职责以及订立、履行、变更、解除行政协议等行为的合法性承担举证责任。
		原告主张撤销、解除行政协议的，对撤销、解除行政协议的事由承担举证责任。
		对行政协议是否履行发生争议的，由负有履行义务的当事人承担举证责任。
	审理规则 — 审理标准	（1）法院对被告订立、履行、变更、解除协议的行为是否具有法定职权、是否滥用职权、适用法律法规是否正确、是否遵守法定程序、是否明显不当、是否履行相应法定职责进行合法性审查； （2）原告认为被告未依法或未按照约定履行协议的，法院应当针对其诉讼请求，对被告是否具有相应义务或履行相应义务等进行审查。
	审理规则 — 调解	法院审理行政协议案件可以依法进行调解。法院调解应当遵循自愿、合法原则，不得损害国家利益、社会公共利益和他人合法权益。
	法律适用 — 参照民事法律	（1）法院行政协议案件可以参照适用民事法律规范关于民事合同的相关规定； （2）行政协议案件审理程序，行政诉讼法没有规定的，参照适用《民事诉讼法》的规定； （3）行政协议约定仲裁条款的，法院应当确认该条款无效，但法律、行政法规或我国缔结、参加的国际条约另有规定的除外。
	法律适用 — 诉讼时效	（1）对行政机关不依法履行、未按照约定履行协议提起诉讼，参照民法关于诉讼时效规定； （2）对行政机关单方变更、解除协议等行为提起诉讼的，适用行政诉讼关于起诉期限规定。
	溯及力	2015年5月1日之前订立的行政协议发生纠纷的，适用当时的法律、行政法规及司法解释。

司法解释根据当事人的不同诉求，结合行政机关在行政协议中的地位，区别情况规定了举证责任：

1. 被告对于具有法定职权、履行法定程序、履行相应法定职责以及订立、履行、变更、解除行政协议等行为的合法性承担举证责任；

2. 原告主张撤销、解除行政协议的，对撤销、解除行政协议的事由承担举证责任。

3. 对行政协议是否履行发生争议的，由负有履行义务的当事人承担举证责任。

（六）审理

1. 审理标准

人民法院审理行政协议案件，应当对被告订立、履行、变更、解除行政协议的行为是否具有法定职权、是否滥用职权、适用法律法规是否正确、是否遵守法定程序、是否明显不当、是否履行相应法定职责进行合法性审查。

原告认为被告未依法或者未按照约定履行行政协议的，人民法院应当针对其诉讼请求，对被告是否具有相应义务或者履行相应义务等进行审查。

2. 调解

人民法院审理行政协议案件，可以依法进行调解。人民法院进行调解时，应当遵循自愿、合法原则，不得损害国家利益、社会公共利益和他人合法权益。

（七）法律适用

1. 参照适用民事法律规范

由于行政协议往往涉及民事纠纷，人民法院审查行政机关是否依法履行、按照约定履行协议或者单方变更、解除协议是否合法，在适用行政法律规范的同时，可以参照适用民事法律规范关于民事合同的相关规定。

行政协议案件审理程序，应当适用行政诉讼法的规定；行政诉讼法没有规定的，参照适用民事诉讼法的规定。

行政协议约定仲裁条款的，人民法院应当确认该条款无效，但法律、行政法规或者我国缔结、参加的国际条约另有规定的除外。

2. 诉讼期限的适用

公民、法人或者其他组织对行政机关不依法履行、未按照约定履行协议提起诉讼的，由于这一争议以双方承认该协议有效为前提，因此更类似于民事纠纷，应当参照民事法律规范关于诉讼时效的规定。然而若当事人对行政机关单方变更、解除协议等行为提起诉讼的，这一争议是以行政机关利用行政优益权单方变更或者解除行政协议为前提，属于行政争议，则应当适用行政诉讼法及其司法解释关于起诉期限的规定。

3. 溯及力

人民法院审理行政协议案件，一般遵循实体从旧，程序从新原则，对于 2015 年 5 月 1 日之前订立的行政协议发生纠纷的，适用当时的法律、行政法规及司法解释；当时的法律、行政法规及司法解释没有规定的，可以适用行政诉讼法和行政协议司法解释的规定。

（八）判决

◆ 考点精华 114

行政协议案件的判决与执行	判决	被告变更解除协议	(1) 被告因履行协议可能严重损害国家利益、社会公共利益而合法变更、解除协议的，判决驳回原告诉讼请求；给原告造成损失的判决被告予以补偿。 (2) 被告变更、解除协议的行政行为违法的，法院判决撤销或部分撤销，还可以责令被告重新作出行政行为，并可以依法判决被告继续履行协议、采取补救措施，给原告造成损失的判决被告予以赔偿。
		被告未履行协议	(1) 履行协议。被告未依法履行、未按照约定履行协议，法院可以依法结合原告诉讼请求，判决被告继续履行并明确继续履行的具体内容；被告无法履行或继续履行无实际意义的，法院可以判决被告采取相应的补救措施；给原告造成损失的，判决被告予以赔偿。 (2) 违约责任。原告要求按照约定条款予以赔偿的，法院应予支持。被告明确表示或行为表明不履行协议，原告在履行期限届满之前向法院起诉请求其承担违约责任的，法院应予支持。 (3) 补偿责任。行政机关因国家利益、社会公共利益需要依法行使行政职权，导致原告履行不能、履行费用明显增加或遭受损失，原告请求判令被告给予补偿的，法院应予支持。 (4) 履行抗辩权。协议当事人依据民事法律规范的规定行使履行抗辩权的，法院应予支持。
		判决解除协议	(1) 判决撤销协议。原告认为协议存在胁迫、欺诈、重大误解、显失公平等情形而请求撤销，法院经审理认为符合法律规定可撤销情形的，可以依法判决撤销该协议。 (2) 判决解除协议。原告请求解除协议，法院认为符合约定或者法定解除情形且不损害国家利益、社会公共利益和他人合法权益的，可以判决解除该协议。
		判决确认协议效力	(1) 确认未生效。法律、行政法规规定应经批准等程序后生效的协议属于效力待定，在一审法庭辩论终结前未获得批准的，法院应当确认该协议未生效。协议约定被告负有履行批准程序等义务而被告未履行，原告要求被告承担赔偿责任的，法院应予支持。 (2) 确认无效。行政协议存在的行政诉讼法规定的重大明显违法情形的，法院应当确认行政协议无效。法院也可以适用民事法律规范确认行政协议无效。行政协议无效的原因在一审法庭辩论终结前消除的，法院可以确认行政协议有效。 (3) 类型转换。原告以被告违约为由请求法院判令其承担违约责任，法院经审理认为行政协议无效的，应当向原告释明，并根据原告变更后的诉讼请求判决确认协议无效；因被告的行为造成协议无效的，法院可以依法判决被告承担赔偿责任。原告经释明拒绝变更诉讼请求的，法院可以判决驳回其诉讼请求。 (4) 法律责任。协议无效、被撤销或确定不发生效力后，当事人因协议取得的财产，法院应当判决予以返还；不能返还的判决折价补偿。因被告的原因导致协议被确认无效或被撤销，可以同时判决责令被告采取补救措施；给原告造成损失的应当判决被告予以赔偿。

行政协议案件的判决与执行	行政机关申请法院强制执行	履行协议决定	（1）相对人未按照行政协议约定履行义务，经催告后不履行，行政机关可以作出要求其履行协议的书面决定。 （2）相对人收到书面决定后在法定期限内未申请行政复议或者提起行政诉讼且仍不履行，协议内容具有可执行性的，行政机关可以向法院申请强制执行。
		处理决定	（1）法律、行政法规规定行政机关对行政协议享有监督协议履行的职权，相对人未按照约定履行义务，经催告后不履行，行政机关可以依法作出处理决定。 （2）相对人在收到该处理决定后在法定期限内未申请行政复议或者提起行政诉讼，且仍不履行，协议内容具有可执行性的，行政机关可以向法院申请强制执行。

1. 对被告变更、解除行政协议的判决

在履行行政协议过程中，可能出现严重损害国家利益、社会公共利益的情形，被告作出变更、解除协议的行政行为后，原告请求撤销该行为，人民法院经审理认为该行为合法的，判决驳回原告诉讼请求；给原告造成损失的，判决被告予以补偿。

被告变更、解除行政协议的行政行为违法的，人民法院判决撤销或者部分撤销，并可以责令被告重新作出行政行为。

被告变更、解除行政协议的行政行为违法，人民法院可以依据行政诉讼法的规定判决被告继续履行协议、采取补救措施；给原告造成损失的，判决被告予以赔偿。

2. 对被告未履行行政协议的判决

（1）履行协议

被告未依法履行、未按照约定履行行政协议，人民法院可以依据行政诉讼法的规定，结合原告诉讼请求，判决被告继续履行，并明确继续履行的具体内容；被告无法履行或者继续履行无实际意义的，人民法院可以判决被告采取相应的补救措施；给原告造成损失的，判决被告予以赔偿。

（2）承担违约责任

原告要求按照约定的违约金条款或者定金条款予以赔偿的，人民法院应予支持。被告明确表示或者以自己的行为表明不履行行政协议，原告在履行期限届满之前向人民法院起诉请求其承担违约责任的，人民法院应予支持。

被告或者其他行政机关因国家利益、社会公共利益的需要依法行使行政职权，导致原告履行不能、履行费用明显增加或者遭受损失，原告请求判令被告给予补偿的，人民法院应予支持。

（3）履行抗辩

行政协议的当事人依据民事法律规范的规定行使履行抗辩权的，人民法院应予支持。

3. 判决撤销、解除协议

（1）判决撤销协议

原告认为行政协议存在胁迫、欺诈、重大误解、显失公平等情形而请求撤销，人民法院经审理认为符合法律规定可撤销情形的，可以依法判决撤销该协议。原告请求解除行政协议，不符合解除条件的，判决驳回诉讼请求。

（2）判决解除协议

原告请求解除行政协议，人民法院认为符合约定或者法定解除情形且不损害国家利益、社会公共利益和他人合法权益的，可以判决解除该协议。原告请求解除行政协议，不符合解除条件的，判决驳回诉讼请求。

4. 判决确认协议效力

（1）确认未生效。法律、行政法规规定应当经过其他机关批准等程序后生效的行政协议属于效力待定，在一审法庭辩论终结前未获得批准的，人民法院应当确认该协议未生效。行政协议约定被告负有履行批准程序等义务而被告未履行，原告要求被告承担赔偿责任的，人民法院应予支持。

（2）确认无效。行政协议存在行政诉讼法规定的重大且明显违法情形的，人民法院应当确认行政协议无效。因为行政协议也属于一种特殊的合同，若符合民法上合同无效条件的，人民法院可以适用民事法律规范确认行政协议无效。当然，行政协议无效的原因在一审法庭辩论终结前消除的，人民法院可以确认行政协议有效。

（3）类型转换。行政协议诉讼是公法诉讼，具有维护国家利益和社会公共利益的客观诉讼性质。司法解释规定，原告以被告违约为由请求人民法院判令其承担违约责任，人民法院经审理认为行政协议无效的，应当向原告释明，并根据原告变更后的诉讼请求判决确认行政协议无效；因被告的行为造成行政协议无效的，人民法院可以依法判决被告承担赔偿责任。原告经释明拒绝变更诉讼请求的，人民法院可以判决驳回其诉讼请求。

（4）法律责任。行政协议无效、被撤销或者确定不发生效力后，当事人因行政协议取得的财产，人民法院应当判决予以返还；不能返还的，判决折价补偿。因被告的原因导致行政协议被确认无效或者被撤销，可以同时判决责令被告采取补救措施；给原告造成损失的，人民法院应当判决被告予以赔偿。

（九）行政机关申请强制执行

基于行政协议诉讼"民告官"的定位，行政机关认为行政相对人不依法、不依约履行行政协议的，可以根据行政诉讼法和行政强制法的规定，向人民法院申请强制执行。主要包括两种情形：

1. 行政机关作出的履行协议决定后向人民法院申请强制执行。公民、法人或者其他组织未按照行政协议约定履行义务，经催告后不履行，行政机关可以作出要求其履行协议的书面决定。公民、法人或者其他组织收到书面决定后在法定期限内未申请行政复议或者提起行政诉讼，且仍不履行，协议内容具有可执行性的，行政机关可以向人民法院申请强制执行。

2. 行政机关作出的处理决定后向人民法院申请强制执行。法律、行政法规规定行政机关对行政协议享有监督协议履行的职权，公民、法人或者其他组织未按照约定履行义务，经催告后不履行，行政机关可以依法作出处理决定。公民、法人或者其他组织在收到该处理决定后在法定期限内未申请行政复议或者提起行政诉讼，且仍不履行，协议内容具有可执行性的，行政机关可以向人民法院申请强制执行。

▌金题自测▶

1. 下列案件属于行政诉讼受案范围的是：

A. 某县政府与某公司签订罚款执行协议，约定该公司若按期分批缴纳罚款可以减免执行罚款，后该公司按协议如期缴纳罚款，县政府却未按协议约定履行减免执行罚款，该公司对县政府不按约定履行协议不服向法院起诉

B. 王某堆积杂物占用公共道路，影响路面行车安全，交通局责令王某清走杂物、排除妨碍，王某不服向法院起诉

C. 区政府因修建高速公路实施拆迁，决定征收李某在划定的拆迁红线范围内一半房屋并予以补偿，李某认为拆除一半房屋会使整栋房屋受损，政府应按全部房屋面积予以补偿，李某不服区政府的房屋补偿决定向法院起诉

D. 某村村民利用承包的集体土地种植水果，县农业局以建万亩油菜花基地为由要求该村村民改种油菜花，村民不服向法院起诉

［考点］行政诉讼的受案范围

［解题思路］依据《行政诉讼法》的规定，公民、法人或者其他组织认为行政机关不依法履行、未按照约定履行或者违法变更、解除政府特许经营协议、土地房屋征收补偿协议等协议提起诉讼的，人民法院应予受理。由此可见，该类行政协议案件已经被列入受案范围。A 选项说法正确。B 选项属于代履行，是行政强制执行，按照《行政诉讼法》的规定，属于行政诉讼的受案范围。按照《行政诉讼法》的规定，C 选项中的征收征用决定和补偿决定均属于行政诉讼的受案范围。按照《行政诉讼法》的规定，认为行政机关侵犯其经营自主权或者农村土地承包经营权、农村土地经营权的，属于行政诉讼的受案范围，故 D 选项正确。

［答案］ABCD

2. 市乳制品行业协会依照本省地方规章的授权，对本市乳制品行业经营行使监督管理权。因本地乳制品生产企业经营困难，市乳制品行业协会发布通知，禁止外地品牌的奶制品进入本地市场，违者没收。某品牌生产乳制品企业在该市销售产品时被没收，该企业认为市乳业协会依据规章和文件没收产品违法，向法院提行政诉讼。下列选项正确的是：

A. 企业对乳制品行业协会的通知不服，可以直接向法院起诉

B. 企业对乳制品行业协会的没收行为不服起诉，可以申请法院一并审查通知

C. 企业对乳制品行业协会的没收行为不服起诉，可以申请法院一并审查地方规章

D. 法院审理认为乳制品行业协会的通知违法，有权判决确认无效

［考点］抽象行政行为的附带审查

［解题思路］《行政诉讼法》第 53 条规定，公民、法人或者其他组织认为行政行为所依据的国务院部门和地方人民政府及其部门制定的规范性文件不合法，在对行政行为提起诉讼时，可以一并请求对该规范性文件进行审查。前款规定的规范性文件不含规章。通知属于抽象行政行为，不属于行政诉讼的受案范围，但可以在起诉没收行为的同时申请法院附带审查该没收所依据的一般规范性文件，故 A 选项错误，B 选项正确。申请附带审查抽象行政行为，仅限于规章以下的一般规范性，故 C 选项错误。

《最高人民法院关于适用行政诉讼法的解释》第 149 条规定，经审查认为规范性文件不合法的，不作为人民法院认定行政行为合法的依据，并在裁判理由中予以阐明。作出生效裁判的人民法院应当向规范性文件的制定机关提出处理建议，并可以抄送制定机关

的同级人民政府、上一级行政机关、监察机关以及规范性文件的备案机关。故法院无权代替行政机关决策，因此 D 选项是错误的。

[答案] B

3. B 市居民田某从 C 市居民李某处非法购得一辆走私轿车，未办理过户手续。在 A 市一起交通事故查验中，A 市公安局认定该车系走私车，予以没收，并将李某于 B 市传唤询问 24 小时，李某对传唤不服向省公安厅申请复议，复议机关维持了原决定。李某对复议决定仍不服提起行政诉讼，下列哪些选项是正确的？

A. 李某可以向 B 市法院起诉

B. 李某可以向省公安厅所在地的法院起诉

C. 李某可以向 C 市法院起诉

D. 田某对没收汽车的决定提起诉讼，B 市法院对本案有管辖权

[考点] 行政诉讼的管辖

[解题思路]《行政诉讼法》第 19 条规定，对限制人身自由的行政强制措施不服提起的诉讼，由被告所在地或者原告所在地人民法院管辖。《最高人民法院关于适用行政诉讼法的解释》第 8 条规定，限制人身自由特殊管辖的"原告所在地"，包括原告的户籍所在地、经常居住地和被限制人身自由地。李某对限制人身自由的强制措施传唤不服起诉，原告或被告所在地法院均有管辖权，而 C 市属于原告户籍地，B 市属于限制人身自由地，均属于原告所在地，故 A 和 C 选项正确；

《行政诉讼法》第 18 条规定，行政案件由最初作出行政行为的行政机关所在地人民法院管辖。经复议的案件，也可以由复议机关所在地人民法院管辖。李某经过复议后向法院起诉，复议机关所在地的法院也有管辖权，故 B 选项正确；

田某对没收汽车提起诉讼，既不属于限制人身自由、也不属于不动产案件，并没有经过复议而直接起诉，因此不适用特殊地域管辖，应按一般地域管辖，由被告所在地的法院管辖，故 D 选项错误。

[答案] ABC

4. 某县市场监管局接到消费者涛涛投诉后，经调查认定快播网络影视股份有限公司和中外合资企业酷爽软件开发有限公司按约定的所有权和收益权比例，共同开发和销售的一种手机软件带有暴力和色情内容，并通过手机软件强制捆绑销售的方式侵害了涛涛的消费者合法权益，市场监管局决定没收该软件。快播公司和酷爽公司均对市场监管局的没收处罚不服向法院提起行政诉讼，下列选项正确的是？

A. 涛涛认为市场监管局对快播公司的处罚明显不当，可以作为原告向法院起诉

B. 快播公司的股东均可以企业的名义起诉

C. 酷爽软件开发公司的外方投资人可以自己的名义起诉

D. 若酷爽公司起诉而快播公司未起诉的，法院应追加快播公司为共同原告

[考点] 行政诉讼的原告

[解题思路]《最高人民法院关于适用行政诉讼法的解释》第 12 条规定，公民、法人或其他组织为维护自身合法权益向行政机关投诉，具有处理投诉职责的行政机关作出或者未作出处理的，投诉人具有起诉的原告资格。涛涛属于为了自身利益而投诉，与市

场监管局对投诉的处理有利害关系，对市场监管局向公司作出的处罚处理不服可以作为原告起诉，故 A 选项正确；

《最高人民法院关于适用行政诉讼法的解释》第 16 条规定，股份企业的股东大会、股东会、董事会等认为行政机关作出的具体行政行为侵犯企业经营自主权的，可以企业名义提起诉讼。可见，股份制企业的股东不可以单独代表股份制企业起诉，故 B 选项错误；

《最高人民法院关于适用行政诉讼法的解释》第 16 条规定，联营企业、中外合资或者合作企业的联营、合资、合作各方，认为联营、合资、合作企业权益或者自己一方合法权益受行政行为侵害的，均可以自己的名义提起诉讼。故 C 选项正确；

《最高人民法院关于适用行政诉讼法的解释》第 30 条规定，行政机关的同一行政行为涉及两个以上利害关系人，其中一部分利害关系人对行政行为不服提起诉讼，人民法院应当通知没有起诉的其他利害关系人作为第三人参加诉讼。此案的被处罚人为两个公司，酷爽公司和快播公司对处罚不服均有原告资格起诉，若酷爽公司起诉而快播公司未起诉的，法院应通知快播公司为第三人参加诉讼，而非追加原告，故 D 选项错误。

[答案] AC

5. 区政府对某旧居民区实施危房拆迁，按照统一标准对 188 位居民分别作出了征收补偿决定，其中叶某等 25 位居民不服分别向同一法院起诉，法院决定合并审理，下列哪些说法是正确的？

A. 法院决定合并审理须经叶某等 25 位居民同意

B. 若区政府的负责人出庭应诉，可以另行委托两名律师为代理人参加诉讼

C. 叶某等 25 位居民推选的诉讼代表人放弃诉讼请求须经叶某等 25 位居民同意

D. 若拆迁涉及小区公共区域共有设施补偿不合法的，业主委员会可以起诉

[考点] 共同诉讼

[解题思路] 《行政诉讼法》第 27 条规定，当事人一方或者双方为二人以上，因同一行政行为发生的行政案件，或者因同类行政行为发生的行政案件、人民法院认为可以合并审理并经当事人同意的，为共同诉讼。可见，因同类行政行为发生的行政案件同时向法院起诉的案件，法院合并为普通共同诉讼审理的，须经过当事人同意。故 A 选项正确；

《最高人民法院关于适用行政诉讼法的解释》第 128 条规定，《行政诉讼法》第 3 条第 3 款规定的行政机关负责人，包括行政机关的正职、副职负责人以及其他参与分管的负责人。行政机关负责人出庭应诉的，可以另行委托一至二名诉讼代理人。行政机关负责人不能出庭的，应当委托行政机关相应的工作人员出庭，不得仅委托律师出庭。故 B 选项正确；

《行政诉讼法》第 28 条规定，当事人一方人数众多的共同诉讼，可以由当事人推选代表人进行诉讼。代表人的诉讼行为对其所代表的当事人发生效力，但代表人变更、放弃诉讼请求或者承认对方当事人的诉讼请求，应当经被代表的当事人同意。故 C 选项正确；

《最高人民法院关于适用行政诉讼法的解释》第 18 条规定，业主委员会对于行政机

关作出的涉及业主共有利益的行政行为，可以自己的名义提起诉讼。拆迁涉及小区公共区域共有设施补偿，涉及业主共有利益，业主委员会可以起诉，故 D 选项正确。

[答案] ABCD

6. 规划局给开发商颁发规划许可证，批准开发商在小区大门口建设 5 层餐馆，附近民居认为该规划许可证影响其采光通风，向规划局申请公开相关图纸和文件后未收到任何答复，居民不服向县政府申请复议，请求责令规划局履行法定职责，县政府认为规划局已经履行了电话通知义务而驳回了居民的复议请求，居民不服复议决定以县政府为被告向法院起诉，下列选项正确的是：

A. 此案由中院管辖

B. 法院应当对复议决定和原行为一并作出裁判

C. 此案的中相关行政决定的合法性均应由县政府承担举证责任

D. 法院通知原告追加被告后原告不同意，法院仍有权追加被告

[考点] 行政复议案件的审理

[解题思路] 按照《最高人民法院关于适用行政诉讼法的解释》第 133 条规定，关于《行政诉讼法》第 26 条第 2 款规定的 "复议机关决定维持原行政行为"，包括复议机关驳回复议申请或者复议请求的情形，但以复议申请不符合受理条件为由驳回的除外。此案复议机关驳回复议请求属于复议维持原决定，应当以县规划局与县政府为共同被告。按照《最高人民法院关于适用行政诉讼法的解释》第 134 条规定，复议机关作共同被告的案件，以作出原行政行为的行政机关确定案件的级别管辖。故此案应当按照县规划局为被告确定级别管辖，按照《行政诉讼法》的规定，应当由基层法院管辖，故 A 选项错误。

《最高人民法院关于适用行政诉讼法的解释》第 136 条规定，人民法院对原行政行为作出判决的同时，应当对复议决定一并作出相应判决。人民法院依职权追加作出原行政行为的行政机关或者复议机关为共同被告的，对原行政行为或者复议决定可以作出相应判决。可见，原告选择告复议机关，法院追加原机关为共同被告的，法院可以选择是否对原告未起诉的原机关的行为是否一并判决，而非应当一并对原行为和复议决定一并作出判决，即选择告也可以选择判，故 B 选项错误。

《最高人民法院关于适用行政诉讼法的解释》第 135 条规定，复议机关决定维持原行政行为的，人民法院应当在审查原行政行为合法性的同时，一并审查复议决定的合法性。作出原行政行为的行政机关和复议机关对原行政行为合法性共同承担举证责任，可以由其中一个机关实施举证行为，复议机关对复议决定的合法性承担举证责任。可见，原行为是复议机关和原机关共同举证，而非原行为和复议决定均由复议机关举证，C 选项错误。

按照《最高人民法院关于适用行政诉讼法的解释》第 134 条规定，复议机关决定维持原行政行为的，作出原行政行为的行政机关和复议机关是共同被告。原告只起诉作出原行政行为的行政机关或者复议机关的，人民法院应当告知原告追加被告，原告不同意追加的，人民法院应当将另一机关列为共同被告。故 D 选项正确。

[答案] D

7. 大唐影视公司就拍摄制作的电视剧《媚娘传奇》向省广电局申请发行许可，经详细观看审查，省广电局认为该电视剧演员上衣着装过于暴露，有害未成年人身心健康，作出不予许可的决定并责令大唐公司删减调整剧中演员画面。大唐公司对省广电局的决定不服向法院起诉，下列哪些说法是正确的？

A. 若符合起诉条件，法院应当当场登记立案

B. 若起诉状内容欠缺但法院未一次性告知当事人需要补内容的，应当对法院直接责任人给以处分

C. 法院受理后既不立案、又不作出不予立案裁定的，大唐公司可以向上一级法院起诉

D. 若法院不接收起诉状，大唐公司可以向上一级法院起诉

［考点］起诉与受理

［解题思路］按照《最高人民法院关于适用行政诉讼法的解释》第 53 条规定，对当事人依法提起的诉讼，人民法院应当根据《行政诉讼法》第 51 条的规定接收起诉状。能够判断符合起诉条件的，应当当场登记立案。故 A 选项正确；

《行政诉讼法》第 51 条规定，对于不接收起诉状、接收起诉状后不出具书面凭证，以及不一次性告知当事人需要补正的起诉状内容的，当事人可以向上级人民法院投诉，上级人民法院应当责令改正，并对直接负责的主管人员和其他直接责任人员依法给予处分。B 选项正确，D 选项错误；

《行政诉讼法》第 52 条规定，人民法院既不立案，又不作出不予立案裁定的，当事人可以向上一级人民法院起诉。故 C 选项正确。

［答案］ABC

8. 县计生局认定孙某违法生育第二胎，决定对孙某征收社会抚养费 1 万元。孙某向县政府申请复议，要求撤销该决定，县政府改变了定性法律依据但维持该决定的处理结果。孙某不服，向法院起诉。下列哪些选项是正确的？

A. 此案的被告是县政府

B. 若此案事实清楚、争议不大，经各方当事人同意此案可适用简易程序审理

C. 若适用普通程序此案审理期限为 3 个月

D. 被告应当在收到起诉状副本之日起 10 日内提交答辩状

［考点］行政诉讼的一审程序

［解题思路］此案复议机关只改变了原行政行为的依据，而维持了处理结果，按照行政诉讼法的规定，属于复议维持原决定，应以县计生局和县政府为共同被告起诉。故 A 选项错误；

按照《行政诉讼法》的规定，普通一审行政案件，事实清楚、争议不大，经各方当事人同意的，法院可以适用简易程序审理。B 选项正确；

2015 年 5 月 1 日生效的行政诉讼法修正案规定，行政诉讼一审的审理期限为 6 个月。故 C 选项错误；

《行政诉讼法》第 67 条规定，人民法院应当在立案之日起 5 日内，将起诉状副本发送被告。被告应当在收到起诉状副本之日起 15 日内向人民法院提交作出行政行为的证据

和所依据的规范性文件，并提出答辩状。人民法院应当在收到答辩状之日起 5 日内，将答辩状副本发送原告。故 D 选项错误。

　　［答案］B

　　9. 燕京市朝阳区公安分局三里屯派出所接到朝阳群众举报，在将正在辖区内优衣库服装店试衣间从事违反治安管理的活动的陈某和韩某抓获，随即将二人传唤到派出所，经调查派出所对陈某处以罚款 1000 元，陈某不服向法院起诉，对下列选项正确的是？

　　A. 被告应当在一审庭审结束前提交证据

　　B. 此案被告应当在一审开庭审理前提交证明行政行为合法的证据

　　C. 陈某提供证据证明处罚决定违法是承担举证责任的表现

　　D. 陈某提出了赔偿请求的，则应当对损害事实承担举证责任

　　［考点］行政诉讼的举证责任

　　［解题思路］《行政诉讼法》第 67 条规定，人民法院应当在立案之日起 5 日内，将起诉状副本发送被告。被告应当在收到起诉状副本之日起 15 日内向人民法院提交作出行政行为的证据和所依据的规范性文件，并提出答辩状。故 A 选项和 B 选项错误；

　　《行政诉讼法》第 34、37 条规定，被告对作出的行政行为负有举证责任，应当提供作出该行政行为的证据和所依据的规范性文件。原告可以提供证明行政行为违法的证据。原告提供的证据不成立的，不免除被告的举证责任。此案应由被告对处罚是否合法承担举证责任，原告能否提供证据证明处罚违法也不承担败诉风险，是对被告举证的反驳，不属于承担举证责任。故 C 选项错误；

　　《行政诉讼法》第 38 条规定，在行政赔偿、补偿的案件中，原告应当对行政行为造成的损害提供证据。故 D 选项正确。

　　［答案］D

　　10. 县烟草专卖局发现刘某未经许可销售某品牌外国香烟，执法人员表明了自己的身份，并制作了现场笔录。因刘某拒绝签名执法人员注明了拒绝签名的原因，但没有见证人在笔录上签名，该局随后决定对刘某作出没收 15 条外国香烟的处罚决定。刘某不服该决定，提起行政诉讼。诉讼中，县烟草专卖局向法院提交了现场笔录、检查时拍摄的现场录像、举报人张某的证词。刘某则有 5 位朋友出庭为其作证。下列选项正确的是？

　　A. 该现场笔录虽然没有刘某和见证人签名但仍然有效

　　B. 烟草局向法院提交现场录像应当注明制作的方法、时间

　　C. 刘某朋友的证言若全部一致，则证言效力大于该现场笔录

　　D. 法院认为没收 15 条香烟明显不当可以判决变更

　　［考点］行政诉讼的证据

　　［解题思路］《最高人民法院关于行政诉讼证据若干问题的规定》第 15 条规定，被告向人民法院提供的现场笔录，应当载明时间、地点和事件等内容，并由执法人员和当事人签名。当事人拒绝签名或者不能签名的，应当注明原因。有其他人在现场的，可由其他人签名。法律、法规和规章对现场笔录的制作形式另有规定的，从其规定。可见，现场笔录上当事人拒绝签名的，执法人员注明原因即可，有其他人在现场的，可由其他人作为见证人签名，没有见证人签名，亦不影响现场笔录的效力。故 A 选项正确；

《最高人民法院关于行政诉讼证据若干问题的规定》第 12 条规定，当事人向人民法院提供计算机数据或者录音、录像等视听资料的，应当符合下列要求：（二）注明制作方法、制作时间、制作人和证明对象等。故 B 选项正确；

《最高人民法院关于行政诉讼证据若干问题的规定》第 63 条第 2 项规定，鉴定结论、现场笔录、勘验笔录、档案材料以及经过公证或者登记的书证优于其他书证、视听资料和证人证言。现场笔录优于证人证言的效力。故 C 选项错误；

《行政诉讼法》第 77 条规定，行政处罚明显不当，或者其他行政行为涉及对款额的确定、认定确有错误的，人民法院可以判决变更。没收违法所得、非法财物属于行政处罚，法院审理认为行政处罚明显不当的，可以判决变更。故 D 选项正确。

[答案] ABD

案例 1：教育部规章规定，代替他人或者让他人代替自己参加考试、组织作弊、使用通讯设备或其他器材作弊、向他人出售考试试题或答案牟取利益，以及其他严重作弊或扰乱考试秩序行为的，可以给予开除处分。田某为滨海大学本科生，在期末考试过程中随身夹带作弊纸条被监考教师发现。按照滨海大学制定的《关于严格考试管理的紧急通知》规定，凡考试作弊的学生一律开除学籍。滨海大学认定田某的行为属作弊行为，并对田某作出开除学籍的决定。田某不服，向人民法院提起行政诉讼请求撤销开除决定，并申请附带审查学校的《紧急通知》。

[问题] 法院对滨海大学《紧急通知》应如何处理？为什么？

[答题模板] 法院应不适用为开除决定合法的依据，由终审法院向滨海大学提出修改或废止的司法建议，并报上一级法院备案。按照《行政诉讼法》及其司法解释规定，与上位法冲突的一般规范性文件属于违法，应不适用为行政行为合法的依据，由终审法院向制定机关提出处理建议，并报上一级法院备案。《紧急通知》中"凡考试作弊的学生一律开除学籍"的规定，明显扩大了教育部规章关于开除的适用范围，属于对行政相对人作出限制权利、增加义务的不利规定没有上位法依据。故违反部门规章的一般规范性文件不合法，不能适用为行政行为合法的依据，法院在附带审查后应依法处理。

案例 2：2015 年 11 月 11 日星期三，明理开发区城管执法局通知拆迁户史某，该局定于 2015 年 11 月 14 日对未签订拆迁补偿协议的房屋依法依规规定实施强拆。11 月 13 日，区城管局对史某的房屋断水断电。11 月 14 日，区城管局对史某的房屋进行了强制拆除，史某尚未来得及将房屋内的家具、衣物等个人物品搬离。史某不服开发区城管局的强拆行为，2016 年 12 月 22 日诉至法院，要求撤销开发区城管局的强拆行为。

[问题] 本案法院应当作出何种判决？

[答题模板] 法院应当作出确认判决。根据《行政诉讼法》的规定，行政行为违法但不具有可撤销的内容，法院判决确认违法。强制拆除房屋的行为在法定节假日实施、对居民断水断电，并未按法定期限申请人民法院强制执行，故强拆行为超越职权、程序违法，属于行政行为违法。但是该强制拆除行为已经执行完毕且不可恢复，故不具有可撤销的内容，应当采用确认违法的判决。

11 第十一章 国家赔偿

考情速览

国家赔偿是国家对行政机关或司法机关的违法或过错行为承担赔偿责任的一种法律制度，国家赔偿是国家宪法责任的体现，因而与民事赔偿有较大的差异。国家赔偿分为行政赔偿和司法赔偿两种，其中司法赔偿又分为刑事司法赔偿和民事、行政诉讼司法赔偿两类。因行政机关和司法机关的性质不同，导致行政赔偿和司法赔偿的主体、范围、程序有很大的差别。《国家赔偿法》既是实体法，也是程序法，既解决国家赔偿责任成立要件、赔偿义务机关的确定以及赔偿标准等实体问题，也规定了申请国家赔偿等程序问题。

《国家赔偿法》在2010年曾经全面修改，之后最高人民法院又发布了一系列相配套的司法解释，在客观题和主观题的命题中均有涉及。《国家赔偿法》在往年司法考试中的考查分值和范围一直比较稳定，客观题一般考查1—2道题，主观案例题也偶有涉及。客观题最主要的命题重点集中在司法赔偿部分，其中刑事赔偿的范围、赔偿义务机关、司法赔偿的程序、国家赔偿的费用和标准等一直都是考查的高频考点，而主观题的命题主要考查是行政赔偿部分。

第一节　国家赔偿概述

一、国家赔偿

（一）概念和特征

1. 概念

所谓国家赔偿，是指国家机关及其工作人员行使职权侵犯公民、法人或者其他组织的合法权益，而由国家对受害人予以赔偿的法律制度的总称。

◇ **考点精华 115**

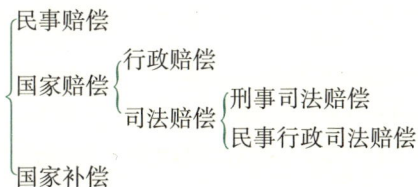

合法行使职权造成的损害国家予以补偿，违法或过错（限制人身自由监管过错）行使职权造成损害依法予以赔偿，但刑事司法赔偿中错拘、错捕、错判的赔偿适用无罪原则。

2. 特征

国家赔偿是国家对行政机关或司法机关的违法或过错行为承担赔偿责任的一种法律制度，国家赔偿是国家宪法责任的体现，因而与民事赔偿有较大的差异。因属于国家承担有限责任的一种方式，国家赔偿具有以下特征：

（1）国家是承担法律责任的主体，而不是由具体的侵权机关承担法律责任。尽管是由具体的国家机关作为赔偿义务机关履行赔偿义务，但国家赔偿责任的主体却依然是国家，国家赔偿的费用是由国家财政通过专门的预算列支的，只不过由赔偿义务机关负责具体理赔工作，然后向政府财政部门提出申请，由财政部门代表国家直接向受害人支付国家赔偿费用。

（2）国家赔偿仅限于对行政机关、司法机关的侵权行为。尽管国家机关的范围很广，但国家赔偿的范围却很有限。按照我国《国家赔偿法》的相关规定，目前我国的国家赔偿范围只限于行政赔偿与司法赔偿。

（3）作为一种国家责任，国家只对国家机关及其工作人员的职务行为进行赔偿，即因职权行为致人损害而产生的赔偿法律责任，而不是对其民事和个人行为承担的赔偿责任。国家机关及其工作人员因民事行为产生的民事赔偿，属于民事责任的范畴，不属于国家赔偿范围。

（4）国家赔偿采取了多元化的归责原则。不同的归责原则，直接关系到国家赔偿的范围大小。2010年《国家赔偿法》修改后，国家赔偿已经由传统的"违法"归责原则向多元化归责体系演变，体现了对公民权利救济程度的提高。例如对于刑事司法赔偿，实行无罪结果归责原则。

（二）国家赔偿与国家补偿的区分

一般而言，国家赔偿是由国家对国家机关及其工作人员违法行使职权侵犯公民、法人或者其他组织的合法权益的行为予以赔偿的制度。而国家补偿则是指国家对国家机关及其工作人员的合法行为造成的损失进行补偿的制度。由此可见，两者的适用前提存在根本差别。国家赔偿的前提是国家机关及其工作人员的行为违法，本质上是一种侵权法律责任；而国家补偿的前提则是国家机关及其工作人员的行为合法，本质上则是一种损失补救措施。

（三）行政赔偿与司法赔偿

行政赔偿与司法赔偿均属于国家赔偿的一部分，都是行使职权行为引起的国家责任，其国家责任的性质、赔偿方式和计算标准都是相同的。然而行政赔偿是行政机关及其工作人员行使行政职权致人损害引起的赔偿责任，而司法赔偿则是因为司法机关及其工作人员行使审判、检察、侦查、监狱管理职权致人损害引起的赔偿责任。这两种不同的赔偿类型在赔偿义务机关、赔偿范围以及赔偿程序等方面均存在诸多不同。

二、国家赔偿责任的构成要件

◆ **考点精华116**

主体要件	（1）国家机关：行政机关（包括被授权组织）、司法机关（法院、检察院、公安机关、国家安全机关、海关、看守所、监狱管理机关、军队保卫部门）、监察机关；（2）工作人员：包括行政机关和司法机关工作人员（包括被授权组织、被委托组织的工作人员、受指使的公民）。

行为要件	职权行为（时间、职权、命令、公益、名义）；执行性；法定性（赔偿法规定行为）。
结果要件	合法权益；人身财产权；直接损失；物质损害，及侵害人身的精神损害。
因果要件	行为逻辑上直接导致损害（排除受害人过错、不可抗力、第三者致害等）。
判断标准	违法或过错职权行为、侵害人身财产合法权益、直接损失（必得利益受损）、因果关系、法定范围。

所谓国家赔偿责任的构成要件，是指国家承担赔偿责任所必须具备的条件，只有具备相应的条件，国家赔偿责任才最终得以成立。从构成上来看，只有具备下列要件，国家赔偿才最终得以成立：

（一）主体要件

国家赔偿的主体要件是指国家承担赔偿责任必须具备的主体条件，即国家对哪些组织和个人的侵权行为承担赔偿责任。我国的国家赔偿主体实行二元制主体结构，即侵权主体为国家机关与国家机关工作人员。当然，在特殊情形下，也包括法律、法规授权组织和行政机关委托的组织和个人。

1. 国家机关及其工作人员

国家机关是指依照宪法和组织法的规定设置的，行使国家权力、实现国家职能的机关。在我国《国家赔偿法》中，国家赔偿主要包括行政赔偿和司法赔偿两大类，赔偿义务机关包括行政机关、司法机关和监察机关。

（1）行政机关。行政机关是最常见的行政赔偿义务主体。除了行政机关以外，行政赔偿主体还包括依法行使行政职权的法律、法规授权组织。由于法律、法规授权组织是能独立对外以自己名义行使行政职权，并能独立承担相应法律责任的行政主体，因而可以成为行政赔偿的义务主体。这一点与委托组织不同。受委托的组织只能接受委托实施行政管理活动，不能以自己的名义对外作出行政行为，不能独立对外承担法律责任，不是行政主体，因而也不能成为行政赔偿的义务主体。

（2）司法机关。司法机关是司法赔偿的主体，主要包括侦查、检察、审判机关以及看守所、监狱等承担拘禁、审判与监管职能的机关。司法机关也可能成为侵权主体，国家应当对司法机关的侵权行为承担赔偿责任。

（3）监察机关。按照《国家监察法》的规定，监察机关违法职权行为造成的损害，也应当依法承担赔偿责任。

2. 国家机关工作人员

与国家机关一致的是，国家机关工作人员行使职务行为侵权的，也应由国家承担赔偿责任。这里同样包括行政机关与司法机关的工作人员，但是工勤人员除外。

（二）违法或过错职权行为

依据我国《国家赔偿法》的规定，国家只对侵权主体实施的职务行为承担赔偿责任。对于国家工作人员实施的非职务行为，国家不承担赔偿责任。究竟应当如何判断与界定公务员执行职务的行为，是讨论行为要件应当需要明确的问题。总体说来，主要有以下五个标准：

1. 职权标准。行为人是否享有相应职权，是判断是否承担国家赔偿责任的标准。只有公务人员实施行使职权的行为致人损害，方可成立国家赔偿责任。例如，工商执法人员下班回家后因琐事与朋友发生争执，并将朋友打伤，只会由侵权行为人承担相应的法律后果，而不会成立国家赔偿责任。

2. 时间标准。国家机关工作人员履行公职的时间实施的行为，一般为职务的行为。反之，国家机关工作人员下班时间作出的行为则一般视为个人行为。例如，北京的城管执法人员在去上海旅游时殴打他人的行为属于个人行为，而在北京辖区内执法时殴打商贩的行为则属于职务行为，由国家承担赔偿责任。注意，根据《人民警察法》规定，警察在下班休息时间为维护社会治安作出的行为，也应认定为职务行为。

3. 命令标准。国家机关工作人员基于国家机关或上级命令作出的行为，一般视为职务行为，不受上班时间和空间的限制。例如，受上级指派夜间加班执行公务的行为也属于职务行为，而不应认定为个人行为。

4. 名义标准。一般情形下，凡是以国家机关及其工作人员的身份与名义实施的行为，都属于执行职务的行为。例如，公务人员着装、佩戴标志、出示证件、宣布代表的国家机关所实施的行为，一般都可以作为执行职务的行为对待。

5. 目的标准。执行职务的行为一般是为了实现法定职责和义务，其目的是维护公共利益而非公务员个人利益。

由于执行职务的行为是个较为抽象和复杂的问题，只是借助单一标准往往难以准确界定，因此，在判断是否属于执行职务行为时，上述五个标准应当综合判断。

另外，执行职务的行为按照不同标准，还可以进行不同的划分。例如，根据执行职务的行为是否具有强制命令的属性，可以划分为权力行为和非权力行为。权力行为是国家机关实施的以强制力为保障的，通过命令和禁止方式要求相对人服从的行为。而非权力行为则是指国家机关实施的不具有强制力的非命令禁止行为。权力行为与非权力行为的划分意义，主要在于确定两者不同的赔偿依据。如果是权力行为致人损害的，一般由国家赔偿法予以调整；而非权力行为致人损害的，则一般由民事法律予以调整。

（三）造成特定对象的直接损失

国家构成赔偿责任，还要看该行为是否造成了直接损害结果。没有造成直接损失或者造成的损害结果并非是特定对象的合法权益直接受损，也就不会成立相应的国家赔偿责任。

1. 损害的范围。国家赔偿法中要求的损害结果，包括人身损害和财产损害。人身损害包括限制人身自由、剥夺生命、致人伤残以及毁损名誉、荣誉等。财产损害包括财产的灭失、毁损和减少等损害。

2. 损害的对象。受损害者的利益是否受到法律保护、损害对象是否特定，是确定国家赔偿的前提问题。违法的抽象行政行为因针对的对象不特定，故不属于国家赔偿的范围。

3. 直接损失。直接损失，是指受害人已经获得的合法权益既得利益受到损害。而未实际获得、希望未来能获得的利益即可期待利益受到损害，则属于间接损失，不属于国家赔偿的范围。

（四）损害行为与损害结果之间有因果关系

所谓损害行为与损害结果之间的因果关系，是指损害行为与损害结果之间存在前因后果的关联性。一般来说，国家只对直接产生损害的原因事实负赔偿责任。根据《国家赔偿法》

的规定，以下几类情形不属于有因果关系的事实，国家不承担赔偿责任：

1. 受害人自己的过错致害。由于受害人自身的过错造成的损害结果，国家不承担赔偿责任。

2. 不可抗力。不可抗力是指不能预见、不能避免并且不能克服的意志之外的因素。不可抗力导致的损害结果并非是国家机关及其工作人员的职务行为造成的，因此国家不承担赔偿责任。

3. 第三方致害。通过第三方介入产生的损害，并非国家机关的职权行为导致的直接损害，国家不承担赔偿责任。

（五）法律要件

法律要件，包括国家承担赔偿责任的范围、赔偿方式以及程序等等，应当由《国家赔偿法》作出明确规定。若法律没有明确规定某种情况下国家应当承担赔偿责任，即使公民、法人或者其他组织受到国家机关的违法侵害，国家也有可能不承担赔偿责任。当然，这里的国家赔偿法应作广义理解，不仅仅包括《国家赔偿法》及相关司法解释中关于国家赔偿的制度规范。

三、国家赔偿的归责原则

国家赔偿的归责原则是指国家承担赔偿责任所遵循的依据和标准的确定准则。国家赔偿责任的归责原则直接决定了国家赔偿的范围，以及受害人获得权利救济的程度，因而它对于衡量国家赔偿的完善程度，具有重要意义。我国当前的国家赔偿制度实行的是多元化的归责原则，以违法归责为原则，以结果归责、过错归责为补充，针对不同的侵权行为实行不同的归责原则。

（一）违法归责原则

违法归责原则，是指国家赔偿责任的成立以国家机关及其工作人员的职务行为违法为前提与依据。如果国家机关及其工作人员的职务行为并不违法，则也就不成立相应的国家赔偿责任。这里的"法"是广义的法，既包括法律、法规和其他具有普遍约束力的规范性文件，也包括法的基本原则和精神。由于违法归责原则明确要求国家承担赔偿责任须以违反相关法律、法规等规定为前提，因此对于某些容易侵权的管理领域，应当尽快使相关的法律制度更加完善，以免受害人寻求相关侵权的国家赔偿时无法可依。

（二）结果责任原则

结果责任原则，是指国家赔偿责任的成立以国家机关及其工作人员的职务行为造成特定的损害结果为依据和标准，而不论该行为是否违法。

（三）过错责任原则

过错责任原则，是指国家赔偿责任的成立以国家机关及其工作人员的职务行为存在主观过错为依据和标准。例如，监狱机关放纵他人对羁押人员进行虐待、殴打，存在监管上的主观过错，需要承担国家赔偿责任。

第二节　行政赔偿

一、行政赔偿概述

（一）行政赔偿的概念

行政赔偿，是指国家行政机关及其工作人员在行使行政职权的过程中侵犯公民、法人或者其他组织的合法权益并造成损害，由国家依法承担相应赔偿责任的法律制度。

（二）行政赔偿的特征

1. 行政机关及其工作人员执行职务的行为引起的赔偿责任。不同于司法机关，行政机关有可能实施多种多样的行政违法行为，但只有行使行政职权的侵权行为才有可能产生国家赔偿责任。

2. 行政赔偿同样也是国家责任、机关赔偿。然而不同情形下的行政赔偿，其赔偿义务机关也会因之而不同。

3. 行政赔偿与相关概念的区分

（1）行政赔偿与行政补偿。行政赔偿是因行政机关及其工作人员的违法行为致人损害而产生的赔偿责任；行政补偿则是指国家对行政机关及其工作人员在行使职权过程中的合法行为致人损害而采取的补救措施。两者不仅在原因上存在差别，而且在范围、程度以及程序方面也有所不同。在范围方面，行政赔偿的范围要小于行政补偿的范围。行政赔偿的范围要受制于《国家赔偿法》规定的限制，国家只对特定的行政侵权行为承担赔偿责任，对很多行政侵权行为并不承担国家赔偿责任。而行政补偿的原因，则除了合法性这一限制以外，并无其他特别要求。在赔偿程度方面，行政赔偿对受害人的补救程度一般不如行政补偿充分。行政赔偿一般只赔偿最低限度的直接损失，而行政补偿则往往更侧重在实际损失范围内进行适当补偿。

（2）行政赔偿与民事赔偿。行政赔偿是国家与公民之间的法律关系，而民事赔偿则是平等主体之间的法律关系。一个是公法调整的范围，另一个则是私法调整的范围。

（3）行政赔偿与司法赔偿。行政赔偿与司法赔偿均属于国家赔偿，也是我国国家赔偿的两种法定形态。行政赔偿是因为行政机关及其工作人员的职务行为致人损害引起的赔偿；而司法赔偿则是指因为司法机关及其工作人员的职务行为致人损害而产生的赔偿责任。

二、行政赔偿范围

◇ **考点精华 117**

肯定列举	（1）损害人身自由权（违法拘留、限制人身自由强制措施、非法拘禁）；（2）损害生命健康权（暴力或唆使放纵他人进行虐待、殴打，违法使用武器警械和其他违法行为造成死伤的）；（3）损害财产权（包括违法征收、征用）；（4）侵害人身权行为致精神损害。
	侵权行为类型总结：（1）违法具体行政行为；（2）违法行政事实行为；（3）违法行政协议行为；（4）限制人身自由监管过错。
否定列举	（1）行政人员个人行为致害；（2）受害人自己致害；（3）第三人致害；（4）不可抗力致害。

行政赔偿的范围是指国家对行政机关及其工作人员在行使行政职权时侵犯公民、法人和其他组织合法权益造成损害的哪些行为承担赔偿责任。行政赔偿范围的大小，直接决定了对受害人权利救济的程度高低，以及法律对于行政权的规范与控制程度，也体现了人民法院对于行政行为的审查力度，从而也会最终影响到一国依法行政水平的高低。依据我国《国家赔偿法》的规定，行政赔偿范围可以分为两类：侵犯人身权的行为与侵犯财产权的行为。

（一）侵犯人身权的行为

由于人身权本身是一个非常广泛的概念，在不同法律部门中，人身权往往意味着不同的含义与范围。而在《国家赔偿法》中，人身权的范围则相对较为狭窄，仅限于生命健康权、人身自由权、名誉权和荣誉权。

1. 侵犯人身自由权的行为

（1）违法拘留或者违法采取限制公民人身自由的行政强制措施的。拘留是指限制人身自由的行政处罚手段，如果违反治安管理处罚法所规定的条件和程序进行拘留，则应当承担行政赔偿责任。违法采取限制公民人身自由的行政强制措施的，同样也应承担相应的行政赔偿责任。例如收容盘查、强制治疗、强制戒毒，等等。

（2）非法拘禁或者以其他方法非法剥夺公民人身自由的。法律未授权，某行政机关对公民违法实施限制人身自由的行为，属于非法拘禁，应承担国家赔偿责任。

2. 侵犯生命健康权的行为

（1）以殴打、虐待等行为或者唆使、放纵他人以殴打、虐待等行为造成公民身体伤害或者死亡的。

（2）违法使用武器、警械造成公民身体伤害或者死亡的。行政机关工作人员应当严格按照武器、警械的各项有关管理规定使用武器、警械。凡是行政机关工作人员在执行公务过程中违法使用武器、警械致人死伤的，国家均应承担相应的赔偿责任。

（3）造成公民身体伤害或者死亡的其他违法行为。这是一项概括式的兜底条款，是指法律明文规定以外的其他违法侵害公民人身权的行政职权行为。

（二）侵犯财产权的行为

国家赔偿法规定的财产权限于公民、法人或者其他组织的财产权，包括物权、债权、知识产权、经营权等财产权利，但不包括劳动权、受教育权、休息权等其他权利。

1. 违法实施罚款、吊销许可证和执照、责令停产停业、没收财物等行政处罚的。

2. 违法对财产采取查封、扣押、冻结等行政强制措施的。

3. 违法征收、征用财产的。

4. 造成财产损害的其他违法行为。

（三）国家不承担赔偿责任的情形

1. 行政机关工作人员的与行使职权无关的个人行为

与职权无关的个人行为致人损害，有可能产生民事赔偿责任以及其他法律责任，但不会成立国家赔偿责任，是因为国家赔偿责任只是针对国家公职人员的职务行为所引起的法律后果而言的。

2. 因公民、法人和其他组织自己的行为致使损害发生的

因受害人自己的行为致使损害发生或者扩大的，过错在于本人而非国家机关及其工作人员，因而不利后果应当由其个人自行承担，国家不承担相应的赔偿责任。

3. 法律规定的其他情形

（1）不可抗力。所谓不可抗力，是指不能预见、不能避免并不能克服的客观情况。由于不可抗力情形中并不存在国家机关及其工作人员的行为违法问题，因而也不成立国家赔偿责任。

（2）第三人过错。因第三人过错致使损害发生的，不成立国家赔偿责任。

三、行政赔偿请求人和赔偿义务机关

◈ **考点精华 118**

请求人	普通情况	侵权行为的受害人。
	公民死亡	继承人、其他有抚养关系的亲属、死者生前抚养的无劳动能力人。
	组织终止	承受其权利的人。
行政赔偿义务机关	单独行政赔偿	侵权行为的行政机关、法定授权组织。
	共同行政赔偿	共同赔偿义务机关负连带责任。
	委托机关赔偿	受委托的组织或个人侵权由委托机关赔偿。
	继受机关赔偿	赔偿义务机关被撤销的，继续行使职权的机关赔偿。
	撤销机关赔偿	赔偿义务机关被撤销又无继受机关的，撤销它的机关赔偿。
	复议机关赔偿	复议加重损害的，对加重部分赔偿，原行为损害由原机关赔偿。
	派出机关赔偿	执行自身职权由自己赔偿，执行交办任务由交办机关赔偿。
	申请机关赔偿	申请法院强制执行具体行政行为，由于执行的行政决定错误，由申请机关赔偿。

（一）行政赔偿请求人

行政赔偿请求人是指依法享有请求国家赔偿权利的公民、法人或者其他组织。行政赔偿请求人依法以自己的名义行使申请国家赔偿的权利。因此行政赔偿请求人并不包括代表他人或以他人名义请求国家赔偿的代理人。按照我国《国家赔偿法》的规定，赔偿请求人主要包括：

1. 受害的公民、法人和其他组织

受害的公民、法人和其他组织是国家侵权行为的直接受害人，自然有权要求国家机关予以赔偿。

2. 受害的公民死亡的

若受害的公民死亡，则国家赔偿的请求权主体也应发生相应的转移，其继承人和其他有抚养关系的亲属有权要求国家机关予以赔偿。

3. 受害的法人或者其他组织终止的

若受害的法人或者其他组织终止的，国家赔偿的请求权同样发生转移，其权利承受人也有权要求获得国家赔偿。

（二）行政赔偿义务机关

行政赔偿义务机关是指代表国家处理赔偿请求、支付赔偿费用、参加行政赔偿诉讼的行政机关。

由于国家赔偿责任对外而言承担的是国家责任，因此，尽管行政侵权行为人可能是国家机关，也可能是国家机关工作人员，但是赔偿义务机关却只能是行政机关，而不应是国家机关工作人员。按照《国家赔偿法》的规定，行政赔偿义务机关包括以下几种情形：

1. 单独赔偿义务机关

行政机关及其工作人员行使行政职权侵犯公民、法人和其他组织合法权益的，该行政机关为赔偿义务机关。这是确认行政赔偿义务机关的一般情况。

2. 共同赔偿义务机关

两个以上行政机关共同行使行政职权侵犯公民、法人和其他组织合法权益并造成损害的，共同行使行政职权的行政机关为共同赔偿义务机关。共同赔偿义务机关的行为属于共同侵权，并且所有的行政机关对外可以自己的名义实施行政行为并独立承担相应的法律责任，因而它们应当承担连带赔偿责任。因此，对于申请人而言，其可以向任一机关请求赔偿。

3. 法律、法规授权的组织

由于法律、法规授权组织具有完全的法律人格，可以自己的名义实施行政行为并可以独立承担相应的法律责任，因此，在行使被授予的行政权力时侵犯公民、法人和其他组织合法权益的，被授权的组织为赔偿义务机关。

4. 受行政机关委托的组织或者个人

与授权组织不同的是，受委托组织或者个人并无独立法律人格，不能对外以自己的名义独立实施行政行为并且不能独立承担相应的法律责任，因此，受行政机关委托的组织或者个人在行使受委托的行政权力时侵犯公民、法人和其他组织合法权益的，委托的行政机关为赔偿义务机关，受委托的组织或者个人不是赔偿义务机关。

5. 赔偿义务机关被撤销的

若赔偿义务机关被撤销的，则继续行使其职权的行政机关应当为赔偿义务机关。若没有继续行使其职权的行政机关的，则撤销该赔偿义务机关的行政机关应当为赔偿义务机关。

6. 经行政复议机关复议的

若经行政复议机关复议的，则最初造成侵权行为的行政机关为赔偿义务机关，但若复议机关的复议决定加重损害的，则应当由复议机关对加重的部分履行赔偿义务。即复议机关赔加重，原先损害原机关赔。注意，若复议机关的复议决定加重损害的，由复议机关和原机关分别承担相应的赔偿责任，受害人可以选择单独申请赔偿，或同时申请赔偿。

7. 派出机关作为赔偿义务机关

由于派出机关本身就是行政主体，对外可以自己的名义独立实施行政行为并可以独立承担相应的法律责任，因此派出机关在实施侵权行为时，当然应由派出机关自己作为赔偿义务机关。

四、行政赔偿程序

◇ **考点精华 119**

单独提起行政赔偿诉讼	行政先行处理。知道侵权行为 2 年内向赔偿义务机关申请赔偿→赔偿义务机关 2 个月内作出是否赔偿决定→三个月内提起行政赔偿诉讼：（1）未作出赔偿决定的 2 个月期满后 3 个月内提起行政赔偿诉讼；（2）作出赔偿决定 10 日内书面送达申请人→不服的，自作出赔偿决定之日起 3 个月起诉；（3）不予赔偿决定：10 日内书面送达申请人，并说明理由→不服再向法院起诉，参照行政诉讼的程序审理。

续表

复议时一并提出赔偿请求	复议机关→复议决定认定违法+赔偿决定（可调解）；复议机关对财产权损害主动作出赔偿决定。
提起诉讼时一并提出赔偿请求	（1）应单独立案，但可与行政诉讼合并审理，按照行政诉讼程序； （2）法院→判决认定违法+赔偿判决（可调解）原告可在起诉后至一审庭审结束前提出赔偿请求，起诉期限、审理时限按照行政诉讼确定。
行政追偿	行政赔偿义务机关→支付赔偿费用→应当责令故意或重大过失的组织或个人→全部或部分赔偿费用。

行政赔偿程序是指行政赔偿请求人依法请求行政赔偿，行政赔偿义务机关和人民法院依法办理国家赔偿事务所应当遵循的方式、步骤、顺序和时限的总称。

依据《国家赔偿法》的相关规定，行政赔偿程序主要包括单独提出赔偿请求与一并提出赔偿请求这两类情形：

（一）单独提出赔偿请求的程序

1. 赔偿请求人向行政赔偿义务机关提出赔偿申请

赔偿请求人要求行政赔偿，应当向赔偿义务机关递交要求获得赔偿的申请书。赔偿请求人若书写申请书确有困难的，也可以委托他人代书。赔偿请求人也可以口头提出申请，由赔偿义务机关记入笔录。如果赔偿请求人不是受害人本人的，还应当说明与受害人的关系，并提供相应证明。

赔偿请求人当面递交申请书的，赔偿义务机关应当当场出具加盖本行政机关专用印章并注明收讫日期的书面凭证。若赔偿请求人的申请材料不齐全，则赔偿义务机关应当当场或者在 5 日内一次性告知赔偿请求人需要补正的全部内容。

注意，若赔偿请求人依据单独提出赔偿请求的程序申请赔偿，则以向赔偿义务机关提出赔偿申请为前提，即"申请前置，行政先行处理"。向赔偿义务机关提出赔偿申请是必经程序，不得未经赔偿义务机关而先行处理，即直接向人民法院提起行政赔偿诉讼。

2. 赔偿义务机关先行处理

赔偿义务机关应当自收到申请之日起两个月内，作出是否赔偿的决定。赔偿义务机关作出赔偿决定，应当充分听取赔偿请求人的意见，并可以与赔偿请求人就赔偿方式、赔偿项目和赔偿数额进行协商。赔偿义务机关决定赔偿的，应当制作赔偿决定书，并自作出决定之日起 10 日内送达赔偿请求人。赔偿义务机关决定不予赔偿的，应当自作出决定之日起 10 日内书面通知赔偿请求人，并说明不予赔偿的理由。

3. 赔偿请求人提起行政赔偿诉讼

赔偿义务机关在规定期限内未作出是否赔偿的决定，赔偿请求人可以自期限届满之日起 3 个月内，向人民法院提起诉讼。赔偿请求人对赔偿的方式、项目、数额有异议的，或者赔偿义务机关作出不予赔偿决定的，赔偿请求人可以自赔偿义务机关作出赔偿或者不予赔偿决定之日起 3 个月内，向人民法院提起诉讼。

另外，人民法院审理行政赔偿案件，赔偿请求人和赔偿义务机关对自己提出的主张，应当提供证据，承担举证责任。而赔偿义务机关采取行政拘留或者限制人身自由的强制措施期间，被限制人身自由的人死亡或者丧失行为能力的，赔偿义务机关的行为与被限制人身自由的人的死亡或者丧失行为能力是否存在因果关系，应当由赔偿义务机关提供证据。

（二）一并提出赔偿请求的程序

一并提出赔偿请求的程序，是指赔偿申请人在提起行政复议或者行政诉讼的过程中，在要求审查行政行为的同时，一并提出国家赔偿申请的程序。一并提出赔偿请求的程序可以有效节省解决纠纷的资源，提高解决纠纷的效率。一并提出赔偿请求的程序具体包括在申请行政复议时一并提出赔偿申请与提起行政诉讼时一并提出赔偿申请两类情形。

1. 行政复议程序

《行政复议法》第 29 条规定，申请人在申请行政复议时可以一并提出行政赔偿请求，行政复议机关对符合国家赔偿法的有关规定应当给予赔偿的，在决定撤销、变更具体行政行为或者确认具体行政行为违法时，应当同时决定被申请人依法给予赔偿。

申请人在申请行政复议时没有提出行政赔偿请求的，行政复议机关在依法决定撤销或者变更罚款，撤销违法集资、没收财物、征收财物、摊派费用以及对财产的查封、扣押、冻结等具体行政行为时，则应当同时责令被申请人返还财产，解除对财产的查封、扣押、冻结措施，或者赔偿相应的价款。

2. 行政赔偿诉讼程序

与行政诉讼不同，行政赔偿诉讼是一类特殊的行政诉讼，主要目的在于解决行政赔偿问题，而不是主要为了解决行政行为的合法性问题。

行政赔偿诉讼主要是为了解决赔偿而非行政行为合法性问题，因而相对于一般的行政诉讼而言，行政赔偿诉讼的受案范围很广。公民、法人或者其他组织对于行政机关及其工作人员实施的事实行为致人损害的，也可以提起行政赔偿诉讼。

行政赔偿决定属于裁量性的行政行为，因而行政赔偿诉讼是可以调解的。行政赔偿过程中，赔偿义务机关和申请人可以就赔偿方式、数额进行协商调解，有利于促使双方相互谅解，尽快彻底地解决纠纷，但赔偿范围即究竟该不该赔偿的问题，涉及赔偿决定合法性，不能适用协商的方式。同样，人民法院在行政赔偿诉讼中可以就赔偿方式、数额进行调解，不予赔偿涉及该不该赔的问题，属于羁束性行为，不能调解。

五、行政追偿

根据《国家赔偿法》的规定，赔偿义务机关赔偿损失后，应当责令有故意或者重大过失的工作人员或者受委托的组织或者个人承担部分或者全部赔偿费用。为了防止"以赔代罚"现象，对有故意或者重大过失的责任人员，有关机关应当依法给予处分；构成犯罪的，应当依法追究刑事责任。

第三节 司法赔偿

一、司法赔偿概述

（一）概念

司法赔偿，是指司法机关及其工作人员在行使职权的过程中，违法对公民、法人或者其他组织造成损害结果，国家应当依法承担相应赔偿责任的法律制度。司法赔偿包括刑事司法赔偿、民事诉讼和行政诉讼司法赔偿两类，在往年的考试命题中，最主要的考点还是集中于刑事司法赔偿部分。

（二）特征

1. 司法赔偿的侵权行为主体是司法机关及其工作人员，包括法院、检察院、公安等刑事侦查机关、监狱等广义上的司法职权行为主体。

2. 司法赔偿的原因是司法机关及其工作人员在司法活动中违法行使职权或出现特定情形时侵害了公民、法人或者其他组织的合法权益。

3. 司法赔偿范围法定。哪些范围属于司法赔偿的范围，《国家赔偿法》结合我国司法制度对其作出了明确的规定，法律没有作出规定的，不予进行国家赔偿。例如，检察院对有犯罪事实但不应承担刑事责任的公民实施逮捕，就不属于国家赔偿的范围。

4. 司法赔偿不适用诉讼程序，而是采取特殊程序。该程序分为侵权机关及侵权行为人所在机关自我赔偿的程序、上级机关对赔偿的复议程序、人民法院赔偿委员会对赔偿的决定程序。司法赔偿采取非诉讼方式进行，而不采取诉讼方式进行，其原因主要在于司法赔偿涉及的机关均为司法机关，为维护司法权威，不宜采用法庭诉讼方式解决赔偿争议。

（三）司法赔偿的归责原则

新修订的《国家赔偿法》将原来的违法归责原则修改为多元的归责原则，从而扩大了司法赔偿的范围。对于刑事拘留，实行违法归责原则，即有关机关违反了法定的条件和程序实行刑事拘留的，或者刑事拘留超期羁押并终止追究刑事责任的，均应当予以赔偿；而对逮捕则实行结果归责原则，即只要造成逮捕结果，后来又不予追究刑事责任，则无论该逮捕究竟是违法还是合法的，均应予以国家赔偿。

二、司法赔偿范围

（一）刑事司法赔偿的范围

◇ **考点精华 120**

	案件类型		主要情况	不赔偿的情况
人身权	错误刑拘	无犯罪事实	拘留逮捕后作**无罪处理**：决定撤销案件、不起诉（无罪或存疑）、判决宣告无罪，或者视为作无罪处理的。	错拘赔偿范围仅限于：①违反法定条件和程序；②超过法定时限；违法刑拘的人身自由赔偿金自拘留之日起计算。
	错误逮捕			有犯罪事实但无刑事责任能力或免于追究的人被逮捕、拘留不予赔偿。
	错误判刑	无刑事责任	对无犯罪事实者判处并执行刑罚：①再审改判无罪；②数罪并罚案件再审改判部分罪名不成立，已监禁刑期超出再审判决刑期的，赔超过部分。	减刑、假释、缓刑、管制、剥夺政治权利、驱逐出境等未实际关押的虚刑不予赔偿。
			有犯罪事实但不应追究刑事责任而错误判刑。	

	案件类型	主要情况	不赔偿的情况
人身权	违法暴力伤害虐待	司法人员或放纵、唆使的人实施与职权有关的非法虐待、暴力造成死伤。	公民自伤自残行为；司法人员个人行为。
人身权	违法使用武器警械	司法机关及其人员在执行职务时违法使用武器、警械造成死伤。	正当防卫使用武器、警械的。
财产权	错误罚没	再审改判无罪，原判罚金、没收财产已执行的。	原判决被改变但仍然有罪。
财产权	违法查封扣押冻结追缴	未依法解除查封、扣押、冻结或者返还财产的：（1）财产与尚未终结的刑事案件无关；（2）针对生效裁决没有处理的财产或者对该财产违法进行其他处理的；（3）无罪处理：终止侦查、撤销案件、不起诉、判决宣告无罪。	

注意：（1）故意作虚假供述或伪造有罪证据，自证其罪而被羁押或判刑的不予赔偿；
（2）有罪而错误的重判不予赔偿，不应被判处死刑而判处并实际执行的除外；
（3）赔前不赔后：无罪被判虚刑而没有实际羁押的，只赔判刑之前的羁押，不赔没有羁押的虚刑；
（4）赔后不赔前：有犯罪事实但不应追究刑事责任（绝对不起诉和酌定不起诉）而被错误判处刑罚并实际执行的，只赔错判并执行的刑期，对判刑之前的刑拘、逮捕等羁押不予赔偿。前后按判决确定区分。

1. 侵犯人身权的刑事赔偿

行使侦查、检察、审判职权的机关以及看守所、监狱管理机关及其工作人员在行使职权时有下列侵犯人身权情形之一的，受害人有取得赔偿的权利：

（1）刑事拘留。违反《刑事诉讼法》的规定对公民采取拘留措施的，或者依照《刑事诉讼法》规定的条件和程序对公民采取拘留措施，但是拘留时间超过《刑事诉讼法》规定的时限，其后决定撤销案件、不起诉或者判决宣告无罪终止追究刑事责任的，应当承担国家赔偿责任。

刑事拘留的国家赔偿采取的是违法归责原则。无论是违反《刑事诉讼法》规定的拘留，还是超期羁押，都属于违法拘留的情形。刑事拘留的赔偿包括两种情形：一种是违反《刑事诉讼法》规定的拘留，并终止追究刑事责任；另一种则是虽然依照《刑事诉讼法》规定的条件和程序对公民采取拘留措施，但是超期羁押，其后又决定终止追究刑事责任的情形。违法刑事拘留的人身自由赔偿金自拘留之日起计算。

例44：甲市某县公安局以涉嫌诈骗为由将张某刑事拘留，经检察院批准逮捕，后县公安局以证据不足为由撤销案件并将其释放，公安局对张某刑事拘留超过法定期限。本案张某的赔偿请求属于国家赔偿的范围，应按刑事拘留全部羁押的天数计算赔偿金。

（2）刑事逮捕。对公民采取逮捕措施后，决定撤销案件、不起诉或者判决宣告无罪终止追究刑事责任的，国家应予赔偿。与刑事拘留的赔偿采用的是违法归责原则不同，逮捕赔偿采取的是结果归责原则。即只要是逮捕后终止追究刑事责任的，均应承担国家赔偿责任。无论该逮捕究竟合法与否，是否超期羁押，均须承担赔偿责任。

依据《国家赔偿法》的规定，撤销案件、不起诉或者判决宣告无罪都是终止追究刑事责任的情形。但有的办案机关为了逃避国家赔偿，不作出正式的结案结论，导致当事人索赔无门。

对此，司法解释专门规定：可以对某些特定情形下终止追究刑事责任的司法行为作出推定。

司法解释规定，解除、撤销拘留或者逮捕措施后虽尚未撤销案件、作出不起诉决定或者判决宣告无罪，但是符合下列情形之一的，属于《国家赔偿法》规定的终止追究刑事责任：①办案机关决定对犯罪嫌疑人终止侦查的；②解除、撤销取保候审、监视居住、拘留、逮捕措施后，办案机关超过 1 年未移送起诉、作出不起诉决定或者撤销案件的；③取保候审、监视居住法定期限届满后，办案机关超过 1 年未移送起诉、作出不起诉决定或者撤销案件的；④人民检察院撤回起诉超过 30 日未作出不起诉决定的；⑤人民法院决定按撤诉处理后超过 30 日，人民检察院未作出不起诉决定的；⑥人民法院准许刑事自诉案件自诉人撤诉的，或者人民法院决定对刑事自诉案件按撤诉处理的。

当然，若赔偿义务机关的确有证据证明尚未终止追究刑事责任，且经人民法院赔偿委员会审查属实的，则应当决定驳回赔偿请求人的赔偿申请。

（3）依照审判监督程序再审改判无罪的。依照审判监督程序再审改判无罪，原判刑罚已经执行的，应当进行国家赔偿。数罪并罚案件再审改判部分罪名不成立，已监禁刑期超出再审判决刑期的，国家只赔超过部分的羁押刑期。

（4）刑讯逼供致害。刑讯逼供或者以殴打、虐待等行为或者唆使、放纵他人以殴打、虐待等行为造成公民身体伤害或者死亡的，应当承担国家赔偿责任。

（5）违法使用武器、警械。违法使用武器、警械造成公民身体伤害或者死亡的，应当承担国家赔偿责任。

例45：区公安分局以甲涉嫌猥亵他人罪和拐卖妇女儿童罪为由将甲刑事拘留，区检察院批准对甲的逮捕。区法院以猥亵他人罪判处甲有期徒刑 3 年、拐卖妇女儿童罪判处甲 5 年并处罚金 1 万元，合并执行有期徒刑 8 年并处罚金 1 万元，甲上诉后二审法院判决维持。刑期执行 5 年后经审判监督程序由再审法院改判为：拐卖妇女儿童罪不成立，猥亵他人罪成立判处有期徒刑 3 年。本案国家只对超期监禁的 2 年承担赔偿责任。

2. 侵犯财产权的刑事赔偿

行使侦查、检察、审判职权的机关以及看守所、监狱管理机关及其工作人员在行使职权时有下列侵犯财产权情形之一的，受害人有取得赔偿的权利：

（1）违法对财产采取查封、扣押、冻结、追缴等措施的；

（2）依照审判监督程序再审改判无罪，原判罚金、没收财产已经执行的。

与侵犯人身权的刑事赔偿相一致，依照审判监督程序再审改判无罪的财产赔偿，亦须以原判罚金、没收财产已经执行为前提条件。

同样，司法解释对侵犯财产权后终止追究刑事责任的情形作出了界定。对财产采取查封、扣押、冻结、追缴等措施后，有下列情形之一，且办案机关未依法解除查封、扣押、冻结等措施或者返还财产的，属于国家赔偿法规定的侵犯财产权：①赔偿请求人有证据证明财产与尚未终结的刑事案件无关，经审查属实的；②终止侦查、撤销案件、不起诉、判决宣告无罪终止追究刑事责任的；③采取取保候审、监视居住、拘留或者逮捕措施，在解除、撤销强制措施或者强制措施法定期限届满后超过 1 年未移送起诉、作出不起诉决定或者撤销案件的；④未采取取保候审、监视居住、拘留或者逮捕措施，立案后超过 2 年未移送起诉、作出不起诉决定或者撤销案件的；⑤人民检察院撤回起诉超过 30 日未作出不起诉决定的；⑥人民法院决定按撤诉处理后超过 30 日，人民检察院未作出不起诉决定的；⑦对生效裁决没有处理的财产或者对该财产违法进行其他处理的。

当然，若有前述第3~6项规定的情形之一，赔偿义务机关的确有证据证明尚未终止追究刑事责任，且经人民法院赔偿委员会审查属实的，则应当决定驳回赔偿请求人的赔偿申请。

3. 国家不承担赔偿责任的情形

若属于下列情形之一的，则国家不承担相应的赔偿责任：

（1）因公民自己故意作虚伪供述，或者伪造其他有罪证据被羁押或者被判处刑罚的。赔偿义务机关主张免除赔偿责任的，应当就该免责事由的成立承担举证责任。

（2）依法不负刑事责任的人被羁押的。但是，对起诉后经人民法院错判拘役、有期徒刑、无期徒刑并已执行的，人民法院应当对该判决确定后继续监禁期间侵犯公民人身自由权的情形予以赔偿。

（3）在法定不起诉、酌定不起诉、附条件不起诉以及刑事和解公诉案件中的酌定不起诉中，不追究刑事责任的人被羁押的。但是，对起诉后经人民法院错判拘役、有期徒刑、无期徒刑并已执行的，人民法院应当对该判决确定后继续监禁期间侵犯公民人身自由权的情形予以赔偿。当然，若证据不足不起诉中的被不起诉人被羁押的，按照"无罪推定"原则，应认定为无犯罪事实，则国家应当承担相应的赔偿责任。

（4）行使侦查、检察、审判职权的机关以及看守所、监狱管理机关的工作人员与行使职权无关的个人行为。

（5）因公民自伤、自残等故意行为致使损害发生的。赔偿义务机关主张免除赔偿责任的，应当就该免责事由的成立承担举证责任。

（6）法律规定的其他情形。

例46：2009年2月10日，王某因涉嫌诈骗被县公安局刑事拘留，2月24日，县检察院批准逮捕王某。4月10日，县法院以诈骗罪判处王某3年有期徒刑，缓期二年执行，王某上诉，6月1日，市中级法院维持原判。王某申诉，12月10日，市中级法院再审认定王某不满16岁而不负刑事责任，撤销原判。此案国家对判刑前的羁押（有犯罪事实）和错误判处的缓刑（未实际羁押）均不承担赔偿责任。

（二）民事、行政司法赔偿范围

◆ 考点精华 121

违法采取司法强制措施	仅限于司法罚款、司法拘留两者：（1）对没有妨害诉讼的人罚款或拘留；（2）超过法定金额罚款、超期限拘留；（3）重复罚款、拘留。
违法采取保全措施	（1）不应保全而采取的；（2）不应解除而解除或应解除而不解除的；（3）明显超出诉讼请求的范围采取保全措施；（4）对与案件无关的财物采取保全措施；（5）违法保全案外人财产；（6）不履行监管职责；（7）违法采取行为保全措施等。
错误执行生效法律文书	指执行行为错误，而不是被执行的法律文书错误：（1）执行未生效法律文书的；（2）超出数额和范围执行；（3）故意拖延或不执行导致财产流失；（4）应当恢复执行而不恢复导致财产流失；（5）违法执行案外人财产的；（6）违法将案件执行款物执行给其他当事人或案外人；（7）对执行中查封、扣押、冻结的财产不履行监管职责；（8）对执行财产应当拍卖而未依法拍卖的，或未依法评估、违法变卖或者以物抵债的。

续表

违法先予执行	（1）违反法定条件和范围先予执行；（2）超出诉讼请求范围先予执行。
暴力伤害	司法人员或其唆使的人实施与职权有关的非法暴力造成死伤。
违法使用武器	司法机关及其人员在执行职务时违法使用武器、警械造成死伤。
不予赔偿	（1）错误保全、错误先于执行（非违反条件或范围）可以恢复；（2）错误判决但可以恢复；法院工作人员与行使职权无关的个人行为；（3）因不可抗力、正当防卫和紧急避险造成损害后果；（4）第三方致害，与法院无关。
减轻赔偿	（1）受害人对损害结果的发生或扩大也有过错，根据过错所起的作用依法减轻国家赔偿责任；（2）因多种原因造成受害人损害的，应根据法院及其工作人员职权行为对损害结果的作用，合理确定赔偿金额。

1. 违法采取对妨害诉讼的强制措施的赔偿

人民法院在民事诉讼、行政诉讼过程中，违法采取对妨害诉讼的强制措施造成损害的，应当承担国家赔偿责任。违法采取对妨害诉讼的强制措施的赔偿，仅限于司法罚款和司法拘留两种，具体包括下列行为：（1）对没有实施妨害诉讼行为的人或者没有证据证明实施妨害诉讼的人采取司法拘留、罚款措施的；（2）超过法律规定期限实施司法拘留的；（3）对同一妨害诉讼行为重复采取罚款、司法拘留措施的；（4）超过法律规定金额实施罚款的；（5）违反法律规定的其他情形。

2. 违法采取保全措施的赔偿

人民法院在民事诉讼、行政诉讼过程中，违法采取保全措施造成损害的，应当承担国家赔偿责任。违法采取保全措施，是指人民法院依职权采取的下列行为：（1）不应保全而采取的；（2）不应解除而解除或应解除而不解除的；（3）明显超出诉讼请求的范围采取保全措施，但保全财产为不可分割物且被保全人无其他财产或其他财产不足以担保债权实现的除外；（4）在给付特定物之诉中对与案件无关的财物采取保全措施的；（5）违法保全案外人财产；（6）不履行监管职责造成被保全财产毁损；（7）对不宜长期保存的物品采取保全措施，未及时处理或者违法处理，造成物品毁损或严重贬值；（8）对不动产或船舶、航空器和机动车等特定动产采取保全措施，未依法通知有关登记机构不予办理该保全财产的变更登记，造成该保全财产所有权被转移；（9）违法采取行为保全措施。

3. 错误执行判决、裁定及其他生效法律文书的赔偿

人民法院在民事诉讼、行政诉讼过程中，对判决、裁定及其他生效法律文书执行错误，造成损害的，应当承担国家赔偿责任。注意，此处的错误执行指人民法院在民事诉讼或行政诉讼中的执行裁判的行为错误，而不是被执行的法律文书错误。与刑事诉讼不同，民事诉讼和行政诉讼若裁判错误可以通过裁判纠错后执行回转恢复原状，不需要通过国家赔偿解决解决。

对判决、裁定及其他生效法律文书执行错误，是指对已经发生法律效力的判决、裁定、民事制裁决定、调解、支付令、仲裁裁决、具有强制执行效力的公证债权文书以及行政处罚、处理决定等执行错误，包括下列行为：（1）执行未生效法律文书的；（2）超出数额和范围执行；（3）对已经发现的被执行人财产，故意拖延或不执行导致财产流失；（4）应当恢复

执行而不恢复导致财产流失；（5）违法执行案外人财产的；（6）违法将案件执行款物执行给其他当事人或案外人；（7）违法对抵押物、质物或者留置物采取执行措施，致使抵押权人、质权人或者留置权人的优先受偿权无法实现的；（8）对执行中查封、扣押、冻结的财产不履行监管职责，造成财产毁损、灭失的；（9）对不宜长期保存的物品未及时处理或者违法处理，造成毁损或严重贬值；（10）对执行财产应当拍卖而未依法拍卖的，或未依法评估，违法变卖或者以物抵债的。

4. 违法先予执行

民事诉讼和行政诉讼中都存在先予执行的制度，若违法先予执行造成损失也应当给予国家赔偿，具体包括两种情形：（1）违反法定条件和范围先予执行；（2）超出诉讼请求范围先予执行。

5. 民事、行政诉讼中司法工作人员侵权的赔偿

对于司法工作人员的下列行为，国家应当承担赔偿责任：（1）人民法院及其工作人员在民事、行政诉讼或者执行过程中，以殴打或者唆使他人以殴打等暴力行为造成公民身体伤害、死亡的；（2）人民法院工作人员违法使用武器、警械造成公民身体伤害或者死亡的。

6. 国家不予赔偿的情形

民事诉讼和行政诉讼中，国家不予赔偿的情形包括：（1）申请保全错误；（2）先予执行的申请人败诉；（3）撤销原判后返还已执行财产的；（4）申请执行人提供执行标的物错误的，但法院明知该标的物错误仍予以执行的除外；（5）法院依法指定的保管人对保全的财产违法动用、隐匿、毁损、转移或者变卖的；（6）法院工作人员的与行使职权无关的个人行为；（7）因不可抗力、正当防卫和紧急避险造成损害后果。

7. 国家减轻赔偿责任的情形

民事诉讼和行政诉讼中法院违法侵权，但受害人对损害结果的发生或扩大也有过错，根据过错所起的作用依法减轻国家赔偿责任。因多种原因造成受害人损害的，应根据法院及其工作人员职权行为对损害结果的作用，合理确定赔偿金额。

三、司法赔偿请求人和赔偿义务机关

（一）司法赔偿请求人

◆ **考点精华 122**

普通情况	侵权行为的受害人。
公民死亡	继承人、其他有抚养关系的亲属、死者生前抚养的无劳动能力人可申请。
	（1）有继承权的同一顺序继承人为数人，若一人或者部分人申请国家赔偿的，效力及于全体；（2）赔偿请求人为数人时，其中一人或者部分赔偿请求人非经全体同意，申请撤回或者放弃赔偿请求，效力不及于未明确表示撤回申请或者放弃赔偿请求的其他赔偿请求人。
组织终止	承受其权利的人可申请。

司法赔偿请求人是指遭受违法司法行为的侵害，有权要求国家赔偿的公民、法人或者其他组织。

司法赔偿申请人按以下规则确定：1. 受害的公民、法人和其他组织有权要求赔偿。2. 受害的公民死亡，其继承人和其他有扶养关系的亲属有权要求赔偿。3. 受害的法人或者其他组织终止的，其权利承受人有权要求赔偿。

（二）司法赔偿义务机关

◆ **考点精华 123**

	司法赔偿义务机关；作出最终生效错误法律文书的机关。
错拘案件赔偿	错拘机关赔偿；检察拘留仅由公安实施的，视检察院为错拘机关。
错捕案件赔偿	由错捕机关赔偿（批捕与公诉检察院不一致的，由批捕的赔偿）。
二审改判案件赔偿	一审法院赔偿。
二审发回一审无罪处理	一审法院赔偿。
二审发回重审检察院终止追究刑事责任的	视为二审改判无罪：①检察院撤诉后不起诉、撤案；②撤诉超过 30 日或法院决定按撤诉处理超过 30 日未作出不起诉决定的。
再审改判的	做出原生效判决的法院赔偿。
民事行政案件赔偿	做出侵权行为的法院赔（多个法院有委托关系，谁违法谁赔偿）。
看守所侵犯合法权益	主管机关为赔偿义务机关。
司法人员侵权行为	司法人员履行职务时发生的侵权，由其所在机关赔偿。
追偿：赔偿义务机关→作出赔偿决定后→有责任（暴力行为、腐败行为）的工作人员。	

　　司法赔偿义务机关是指在司法赔偿中接受赔偿请求、具体承担赔偿义务的司法机关。司法赔偿义务机关的确认类似于"接盘侠"，实行"后置确定"原则，由作出最终错误决定机关赔偿。简单说来，就是在刑事诉讼程序中，程序进行到哪一机关，前一机关的违法行为即由后一机关予以赔偿，前一机关不再履行国家赔偿义务。当然，这里的后一机关应当是责任机关即实施违法行为的机关，而不是也不应当是实施合法行为的机关。具体确认规则如下：

　　1. 行使侦查、检察、审判职权的机关以及看守所、监狱管理机关及其工作人员在行使职权时侵犯公民、法人和其他组织的合法权益造成损害的，该机关为赔偿义务机关。

　　2. 对公民采取拘留措施，依法应当给予国家赔偿的，作出拘留决定的机关为赔偿义务机关。

　　3. 对公民采取逮捕措施后决定撤销案件、不起诉或者判决宣告无罪的，作出逮捕决定的机关为赔偿义务机关。

　　4. 再审改判无罪的，作出原生效判决的人民法院为赔偿义务机关。

　　5. 二审改判无罪，以及二审发回重审后作无罪处理的，作出一审有罪判决的人民法院为赔偿义务机关。

　　6. 人民法院在民事诉讼、行政诉讼过程中，违法采取对妨害诉讼的强制措施、保全措施或者对判决、裁定及其他生效法律文书执行错误，造成损害的，作出该行为的人民法院为赔偿义务机关。

　　7. 司法工作人员违法行使职权致人损害的，该工作人员所在的司法机关为赔偿义务机关。

　　8. 看守所及其工作人员在行使职权时侵犯公民合法权益造成损害的，看守所的主管机关为赔偿义务机关。

四、司法赔偿程序

◇ 考点精华 124

申请	知道侵权后两年内向赔偿义务机关申请（无需先确认侵权行为违法）——赔偿义务机关应当场出具加盖本机关专用印章并注明收讫日期的书面凭证——赔偿义务机关 2 个月内作出决定，书面送达并告知申请人可以在 30 日内可向上一级司法机关申请复议。	
司法复议	（1）赔偿义务机关作出决定后（未作赔偿决定的 2 个月期满后）30 日内向上级机关申请复议，复议机关在 2 个月内作出决定。若赔偿义务机关未告知申请复议期限的，申请人在收到赔偿决定后 2 年内申请复议； （2）赔偿义务机关是法院，对其决定不服无需复议，在法院作出决定后 30 日内向上一级法院赔委会申请作出赔偿决定，若法院未告知申请期限的，在收到决定后 2 年内向上一级法院赔委会申请。	
法院审理	国家赔偿委员会审理	（1）不服复议决定，收到决定后 30 日内向复议机关同级法院赔偿委员会申请作出赔偿决定；申请材料不齐全的，应当在 5 日内一次性告知。符合条件 7 天内立案，不符合申请条件的 7 天内裁定不予受理或受理后发现不符合申请条件的驳回申请； （2）赔偿请求人可以委托一至二名作为代理人，赔偿义务机关、复议机关可以委托本机关工作人员一至二人作为代理人（不能委托律师）； （3）原则上书面审查，当事人争议较大的，赔委会可以组织请求人和义务机关质证； （4）3 个月内作出决定；属于疑难复杂重大案件的，经本院院长批准可以延长 3 个月； （5）中院以上设立赔委会，由法院 3 名以上审判员组成，组成人员的人数应当为单数。指定一名审判员承办，但必须由赔委会作出赔偿决定； （6）回避：审判员、书记员、翻译人员、鉴定人、勘验人与赔偿请求人、代理人的是近亲属、与案件有利害关系； （7）决定：原赔偿决定正确的决定维持，原决定事实或依据错误的重新决定，赔偿义务机关、复议机关未决定的由法院作出赔偿决定； （8）赔偿委员会作出决定应当制作国家赔偿决定书，加盖法院印章。
	申诉	当事人不服决定，向上一级法院赔委会提出申诉。经本院院长决定或者上级人民法院指令，赔委会两个月内重审决定，上一级法院赔委会也可以直接审查决定。最高检对各级赔委会作出的决定，上级检察院对下级法院赔委会作出的决定，发现违反本法规定的，应当向同级法院赔委会提出意见，同级法院赔委会应当在两个月内重新审查决定。
	赔偿决定生效	发生法律效力的的赔偿决定、复议决定与法院赔偿委员会的赔偿决定具有同等法律效力，依法必须执行：（1）没有在法定期限内申请复议或者向上一级法院申请的，赔偿义务机关的原决定生效；（2）没有在法定期限内向法院赔委会申请国家赔偿的，原复议决定生效；（3）法院赔偿委员会审理后作出的赔偿决定生效。

依据《国家赔偿法》的有关规定，司法赔偿程序主要包括司法赔偿处理程序、司法赔偿复议程序以及司法赔偿决定程序。

（一）司法赔偿的申请与处理程序

1. 赔偿请求人提出申请

赔偿请求人要求赔偿的，应当先向赔偿义务机关提出。这里的赔偿请求人，应当是其合法权益受到司法机关及其工作人员违法行使职权行为的侵犯，并造成损害的公民、法人或者其他组织，赔偿义务机关须是实施了违法侵权行为的侦查、检察、审判、监狱管理的机关。

赔偿请求人请求国家赔偿的时效为 2 年，自其知道或者应当知道国家机关及其工作人员行使职权时的行为侵犯其人身权、财产权之日起计算，但被羁押等限制人身自由期间不计算在内。

注意，2010 年《国家赔偿法》修改时取消了确认违法程序，受害人申请国家赔偿无需先确认国家机关的行为违法，只要受害人认为国家机关的职权行为侵权，即可以向赔偿义务机关申请国家赔偿。

2. 赔偿义务机关先行处理

赔偿义务机关应当自收到申请之日起两个月内，作出是否赔偿的决定。赔偿义务机关作出赔偿决定，应当充分听取赔偿请求人的意见，并可以与赔偿请求人就赔偿方式、赔偿项目和赔偿数额依法进行协商。赔偿义务机关决定赔偿的，应当制作赔偿决定书，并自作出决定之日起 10 日内送达赔偿请求人。赔偿义务机关决定不予赔偿的，应当自作出决定之日起 10 日内书面通知赔偿请求人，并说明不予赔偿的理由。

（二）司法赔偿复议程序

司法赔偿复议程序，是指赔偿请求权人不服赔偿义务机关的处理，向其上一级机关申请复议，由复议机关审查并作出决定的程序。

注意，司法赔偿复议程序不适用于人民法院作为赔偿义务机关的情形，申请人对人民法院的赔偿决定不服，无需经过复议程序，可以直接向上一级法院的国家赔偿委员会申请作出赔偿决定。

例 47：甲市某区公安分局以李某利用快播软件传播淫秽物品牟利涉嫌犯罪为由将其刑事拘留，经区检察院批准逮捕，区法院判处李某有期徒刑 6 年，李某上诉，甲市中级法院改判无罪。李某被释放后申请国家赔偿，赔偿义务机关拒绝赔偿，李某向甲市中级法院赔委会申请作出赔偿决定。此案的赔偿义务机关为区法院，李某对其拒绝赔偿的决定不服，无须向甲市中院申请复议，可以直接向甲市中级法院赔偿委员会申请作出赔偿决定。

1. 复议申请的提出和受理

（1）赔偿义务机关在规定期限内未作出是否赔偿的决定，赔偿请求人可以自期限届满之日起 30 日内向赔偿义务机关的上一级机关申请复议。

（2）赔偿请求人对赔偿的方式、项目、数额有异议的，或者赔偿义务机关作出不予赔偿决定的，赔偿请求人可以自赔偿义务机关作出赔偿或者不予赔偿决定之日起 30 日内，向赔偿义务机关的上一级机关申请复议。

（3）赔偿义务机关作出赔偿决定，应当依法告知赔偿请求人有权在 30 日内向赔偿义务机关的上一级机关申请复议。赔偿义务机关未依法告知，赔偿请求人收到赔偿决定之日起 2

年内提出复议申请的，复议机关应当受理。这一规定也同样适用于人民法院赔偿委员会处理赔偿申请的情形。

2. 复议机关作出复议决定

复议机关采取书面方式审查，应当自收到申请之日起 2 个月内作出复议决定。

3. 赔偿请求人不服复议决定的救济方式

赔偿请求人不服复议决定的，可以在收到复议决定之日起 30 日内向复议机关所在地的同级人民法院赔偿委员会申请作出赔偿决定；复议机关逾期不作决定的，赔偿请求人可以自期限届满之日起 30 日内向复议机关所在地的同级人民法院赔偿委员会申请作出赔偿决定。

（三）司法赔偿决定程序

司法赔偿决定程序，是指人民法院的赔偿委员会受理赔偿申请人的司法赔偿请求并依法作出赔偿决定的程序。司法赔偿决定程序并非诉讼程序，而是书面审查程序，因而具备一系列不同于司法审判程序的鲜明特征。

1. 申请

赔偿义务机关是人民法院的，赔偿请求人可以向其上一级人民法院赔偿委员会申请作出赔偿决定。

赔偿请求人向赔偿委员会申请作出赔偿决定，应当递交赔偿申请书一式四份。赔偿请求人书写申请书确有困难的，可以口头申请。口头提出申请的，人民法院应当填写《申请赔偿登记表》，由赔偿请求人签名或者盖章。

依据《国家赔偿法》的规定，中级以上的人民法院设立赔偿委员会，由人民法院 3 名以上审判员组成，组成人员的人数应当为单数。赔偿委员会作出赔偿决定，实行少数服从多数的原则。赔偿委员会作出的赔偿决定，是发生法律效力的决定，必须执行。

2. 立案

赔偿委员会收到赔偿申请，经审查认为符合申请条件的，应当在 7 日内立案，并通知赔偿请求人、赔偿义务机关和复议机关；认为不符合申请条件的，应当在 7 日内决定不予受理；立案后发现不符合申请条件的，决定驳回申请。

赔偿委员会应当在立案之日起 5 日内将赔偿申请书副本或者《申请赔偿登记表》副本送达赔偿义务机关和复议机关。

3. 审理

赔偿委员会审理赔偿案件，应当指定一名审判员负责具体承办。负责具体承办赔偿案件的审判员应当查清事实并写出审理报告，提请赔偿委员会讨论决定。赔偿委员会作出赔偿决定，必须有 3 名以上审判员参加，按照少数服从多数的原则作出决定。赔偿委员会认为重大、疑难的案件，应报请院长提交审判委员会讨论决定。审判委员会的决定，赔偿委员会应当执行。

赔偿委员会审理赔偿案件，可以组织赔偿义务机关与赔偿请求人就赔偿方式、赔偿项目和赔偿数额依照国家赔偿法的有关规定进行协商。

4. 决定

赔偿委员会审理赔偿案件应当按照下列情形，分别作出决定：（1）赔偿义务机关的决定或者复议机关的复议决定认定事实清楚，适用法律正确的，依法予以维持；（2）赔偿义务机关的决定、复议机关的复议决定认定事实清楚，但适用法律错误的，依法重新决定；（3）赔偿义务机关的决定、复议机关的复议决定认定事实不清、证据不足的，查清事实后依法重新决定；（4）赔偿义务机关、复议机关逾期未作决定的，查清事实后依法作出决定。

5. 申诉

（1）赔偿请求人或者赔偿义务机关对赔偿委员会作出的决定，认为确有错误的，可以向上一级人民法院赔偿委员会提出申诉。

（2）赔偿委员会作出的赔偿决定生效后，如发现赔偿决定违反本法规定的，经本院院长决定或者上级人民法院指令，赔偿委员会应当在 2 个月内重新审查并依法作出决定，上一级人民法院赔偿委员会也可以直接审查并作出决定。

（3）最高人民检察院对各级人民法院赔偿委员会作出的决定，上级人民检察院对下级人民法院赔偿委员会作出的决定，发现违反《国家赔偿法》规定的，应当向同级人民法院赔偿委员会提出意见，同级人民法院赔偿委员会应当在两个月内重新审查并依法作出决定。

（四）司法赔偿案件的举证与质证

1. 举证责任

◆ 考点精华 125

原则	谁主张、谁举证，请求人和赔偿义务机关对自己的主张应当提供证据。		
举证责任分配	申请人		（1）职权行为与损害结果的因果关系事实；（2）职权行为导致具体损害的结果事实。
	赔偿义务机关	反驳	医疗费赔偿根据医疗机构出具的收款凭证，结合病历和诊断证明等相关证据确定。赔偿义务机关对治疗的必要性和合理性提出异议的，应当承担举证责任。
		倒置专属	（1）赔偿义务机关职权行为合法、无过错；（2）赔偿义务机关行为与被羁押人在羁押期间死亡或者丧失行为能力不存在因果关系；（3）因赔偿义务机关过错致使请求人不能证明事实的；（4）抗辩事由：赔偿请求超过时效、免责情形：①作虚假供述或伪造有罪证据自证其罪；②自伤、自残等故意自损致害。
	复议机关		被法院通知参加质证时须证明复议决定的事实和依据。

国家赔偿案件适用"谁主张、谁举证"的规则，赔偿申请人和赔偿义务机关对自己的主张应当提供证据。申请人应当对证明侵权的职权行为与损害结果的因果关系事实和导致具体损害的结果事实应当承担举证责任，赔偿义务机关可以提交证据予以反驳。

下列特殊事实由赔偿义务机关负举证责任：（1）赔偿义务机关行为的合法性；（2）赔偿义务机关无过错；（3）因赔偿义务机关过错致使赔偿请求人不能证明的待证事实；（4）赔偿义务机关行为与被羁押人在羁押期间死亡或者丧失行为能力之间不存在因果关系；（5）属于法定免责情形；（6）赔偿请求超过法定时效；（7）具有其他赔偿抗辩事由。

被羁押人在羁押期间死亡或者丧失行为能力的，赔偿义务机关的行为与被羁押人的死亡或者丧失行为能力是否存在因果关系，赔偿义务机关应当提供证据。没有证据或者证据不足以证明其事实主张的，由负有举证责任的一方承担不利后果。

赔偿请求人或者赔偿义务机关对对方主张的不利于自己的事实，在质证中明确表示承认的，对方无需举证；既未表示承认也未否认，经审判员询问并释明法律后果后，其仍不作明确表示的，视为对该项事实的承认。赔偿请求人、赔偿义务机关委托代理人参加质证的，代理人在代理权限范围内的承认视为被代理人的承认，但参加质证的赔偿请求人、赔偿义务机关当场明确表示反对的除外；代理人超出代理权限范围的承认，参加质证的赔偿请求人、赔偿义务机关当场不作否认表示的，视为被代理人的承认。上述承认违反法律禁止性规定，或者损害国家利益、社会公共利益、他人合法权益的，不发生自认的效力。

2. 质证

◆ **考点精华 126**

质证	(1) 法院国家赔偿委员会审理司法赔偿案件原则上书面审查，当事人对损害事实、因果关系、免责情形、赔偿方式及数额争议较大的，赔委会可以组织请求人和义务机关质证，必要时可以通知复议机关参加质证说明复议决定的事实和依据。 (2) 涉及国家秘密、个人隐私或者法律另有规定，质证应当不公开进行。当事人申请不公开质证且对方同意的，赔偿委员会可以不公开质证。 (3) 请求人和义务机关应当在收到受理案件通知书之日起 10 日内提供证据，确因客观事由可以根据其申请适当延长举证期限。 (4) 可以组织质证前交换证据，在证据交换过程中没有争议并记录在卷的证据，经审判员在质证中说明后，可以作为认定案件事实的依据。 (5) 赔偿委员会应当指定审判员组织质证，并在质证 3 日前通知参与人。必要时可以通知实施原职权行为的工作人员或者其他利害关系人到场接受询问。 (6) 赔偿委员会根据请求人申请调取的证据，作为赔偿请求人提供的证据进行质证。赔偿委员会依职权调取的证据应当在质证时出示，并说明和听取意见，无须质证。 (7) 质证笔录由赔偿请求人、赔偿义务机关和其他参与人核对无误或者补正后签名盖章。拒绝签名盖章的，应当记明情况附卷并由审判员和书记员签名。 (8) 可以对质证过程同步录音录像。

人民法院赔偿委员会审理赔偿案件可以采用书面审理的方式，若案情复杂也可以单独组织双方当事人质证。2013 年最高人民法院发布《关于人民法院赔偿委员会适用质证程序审理国家赔偿案件的规定》，对适用质证程序审理国家赔偿案件作了全面详细的规定。

（1）适用条件。司法解释对于质证程序的适用范围作了明确规定。有下列情形之一，经书面审理不能解决的，赔偿委员会可以组织赔偿请求人和赔偿义务机关进行质证：①对侵权事实、损害后果及因果关系有争议的；②对是否属于国家赔偿法规定的国家不承担赔偿责任的情形有争议的；③对赔偿方式、赔偿项目或者赔偿数额有争议的；④赔偿委员会认为应当质证的其他情形。

（2）公开质证。除涉及国家秘密、个人隐私或者法律另有规定的以外，质证应当公开进行。另外，如果赔偿请求人或者赔偿义务机关申请不公开质证，对方同意的，赔偿委员会也可以不公开质证。需要注意的是，不公开质证需要经过对方当事人同意，并且即使经过对方当事人同意，也不一定不公开质证，人民法院依然拥有裁量权。

五、司法追偿

司法追偿是指司法赔偿义务机关在履行国家赔偿责任后依法责令有过错的司法工作人员

承担部分或者全部赔偿费用的法律制度。司法追偿主要包括下列情形：（1）刑讯逼供或者以殴打、虐待等行为或者唆使、放纵他人以殴打、虐待等行为造成公民身体伤害或者死亡的；（2）违法使用武器、警械造成公民身体伤害或者死亡的；（3）在处理案件中有贪污受贿，徇私舞弊，枉法裁判行为的。对有上述情形的责任人员，有关机关还应当依法给予处分；构成犯罪的，应当依法追究刑事责任。

第四节　国家赔偿方式、标准和费用

◆ 考点精华 127

赔偿方式	侵害人身权	人身自由权、生命健康权：金钱赔偿、精神赔偿（恢复名誉、赔礼道歉、消除影响、精神损害造成严重后果的应支付精神抚慰金）。
	侵害财产权	金钱赔偿、返还财产、恢复原状。
限制人身自由		按日支付赔偿金，每日赔偿金按照国家上年度职工日平均工资计算。
造成身体伤害		医疗费、护理费和误工费。误工费按国家上年度（赔偿决定时上年度，复议、法院维持按原决定上年度）职工日平均工资计算，不超过年平均工资 5 倍。
劳动能力丧失		（1）医疗费、护理费、误工费、残疾生活辅助具费、康复费等因残疾而增加的必要支出和继续治疗所必需的费用，残疾赔偿金按国家规定的伤残等级确定，全部丧失劳动能力的按国家上年度职工年平均工资的 10—20 倍；部分丧失劳动能力的不超过 10 倍，但有抚养义务的不超过 20 倍；（2）全部丧失劳动能力的，对其扶养的无劳动能力人支付生活费，当地最低生活保障标准执行；未成年人支付至 18 岁，其他支付至死亡。
公民死亡		（1）支付死亡赔偿金加丧葬费，总额为国家上年度职工年平均工资 20 倍；（2）对其生前扶养的无劳动能力人支付生活费，当地最低生活保障标准执行。
精神损害		（1）应当在侵权行为影响范围内，消除影响，恢复名誉，赔礼道歉；（2）造成严重后果的，支付相应的精神抚慰金。
侵犯财产权利		（1）能够返还财产或恢复原状的返还恢复，不能返还或恢复的给付赔偿金，按照损失发生时的市场价格或者其他合理方式计算；（2）已经拍卖、变卖的，给付拍卖、变卖价款；变卖价款明显低于财产价值应支付相应赔偿金；（3）吊销扣缴许可证执照、查封经营场所、责令停产停业导致停业无法经营的，赔偿停产停业期间必要的经常性费用开支（即停业期间维持正常运转的基本费用，包括水电、租金、人员工资、税费、物业等）；（4）其他损害赔偿直接损失（只包含必得利益，排除可期待利益）；（5）返还执行的罚款或者罚金、追缴或者没收的金钱，解除冻结的存款或者汇款的，应当支付银行同期存款利息，利率参照作出最新生效赔偿决定时人民银行公布的整存整取定期存款一年期基准利率确定，不计算复利。

一、国家赔偿的方式

我国的国家赔偿以金钱赔偿为主要方式，以返还财产、恢复原状为补充方式。除了金钱赔偿以外，《国家赔偿法》还规定了恢复名誉、赔礼道歉以及消除影响等其他赔偿方式。侵害财产权的赔偿方式有：金钱赔偿、返还财产、恢复原状，侵害人身权的赔偿方式有：金钱赔偿、恢复名誉、赔礼道歉、消除影响和精神抚慰金。

（一）金钱赔偿

金钱赔偿，是指将受害人的各项损失计算成货币金额，以折抵受损害人损失的一种国家赔偿方式。无论是对财产损失，还是对精神损害、人身损害的赔偿，均可采用金钱赔偿的形式。

1. 人身损害的金钱赔偿

人身损害的金钱赔偿主要适用于侵犯公民人身自由及生命健康权的情形。

2. 财产损害的金钱赔偿

我国《国家赔偿法》规定的财产损害的金钱赔偿方式，是在不能返还财产或者恢复原状的情形下所采取的赔偿形式。一旦可以返还财产或者可以恢复原状，则应以返还财产或者恢复原状为优先赔偿方式。

3. 精神损害的金钱赔偿

为了适应现代社会的发展和精神损害赔偿的司法实践，2010 年《国家赔偿法》修改时增加了精神损害赔偿制度。根据《国家赔偿法》规定，侵害人身权致人精神损害的，应当在侵权行为影响的范围内，为受害人消除影响，恢复名誉，赔礼道歉；造成严重后果的，应当支付相应的精神损害抚慰金。属于《国家赔偿法》规定的侵害人身权的范围包括：

《国家赔偿法》第 3 条规定："行政机关及其工作人员在行使行政职权时有下列侵犯人身权情形之一的，受害人有取得赔偿的权利：（1）违法拘留或者违法采取限制公民人身自由的行政强制措施的；（2）非法拘禁或者以其他方法非法剥夺公民人身自由的；（3）以殴打、虐待等行为或者唆使、放纵他人以殴打、虐待等行为造成公民身体伤害或者死亡的；（4）违法使用武器、警械造成公民身体伤害或者死亡的；（5）造成公民身体伤害或者死亡的其他违法行为。"

《国家赔偿法》第 17 条规定："行使侦查、检察、审判职权的机关以及看守所、监狱管理机关及其工作人员在行使职权时有下列侵犯人身权情形之一的，受害人有取得赔偿的权利：（1）违反刑事诉讼法的规定对公民采取拘留措施的，或者依照刑事诉讼法规定的条件和程序对公民采取拘留措施，但是拘留时间超过刑事诉讼法规定的时限，其后决定撤销案件、不起诉或者判决宣告无罪终止追究刑事责任的；（2）对公民采取逮捕措施后，决定撤销案件、不起诉或者判决宣告无罪终止追究刑事责任的；（3）依照审判监督程序再审改判无罪，原判刑罚已经执行的；（4）刑讯逼供或者以殴打、虐待等行为或者唆使、放纵他人以殴打、虐待等行为造成公民身体伤害或者死亡的；（5）违法使用武器、警械造成公民身体伤害或者死亡的。"

关于精神损害的金钱赔偿，需要注意以下几点：（1）国家赔偿中的精神损害赔偿只限于行政或者司法行为侵权中致人人身自由、生命健康权损害的情形，不包括侵害财产权的情形；（2）只有造成严重后果的，才应当支付相应的精神损害抚慰金。

（二）返还财产

返还财产，是指国家机关依法将违法取得的受害人的合法财产返还给受害人的赔偿方式。需要注意的是，返还财产只适用于物质损害的情形，并且一般是原物。按照国家赔偿法的规定，返还财产的赔偿方式主要适用以下情形：

1. 行政机关违法采用罚款、没收财产等行政处罚的。
2. 行政机关违反国家规定征收、征用财物、摊派费用的。
3. 司法机关或行政机关违法适用罚金、追缴、没收等措施的。
4. 国家机关违法采取查封、扣押、冻结财产措施的。

（三）恢复原状

恢复原状，是指将国家机关的违法行为侵害相对人的财产或权利恢复到受损害前的状态的赔偿方式。依据国家赔偿法的规定，恢复原状的赔偿方式主要适用于以下情形：

1. 应当返还的财产被损坏，而又能够恢复原状的，应当恢复原状。
2. 查封、扣押、冻结财产的，应当解除查封、扣押、冻结。
3. 有可能恢复原状且不违反其他法律规定。

（四）国家赔偿的其他方式

国家机关及其工作人员的违法行为侵犯人身权，致人精神损害的，应当在侵权行为影响的范围内，为受害人消除影响、恢复名誉、赔礼道歉。

1. 消除影响

消除影响是指国家机关在特定范围内消除因侵犯名誉权、荣誉权所产生的各种不良影响的赔偿方式。

2. 恢复名誉

恢复名誉是指国家机关在特定范围内使受损害的名誉权、荣誉权得到恢复的赔偿方式。

3. 赔礼道歉

赔礼道歉是指国家机关因为侵犯公民的名誉权和荣誉权而向受害人承认错误并致以歉意的赔偿方式。

二、国家赔偿的计算标准

（一）人身权损害赔偿的计算标准

1. 人身自由权损害赔偿的计算标准

侵犯公民人身自由的，每日赔偿金按照国家上年度职工日平均工资计算。《国家赔偿法》规定的上年度，是指赔偿义务机关作出赔偿决定时的上一年度；复议机关或者人民法院赔偿委员会改变原赔偿决定，按照新作出决定时的上一年度国家职工平均工资标准计算人身自由赔偿金。作出赔偿决定、复议决定时国家上一年度职工平均工资尚未公布的，以已经公布的最近年度职工平均工资为准。

2. 生命健康权损害的赔偿标准

侵犯公民生命健康权的，赔偿金按照下列规定计算：

（1）造成身体伤害的，应当支付医疗费、护理费，以及赔偿因误工减少的收入。减少的收入每日的赔偿金按照国家上年度职工日平均工资计算，最高额为国家上年度职工年平均工资的 5 倍。

（2）造成部分或者全部丧失劳动能力的，应当支付医疗费、护理费、残疾生活辅助具费、康复费等因残疾而增加的必要支出和继续治疗所必需的费用，以及残疾赔偿金。残疾赔偿金根据丧失劳动能力的程度，按照国家规定的伤残等级确定，最高不超过国家上年度职工年平均工资的 20 倍。造成全部丧失劳动能力的，对其扶养的无劳动能力的人，还应当支付生活费。被扶养的人是未成年人的，生活费给付至 18 周岁止；其他无劳动能力的人，生活费给付至死亡时止。生活费的发放标准，参照当地最低生活保障标准执行。

（3）造成死亡的，应当支付死亡赔偿金、丧葬费，总额为国家上年度职工年平均工资的 20 倍。对死者生前扶养的无劳动能力的人，还应当支付生活费。被扶养的人是未成年人的，生活费给付至 18 周岁止；其他无劳动能力的人，生活费给付至死亡时止。生活费的发放标准，参照当地最低生活保障标准执行。

医疗费赔偿根据医疗机构出具的医药费、治疗费、住院费等收款凭证，结合病历和诊断证明等相关证据确定。赔偿义务机关对治疗的必要性和合理性提出异议的，应当承担举证责任。护理费赔偿参照当地护工从事同等级别护理的劳务报酬标准计算，原则上按照一名护理人员的标准计算护理费；但医疗机构或者司法鉴定人有明确意见的，可以参照确定护理人数并赔偿相应的护理费。护理期限应当计算至公民恢复生活自理能力时止。公民因残疾不能恢复生活自理能力的，可以根据其年龄、健康状况等因素确定合理的护理期限，一般不超过 20 年。

残疾生活辅助器具费赔偿按照普通适用器具的合理费用标准计算。伤情有特殊需要的，可以参照辅助器具配制机构的意见确定。辅助器具的更换周期和赔偿期限参照配制机构的意见确定。

误工减少收入的赔偿根据受害公民的误工时间和国家上年度职工日平均工资确定，最高为国家上年度职工年平均工资的 5 倍。误工时间根据公民接受治疗的医疗机构出具的证明确定。公民因伤致残持续误工的，误工时间可以计算至作为赔偿依据的伤残等级鉴定确定前一日。

造成公民身体伤残的赔偿，应当根据司法鉴定人的伤残等级鉴定确定公民丧失劳动能力的程度，并参照以下标准确定残疾赔偿金：①按照国家规定的伤残等级确定公民为一级至四级伤残的，视为全部丧失劳动能力，残疾赔偿金幅度为国家上年度职工年平均工资的 10 倍至 20 倍；②按照国家规定的伤残等级确定公民为五级至十级伤残的，视为部分丧失劳动能力。五级至六级的，残疾赔偿金幅度为国家上年度职工年平均工资的 5 倍至 10 倍；七级至十级的，残疾赔偿金幅度为国家上年度职工年平均工资的 5 倍以下。

有扶养义务的公民部分丧失劳动能力的，残疾赔偿金可以根据伤残等级并参考被扶养人生活来源丧失的情况进行确定，最高不超过国家上年度职工年平均工资的 20 倍。受害的公民全部丧失劳动能力的，对其扶养的无劳动能力人的生活费发放标准，参照作出赔偿决定时被扶养人住所地所属省级人民政府确定的最低生活保障标准执行。能够确定扶养年限的，生活费可协商确定并一次性支付。不能确定扶养年限的，可按照 20 年上限确定扶养年限并一次性支付生活费，被扶养人超过 60 周岁的，年龄每增加 1 岁，扶养年限减少 1 年；被扶养人年龄超过确定扶养年限的，被扶养人可逐年领取生活费至死亡时止。

（二）财产权损害赔偿的计算标准

侵犯公民、法人和其他组织的财产权造成损害的，按照下列规定确定赔偿方式：

1. 处罚款、罚金、追缴、没收财产或者违法征收、征用财产的，返还财产。

2. 查封、扣押、冻结财产的，解除对财产的查封、扣押、冻结，造成财产损坏或者灭失的，能够恢复原状的恢复原状，不能恢复的依法支付赔偿金。

3. 应当返还的财产损坏的，能够恢复原状的恢复原状，不能恢复原状的，按照损害程度给付相应的赔偿金。财产不能恢复原状或者灭失的，财产损失按照损失发生时的市场价格或者其他合理方式计算。

4. 应当返还的财产灭失的，给付相应的赔偿金。

5. 财产已经拍卖或者变卖的，给付拍卖或者变卖所得的价款；变卖的价款明显低于财产价值的，应当支付相应的赔偿金。

6. 吊销许可证和执照、责令停产停业的，赔偿停产停业期间必要的经常性费用开支。

7. 返还执行的罚款或者罚金、追缴或者没收的金钱，解除冻结的存款或者汇款的，应当支付银行同期存款利息。返还执行的罚款或者罚金、追缴或者没收的金钱，解除冻结的汇款的，应当支付银行同期存款利息，利率参照赔偿义务机关作出赔偿决定时中国人民银行公布的人民币整存整取定期存款一年期基准利率确定，不计算复利。

复议机关或者人民法院赔偿委员会改变原赔偿决定，利率参照作出新决定时中国人民银行公布的人民币整存整取定期存款一年期基准利率确定。计息期间自侵权行为发生时起算，至作出生效赔偿决定时止；但在生效赔偿决定作出前侵权行为停止的，计算至侵权行为停止时止。被罚没、追缴的资金属于赔偿请求人在金融机构合法存款的，在存款合同存续期间，按照合同约定的利率计算利息。

8. 对财产权造成其他损害的，按照直接损失给予赔偿。所谓的直接的损失，是指受害人已经获得的利益即必得利益受到的损害，而希望未来能获得但尚未实际取得的可期待利益受损属于间接损失，不属于国家赔偿的范围。例如，工商局违法查封店面造成的停业损失，就属于可期待利益受损，是间接损失而不予赔偿。

例 48：某假日旅游公司举办"国际冰桶挑战赛"，用大型取水机械大量抽取附近水库的生活用水，某县水利局以该企业未办理取水许可证为由，向其发出扣押取水机械和责令停产停业的通知书，并对扣押的物品实施了拍卖，造成企业该项目停业。该企业不服水利局的决定，向法院起诉要求撤销某县水利局的扣押财物和责令停业通知书，并申请国家赔偿，后法院认定某县水利局的扣押和责令停业违法。本案停业损失属于间接损失，国家不予赔偿。本案也不存在精神损害赔偿，国家只需返还拍卖所得的价款，并赔偿停业期间的经常性费用开支即可。

三、国家赔偿费用

（一）国家赔偿费用的来源

国家赔偿属于国家承担宪法责任，《国家赔偿法》明确规定，国家赔偿费用列入各级财政预算，由赔偿义务机关依法确定赔偿数额后向同级财政部门申请，由财政部门代表国家向受害人直接支付。至于赔偿费用预算与支付管理的具体办法，则由国务院予以规定。

（二）国家赔偿费用的支付与管理

1. 赔偿请求人凭生效的判决书、复议决定书、赔偿决定书或者调解书，向赔偿义务机关申请支付赔偿金。赔偿义务机关应当自收到支付赔偿金申请之日起 7 日内，依照预算管理权限向有关的财政部门提出支付申请。财政部门应当自收到支付申请之日起 15 日内支付赔偿金。

2. 赔偿请求人要求国家赔偿的，赔偿义务机关、复议机关和人民法院不得向赔偿请求人收取任何费用。

3. 对赔偿请求人取得的赔偿金不予征税。

金题自测

1. 下列情形，国家不应当承担赔偿责任的有：

A. 甲公司通过贿赂国土资源局的工作人员而取得的许可证被撤销，造成企业损失

B. 因监狱缺乏监管，刘某在服刑期间被同监室人员黄某虐待致重伤

C. 工商局违法查封店面导致茶餐厅 30 天无法经营的停业损失 10 万元

D. 张某在公安局接受传唤询问后在回家的途中被抢劫

[考点] 国家赔偿的范围

[解题思路]《国家赔偿法》第 5 条规定，属于下列情形之一的，国家不承担赔偿责任：（1）行政机关工作人员与行使职权无关的个人行为；（2）因公民、法人和其他组织自己的行为致使损害发生的；（3）法律规定的其他情形。《行政许可法》第 69 条规定，被许可人以欺骗、贿赂等不正当手段取得行政许可的，应当予以撤销，被许可人基于行政许可取得的利益不受保护。故甲公司的损失不属于国家赔偿的范围，故 A 选项不属于国家赔偿的范围。

《国家赔偿法》第 3 条规定，行政机关及其工作人员行使行政职权，以殴打、虐待等行为或者唆使、放纵他人以殴打、虐待等行为造成公民身体伤害或者死亡的，国家承担赔偿责任。故 B 选项属于国家赔偿的范围。

工商局违法查封店面导致茶餐厅 30 天无法经营的停业损失，属于可期待利益受损，是间接损失，不属于直接损失，故 C 选项不属于国家赔偿的范围。

张某在公安局接受传唤询问后在回家的途中被抢劫的后果，与公安局机关的询问行为没有因果关系，故 D 选项不属于国家赔偿的范围。

[答案] ACD

2. 2013 年 12 月 5 日，王某因涉嫌盗窃被某县公安局刑事拘留，同月 11 日被县检察院批准逮捕。2014 年 3 月 4 日王某被一审法院判处有期徒刑二年，王某不服提出上诉。2014 年 6 月 5 日，二审法院维持原判，判决交付执行。2015 年 3 月 2 日，法院经再审以王某犯罪时不满 16 周岁为由撤销生效判决，宣告其不负刑事责任并当庭释放。王某申请国家赔偿，下列哪些选项是错误的？

A. 国家应当对王某从 2014 年 6 月 5 日到 2015 年 3 月 2 日被羁押的损失承担赔偿责任

B. 国家应对王某从 2013 年 12 月 11 日到 2014 年 3 月 4 日被羁押的损失承担赔偿责任

C. 若检察院在一审时撤回起诉并最终作出不起诉决定的，国家应承担赔偿责任

D. 若检察院在一审时撤回起诉并超过 30 日未作出不起诉决定的，国家应承担赔偿责任

［考点］ 司法赔偿的范围

［解题思路］《最高人民法院、最高人民检察院关于办理刑事赔偿案件若干问题的解释》第 7 条规定，根据《国家赔偿法》第 19 条第 2、3 项的规定，依照《刑法》第 17 条、第 18 条规定不负刑事责任的人被羁押的和依照《刑事诉讼法》第 15 条、第 173 条第 2 款、第 273 条第 2 款、第 279 条规定不追究刑事责任的人被羁押的，国家不承担赔偿责任。但是，对起诉后经人民法院错判拘役、有期徒刑、无期徒刑并已执行的，人民法院应当对该判决确定后继续监禁期间侵犯公民人身自由权的情形予以赔偿。可见，有犯罪事实，但依法不应追究刑事责任的人，被刑事拘留和逮捕，之后又被法院错误判处刑期并实际执行的，国家仅需对法院错误判处的刑罚承担赔偿责任，而判刑之前的刑事拘留和逮捕不需要承担国家赔偿责任，即有犯罪事实但不应追究的人被错误判刑，国家赔偿的范围是：赔后不赔前，即赔偿判刑时候执行的刑期，不赔判刑之前的拘留和逮捕，而"前后"是按判决确定区分的。本案应赔偿二审判决之后执行的刑期，国家对 2014 年 6 月 5 日到 2015 年 3 月 2 日被羁押的损失承担赔偿责任，A 选项正确，B 选项错误．

若检察院在一审时撤回起诉并最终作出不起诉决定的，即属于在一审期间终止追究刑事责任，法院未判处刑罚，犯罪嫌疑人只受到拘留和逮捕。而此案属于有犯罪事实，但依法不应追究刑事责任的人被刑事拘留和逮捕，国家不需要承担赔偿责任，C 选项错误。

《最高人民法院、最高人民检察院关于办理刑事赔偿案件若干问题的解释》第 3 条规定，人民检察院撤回起诉超过 30 日未作出不起诉决定的，视为检察院作出不起诉决定，终止追究刑事责任。但此案属于有犯罪事实，但依法不应追究刑事责任的人被刑事拘留和逮捕，国家不需要承担赔偿责任，故 D 选项错误。

［答案］ BCD

3. 根据《国家赔偿法》的规定，下列哪些情形，国家承担赔偿责任？

A. 法院行政诉讼错误判决造成的损失

B. 法院违法解除保全措施造成民事判决无法执行而导致的损失

C. 法院在民事案件中采取保全措施，对查封、扣押、冻结的财产不履行监管职责，造成被保全财产毁损、灭失的；

D. 法院在执行行政决定的过程中将当事人的生活必需品变卖给他人的

［考点］ 民事、行政司法赔偿

［解题思路］《国家赔偿法》第 38 条规定，人民法院在民事诉讼、行政诉讼过程中，违法采取对妨害诉讼的强制措施、保全措施或者对判决、裁定及其他生效法律文书执行错误，造成损害的，赔偿请求人要求赔偿的程序，适用本法刑事赔偿程序的规定。故行政诉讼错误判决造成的损失不属于国家赔偿的范围，A 选项错误。

《最高人民法院关于审理民事、行政诉讼中司法赔偿案件适用法律若干问题的解释》第 3 条规定，依法不应当解除保全措施而解除，或者依法应当解除保全措施而不解除的；

采取保全措施，对查封、扣押、冻结的财产不履行监管职责，造成被保全财产毁损、灭失的；均属于违法采取保全措施，属于民事、行政诉讼司法赔偿的范围。故 B 选项和 C 选项正确。

《最高人民法院关于审理民事、行政诉讼中司法赔偿案件适用法律若干问题的解释》第 5 条规定，违法将案件执行款物执行给其他当事人或者案外人的，属于对判决、裁定及其他生效法律文书执行错误，法院应承担民事、行政诉讼司法赔偿责任。故 D 选项正确。

[答案] BCD

4. 区公安分局以涉嫌故意伤害罪为由将方某刑事拘留，区检察院批准对方某的逮捕。区法院判处方某有期徒刑 3 年，方某上诉。市中级法院以事实不清、证据不足为由发回区法院重审。区法院重审后，判决方某无罪。判决生效后，方某请求国家赔偿。下列哪些说法是错误的？

A. 区检察院和区法院为共同赔偿义务机关

B. 方某应当先向区法院提出赔偿请求

C. 若区检察院在审查起诉阶段因证据不足决定不起诉，方某请求国家赔偿，区检察院为赔偿义务机关

D. 如区检察院在重审期间因证据不足撤回起诉并作出不起诉决定，方某请求国家赔偿的，区检察院为赔偿义务机关

[考点] 司法赔偿义务机关

[解题思路] 刑事司法赔偿的义务机关，可以按照"最终错误机关"承担全部赔偿责任的标准确定。《国家赔偿法》第 21 条规定，行使侦查、检察、审判职权的机关以及看守所、监狱管理机关及其工作人员在行使职权时侵犯公民、法人和其他组织的合法权益造成损害的，该机关为赔偿义务机关。对公民采取拘留措施，依照本法的规定应当给予国家赔偿的，作出拘留决定的机关为赔偿义务机关。对公民采取逮捕措施后决定撤销案件、不起诉或者判决宣告无罪的，作出逮捕决定的机关为赔偿义务机关。再审改判无罪的，作出原生效判决的人民法院为赔偿义务机关。二审改判无罪，以及二审发回重审后作无罪处理的，作出一审有罪判决的人民法院为赔偿义务机关。此案属于重审改判无罪，一审法院为赔偿义务机关，A 选项错误。

区检察院在审查起诉阶段因证据不足决定不起诉，实际是区检察院的逮捕最终错误，区检察院应为赔偿义务机关，C 选项正确。如区检察院在重审期间因证据不足撤回起诉并作出不起诉决定，实际是一审法院的第一次有罪判决最终错误，故一审法院为赔偿义务机关，D 选项错误。

《国家赔偿法》第 22 条规定，司法赔偿的请求人要求赔偿，应当先向赔偿义务机关提出。故 B 选项正确。

[答案] AD

5. 李某被县公安局以涉嫌盗窃为由刑事拘留，后被释放。李某向县公安局申请国家赔偿，县公安局向其送达了不予赔偿决定书，李某不服经复议后，向市中级法院赔偿委员会申请作出赔偿决定。下列说法正确的是？

A. 若县公安局未告知李某申请复议的期限，则李某可在收到不予赔偿决定后 2 年内

申请复议

　　B. 县公安局可以委托律师作为代理人

　　C. 县公安局应对李某的损失与刑事拘留行为之间是否存在因果关系提供证据

　　D. 李某不服中级法院赔偿委员会作出的赔偿决定的，可以向上一级法院赔偿委员会上诉

　　［考点］ 司法赔偿的程序

　　［解题思路］《最高人民法院、最高人民检察院关于办理刑事赔偿案件适用法律若干问题的解释》第 4 条规定，赔偿义务机关作出赔偿决定，应当依法告知赔偿请求人有权在 30 日内向赔偿义务机关的上一级机关申请复议。赔偿义务机关未依法告知，赔偿请求人收到赔偿决定之日起 2 年内提出复议申请的，复议机关应当受理，故 A 选项正确。

　　《人民法院赔偿委员会审理国家赔偿案件程序的规定》第 5 条规定，赔偿请求人可以委托 1~2 人作为代理人。律师、提出申请的公民的近亲属、有关的社会团体或者所在单位推荐的人、经赔偿委员会许可的其他公民，都可以被委托为代理人。赔偿义务机关、复议机关可以委托本机关工作人员 1~2 人作为代理人。故县公安局作为司法赔偿义务机关不能委托律师作为代理人，故 B 选项错误。

　　《人民法院赔偿委员会审理国家赔偿案件程序的规定》第 12 条规定，赔偿请求人、赔偿义务机关对自己提出的主张或者反驳对方主张所依据的事实有责任提供证据加以证明。故国家赔偿案件适用谁主张、谁举证的原则，公安机关的刑事拘留与李某的损失是否存在因果关系，由申请赔偿的李某承担举证责任，故 C 选项错误。

　　《国家赔偿法》第 30 条规定，赔偿请求人或者赔偿义务机关对赔偿委员会作出的决定，认为确有错误的，可以向上一级人民法院赔偿委员会提出申诉，故 D 选项"上诉"的表述错误。

　　［答案］ A

　　案例：2015 年 11 月 11 日星期三，明理开发区城管执法局通知拆迁户史某，该局定于 2015 年 11 月 14 日对未签订拆迁补偿协议的房屋依法依规实施强拆。11 月 13 日，区城管局对史某的房屋断水断电。11 月 14 日，区城管局对史某的房屋进行了强制拆除，史某尚未来得及将房屋内的家具、衣物等个人物品搬离。史某不服区城管局的强拆行为，2016 年 12 月 22 日诉至法院，要求撤销区城管局的强拆行为，并赔偿其损失 500 万元，其中包括一失踪的祖传玉镯 300 万元。

　　［问题］ 史某提出对玉镯的赔偿请求应当由谁承担举证责任？

　　［答题模板］ 应当由史某对玉镯的赔偿请求承担举证责任。按照《行政诉讼法》及其司法解释的规定，申请行政赔偿由原告对损失举证，因被告原因无法举证的，应由被告对损害举证。因客观原因无法就损害举证的，遵循法官职业道德，运用逻辑推理和生活常识酌情确定赔偿数额。因为该财产的损失是由区房管局的强制拆除行为造成的，但是该玉镯的价值因客观原因无法认定，且原告主张的赔偿数额超过了生活常理，当事人如果不能提出证据证明其价值，法官无法支持其请求，故对玉镯的价值的认定应当由史某承担举证责任。

行政法对比记忆表

（一）行政许可、行政处罚与行政强制对比记忆表

种类		行政强制措施 （暂时控制）	行政强制执行 （执行命令）	行政许可 （批准）	行政处罚 （制裁违法）
实施 主体		行政机关。	法律授权的行政机关。	行政机关。	行政机关。
		法律、行政法规授权的组织。	人民法院。	法律、法规授权的组织。	法律、法规授权的组织。
		行使集中处罚权的行政机关。	集中处罚机关须法律授权。	集中实施许可的机关。	集中处罚机关。
		不得委托。	不可委托。	委托其他行政机关。	委托事业组织。
		行政执法人员2人以上。	无限制。	实质审查必须2人以上。	简易程序1人，一般程序调查检查需2人以上。
主要 类型		(1) 非拘留的限制人身自由；(2) 查封场所、设施或财物；(3) 扣押财物；(4) 冻结存款汇款；(5) 其他。	(1) 间接强制：代履行、执行罚；(2) 直接强制：划拨、拍卖或依法处理查封扣押物、其他（执行强制拆除等）。	(1) 一般许可；(2) 特许；(3) 认可；(4) 核准；(5) 登记；(6) 法律、行政法规设立的其他许可。	警告、行政拘留、罚款、吊销营业执照许可证、责令停产停业、没收违法所得非法财物、法律行政法规创设其他处罚。
实施 目的		制止强制、预防强制、保障强制。	为实现具体行政行为确定的义务而强制。	依申请→审查→批准从事特定行为。	对违法行为进行制裁。
特征		临时性；非惩罚。	替代性；从属性；有时带惩罚性。	相对禁止、依申请、外部性、授益性、书面。	惩罚性、独立性、终结性。
设定	法律	可以设任何。	只能由法律设定。	可以设任何。	可以设任何。
	行政 法规	限制人身和冻结除外。	不能。	无限制。	限制人身除外。
	地方 法规	可设查封扣押。	不能。	地方立法不能设四种许可（参见突破讲义）。	限制人身和吊销企业营业执照除外。
	规章	不能。	不能。	省级政府规章可设1年的临时许可。	均可设定警告和一定数量的罚款。
	文件	不能。	不能。	国务院的文件可以设。	不能。

续表

种类	行政强制措施 （暂时控制）	行政强制执行 （执行命令）	行政许可 （批准）	行政处罚 （制裁违法）
评价	设定机关应当定期评价，实施机关、相对人可以评价。	设定机关应当定期评价，实施机关、相对人可以评价。	设定机应当定期评价，实施机关、相对人可以评价。	无须评价。
期限	10 日以内为工作日。	10 日以内为工作日（<10）。	工作日。	无。
听证	无。	无。	依申请或依职权，必须按照听证笔录作出决定。	吊销、停业、较大数额罚款有权申请听证，无需按听证笔录作出处罚决定。
程序	一般程序和特殊程序。	行政机关自行强制程序。申请法院执行程序。罚款、拆违的执行程序。	集中实施、统一办理、联合办理（可以）、一个窗口对外（应当）。	简易程序（警告，公民50 元、单位 1000 元以下罚款），一般程序和执行程序。
特别规定	查封扣押期限法律行政法规另有规定的除外，冻结期限法律有特别规定的除外。	代履行的费用由当事人承担，但法律另有规定的除外。	许可决定期限法律法规另有规定的除外，延续期限法律、法规、规章另有规定的除外，收费法律行政法规有特别规定可以。	县级以上地方政府有权机关处罚，但法律、行政法规另有规定的除外；处罚时效法律有特别规定的除外。
费用	查封扣押后的保管检测费用由行政机关承担。	申请法院强制执行的费用由被执行人承担。	按照法律、行政法规的规定收费。	15 天内向银行交罚款（但当场罚 20 元、当场罚款后当场不收事后难执行、向银行交有困难经当事人申请的可以当场收罚款）。

（二）行政复议与行政诉讼区别对照表

	行政复议	行政诉讼
受案	合法、合理性。	合法性（含明显不当）。
告谁	被申请人。	被告。
	上级批准的告上级。	上级批准的，谁盖章告谁。
	复议维持原机关与复议机关为共同被告，复议改变的告复议机关。	复议改变的告复议机关，对复议不作为不服告复议机关。

	行政复议	行政诉讼
第三人	均为申请人型，可以通知（不通知还可诉讼）。	原告型第三人应当通知。
管辖	上级行政机关（省部级除外）。	法院的地域管辖和级别管辖。
	不适用限制人身自由的特殊管辖。	适用限制人身自由的特殊管辖。
期限	60天（申请和审理）。	6个月（申请和审理）。
	法律规定申请长于60天，审理短于60天有效。	起诉期限法律规定长于或短于6个月均可。
裁判	变更决定：改主要证据、改定性依据、改结果。	变更判决：行政处罚明显不当、其他行政行为款额认定错误的可以变更。
	合法的决定维持或驳回复议请求。	合法的判决驳回诉讼请求。
	不能做出对相对人更加不利的决定。	（1）变更判决不能改重（利害关系人同为原告且请求相反除外）；（2）法院不能直接给处罚。
	合法但不合理的均可以变更、撤销。	明显不当可以判决撤销，但行政处罚明显不当、其他行政行为款额认定错误的还可以判决变更。
	针对侵害财产权的复议机关可以主动作出赔偿决定。	不告不理，当事人没提赔偿请求不能主动要求被告赔偿（确认违法无效和行政合同案件除外）。
附带审查抽象行为	抽象行为不合法，复议机关有权处理则直接处理，无权处理的转送有权的行政机关处理。	抽象行政行为不合法，法院一律无权直接处理，只能不适用，并由终审法院建议制定机关处理。
执行	复议维持原机关执行、复议改变复议机关执行。	一审法院执行，必要时二审法院。
	对被申请人：复议机关或上级机关直接责令履行。	对被告：（1）直接划拨款项；（2）对主要负责人、责任人处以罚款；（3）向上一级行政机关或监察、人事机关提出司法建议；（4）构成犯罪追究刑事责任；（5）对主要负责人、责任人司法拘留。
	对申请人：有强制执行权的可以自我执行，无权的申请法院执行具体行为。	对行政相对人：被告有强制执行权的自行执行具体行政行为，无权的申请法院执行判决。
其他	免费（鉴定费用除外）、一级审查。	收费、两审终审。
	原则上书面审理，可以依申请或依职权听证。	一审开庭审理，二审没有新的证据和事实的可以不开庭书面审理，无听证程序。

	行政复议	行政诉讼
其他	行政机关不能委托律师参加复议。 公民可以口头委托代理人、单位需书面委托。	行政机关可以委托律师参加诉讼，需提交签名盖章的委托授权书，公民可由他人代写后摁印。
	无简易程序，须 2 名以上的复议人员参加。	普通一审简单案件可以适用简易程序独任审判。
	收到申请书后 10 天内提交证据答复，不能延期。	收到起诉状副本 15 天内提交证据，可申请延期。

历年真题期间数字考点汇总表

事项			期间/期日/数额	备注
聘任制公务员			合同期 1—5 年。	试用期 1—12 个月（普通公务员为 1 年）。
公务员处分期合并			最高 48 个月。	撤职以下相同处分，限制加重合并执行。
行政法规的备案			公布后 30 日内国务院办公厅报请全国人大常委会备案。	
行政规章的备案			公布后 30 日内由法制机构报请备案。	
政府信息公开	主动。		20 个工作日内。	
	依申请		20 个工作日内。	延长不超过 20 个工作日。
许可技术审定（核准）			5 日内。	2 人以上。
许可延续			有效期届满 30 日前申请。	①逾期未定，视为准予延续；②未按期申请，应予注销；③法律法规规章可例外。
申请限制	隐瞒/虚假		1 年内不得再次申请。	仅限直接关系重要安全的事项。
	欺骗/贿赂		3 年内不得再次申请。	
行政处罚时效			行政行为发生之日或连续、继续终了之日起 2 年内。	治安处罚 6 个月。
行政处罚程序	简易		警告或罚款（公民 50 元以下，单位 1000 元以下）。	书面决定（可 1 人）。
	听证		收到告知 3 日内申请→公开听证 7 日前通知。	吊销许可证或执照、责令停产停业、较大数额罚款没收（治安处罚 200 元以上）。
	强制执行		可按日处以罚款数额 3% 执行罚。	有权的自行强制，无权的只能申请法院强制。
治安管理处罚	程序	一般	询问不超过 8 小时，复杂可能拘留不超过 24 小时。	决定当场或 2 日内送到。
		简易	警告或罚款 200 元以下可当场。	
		听证	吊销许可证或 2000 元以上罚款。	
冻结、查封、扣押			一般不得超过 30 日。	机关负责人批准可延长不超过 30 日。
代履行催告			代履行 3 日前再次催告当事人履行。	

续表

事项		期间/期日/数额	备注
申请法院强制执行		受理后形式审查 7 天内裁定是否执行，明显违法需实质审查的 30 天内裁定是否执行；裁定不予执行的行政机关在 15 天内向上级法院复议，上级法院在 30 天内裁定是否执行。	
复议诉讼自由选择		收到复议决定或复议期满后 15 日内起诉。	有特别规定的，从其规定。
复议申请		知道具体行为或签收法律文书 60 日内。	法律规定超过的，从其规定。
复议审理		复议机关受理 7 日内送申请书达被申请人，被申请人 10 日内书面提交答复和证据。	
复议决定		60 日内，延长不超过 30 日。	法律规定少于的，从其规定。
补正申请材料		收到复议申请之日起 5 日内书面通知申请人。	
一审审前准备		诉状副本 5 日内送被告→被告 15 日内答辩→答辩状副本 5 日内送原告。	
一审审理期限		立案之日起 6 个月内。	一般不简易，但有例外，45 日内审结。
附带审查抽象行政行为		法院自裁判生效 3 个月内向制定机关提司法建议。	制定机关在收到司法建议后 60 日内书面答复。
提起行政赔偿诉讼	申请赔偿	2 年内向赔偿义务机关申请。	赔偿义务机关 2 个月内决定。
	行政赔偿诉讼	不服赔偿决定作出之日起 3 个月内起诉，未做决定 2 个月期满后的 3 个月内提起行政赔偿诉讼。	
	法院审理	一审 3 个月。	二审 2 个月。